全国高等医学院校教材

康复医学基础

（供康复治疗学专业、康复治疗技术专业用）

主　编　金荣疆

副主编　韩　红
　　　　张　宏
　　　　房繄恭

上海科学技术出版社

图书在版编目（CIP）数据

康复医学基础 / 金荣疆主编 .—上海：上海科学技术出版社，2008.9（2025.7 重印）
全国高等医学院校教材
ISBN 978-7-5323-9265-0

Ⅰ. 康… Ⅱ. 金… Ⅲ. 康复医学 – 医学院校 – 教材 Ⅳ. R49

中国版本图书馆 CIP 数据核字（2008）第 110031 号

康复医学基础

主编　金荣疆

上海世纪出版（集团）有限公司　出版、发行
上海科学技术出版社
（上海市闵行区号景路 159 弄 A 座 9F—10F）
邮政编码 201101　www.sstp.cn
浙江新华印刷技术有限公司印刷
开本 787×1092　1/16　印张 15.5
字数：368 千字
2008 年 9 月第 1 版　2025 年 7 月第 10 次印刷
ISBN 978-7-5323-9265-0/R·2481
定价：28.00 元

本书如有缺页、错装或坏损等严重质量问题，请向工厂联系调换

全国高等医学院校教材
康复系列教材编审委员会名单

主任委员 余曙光（成都中医药大学）

委　　员（以姓氏笔画为序）
　　　　　方剑乔（浙江中医药大学）
　　　　　朱　江（北京中医药大学）
　　　　　刘旭光（成都中医药大学）
　　　　　孙忠人（黑龙江中医药大学）
　　　　　李万瑶（广州中医药大学）
　　　　　吴　强（福建中医药大学）
　　　　　陈以国（辽宁中医药大学）
　　　　　陈邦国（湖北中医药大学）
　　　　　胡　玲（安徽中医药大学）
　　　　　高树中（山东中医药大学）
　　　　　郭　义（天津中医药大学）
　　　　　崔　瑾（贵阳中医学院）
　　　　　彭楚湘（湖南中医药大学）
　　　　　葛林宝（上海中医药大学）
　　　　　褚立希（上海中医药大学）

《康复医学基础》编委会名单

主　　编　金荣疆（成都中医药大学）

副主编　韩　红（辽宁中医药大学）
　　　　　张　宏（上海中医药大学）
　　　　　房繄恭（山东中医药大学）

编　　委　尹洪娜（黑龙江中医药大学）
　　　　　杨慎峭（成都中医药大学）
　　　　　何　坚（福建中医药大学）
　　　　　陈　波（贵阳中医学院）
　　　　　罗　荣（成都中医药大学）
　　　　　董洪英（天津中医药大学）
　　　　　曾　芳（成都中医药大学）
　　　　　曾序求（湖南中医药大学）
　　　　　魏铁花（黑龙江中医药大学）

秘　　书　曾　芳（成都中医药大学）

前　言

康复医学是一门新兴的医学科学,它主要通过医学手段防止残疾产生,减轻残疾对人的个体活动能力和社会参与能力的影响,最终达到提高生活质量和回归社会的目的。

随着社会经济发展、老龄化社会进程加快和疾病谱改变,医学模式发生了两个重大转变,即从生物医学模式向"生物—心理—社会"医学模式转变,从疾病治疗医学模式向"预防—保健—治疗—康复"医学模式转变。人们对疾病、功能、残疾和健康等概念有了全新的认识,患者和医务人员不再满足于单纯的治疗疾病、稳定病情,而是要求人体功能和能力得到最大限度的保存和恢复,以使患者能获得较高的生活质量并重返社会。上述改变和需求对康复医学的发展起到了有力的推动作用。

康复医学创始于20世纪40年代,至20世纪80年代传入我国并得到较大发展,尤其是在沿海地区和经济发达地区。90年代中期,国家卫生部明确提出了在二级以上医院必须建立康复医学科的要求,并明确康复医学科为临床科室。由于康复医学的快速发展,对康复医学专门人才的培养也提出了急迫的要求,根据中医学、针灸推拿学独特的康复理念与技术特色,90年代末期国内一些中医院校开始探索培养具有中西医知识和技能的复合型康复医学专门人才,先后在中医专业、针灸推拿专业设立了康复医学方向,经过10多年的发展和完善,部分院校已经开办了康复治疗学专业,建立了康复治疗学硕士授位点,为我国康复医学的发展和人才培养做出了积极贡献。

但与康复专业发展和人才培养不相称的是,中医院校一直没有统一的康复医学专业教材,成为影响人才培养质量和制约中医康复医学教育发展的重要瓶颈。因此,整合全国中医院校康复医学教育资源和教育经验,编写一套具有中医特色的康复医学教材,对于建立有中国特色的康复医学体系和促进我国康复医学事业发展具有十分重要的意义。

本系列教材综合了全国主要中医院校康复医学专业培养计划和教学大纲要求,由《康复医学基础》、《康复评定学》、《康复疗法学》、《临床康复学》、《康复工程学》、《中医康复学》和《康复医学》七本教材组成,涵盖康复医学的基础理论、基本治疗技术及其临床应用等主要内容,坚持"系统全面、简明实用、内容精炼、突出特色"的编写原则,注重把握"科学、严谨、知识公认"等教材编写特点。在编写方法上,尝试在每个章节前引入精炼的"导学",概括各章节的主要内容和重要知识点,以帮助学生更好地理解和掌握教材内容,提高教学质量和教学效果。

本系列教材除了供中医院校康复治疗学专业、康复治疗技术专业学生使用外,还可供中医、中西医结合、针灸推拿、中医骨伤等专业必修(或选修)课使用,也可作为参考书,供相关学科专业的医师、治疗师、教师参考。

由于编写者知识和水平的限制,教材中难免有不当之处,敬请广大读者指正,以便不断修正和完善。

全国高等医学院校康复系列教材编审委员会

2007 年 9 月

编写说明

《康复医学基础》是康复治疗专业的主干课程之一，在康复医学知识结构的构建中起着重要的奠基作用。作为整套教材之首，本教材全面概括和系统论述了康复医学领域所涉及的基本概念和基础理论，以期为临床康复医师、康复治疗师提供宽厚、扎实的理论知识。全书共分为八章，分别介绍康复和康复医学的概念及内容、残疾学基础、人体发育学基础、运动学基础、神经生理学基础、中枢神经系统可塑性理论、心理学基础和物理因子治疗基础。

本教材在内容上既注重体现康复医学基础知识的系统性和完整性，又密切结合后期教学和临床实践需求，体现实用性；在表达上既注重基本概念、基本理论的科学性和准确性，又注重图文并茂以增加可读性和易懂性。此外，本书还在每章开篇增设"导学"，帮助学生按照掌握、熟悉和了解三个层次学习和理解该章的主要内容。

本教材第一章总论由金荣疆、曾芳执笔，第二章残疾学基础由魏铁花执笔，第三章人体发育学基础由陈波、尹洪娜执笔，第四章运动学基础由罗荣、何坚执笔，第五章神经生理学基础由韩红执笔，第六章心理学基础由房繄恭、曾序求执笔，第七章中枢神经系统可塑性理论由张宏执笔，物理因子治疗基础由董洪英、杨慎峭执笔。在教材编写过程中，得到了各参编院校各级领导和教务部门的大力支持，得到了成都中医药大学康复医学教研室杨馨老师、赵凌老师、王倩硕士、罗颖硕士、杜宇鹏硕士的积极协助，在此一并致谢。

由于时间仓促及限于编者水平，本教材中难免有不尽人意之处，恳请读者提出宝贵意见，以利进一步修订提高。

《康复医学基础》编委会

2008 年 6 月

目 录

第一章 总 论

第一节 康复与康复医学 ·· 1
    一、康复的概念 ··· 1
    二、康复医学的概念 ··· 2
    三、康复医学的特点 ··· 2
    四、康复医学的工作内容 ··· 3
    五、康复的方式 ··· 5
    六、康复医学专业人员的构成与职责 ··· 6
    七、康复的程度和目标 ·· 7
第二节 康复医学在现代医学中的作用 ··· 8
    一、医学模式的形成与转变 ··· 8
    二、健康概念与心理健康 ··· 9
    三、康复医学的重要性 ·· 9
    四、康复医学的主要原则 ·· 10
第三节 康复医学的发展简史 ·· 10
    一、创立期（公元前至1910年） ·· 10
    二、形成期（1910—1946年） ·· 11
    三、完善期（1947—1970年） ·· 11
    四、发展期（1970年至今） ··· 11

第二章 残疾学基础

第一节	残疾学概述	13
	一、残疾与残疾学	13
	二、残疾人的概念	14
	三、残疾发生的原因	14
	四、残疾学评定	15
第二节	残疾的分类与分级	16
	一、残疾的描述	16
	二、残疾的分类	19
	三、残疾的分级	21
第三节	残疾的预防	21
	一、残疾预防的可行性	22
	二、残疾预防的原则	22
	三、残疾预防的措施	22
	四、长期制动致残的预防	23
第四节	肌肉的残疾学	24
	一、肌肉的主要病理状态	24
	二、肌力减退	24
	三、肌张力异常	26
第五节	骨与关节的残疾学	27
	一、骨损伤的残疾	27
	二、关节损伤的残疾	28
	三、骨与关节损伤后运动功能的恢复	28
	四、骨与关节损伤后引起功能障碍的原因	29
	五、康复训练对骨与关节残疾的重要性	30
第六节	周围神经损伤的残疾学	30
	一、周围神经损伤后的主要障碍	30
	二、周围神经损伤的恢复	31
第七节	中枢神经系统损伤的残疾学	32
	一、中枢神经损伤的概述	32
	二、中枢性瘫痪的本质	32
	三、中枢神经损伤后偏瘫恢复过程的特点和规律	34

第三章 人体发育学基础
—— 36 ——

第一节	人体发育学的基本概念和基本规律	36
	一、发育的概念	36
	二、人体发育学的概念	37
	三、人体发育学的基本观点	37
	四、人体发育的基本规律	38
	五、人体发育学对康复医学的指导意义	39
第二节	神经的发育	39
	一、神经系统的发育	39
	二、神经反射的发育	44
第三节	运动功能的发育	47
	一、小儿运动发育的规律	47
	二、全身粗大运动的发育	47
	三、精细运动的发育	51
第四节	人体发育学理论	57
	一、肾精学说	57
	二、变蒸学说	58
	三、自然成熟理论	58
	四、环境-学习理论	59
	五、心理分析理论	60
	六、心理社会理论	62
	七、认知发育理论	66

第四章 运动学基础
—— 70 ——

第一节	运动的生物力学	70
	一、作用于人体的力	70
	二、骨组织的生物力学	71
	三、关节软骨的生物力学	73
	四、胶原组织的生物力学	74
	五、关节的生物力学	77
	六、肌肉的生物力学	79

　　　　七、人体运动的杠杆原理 ·· 81
第二节　运动中的生理学问题 ·· 83
　　　　一、运动中的能量转换 ·· 83
　　　　二、运动对营养代谢的影响 ·· 84
　　　　三、运动对呼吸系统的影响 ·· 85
　　　　四、运动对心血管的影响 ·· 87
　　　　五、运动对内分泌的影响 ·· 88
　　　　六、运动对消化系统的影响 ·· 90
　　　　七、运动对泌尿系统的影响 ·· 90
　　　　八、运动对骨关节的影响 ·· 90
　　　　九、运动对代偿功能的影响 ·· 91
　　　　十、运动对精神和心理因素的影响 ······································ 91
第三节　颈与躯干的运动学 ·· 92
　　　　一、解剖基础 ·· 92
　　　　二、关节的运动 ·· 98
第四节　上肢运动学 ·· 101
　　　　一、解剖基础 ·· 101
　　　　二、关节的运动 ·· 114
第五节　下肢运动学 ·· 122
　　　　一、解剖基础 ·· 122
　　　　二、关节的运动 ·· 132

第五章　神经生理学基础
── 138 ──

第一节　感觉系统 ·· 138
　　　　一、感受器生理 ·· 138
　　　　二、中枢神经系统的感觉分析功能 ···································· 141
　　　　三、痛觉 ·· 145
第二节　特殊感觉系统 ·· 147
　　　　一、视觉 ·· 147
　　　　二、听觉 ·· 148
　　　　三、平衡觉 ·· 150
　　　　四、嗅觉 ·· 151
　　　　五、味觉 ·· 152
第三节　神经反射活动 ·· 152

一、浅反射	153
二、深反射	153
三、肌紧张	154
四、病理反射	154

第四节　大脑皮质运动中枢及传导通路 …………………………………………… 155
　　一、大脑皮质运动区相关的主要功能定位 …………………………………… 155
　　二、大脑皮质与运动相关的主要传导通路 …………………………………… 155
第五节　随意运动机制 …………………………………………………………… 158
　　一、初级运动皮质与运动的发起和控制 ……………………………………… 158
　　二、前运动区与运动的准备过程 ……………………………………………… 159
　　三、小脑对运动的调节 ………………………………………………………… 160
　　四、基底神经节对运动的调节 ………………………………………………… 162

第六章　中枢神经系统可塑性理论
——— 165 ———

第一节　中枢神经系统可塑性的概述 …………………………………………… 165
第二节　中枢神经系统可塑性理论的形成 ……………………………………… 166
　　一、实验基础研究 ……………………………………………………………… 166
　　二、几种假说的提出 …………………………………………………………… 168
　　三、脑可塑性理论的提出 ……………………………………………………… 168
　　四、脑可塑性理论依据 ………………………………………………………… 169
第三节　中枢神经系统可塑性基本观点和方式 ………………………………… 170
　　一、脑的可塑性 ………………………………………………………………… 170
　　二、脊髓的可塑性 ……………………………………………………………… 174
第四节　中枢神经系统损伤后各阶段影响功能恢复的因素及其机制 ………… 174
　　一、急性损伤阶段有利于功能恢复的因素 …………………………………… 174
　　二、伤后早期有利于功能恢复的因素 ………………………………………… 174
　　三、后期及晚期促进功能恢复的因素 ………………………………………… 177

第七章　心 理 学 基 础
——— 181 ———

第一节　康复心理学的定义及作用 ……………………………………………… 182
　　一、康复心理学的定义 ………………………………………………………… 182

二、康复心理学的研究对象 …………………………………………………… 182
　　三、康复心理学的研究内容 …………………………………………………… 182
　　四、康复心理学的研究原则 …………………………………………………… 185
　　五、康复心理学的研究方法 …………………………………………………… 186
　　六、康复心理学在现代常见病、老年病、慢性病中的重要作用 …………… 187
　　七、中国康复心理学发展简史 ………………………………………………… 188
第二节　认知产生过程 ………………………………………………………………… 189
　　一、感觉 ………………………………………………………………………… 189
　　二、知觉 ………………………………………………………………………… 190
　　三、学习 ………………………………………………………………………… 192
　　四、记忆 ………………………………………………………………………… 193
　　五、思维 ………………………………………………………………………… 195
　　六、注意 ………………………………………………………………………… 196
第三节　康复医学中的心理学问题及其影响 ………………………………………… 197
　　一、康复医学中的心理学问题 ………………………………………………… 197
　　二、影响疾病康复的心理因素 ………………………………………………… 199
　　三、影响疾病康复的社会因素 ………………………………………………… 201

第八章　物理因子治疗基础
204

第一节　电疗法基础 …………………………………………………………………… 204
　　一、直流电疗法 ………………………………………………………………… 204
　　二、直流电药物离子导入疗法 ………………………………………………… 206
　　三、低频电疗法 ………………………………………………………………… 207
　　四、中频电疗法 ………………………………………………………………… 210
　　五、高频电疗法 ………………………………………………………………… 214
第二节　声疗法基础 …………………………………………………………………… 219
　　一、超声波疗法 ………………………………………………………………… 219
　　二、语音、言语的生理学基础 ………………………………………………… 221
　　三、音乐治疗的基本原理 ……………………………………………………… 222
第三节　光疗法基础 …………………………………………………………………… 222
　　一、光的传播和效应 …………………………………………………………… 222
　　二、红外线疗法 ………………………………………………………………… 223
　　三、可见光疗法 ………………………………………………………………… 224
　　四、紫外线疗法 ………………………………………………………………… 224

五、激光疗法 …………………………………………………………… 226
第四节　磁场疗法 ……………………………………………………………… 227
　　一、磁场的生物学作用 …………………………………………………… 227
　　二、磁场的治疗作用 ……………………………………………………… 228

第一章
总　　论

导学

本章主要介绍有关康复和康复医学的基本常识。通过学习，应掌握康复及康复医学的概念，康复医学的特点，康复医学的工作内容；熟悉康复的程度、目标和主要原则，康复人员的组成与职责；了解康复医学的发展简史。

第一节　康复与康复医学

一、康复的概念

康复一词，译自英文 rehabilitation，原意是"复原"、"恢复原来的权力、资格、地位、尊严"等。rehabilitation 一词曾用于宗教和法律领域，直到 20 世纪初才引入医学领域，意为使残疾人重新适应正常的社会生活，重新恢复做人的权利、资格和尊严。

随着康复实践的不断开展，人们对康复概念的认识也不断深入。1942 年，全美康复讨论会将康复定义为"所谓康复，就是使残疾者最大限度地复原其身体、精神、社会、职业和经济能力"。1969 年，世界卫生组织（World Health Organization，WHO）医疗康复专家委员会将康复定义为"康复是指综合地和协调地应用医学的、社会的、职业的和教育的措施，通过进行训练和再训练，使病、伤、残者（包括先天性残）已经丧失的功能尽快地、最大可能地得到恢复和重建，使他们在体格上、精神上、社会上和经济上的能力得到尽可能的恢复，使他们重新走向生活，重新走向工作，重新走向社会"。1981 年 WHO 医疗康复专家委员会给康复下了一个新的定义："康复是指应用各种有用的措施，以预防残疾的产生、减轻残疾的影响和使残疾人重返社会。康复不仅是训练残疾人使其适应周围的环境，而且也需要调整残疾人周围的环境和社会条件以利于他们重返社会。在拟订康复实施计划时，应由残疾者本人和他们的家属以及他们所在的社区参与"。

在我国，康复一词的传统含义等同于疾病后的恢复（recovery），这与国际上对康复的理解有很大的差别。恢复是指患者经治疗和休息后，健康水平 100% 恢复到病前水平。康复是指病、伤、残后,虽然经积极处理,但已经形成残疾,健康水平无法恢复到伤病前水平。因此,康复不是百分之百的恢复,它更重视疾病所导致的功能障碍,着眼于从生理上、心理上、社会上等进行全面康复(comprehensive rehabilitation),恢复独立生活、学习和工作的能力。它包括医疗康复(medical rehabilitation),利用医学手段促进康复;教育康复(educational rehabilitation),通过特殊教育和培训促进康复;职业康复(vocational rehabilitation),恢复就业能力、取得就业机会;社会康复(social rehabilitation),在社会层次上采取与社会生活有关的措施,促使残疾人重返社会,最终目标是提高生存质量(the quality of life)、最终融入社会(social integration)。因而康复的各种措施不仅涉及医学科学技术,而且涉及社会学、心理学、工程学等方面的技术和方法。

二、康复医学的概念

康复医学(rehabilitation medicine)是一门研究病、伤、残者康复的医学应用学科。具体而言,是为了康复目的而研究有关功能障碍的预防、评定和处理(治疗、训练)等问题的一门医学学科。它是医学的一个新的重要分支,也是医学与残疾学、社会学、心理学和工程学等相互渗透、交叉形成的跨科性学科(或边缘学科)。康复医学与保健、预防、临床共同组成全面医学(comprehensive medicine),成为人类医疗卫生事业中不可缺少的一个组成部分。

康复医学的对象主要是急性伤病后及手术后的患者、各类残疾者、各种慢性疾病患者和年老体弱者。康复医学的目的是通过各种康复手段,以消除或减轻功能障碍,使病、伤、残者在体格上、精神上、社会上、职业上的能力得到康复,恢复生活能力和工作能力,以重新回归社会。现代康复医学的核心思想是全面康复、整体康复,即不仅在身体上,而且在心理上使病、伤、残者得到全面康复;不仅要保全生命,还要尽量恢复其功能。

由于康复医学是由理疗学、物理医学逐渐发展形成的,故在现代康复医学发源地美国和欧洲、南美等国家,仍然使用"物理医学与康复"(physical medicine & rehabilitation,简称 PM&R 或 physiatry)作为学科名称。由于狭义的康复学即是指康复医学,故在英美各国"rehabilitation"和"rehabilitation medicine"也常交替使用。此外,对于先天残疾儿童,由于他们生来就存在功能障碍,故教导、训练他们掌握和发展生活、学习技能的过程,通常称为"致能"(获取能力)、"展能"(发展能力)、"习能"(通过学习、练习掌握技能),而不一定使用"康复"一词。在这种情况下,康复医学等同于致能学、展能学和习能学(habilitation)。

三、康复医学的特点

(一) 康复医学以功能障碍为主导

临床医学是以疾病为主导,康复医学是以功能障碍为主导。功能障碍是指身体、心理不能发挥正常的功能,可以是潜在的或现存的、可逆的或不可逆的、部分的或完全的,分为器官水平的病损(impairment)、个体水平的残疾(disability)和社会水平的残障(handicap)三个层次[2001年 WHO 发布的《国际功能、残疾与健康分类》(ICF)则称为身体结构与功能受损、个体活动能力受限、社会参与能力局限等三个层次]。针对不同层次的障碍,应有不同的康复对策。对于形态、功能障碍者要促进功能恢复,如采用物理疗法、作业疗法、中医康复疗法等;对于个体能力障碍者要采取适应和代偿的对策,如为了发挥瘫痪肢体残存的功能,可利用辅助器、自助具以提高日常生活活动能力,配置矫形器、假肢、轮椅等代偿功能装备;对社会活动障碍者要改善环境,对家属、单位、社区进行工作,确保对残障者进行照顾,改造公共设施(如房屋、街道、交通等)和社会环境,使残障者能方便、平等地参与活动。由此可见,康复医学是在三个层次上使患者达到最大程度的恢复。

(二) 康复医疗强调患者主动参与

康复医疗的目的是摆脱患者对他人的依赖,提高个体活动能力和获得生活独立。患者功能的恢复在很大程度上是依靠患者本人直接参与的功能训练,尤其是患者的个体活动能力和社会参与能力,绝不可能是依靠被动的药物治疗、手术治疗等来实现。因此,只有能够进行主动性康复训练的患者(如没有严重的交流障碍、认知功能障碍,而体力能够承受康复活动者)和预计能从康复训练中明显受益者,才是康复医疗尤其是早期强化的康复医疗的适应对象。那些不能够进行主动性康复训练的患者,通常难以摆脱对他人的依赖,他们需要的是被动的护理和长期的照顾,而不是主动的康复训练。

(三) 康复医疗依赖团队协作

康复医学着眼于整体康复(total rehabilitation),涉及到身体、心理、个体活动能力、社会活动能力等多方面的功能恢复和康复工程等,具有多科性、广泛性、社会性。仅仅依靠单一的康复专业是远远不够的,必须以小组的工作方式,依赖团队协作,进行多学科的合作(multidisciplinary approach)。不同的康复专业人员从不同的角度共同为患者的功能障碍进行分析和康复性处理。通常,康复的临床工作是在康复医师的领导和协调下,组成包括康复护士、物理治疗师、作业治疗师、言语治疗师、心理治疗师、假肢与矫形器师、文体治疗师、社会工作者和职业康复工作者等的康复医疗组(rehabilitation team),以定期召开的功能评定会为主要方式,全面地、协调地实施康复医疗工作。

(四) 康复医学并非治疗医学的延续

作为一个新的医学专业,康复医学具有自己的独到之处,它与传统的治疗医学关系密切,但又差别显著(表1-1)。

表1-1 传统治疗医学与康复医学的区别

项 目	传统治疗医学	康 复 医 学
对象	患者和疾病(患病的个体)	暂时或永久性残疾和功能障碍
目的	治愈疾病或稳定病情	最大限度地恢复功能
诊断或评价	疾病诊断	功能评定
治疗手段	被动性的医学处理为主	主动性的康复训练为主
专业人员	医疗小组(医生、护士、医技人员等)	康复小组(康复医师、康复护士、物理治疗师、作业治疗师、言语治疗师、心理治疗师、假肢与矫形器师、文体治疗师、社会工作者和职业康复工作者等)
结果	治愈、好转、无效	在三个功能层次的提高程度

四、康复医学的工作内容

康复医学的工作内容包括康复预防、康复评定和康复治疗。

(一)康复预防

"预防为主"是康复工作的重要方针。康复医学的首要任务在于预防残疾的发生,保护患者的身体功能和各种能力。根据WHO关于功能和残疾的描述,残疾的预防是在三级预防的水平上实施的。

1. 一级预防　又称为初级预防,旨在防止致残性病损的发生,即防止身体的结构和功能受损,其通过各种措施预防各种原因造成的病损、意外事故、传染性疾病、营养不良、发育缺陷、生育缺陷、精神创伤等的发生。一级预防是康复预防的基础和关键,做好一级预防,可以减少70%的残疾发生率。

2. 二级预防　又称为次级预防,旨在限制或逆转由损伤造成的伤残,即防止造成个体活动能力受限。当病损已经发生后,应尽量将病损的影响控制在最低水平,防止残疾(失能)发生。二级预防是康复医学的一个重要方面,主要由临床工作者承担,做好二级预防,可以使残疾的发生率降低10%~20%。

3. 三级预防　旨在防止残疾转化为残障,即防止个体社会参与的局限。当残疾已经发生,尤其是确定为不可逆的残疾或病损发生后,应积极采取康复治疗,减轻残疾的影响,防止残疾加重并发展为残障。

(二)康复评定

康复评定主要是指功能评估(evaluation),包括躯体运动功能评定、精神心理功能评定、言语功能评定和社会功能评定,又称为康复评估。由于其类似于临床医学的诊断过程,也称为康复诊断。

康复评定是康复治疗的基础,它不仅可以帮助了解残疾的水平,掌握现存的功能状况,评估功能恢复的潜力,从而制订出有效的康复计划。更重要的是通过康复评定,可以指导康复治疗,检查康复治疗的效果,并修订康复计划。

康复评定的特点包括:①评估的重点是与生活自理、学习劳动有关的综合性功能,如日常生活活动能力、言语功能、认知功能等。②广泛使用指数法和量表法进行评估。③为不同的疾病或残疾拟订不同的检查指标或评定标准,重视专项的综合评估。④分析性检查与综合性评估相结合。分析性检查通常只能提供一个侧面的材料,不足以为评价复杂的活动功能提供依据,因而必须与综合性的功能检查相结合,才能作出有参考价值的评估。

(三)康复治疗

康复治疗是以主动的康复训练为主的各种有效康复治疗手段和技术,预防疾病或损伤造成的功能障碍和减轻残疾的影响。它针对的不是疾病本身,而是疾病引起的功能障碍。康复治疗的常用手段包括:

1. 物理疗法(physical therapy,PT)　包括力学类和非力学类。力学类物理疗法是物理疗法的主要部分,也是康复治疗中最重要和最常用的功能训练方法,它是通过运动对功能障碍或功能低下者进行预防、改善和功能恢复的治疗方法。非力学类理疗主要是运用除力学因素以外的电、光、声、磁、水、冷、热等各种物理因素治疗疾病,促进患者康复的治疗方法。

2. 作业疗法(occupational therapy,OT)　是针对患者的功能障碍,有目的、有针对性地从日常生活活动(activities of daily living,ADL)、职业劳动、文体活动和认知(cognitive)活动中,选择一些作业对患者进行训练,以缓解症状和改善功能的一种治疗方法,包括功能性作业疗法、日常生活活动训练、心理作业疗法、就业前评价和就业训练。

3. 言语疗法(speech therapy,ST) 又称言语矫治,是对颅脑损伤、脑卒中、小儿脑性瘫痪等疾病引起的失语症、构音障碍、言语错乱和痴呆性言语进行评定并进行训练和矫治的方法。

4. 心理疗法(psychotherapy) 是通过观察、谈话、实验和心理测验(智力、人格、心理、精神等),对患者的心理异常进行诊断,并采用精神支持疗法、暗示疗法、行为疗法、音乐疗法、松弛疗法等对患者进行训练和治疗,从而减轻或消除症状,改善心理和精神状态,以利于治疗和恢复的实现。

5. 文体疗法(recreational therapy,RT) 是指组织患者参加旅行、音乐演奏(唱)或欣赏等力所能及的文娱活动,对患者进行功能恢复训练。一方面恢复其功能;另一方面调整患者的身心状态,恢复其均衡的生活方式,促进其回归社会。

6. 康复护理(rehabilitation nursing,RN) 是运用护理学方法照料残疾者,促进患者康复,预防继发性残疾。具体包括防止长期卧床的不良反应、指导患者自主完成日常生活活动、配合训练患者的肢体运动功能和做好患者的心理康复功能等。

7. 假肢和矫形器的运用(prosthesis and orthosis,P & O) 假肢是弥补人的肢体缺损和代偿肢体功能的人工四肢,适用于上、下肢截肢后装配,以代偿已丧失肢体部分的功能,使截肢者恢复一定的生活自理和工作能力。矫形器适用于四肢和其他部位,可以预防和矫正畸形,支持或协助功能运动,限制关节异常活动,缓解神经压迫等。

8. 康复工程(rehabilitation engineering,RE) 是运用现代工程学的原理和方法,恢复、代偿或重建患者功能的科学。具体包括康复评定设备的研制、功能训练恢复器的研制、功能代偿性用品的研制(如矫形器、生活自助器具、轮椅等)、功能重建性用品的研制(如人工喉、人工耳蜗等)、康复工程材料的研制(如人工关节、肌肉、血管等)和装饰性器官的研制(人工眼、耳、鼻等)。

9. 职业咨询(vocational counseling,VC)是指通过对残疾人致残前的职业史、职业兴趣、工作习惯和辅助器应用的可能性等职业适应能力的评价,提供就业方面咨询意见的过程。

10. 中国传统疗法(traditional chinese medicine,TCM) 包括中医学中针灸、按摩、气功、传统体育锻炼法,以及中药的外敷、熏洗和食疗等康复疗法。

11. 社会服务(social work,SW) 是一种在患者住院时,帮助患者尽快熟悉和适应环境,正确对待现实和将来,与家人一起向社会福利服务、保险、救济部门寻求帮助;在治疗期间,协调患者与专业组各成员的关系;在出院前,帮助患者做好出院后的安排;在出院后,进行随访,并帮助他们与社会有关部门联系以解决困难的服务。

五、康复的方式

康复的方式主要包括康复机构内康复(institute-based rehabilitation,IBR)和社区康复(community-based rehabilitation,CBR)两种。

(一)康复机构内康复

康复机构内康复又称专业康复,是指集中专门的康复专业人才,利用较为完善、先进的康复设备,在综合医院中的康复医学科(部)、康复门诊、专科康复门诊、康复医院(中心)、专科康复医院(中心)和特殊的康复机构进行的康复工作。其优点在于设备完善、人才集中、工种齐全,有较高的专业技术水平,能解决病、伤、残各种康复问题。缺点是投资、费用高。

（二）社区康复

社区康复又称基层康复,是指在社区范围内,主要依靠社区资源(人、财、物、技术),以简便、实用的方式为本社区病、伤、残者就地服务。它强调发动社区、家庭和患者参与,以医疗、教育、社会、职业等全面康复为目标。优点在于费用低廉、服务面广、简便易行。因而,CBR 服务自 1976 年由 WHO 倡导后,很快受到世界上大多数国家、地区的政府和非政府组织以及社会力量的采纳。

CBR 和 IBR 两种服务是相辅相成的,并不互相排斥。没有良好的康复机构的康复建设,就难有良好的社区康复;没有社区康复,康复机构的康复也无法解决残疾、残障者的所有康复问题。

此外,康复服务的方式还包括上门康复服务(out-reaching rehabilitation service, ORS),这是指具有一定水平的康复人员,走出康复机构到病、伤、残者家庭或社区进行康复服务,但其服务数量和内容均有一定限制。

六、康复医学专业人员的构成与职责

康复医学是一门多科性和跨科性的专业,在康复工作中需要多种专业人员的参与,用专业团队的方法(rehabilitation team approach)对患者进行康复评定和治疗,以争取最佳的康复效果。

康复医学专业人员包括康复医护人员、物理治疗师、作业治疗师、心理治疗师、言语治疗师、职业康复工作者、康复工程技术人员和社会工作者等,他们的主要任务是对残疾者和患者进行功能检查和评定,制订和实施康复医疗计划,并配合其他康复工作者,以促进残疾者和患者的全面康复。各类康复医学专业人员的职责大体如下。

（一）康复医师(rehabilitation physician, physiatrist)

其职责主要是接诊患者,对病、伤、残者进行诊断与功能评定,提出康复医学处理意见,并与其他康复医学人员协作,共同制订并检查督促康复医疗计划的执行。

（二）康复护士(rehabilitation nurse)

除执行基本护理任务外,康复护士还要执行康复护理任务,如执行康复医嘱,协助、指导患者日常生活活动(ADL)和各种康复训练,密切配合康复医师的工作,帮助督促残疾者和患者完成康复医疗计划等。

（三）物理治疗师(physical therapist)

主要负责肢体运动功能特别是对神经、肌肉、关节和心肺功能的检查和评定,并制订和执行康复计划。

（四）作业治疗师(occupational therapist)

作业治疗师又称作业疗法师,主要职责是对残疾者和患者进行日常生活活动能力等作业能力的检查和评定,制订各种作业训练计划,并指导患者通过有目的的作业活动,恢复或改善生活自理、学习和职业工作能力,以及指导选择和使用轮椅、矫形器等各类自助装置,为提高残疾者和患者的生活自理能力、重新就业能力创造条件。

（五）心理治疗师(psychologist)

主要职责是配合其他康复人员对患者进行心理测验(pshycological examination),提供心理

咨询和必要的心理治疗，帮助患者克服心理上、精神上和情绪上存在的各种障碍，改善心理状态，以便通过心理康复促进全面康复。

（六）言语治疗师(speech therapist)

言语治疗师又称语听治疗师(speech and hearing therapist)，主要职责是对患者的言语能力进行检查、评定并进行训练，以改善其言语沟通能力。

（七）文体活动治疗师(recreational therapist)

主要职责是根据患者生活方式、兴趣爱好、社交能力、情绪行为等特点，制订文体活动的治疗计划，并组织实施，从而帮助患者建立均衡、健康的生活方式，促进患者与社会的结合。

（八）假肢与矫形器装配师(prosthesis and orthosis specialist)

其职责是根据康复医师的处方要求，以及残疾者功能丧失部位和程度，设计、制作、装配假肢、矫形器（支具）和各种辅助装置，并能指导残疾者正确使用。

（九）康复工程技术人员(rehabilitation engineering technical personnel)

康复工程技术人员包括工程师、技师和技术员等多种人员，其职责是运用生物医学工程的基本原理与技术，与康复医务人员紧密配合，研究、设计、安装和维修各种康复功能检查的仪器、假肢、矫形器、辅助装置、环境控制系统和其他康复医疗器械设备。

（十）职业康复工作者(vocational rehabilitation worker)

主要职责是对患者进行就业能力的检查和鉴定，以及就业前再训练、就业咨询，使其能尽早地参加力所能及的工作。其中，从事职业咨询的康复人员称为职业康复顾问(vocational counselor)，从事职业能力评定的康复人员称为职业评定师(vocational evaluator)。

（十一）社会工作者(social worker)

主要职责是进行社会调查和分析，与病、伤、残者的家属、所在工作单位、街道、民政福利部门等进行联系，努力改善他们的生活条件、医疗条件和经济状况，在精神上、经济上、职业上和医疗上给予支持和照顾，并促进病、伤、残者与各类专业人员之间的沟通，发挥桥梁作用。

此外，康复专业人员还包括音乐治疗师(music therapist)、舞蹈治疗师(dance therapist)、园艺治疗师(horticultural therapist)、中医师(chinese physician)、针灸师(acupuncturist)、推拿按摩师(massage, manipulation therapist)等。

七、康复的程度和目标

（一）康复的程度

康复程度的高低决定病、伤、残者能否重返社会。在残疾人当中，大约有30%属于永久性残疾，他们需要康复医疗以外的其他措施帮助其适应环境和重返社会；约60%具有康复的潜力，需要康复医疗的帮助以改善其功能障碍；只有约10%已经或基本康复并重返社会。康复的程度分为三个层次：

1. 低水平　只在身体功能和（或）心理功能上有某些改善，但未能重返社会。

2. 中等水平　身心功能显著改善，生活可以自理或基本自理，但尚有各种障碍影响其重返社会。

3. 高水平　身心功能显著恢复，生活能够自理或基本自理，或生活虽未能完全自理，但可以借助人工辅助器重返社会，参加社会生活。

(二) 康复的目标

康复的目标是以病、伤、残者为中心，致力于病、伤、残者功能、能力和生活质量的提高，使病、伤、残者最终能回归家庭和社会并实现经济自立而成为社会独立的一员。

由于康复对象功能障碍（残疾）的程度和情况不同，康复的目标必定存在差异，即使功能障碍完全相同，但性别、年龄、体格和职业等的差异也使得康复的目标有所不同。因而，确切的康复目标是在对病、伤、残者进行全面康复评价基础上，制订出的能够发掘病、伤、残者全部潜在能力并通过努力可以达到的客观目标。

康复目标的准确制订，是康复治疗中最重要的环节，直接影响到病、伤、残者能否返回适当的环境，实现一定程度的社会回归。因此，制订康复目标时，必须遵循实事求是的原则，不能单纯地追求职业和经济的自立，而应尽最大的努力争取最好的康复效果。

第二节　康复医学在现代医学中的作用

一、医学模式的形成与转变

医学模式是人类对医学的总体认识，是以一定的观点和方法研究、处理健康与疾病问题的一种思维方式。它既表现了医学的总体结构特征，又是指导医学实践的基本观点。在医学发展的历程中，曾经出现神灵主义的医学模式、自然哲学的医学模式、机械论医学模式和生物医学模式，其中对现代医学起重要作用的是生物医学模式。

新医学模式的产生源于社会的不断发展。15世纪至20世纪初期，自然科学领域涌现出一系列重大发现，医学领域内解剖学、生理学、病理学、生物化学等技术的进步，促使人们开始运用生物——医学的观点认识生命、健康与疾病，产生了以实验生理学和细胞病理学为基础的生物医学模式。在生物医学模式下现代医学在生命科学、临床治疗医学和预防医学三个方面都取得了重大成就，对解决人类健康问题作出了巨大贡献。但随着人类学、社会学、心理学的发展及其在医学领域的实践，生物医学模式逐渐显现出种种缺陷和局限性。例如，生物医学模式认为疾病是一种孤立存在的、几乎可以脱离患者的社会背景的自然实体；每种疾病都有特异性的致病因素和特异性治疗方法；精神和躯体的疾病可以分开考虑；在诊治过程中，医生通常是独立的观察者，而患者却是被动的接受者。然而，医学并非单纯的自然科学，单一的生物学的医学观点并不能圆满地解释疾病的发生、发展和转归，心理因素和社会因素在人们的健康和疾病中都有着重要的作用。

20世纪初，随着医学的发展和社会的进步，疾病谱发生了巨大的变化，传染病、营养不良等疾病退居次要，心理因素、环境因素和社会因素与疾病的关系日益受到人们的重视。1977年，美国精神病学教授恩格尔提出社会—心理—生物医学模式取代了生物医学模式，并迅速为人们所接受，成为医学教育、医学研究和临床服务的指导思想。社会—心理—生物医学模式认为，疾病不是单一因果关系链的结果，是多因素共同作用的复合物，是人与环境相互作用的产物，它涉及到环境（物理、化学、生物、家庭、社会等）、精神（潜意识和意识）和躯体（系统、器官、组织、细胞、分子）等多方面；躯体和精神是有机联系的，两者相互影响，相互制约，不可分割；医疗服务是医患互动的一种过程，医生与患者都要主动参与。可见，新的医学模式使人们更全面地认识健康与疾病的问题,在治疗时充分考虑生物、心理、社会等多方面的因素,并据此探索出更全面、有效的疾病防治方法,促进了康复医学的发展。

二、健康概念与心理健康

(一) 健康的概念

健康是一个动态的概念。人类的健康观是随着社会的发展和生活水平的提高而不断变化的。20世纪以前,人们片面地把"无病、无伤、无残"看作是健康的标准。随着社会的进步和医学模式的转变,人们对健康含义的理解也越来越深刻。1984年,WHO在其宪章中提出了著名的健康新概念:"健康不仅仅是没有病和不虚弱,而且是身体上、心理上和社会适应能力上三方面的完美状态。"这一概念体现了医学的生物模式向社会—心理—生物模式的转变,改变了卫生医疗的方向和内涵,使医疗思维由传统的"治病——救人"转变为"治病——救人——功能",强调了功能。1990年,WHO在对健康定义的阐述中,又增加了道德健康,指的是不能损害他人利益来满足自己的需要,能按照社会认可的道德行为规范准则约束自己及支配自己的思维和行为,具有辨别真伪、善恶、荣辱的是非观念和能力。2000年,WHO又提出了"合理膳食,戒烟,心理健康,克服紧张压力,体育锻炼"的促进健康新准则。健康概念的发展变化,表明人们传统的健康思维发生了变化,认识到只有在躯体健康、心理健康、社会良好适应能力和道德健康、生殖健康五方面都具备的情况下,才算得上是真正意义上的健康。

(二) 心理健康

心理健康是一个包含有多种特征的复合概念,指的是对于环境及相互关系具有高效而愉快的适应,一般可理解为情绪的稳定和心理的成熟两个方面。心理健康的人,能保持平静的情绪、敏锐的智能、适应社会环境的行为和气质,不仅自我感觉良好,而且与社会协调、和谐,心理活动和心理特征相对稳定,能与客观环境统一和适应。

关于心理健康的标准,国内外心理学家有许多概述,概括起来基本上包括:良好的适应能力、良好的自我意识、能够保持人格的统一、保持和谐的人际关系和开朗的心境。

三、康复医学的重要性

(一) 发展康复医学是老龄化社会的必然结果

随着社会的进步、经济的发展和人民生活水平的提高,人类平均寿命显著延长,老年人在人口中的比例显著增加,这为康复医学提出了严峻的挑战。一方面,人口的老龄化使老年残疾者的比例也相应地增加;另一方面,老年人是心脑血管疾病、肿瘤等疾患的高发人群,对康复的需求也较大。此外,在经济社会高速发展的今天,各种意外伤害的发生率也显著增加,如工业和交通事故、体育竞技意外损伤等,都使致残的人数明显增加,这也使康复医学的重要性更为突出。

(二) 发展康复医学是促进患者康复的迫切需要

随着医学的发展、疾病谱的改变,传染性疾病已不再是威胁人类健康的头号杀手,心脑血管疾病、肿瘤和创伤等成为了新的主要致死病因。但这些患者中,有相当大比例的患者还能存活很长时间,对于他们而言,康复医学具有重大的价值。例如,对于创伤患者而言,有报道显示,1950年前截瘫患者只能平均存活2.9年,且由于残疾,他们难以重返社会。而随着康复治疗的实施和康复工程的发展,1976年,已有53%的截瘫患者可以重返学习和工作岗位;1980年,这类患者达到了83%左右,不但没有成为家庭和社会的沉重负担,反而以不同的方式为社会做出贡献。又如,对心肌梗死存活者而言,进行积极的康复治疗可以明显增加患者的寿命;对肿瘤患者而言,积极的康复治疗,如心理治疗、作业治疗、物理治疗、整形治疗和康复工程等减轻了患者的心理负担和遗留的疼痛、虚弱等症,提高了患者的生活质量,有利于患者重返社会。

(三) 发展康复医学是应对重大自然灾害和战争的必要准备

对于人类而言,火山喷发、地震等自然灾害和局部战争目前仍然是难以避免的,这就必然产生数量不小的伤残者。而对这些患者进行必要的康复治疗是非常重要的,这也是必须重视发展康复医学的主要原因之一。

基于上述原因,康复医学在世界各地都受到广泛的重视。我国也于2002年下发了"国务院办公厅转发卫生部关于进一步加强残疾人康复工作意见的通知",显示了大力发展康复医学的决心和行动。

四、康复医学的主要原则

康复医学的主要原则包括功能训练、全面康复、重返社会和改善生活质量。

(一) 功能训练

康复医学工作着眼于保存和恢复人体的功能活动,包括运动、感知、心理、言语交流、日常生活、职业活动和社会生活等方面的能力,重视功能的检查和评估,并采取多种方式进行功能训练。

(二) 全面康复

全面康复是指从生理上(身体上)、心理上(精神上)、职业上和社会生活上进行全面整体的康复。康复的对象不仅是有功能障碍的器官和肢体,而更重要的是整个人。从这一意义上来说,全面康复就是整体康复。此外,全面康复也是指残疾人在医疗康复、教育康复、职业康复和社会康复等领域全面地进行康复,因而全面康复亦称综合康复。

(三) 重返社会

人生活于社会之中,但残疾使人暂时离开社会生活的主流。康复的最终目的是使残疾者通过功能的改善或(和)环境条件的改变重返社会,参加社会生活,履行社会职责。

(四) 改善生活质量

康复项目的早期介入对于预防患者可能出现的诸多并发症起到了关键的作用,从而改善了患者的生活质量,有利于患者参与社会生活,重新与社会结合。

第三节 康复医学的发展简史

一、创立期(公元前至1910年)

创立期也称为史前期,这一阶段以利用物理因子单纯治疗为主。早在公元前,温泉、砭针、磁石、按摩、日光和健身运动等物理因素就已被应用于风湿病、慢性疼痛等疾患的治疗。在我国,康复医疗实践有相当悠久的历史。上古时期,火的应用产生了灸热熨等康复疗法;新石器时期所产生的砭石、石针、骨针等医疗器械,使康复医学手段得以增强;在春秋战国时期已经将按摩和温热法用于疾病治疗;在马王堆汉墓出土的帛画"导引图"可谓是现存最早的气功导引图;名医华佗的"五禽戏"可称为最早的医疗体操之一。隋代巢元方的《诸病源候论》记述了80多种导引法治疗偏枯、麻木、风湿痹痛、眩晕和消渴等疾患。此外,在我国古代,精神疗法、音乐疗法、舞蹈疗法等亦被运用到康复医学中。如《吕氏春秋·古乐》记载:"昔陶唐之始……民气郁阏而滞着,筋骨瑟缩不达,故作舞以宣导之。"同篇还记载"瞽叟乃伴五弦之瑟",这就是舞蹈、音乐用于康复的真实写照。可见,我国古代已有简朴的康复医疗方法,其中针灸、导引、气功等对世界医学有相当大的影响。

在西方,这一阶段运动疗法、作业疗法和光疗法已逐渐形成,残疾者的职业训练、聋人和盲人的特殊教育、精神病的心理治疗、患者的社会服务等工作也已开始,治疗的对象主要是风湿性疾病、外伤后遗症、聋人和盲人。此外,希腊出土的文物甚至已绘有"假足"。这都说明古代西方也在运用一些原始的康复治疗技术。

二、形成期(1910—1946年)

1910年康复一词正式应用在残疾者身上。第一次世界大战后,战伤和脊髓灰质炎流行使残疾人增多,引起了社会对康复的重视,刺激了物理学的迅速发展,并逐渐发展成为物理医学(physical medicine)。由于康复医学是在物理医学的基础上发展起来的,故物理医学被称作康复医学之母。迄今欧美各国仍然常将康复医学这一专业称为物理医学与康复。1917年,美国陆军成立了身体功能重建部和康复部,这成为最早的康复机构。1942年,在全美康复会上给康复下了第一个定义:"所谓康复,就是使残疾者最大限度地复原其身体、精神、社会、职业和经济能力"。在这一阶段,在康复评定方面出现了手法肌力检查等方法;在治疗方面出现了增强肌力的运动疗法,取代和矫正肢体功能的假肢和矫形器,超声治疗、电诊断、电疗、言语障碍治疗和文体疗法等。康复治疗的对象主要是截肢、脊髓损伤、脊髓灰质炎后遗症、周围神经损伤等。第二次世界大战后遗的大量伤残,又进一步促进了社会对康复医学重要性的认识,从而更有力地促进了康复医学的发展。

三、完善期(1947—1970年)

第二次世界大战期间伤员较多,为使伤员尽快返回前线,康复工作人员在物理医学的基础上采用多学科综合应用的康复治疗,如物理治疗、心理治疗、作业治疗、言语治疗、假肢、矫形支具装备等,大大提高了康复效果。战争结束后,战伤的康复经验运用于和平时期。1947年美国成立了美国物理医学与康复医学委员会,1951年成立国际物理医学与康复学会,1969年国际伤残者协会更名为康复国际(rehabilitation international,RI),同年国际康复医学会(international rehabilitation medicine association,IRMA)成立。这都标志着康复医学日臻成熟,并得到世界人民和医学界的公认。

四、发展期(1970年至今)

20世纪70年代以后,康复医学在医疗、科研、教育等方面有了快速的发展。康复医生和主要康复治疗专业人员在数量上已具有一定的规模,世界各地先后建立了集运动治疗、作业治疗、言语治疗、心理治疗、康复医学工程为一体的大规模的康复中心。不少康复研究所也因成绩显著而闻名于世,如现今认为是康复医学之父的 Howard A. Rusk 教授建立的康复医学研究所(Institute of Rehabilitation Medicine,IRM)(现更名为 Rusk 康复医学研究所)等。

在我国,1982 年初卫生部提出选择若干综合医院和疗养院试办康复医疗机构,通过试点逐步推广。1983 年,我国成立了第一个康复医学专业学术团体——中国康复医学会,目前已有 20 余个二级专业分会,在 26 个省、市、自治区成立了分会。我国康复医学虽然在现代起步较晚,但我国以独特的中医传统康复思想与世界现代康复医学潮流相汇合,积极开展国际学术交流,发展较迅速。目前各地已建立起一批康复中心、康复医学院、康复医学门诊,并开展多层次的康复医学教育计划,培养了大批的康复医学人才。而康复医学的发展必将对我国的医学事业和民众的健康起到积极的推动作用。

进入 21 世纪后,康复医学更是有了迅速的发展。具体体现在以下几个方面。

1. 重视功能康复　WHO 在 2001 年拟订了《国际功能、残疾与健康分类》,以人体功能为出发点,观察功能在个体活动和参与社会能力中的体现,并强调环境因素和个人因素对上述功能、活动和参与的水平都能产生影响。而对残疾的预防和康复,就是要采取干预措施,改变环境因素和个体因素,促进功能的恢复,改善活动和参与的能力。

2. 重视老年康复　在人口老龄化的今天,老年人的康复医疗越来越受到广泛的关注,这就要求增加对老年人的康复服务。

3. 重视社区康复　社区康复以社区为基地,以满足广大残疾人的康复需求为前提,以政府支持和社会各界合作为保障,积极动员残疾人及其家属参与,已形成了国际化发展的趋势。近年来,社区康复已进入了一个多元化、快速发展的新阶段。

4. 重视工程康复　随着生物医学工程和康复工程的发展,利用工程技术延伸、补偿和代偿肢体已丧失或减弱的功能,已成为克服残疾的重要手段,如假肢、矫形器、轮椅和其他辅助用品的运用。

5. 重视康复治疗的管理,尤其重视对康复治疗的质量、效果和成本效益的评估、监控　通过对康复治疗的有效管理,量化地提高了患者的独立生活能力和生活质量,使其全面康复,融入社会,达到康复医疗的最终目的。

第二章
残疾学基础

导学

本章系统介绍了残疾、残疾学的基本概念，残疾发生的主要原因和残疾的分类，肌肉、骨骼、关节、周围神经损伤和中枢神经系统损伤的残疾学。通过本章学习，应掌握残疾、残疾学的概念，残疾产生的主要原因，肌肉、关节、神经系统损伤的残疾学，熟悉残疾的分类和标准，了解残疾的预防等内容。

第一节 残疾学概述

一、残疾与残疾学

(一) 残疾的概念

残疾是指因外伤、疾病、发育缺陷或精神因素等造成明显的身心功能障碍，导致不同程度地丧失正常生活、工作和学习能力的一种状态，是人体身心功能障碍的总称。1980年，WHO按照残疾的性质、程度和影响，将残疾分为病损（impairment）、失能（disability）和残障（handicap）。而根据功能障碍持续的时间，将残疾分为暂时性残疾和永久性残疾。

1. 暂时性残疾　各种疾病或多或少会影响相应组织、器官、肢体的功能，患者会出现暂时性的功能活动受限，如肌腱断裂、关节损伤、骨折后，患者丧失了活动能力，但随着骨折的愈合、损伤的恢复，患者能逐渐恢复其功能活动，这种短暂性的、可以逆转的功能活动障碍称为暂时性残疾。

实际上残疾状态持续不超过12个月者则称为暂时性残疾，这种情况是相当常见的。据统计，70%的人在一生中的某个时间会有暂时性残疾的状态，如腰部或踝部突然扭伤而致卧床不起。

2. 永久性残疾　对于那些由疾病或损伤造成的不可逆转的功能活动障碍者称为永久性残疾。即残疾状态持续12个月及以上，则称为永久性残疾，如外伤后截肢、完全性脊髓损伤后的瘫痪等。在永久性残疾中,以老年人口为多,老年病残者占老年人口总数的百分比在英国为58%,美国为32.5%,日本为41.9%,荷兰为37.9%,我国估计也在40%以上。

(二)残疾学

残疾学是一门研究致残的原因和残疾的流行规律、表现特点、发展规律、结局以及评定、康复与预防的学科,是以医学为基础,涉及教育学、社会学和政策法令等诸多学科的交叉性学科。其主要内容包括残疾的流行规律,残疾的分类及分级,残疾的评定和残疾的预防、康复等。

二、残疾人的概念

残疾人是指生理功能、解剖结构、心理和精神状态异常或丧失,部分或全部失去以正常方式从事正常范围活动的能力,不利于在社会生活的某些领域中发挥正常作用的人。由于各国经济文化与社会福利制度存在着差异,以致不同的国际组织与国家从不同的角度提出了残疾人的定义和评定标准。国际劳工组织对残疾人定义是"经正式承认的身体或精神损伤在适当职业的获得、保持和提升方面的前景大受影响的个人"。据统计,目前全世界残疾人总数约为5亿,占世界人口总数的8%左右。

作为一个特殊的群体或个体,从康复的角度看,残疾人具有以下特点:第一,残疾人多数都具有不同程度的生活和工作的潜力,经过康复训练或康复服务,这些潜力可得到发挥,使残疾人的生活质量或工作能力得到改善。第二,残疾人是在身心活动上有不同程度困难的群体,应该给予特殊的关心和照顾。第三,与健全人一样,残疾人在社会上享有同样的权利和机会,不应受到任何歧视。

WHO认为,在社会生活的一切领域,需要为残疾人充分参与社会而对环境作出必要的调整,要求社会改变对残疾人的态度或观念。

三、残疾发生的原因

(一)残疾的一般致残因素

1. **遗传因素与孕期疾病** 遗传因素是指由于父母的遗传作用,使得遗传物质发生了改变,导致子代在出生时或发育过程中表现出形态和功能方面的异常,如先天性白内障、先天性耳聋、垂体性侏儒、苯丙酮尿症、呆小症和先天愚型(唐氏综合征)等。

若孕妇在妊娠期患某种疾病,接触致残性物质,孕期严重的营养不良,服用某些致畸形药物或在分娩过程中的缺氧和各种损伤,异常分娩等,都可造成胎儿出生后出现残疾。例如,孕早期患风疹,可导致胎儿唇裂、腭裂、智力低下等;新生儿窒息、胎儿窘迫,可引起小儿智力低下;难产时发生胎儿缺氧与产伤,可导致斜颈、肩下垂、足内翻等。

2. **致残性感染** 感染作为重要的致残因素已得到广泛的证实,在世界范围内感染性疾病所致的各类残疾占第二位(23%),高于先天性因素所致残疾(18%)和创伤、伤害所致残疾(17%)。

常见的致残性感染性疾病有脊髓灰质炎、沙眼和流行性脑脊髓膜炎等。例如,脊髓灰质炎可导致短期内大量肢体瘫痪的残疾儿出现;沙眼可造成眼睑畸形、倒睫、角膜浑浊等,最终导致失明。

3. **致残性疾病** 脑血管意外、糖尿病、白内障、冠心病、高血压病、尘肺病和某些地方性疾病等具有一定的致残作用,其中以脑血管意外、糖尿病、白内障、慢性阻塞性肺疾病等致残影响最为严重。

4. **营养不良** 营养失调不仅会影响人体正常的生长发育和生理功能,还会造成对机体的损害,最终导致某些疾病的发生。可致残的营养失调性疾病包括蛋白质和热能营养不良、无机盐和微量元素失调(如钙缺乏,锌缺乏)以及维生素失调(如维生素A、叶酸缺乏)等。

5. **社会和心理因素** 各种致残因素中,社会、心理因素起到一定的作用,尤其与精神残疾和智力残疾的发生关系密切。我国1987年残疾人调查显示,在智力残疾的已知致残因素中,6%为社会和心理因素。

6. **意外伤害** 交通事故、工伤事故、各种理化因素所致的烧、烫伤以及自然灾害引起的意外伤害,是引起暂时性和永久性残疾的重要原因。意外伤害不仅威胁着人们的健康,夺去一部分人的生命,还会造成多种残疾。据估计,我国每年仅因车祸造成残疾的约为20万人。

7. **致残性中毒** 药物中毒、接触有毒有害的化学物质和放射性物质,也是导致残疾的重要原因。药物的毒副作用可以造成严重的残疾,如某些药物中毒造成的听力损害是引起后天性耳聋的重要原因。药物的毒副作用甚至可以通过胎盘和哺乳影响胎儿和婴儿,引起先天性残疾和儿童残疾。环境中广泛存在的有害化学物质如铅、氟、汞、钡、砷、有机磷、农药残留物等,也可以导致各种损害和残疾。此外,长期接触放射性物质等亦会引起胎儿畸形等残疾。

(二) 各类残疾的主要致残因素

1. **听力语言残疾** 导致听力语言残疾的主要因素是老年性耳聋,占所有耳聋致残因素的45%,其次是中耳炎和高热性疾病。

2. **智力残疾** 智力残疾致残因素较复杂,在各种已知的致残因素中,遗传性疾病所占的比例最大,其次是脑炎、脑膜炎和脑血管疾病。

3. **视力残疾** 导致视力残疾的致残因素较明确的是角膜炎、白内障、沙眼、屈光不正、弱视等,其中儿童的主要致残因素是先天遗传、屈光不正、弱视和角膜炎,老年人中白内障因素占60%。

4. **肢体残疾** 在我国引起肢体残疾的主要因素为意外伤害、血管性疾病和小儿麻痹症等,儿童先天性疾患等也是造成肢体残疾的主要原因之一。

5. **精神残疾** 在各种精神致残因素中,精神分裂症所占比例最大,其次为各种精神病和脑部疾病。

四、残疾学评定

1. **肌肉损伤的评定** 徒手肌力、等速肌力评定可以判断肌力情况,肢体周径检查、神经-肌肉电刺激检查可对肌萎缩的性质和范围作出判断,影像学中的B超、CT和MRI可对肌肉的体积、密度、形态作出精确的判断。

2. **关节损伤的评定** 关节活动度测量是反映关节损伤后功能状况最直接的指标。

3. **骨损伤的评定** 可以进行肢体长度的测量、骨密度检查和影像学检查等。

4. **神经损伤的评定** 可对损伤的神经进行神经电生理评定,区分周围性和中枢性神经损伤以及对神经恢复进行判定。

第二节 残疾的分类与分级

1980年WHO制订的《国际病损、残疾和残障分类》（International Classification of Impairments, Disabilities and Handicaps, ICIDH）已被康复学界广泛应用，它从三个层次上反映身体、个体和社会的功能损害程度。随着医疗康复事业的发展和国际范围内对残疾人事业认识的不断深入，残疾人社会活动领域的不断扩大，原先的ICIDH经过10多年的应用，也暴露出不少的问题，需要作出相应的调整。于是，在1993年WHO决定修订ICIDH，并于2001年第54届世界卫生大会上正式签署发布了《国际功能、残疾与健康分类》（International Classification of Functioning, Disability and Health, ICF）。

一、残疾的描述

（一）国际病损、残疾和残障分类

ICIDH将残疾分为病损、失能和残障，认为残疾的发生与影响因素是建立在生物——医学模式基础之上的。将残疾现象视为个人问题，认为残疾的发生是疾病或损伤所导致的结果。其将疾病的结果或残疾状态表述如图2-1。

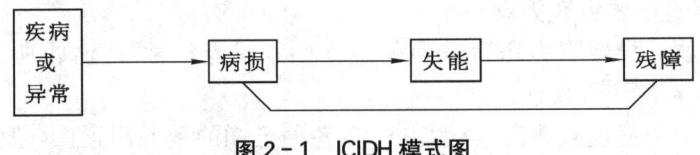

图2-1 ICIDH模式图

1. **病损** 指各种原因所导致的身体结构、器官或系统生理功能和心理功能的异常，干扰了个人正常生活，如活动受限、关节疼痛等，对日常生活、工作产生一定影响。其影响局限在组织器官水平上，个人生活仍能自理。对这类残疾者应积极进行临床治疗和功能训练，以防止功能障碍的出现或发展。

2. **失能** 指由于身体组织结构和功能损伤较严重，身体和智力、精神活动明显障碍，以致患者不能以正常的方式和范围独立进行日常生活活动（如穿衣、个人卫生）。其影响在个体水平上，造成个体活动能力障碍。失能一般是建立在病损基础上的，但并非所有的病损都会造成失能，而心理因素也可成为加重功能障碍的主要原因。因此，在功能评估时，除考虑生理因素外还应考虑心理因素。

3. **残障** 指残疾者社会活动、适应、交往能力的障碍，包括工作、学习、社交等。其影响在社会水平上，造成个人在社会上不能独立。对这类残疾者，除康复治疗外，更重要的是在社会层次上调整和改变其生活、工作和学习的条件，以利于重返社会。

总之，伤病后仅有生理、解剖缺陷或功能障碍而没有累及生活自理能力者属于病损；如累及个人生活自理和就业能力者则属失能；如失能导致社会生活受影响者则属残障。以上是对病损、失能、残障的概括说明，本书凡不加注明地称残疾多指广义的残疾，即包括失能和残障在内。

4. **病损、失能、残障之间的关系** 我国习惯上把病损、失能、残障合称为残疾，但只有后两者才是肯定的残疾。病损是否属于残疾，需要做具体分析。病损未经合理的治疗，可转化为失能，甚至残障。而残障或失能因合理的康复治疗可向较轻程度转化。在一般情况下,残疾的发展是按照病损、失能、残障顺序进行,也可能因疾病或病损严重,直接演变为残障。一些病损患者,因心理障碍而自我封闭,发展到不参与社会的程度即成为残障,但此类患者经康复、心理治疗后,完全可以转化为病损。如脑损伤后偏瘫患者,在一侧肢体功能丧失后,失去了步行能力,大、小便不能自理,生活上需要他人的帮助,处于失能状态,但患者经过积极的康复治疗,可以从失能转变为病损。如果得不到积极康复治疗,患者肢体瘫痪可以使其终身卧床,丧失了工作能力和与社会交往的能力,发展为残障。因此,必须指出如能及时采用预防措施,使病损不再发展,则可防止残疾的发生。

5. ICIDH 的作用和存在的问题　ICIDH 使医疗、康复工作者能更好地分析患者在生活上的障碍。在过去的一段时间里,康复医学界广泛引用了 ICIDH 的概念,大大地推动了现代康复医学的发展,但 ICIDH 也存在许多问题。首先,它忽略了主观障碍的重要性。ICIDH 从残疾的三个不同客观层次,即生物层次、个人层次和社会层次清楚地阐述了残疾程度,但没有考虑到同等重要的主观因素的一面。主观障碍是作为个人体验的障碍,是残疾人心中的一种苦闷、烦恼和绝望。疾病虽然导致了功能障碍及社会性不利等客观功能障碍,同时也会引起主观障碍。这种主观的障碍会直接影响客观的障碍,特别是社会水平障碍。其次,它忽略了环境的重要性。环境方面的阻碍因素与功能障碍、能力障碍间的相互作用导致了社会水平障碍。在生物水平、个人水平相同的情况下,由于环境因素的不同,社会水平会截然不同,即回归社会的能力完全不同,然而在 ICIDH 中没有考虑环境的因素。

(二)国际功能、残疾与健康分类

1.《国际功能、残疾与健康分类》描述　ICF 的模式是从残疾人融入社会的角度出发,将残疾作为一种社会问题。残疾不仅是个人的特性,也是由社会环境形成的一种复合状态。因此,对残疾问题的管理要求有社会行动,要求改造环境,以使残疾人充分参与社会生活。具体模式如图 2-2。

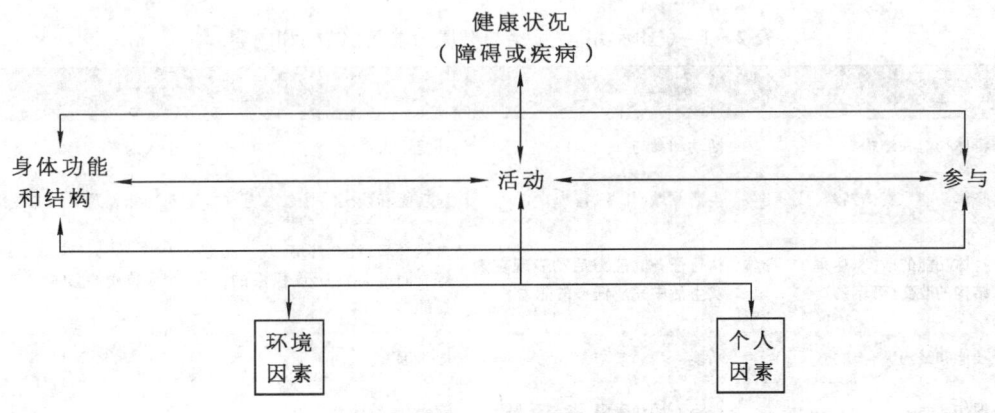

图 2-2　ICF 理论模式图

(1)"身体功能与结构":ICF 将身体功能和结构按身体系统进行分类。"身体功能"是指身体各系统的生理功能或心理功能,"身体结构"是指身体的各个单位或整体。如胃的功能是消化食物,脑的功能是思维,手的功能是利用工具或不用工具劳动,足的功能是支撑体重和行走等。其各有各自的特征,是不能互相取代的,但当本应具有的功能不能正常发挥作用时即称为功能障碍。身体的功能和身体的结构是两个不同但又相关的部分,如眼结构组成视觉功能。

(2)"活动"与"活动限制":"活动"是指由个体执行的一项任务或行动。"活动限制"是指个体在进行活动时可能遇到的困难,这里指的是个体整体水平的功能障碍,如学习和应用知识能力、生活自理能力、完成一般任务和要求的能力、交流的能力、个体的活动能力等。

(3)"参与"与"参与限制":"参与"是指投入到一种生活情景中。"参与限制"是指个体投入生活环境时可能体验到的问题,这里指的是患者的社会功能障碍,如家族生活中人际交往和联系能力障碍,接受教育和工作就业等主要生活领域的能力障碍,参与社会、社区和公民生活的能力障碍等。

(4)"损伤"与"残疾":"损伤"包括身体功能和结构两方面,代表个体身体及其功能的生物医学状态与通常所确认的正常人群的标准状况之间的差异。损伤可以是临时的,也可以是永久的、渐进性的、退行性的,或稳定的、间歇性的或连续性的。与正常人群标准值的差异可能是微弱的或非常严重的,也可以随着时间而波动。

"残疾"是一个包括损伤、活动限制或参与限制在内的意义广泛的术语。因此,"功能"、"健康"和"残疾"是使用三项相互独立而又彼此互相关联的结构来说明的。

(5)背景性因素:ICF强调个体的功能或残疾是健康状态变化(疾病、损伤、创伤、障碍等)与背景性因素之间动态的相互作用和复杂联系的结果,这种作用和联系是双向的,在某一水平上进行干预可以使其他因素发生变化。它包括环境因素和个人因素。

1)环境因素:包括某些产品、工具和辅助技术,其他人的支持和帮助,社会、经济和政策的支持力度,不同的社会文化等。有障碍或缺乏有利因素的环境将限制个体的活动表现,而有促进作用的环境则可以提高其活动表现。

2)个人因素:包括性别、年龄、健康情况、种族、生活方式、习惯、教养、社会背景、教育、职业、过去和现在的经验、个体的心理优势及其他特征等。

《国际功能、残疾与健康分类》的结构和内容见表2-1所示。

表2-1 《国际功能、残疾与健康分类》的结构和内容

	第一部分:功能和残疾		第二部分:背景性因素	
成分	身体功能和结构	活动和参与	环境因素	个人因素
领域	身体功能 身体结构	生活领域(任务、行为)	对功能和残疾的外在影响	对功能和残疾的内在影响
结构	身体功能的改变(生理的)身体结构的改变(解剖的)	执行任务的能力活动表现在现实生活中完成任务的能力	自然环境、社会环境、观念态度等方面的特征所致积极的、消极的影响	个人特质的影响
积极	功能和结构整合功能	功能 活动参与	促进因素	
消极	损伤	残疾 活动受限、参与受限	障碍/阻碍因素	

2.《国际功能、残疾与健康分类》应用领域 ICF具有广泛的可利用性,如社会保障、卫生保健评估以及地方性、国家性和国际性的人口调查。具体而言,有如下五个方面的应用:

(1)作为临床工具:用于需求评定,如根据特定的情况选择治疗方法、职业评定、康复及其结果评定。

(2) 作为研究工具:为认识、研究健康和与健康相关的状态、结果以及它们的决定因素提供科学的基础。

(3) 作为社会政策工具:用于社会保障计划、赔偿政策的制订和实施。

(4) 作为统计工具:可使不同国家、不同卫生保健学科领域和不同服务及不同时间的数据进行比较成为可能(如用于人口研究和调查或用于管理信息系统)。

(5) 作为教育工具:可用于课程设计、提高社会意识和采取社会行动。

二、残疾的分类

目前全世界尚无统一公认的残疾分类标准。各国在进行残疾的调查时由于研究目的不同,所采用的分类标准也不同。按残疾部位可有视力、智力、听力语言、肢体残疾之分,按残疾性质可有先天残疾和后天残疾之分,按残疾类别又可有心理残疾、生理残疾和感官、器官残疾之分。本节介绍的分类标准有两个,一是 WHO 1980 年出版的残疾分类标准,二是我国 1987 年进行全国残疾人抽样调查时所采用的残疾分类标准。

(一) WHO 残疾分类标准

WHO 1980 年出版的残疾分类标准,见表 2-2。

表 2-2 WHO 残疾分类标准表

1. 病损分类	2. 失能分类	3. 残障分类
(1) 智力病损	(1) 行为失能	(1) 识别(人、地、时)残障
(2) 心理病损	(2) 语言交流失能	(2) 身体残障(生活不能自理)
(3) 听力病损	(3) 个人生活自理失能	(3) 运动残障
(4) 语言病损	(4) 运动方面的失能	(4) 职业残障
(5) 视力病损	(5) 身体姿势和活动方面的失能	(5) 社会交往残障
(6) 内脏病损(心、肺、消化、生殖器等)	(6) 精细活动方面的失能	(6) 经济上自给残障
(7) 骨骼(姿势、体格、运动)	(7) 环境适应方面的失能	
(8) 多种综合病损	(8) 特殊技能方面的失能	
	(9) 其他活动方面的失能	

(二) 中国的残疾分类标准

1987 年我国残疾人抽样调查是按照视力残疾、听力语言残疾、智力残疾、肢体残疾、精神残疾五类残疾分类的,其中视力残疾、听力语言残疾、智力残疾标准与国际标准基本一致,肢体残疾标准则是自行制订的,精神残疾标准是参照 WHO 提供的精神病分级标准而自行制订的。

1. 视力残疾的分级　见表 2-3。

表 2-3 视力残疾分级表

类别	级别	好眼最佳矫正视力
低视力	二级低视力	<0.3,≥0.1
	一级低视力	<0.1,≥0.05
盲	二级盲	<0.05,≥0.02;或视野半径<10°
	一级盲	<0.02 至无光感;或视野半径<5°

注:①低视力或盲均指双眼而言,若双眼视力不同,则以视力较好的一眼为准。②如仅有一侧眼为盲或低视力,而另一眼的视力达到或优于 0.3,则不属于视力残疾的范围。③最佳矫正视力是指以适当镜片矫正所能够达到的最好视力,或以针孔镜所测得的视力。

2. 听力语言残疾的分级 见表2-4。

表2-4 听力语言残疾分级表

类别	级别	言语频率平均听力损伤
重听	二级重听	>41dB,≤55dB
	一级重听	>56dB,≤70dB
聋	二级聋	>71dB,≤90dB
	一级聋	>91dB

注：①"语言频率平均听力损失"是指语言频率为500 Hz、1 000 Hz、2 000 Hz的平均数。②重听和聋均指双耳，若双耳听力损失程度不同，则以听力损失轻的一耳为准。③若一耳是聋或重听，而另一耳的听力损失≤40 dB的，不属于听力残疾范围。④单纯的语言残疾，不分等级。

3. 智力残疾的分级 见表2-5。

表2-5 智力残疾分级表

分度	级别	与平均水平差距 SD	IQ值	适应能力
轻度	四级	2.01~3	50~70 或 55~75	轻度适应缺陷
中度	三级	3.01~4	35~50 或 40~55	中度适应缺陷
重度	二级	4.01~5	20~35 或 25~40	重度适应缺陷
极重度	一级	>5.01	20 或 25 以下	极重度适应缺陷

注：(1)智力迟缓(MR)是根据美国智能迟缓协会1983年的诊断标准：①智力明显低于平均水平，IQ值在人群均值的两个标准差以下，即70、75以下。②适应行为(包括对生活和对社会应尽的责任)不良。③年龄在18岁以下。

(2)智力商数(IQ)是指通过某种智力量表所测量得到的智龄和实际年龄的比，即IQ=(智龄÷实际年龄)×100。不同年龄的智力测定方法，有不同的IQ值，但诊断的主要依据是社会适应行为。

4. 肢体残疾的分级

(1) 一级肢体残疾：① 四肢瘫痪，完全性截瘫，双髋关节无自主活动能力，偏瘫，单侧肢体功能全部丧失。② 四肢在不同部位截肢或先天性缺肢，单全臂(或双全腿)和双小腿(或双前臂)截肢或缺肢，双上臂和单大腿(或单小腿)截肢或缺肢，双全臂(或双全腿)截肢或缺肢。③ 双上肢功能极重度障碍，三肢功能重度障碍。

(2) 二级肢体残疾：① 偏瘫或截瘫，残肢仅保留少许功能。② 双上肢(上臂或前臂)或双大腿截肢或缺肢，单全腿(或单全臂)和单上臂(或单大腿)截肢或缺肢，三肢在不同部位截肢或缺肢。③ 两肢功能重度障碍，三肢功能中度障碍。

(3) 三级肢体残疾：① 双小腿截肢或缺肢，单肢在前臂、大腿及其上部截肢或缺肢。② 一肢功能重度障碍，两肢功能中度障碍。③ 双拇指伴有示指(或中指)缺损。

(4) 四级肢体残疾：① 单小腿截肢或缺肢。② 一肢功能中度障碍，两肢功能轻度障碍。③ 脊椎(包括颈椎)强直，驼背畸形>70°，脊柱侧凸>45°。④ 双下肢不等长，差距大于5 cm。⑤ 单侧拇指伴有示指(或中指)缺损，单侧保留拇指，其余四指截除或缺损。

以下情况不属于肢体残疾范围：① 保留拇指和示指(或中指)而失去另外三指者。② 保留足跟而失去足的前半部者。③ 双下肢不等长，差距<5 cm者。④ <70°的驼背或小于45°的脊柱侧凸。

5. 精神残疾的分级 为便于与国际资料相比较，按照世界卫生组织提供的《社会功能缺陷筛选表》所列10个问题的评分来划分精神残疾的等级(表2-6)。

表 2-6 根据《社会功能缺陷筛选表》对精神残疾的分级

级别	《社会功能缺陷筛选表》所列 10 个问题
四级精神残疾（轻度）	有 2 个或 2 个以上问题被评为"1 分"
三级精神残疾（中度）	只有 1 个问题被评为"2 分"
二级精神残疾（重度）	2 个问题被评为"2 分"
一级精神残疾（极重度）	3 个或 3 个以上问题被评为"2 分"

注：以下情况不属于精神残疾范围：①精神病患者持续患病时间不满 1 年。②在《社会功能缺陷筛选表》的 10 个问题当中，只有 1 个问题被评为"1 分"或各题均被评为"0 分"。

三、残疾的分级

残疾的分级是根据残疾人完成日常生活活动的能力以及感官、智能和情感方面的障碍程度加以判断的。在本节"中国的残疾分类标准"中，已经涉及到各类残疾的分级问题。这就说明在日常工作当中，残疾的分类与分级结合得相当密切，且分级严格。概括而言，一般将残疾分为重度、中度和轻度三级（表 2-7）。

表 2-7 残疾程度分级

项目	三级（轻度）	二级（中度）	一级（重度）
日常生活活动（进食、穿衣、漱洗、配戴假肢、矫形器）	生活基本能自理，上肢轻度功能障碍	在他人帮助下能做日常生活活动，上肢中度功能障碍	生活完全不能自理，上肢严重功能障碍
行动（步行、上下楼梯、使用轮椅、床与椅之间的转换、用厕）	基本上能够独立行动，但需使用步行辅助器（如假肢、矫形器）；或利用轮椅能在无阶梯的地方充分活动，下肢轻度功能障碍	在他人帮助下可以行动，利用轮椅能够独立进行部分活动，下肢中度功能障碍	完全不能独立行动，下肢严重功能障碍
排泄功能（大、小便自理及控制）	基本上能够自理及控制大、小便，虽然有尿急、便急或插尿管，但尚能控制，可参加社交或工作	在他人帮助下能够处理大、小便，偶有尿床和溢粪	大、小便失禁，经常尿床和溢粪
交流能力（语言、听力、视力）	基本能够进行语言交流，但感官和交流功能方面有一定的缺陷，如有轻度构音障碍、轻度失语，需要使用眼镜或助听器，或经常要用药物治疗	在他人帮助下，能够进行语言交流，但视、听感官和言语交流严重功能障碍	聋、哑、盲，不能进行言语交流，无有用的视力
智力及适应行为（对家庭、社会环境、工作要求等）	基本上适应，但需在环境上、工作性质和要求上稍作调整和改变	适应程度差，需在别人帮助、指导和鼓励下才能适应家庭和社会环境，进行极少量和力所能及的家务或工作	完全不适应在家庭和社会环境中生活，需长期住院或休养

第三节 残疾的预防

据 WHO 估计，全世界残疾人数超过 5 亿之多，约占全球总人口数的 8%，且逐年递增，在我国每年至少新增残疾人 100 万，致残性的疾病、损伤和其他危险因素对全人类健康和生活构成了共同威胁。

一、残疾预防的可行性

从预防的角度来说,残疾并不是注定要发生的。有关资料表明,在发展中国家危及大批人群的致残原因中,有一半以上是可以预防的。WHO 于 1996 年指出,利用现有的技术就可以使至少 50% 的残疾得以控制或延迟发生。如服用碘盐可使智力残疾儿童的发生率减少 1/3;普遍应用脊髓灰质炎疫苗,使脊髓灰质炎得以控制。我国的研究也证实,通过预防和妥善处理中耳炎,可使 40% 的听力障碍得以预防。人类目前已掌握能够预防或控制多数残疾的技术,预防残疾的应用性研究和基础性研究正在逐渐加强,生物医学研究的新成果正创造出一些新技术,从而进一步加强了目前用于预防和控制残疾发生的手段。同时,随着人们对预防残疾重要性的认识不断提高,许多国家或国际的卫生计划正在优先考虑残疾预防。

总之,正如 1981 年世界残疾预防会议《里兹堡宣言》所指出的:"大多数残疾的损害是可以预防的。"人类征服残疾的希望在于预防。

二、残疾预防的原则

在 WHO 的倡导和推动下,人们对世界范围内的残疾预防工作达成了原则性的共识。

(一)建立"非致残环境"

这是预防残疾最主要的问题。"武装冲突环境"是一个严重的致残环境,近年来因武装冲突而致残的儿童就有数以百万计之多。"极度贫困环境"也是一个致残环境,贫困不仅容易形成残疾,也是促进残疾发生的原因。

(二)全面实施,抓好重点

从国家层次说以发展中国家为重点,从年龄层次上说以预防儿童残疾为重点。从预防层次上看,重点放在一级、二级预防,着眼于预防致残性伤病的发生,对于已存在的可能致残的伤病,则要早期发现、早期干预,采取根治性或矫治性措施,以避免功能障碍的发生,甚至形成残疾或残障。

(三)立法保障,形成国家计划

从法律上肯定残疾预防工作应有的地位,保证某些预防措施的强制执行,如制订有关优生优育的法规,以及安全生产、药品管理、交通管理、环境保护法规等。

(四)社区为基础

通过初级卫生保健的综合卫生工作(保健、预防、治疗、康复)达到预防残疾的目的。

(五)宣传教育

通过科学知识的宣传教育和普及,使群众掌握残疾的预防知识和方法,并成为自觉的行为。

三、残疾预防的措施

残疾预防措施分三级进行。从责任或操作方面,可分为由社会组织提供的预防服务和保障(如减少暴力、制订交通管理、公共场所安全措施及制度),由卫生部门或机构提供的预防服务(如免疫接种、预防性筛查、预防性卫生咨询、围产期保健、早期干预),由个人或家庭承担的预防性措施(如个体、家庭安全防护,养成安全习惯,实行合理的生活方式等)。

(一)一级预防

预防致残性伤害的发生,预防身体的结构与功能受到损伤。一级预防是残疾预防的基础和关键,搞好一级预防,可以预防 70% 的残疾产生。采取的措施包括:①免疫接种,能够预防如急性脊髓灰质炎、麻疹、风疹、乙型脑炎等致残性疾病的发生。②预防性咨询及指导,如婚前医学、优生优育、营养和运动等方面的咨询,预防非感染性和慢性疾病的指导。③预防性保健,预防先天性残疾。④避免引发伤病的危险因素或危险源,预防多种非感染性伤害和疾病。⑤实行健康的生活方式,以预防心脑血管病和糖尿病等。⑥提倡合理行为及精神卫生,预防抑郁、焦虑和其他心理障碍性疾病。⑦安全防护照顾,预防意外伤害。

(二) 二级预防

防止疾病、伤害后残疾的发生,防止个体活动能力受限,可降低残疾发生率 10%~20%,采取的措施包括:①残疾因素早期筛查,如早期发现高血压病、糖尿病、儿童精神障碍等,做到早发现、早诊断、早治疗,防止疾病对功能造成的严重伤害。②定期健康检查以早期发现某些疾病并及时治疗。③控制危险因素,如烟酒、肥胖等,以控制心血管病、代谢性疾病的发展。④改变不良生活方式,实行合理饮食,适当运动,控制脑血管疾病的发展等。⑤早期医疗干预,促进伤病痊愈或好转,预防合并症。⑥早期康复治疗,促进身心功能恢复,防止功能受限,预防残障。

除此之外,预防伤、病后的二次性(续发性)致残,也是残疾二级预防的重要内容。如偏瘫早期康复性训练可以预防肌肉萎缩、骨质疏松、心肺功能减退、褥疮、关节挛缩等废用综合征的出现。

(三) 三级预防

预防病、损或残疾转化为残障,防止个体社会参与的限制。采取的措施包括:①康复功能训练,这是指通过运动治疗和作业、言语、心理治疗等措施以改善功能,预防或减轻残疾。②假肢、矫形器及辅助功能用品、用具的使用,以预防畸形,改善功能和日常生活活动能力。③康复咨询,以提高自我康复能力,预防进一步加重。④采取支持性医疗、护理,改善机体情况,减轻残疾。⑤开展必要的矫形、替代性或补偿性手术,如人工髋和膝关节置换术以改善下肢功能。⑥鼓励残疾者工作和就业,鼓励残疾者积极参与主流的社会生活。

四、长期制动致残的预防

因伤、病或各类手术后长期卧床制动者,由于缺乏运动而引起一系列不良反应,导致功能障碍,属继发性残疾。该类残疾的预防,可列入二级或三级预防范畴。所有预防措施都应在长期制动或卧床的早期进行,具体措施如下。

(1) 在制动的早期,进行肢体被动运动、中医针灸推拿,防止关节挛缩;利用重力压迫、关节挤压或通过有规律的等张运动和等长运动,预防或延缓废用性骨质疏松和钙的丢失。

(2) 心血管系统疾病者,急性期进行小量的小关节被动运动。恢复期及早离床活动或做保健操以预防心功能减退,防止体位性低血压。利用低频电刺激,收缩腓肠肌,或在小腿外间歇施压,主动运动,预防血栓栓塞问题。

(3) 充分饮水。直立位排小便,在使用膀胱导尿管时避免器械污染,预防泌尿系统的感染和结石。

(4) 卧床早期通过被动运动或主动活动、呼吸训练、体位转换等,预防肺部感染、防止肺功能减退。

第四节 肌肉的残疾学

肌肉约占人体组织的 40%，可分为平滑肌、心肌和骨骼肌三种。骨骼肌主要存在于躯干和四肢,受躯体神经支配,直接受人的意志控制,属于随意肌,是运动系统的动力部分。本节主要讨论骨骼肌的残疾学。

运动是一系列有意识、有目的的主动活动。尽管运动的形式十分复杂,但每一个单一动作基本上都是由骨骼肌在神经支配下,以骨骼肌收缩为动力,以关节为轴心,牵动骨骼所完成的杠杆运动。运动的基本类型取决于关节形态、参与运动的关节数量、肌肉分布特点和神经发放冲动的强弱、频率等。

一、肌肉的主要病理状态

包括假性肌肥大、肌肉萎缩、肌肉挛缩。

(一) 假性肌肥大

肌肥大是由肌肉训练及不断的强力肌肉活动而产生的,表现为肌原纤维增加和肌纤维的直径增大。假性肌肥大表现为肌肉体积增大,触及坚硬,但力量减弱,常见于腓肠肌和三角肌,属于进行性肌营养不良的假性肥大型。这种肥大是因萎缩的肌纤维周围蓄积有脂肪组织和结缔组织所致,肌纤维的直径并没有增大。

(二) 肌肉萎缩

发育正常的组织、器官和细胞的体积缩小称萎缩,肌肉萎缩分为废用性萎缩和失神经性萎缩两种。神经支配正常但不活动而导致肌肉迅速变细,肌张力和肌耐力下降,为废用性肌萎缩;丧失神经支配而致肌肉不活动造成的肌肉萎缩为失神经性萎缩。

废用性萎缩的程度比较轻,没有失神经现象,最严重时肌纤维也不会消失;失神经性萎缩程度比较重,有失神经现象,严重时肌纤维可以完全消失。失神经萎缩的结局可以是肌纤维及终板变性、崩解、坏死以至消失。

(三) 肌肉挛缩

肌肉挛缩的原因有先天性肌挛缩、纤维性肌萎缩(肌内注射致肌纤维被破坏、纤维化)、神经性肌挛缩(痉挛)、制动性肌挛缩(固定、制动、废用性)等。

二、肌力减退

肌力减退是最大肌肉收缩所产生的张力减小的状态,主要可因年龄、废用性肌萎缩、肌源性病变、神经-肌肉接头处病变、神经源性病变等因素所致。

(一) 年龄因素

在生长发育的早期阶段,人的肌力逐渐增大,肌肉增大、增粗。至生长发育的顶峰后,随年龄增加表现出肌力逐渐减退,肌肉逐渐萎缩。一般下肢肌力较上肢肌力减退快,且先从下肢近心端开始减退。女性的上肢肌力减退几乎与男性相同,但下肢肌力减退较男性明显,且在早期就可以出现。随年龄增加动态肌力也减退,在等速运动中负责快速度的肌肉成分减退明显。从形态学上看,年龄增加致肌肉质量下降,肌肉萎缩中Ⅱ型纤维萎缩明显,Ⅰ型肌纤维的数目不减少,导致肌肉中Ⅰ型与Ⅱ型肌纤维的构成发生变化,但Ⅰ型及Ⅱ型肌纤维的直径均减少,Ⅱ型肌纤维直径减少更明显一些。因此,由于进行快收缩的Ⅱ型肌纤维萎缩,可致老年人运动缓慢。目前认为,这是由于年龄增加后向神经、肌肉传递的递质减少,导致功能性脱神经支配的肌力减退。

(二) 废用性肌萎缩

废用性肌萎缩是指神经支配正常但不活动而导致肌肉迅速变细,肌张力和肌耐力下降。表现为肌肉重量减轻,肌纤维直径缩小,但Ⅰ、Ⅱ型肌纤维的萎缩程度不同。根据关节固定时肌肉的长度,其萎缩程度不同,且肌肉的总蛋白量减少,肌红蛋白含量不变,ATP、糖类减少。废用性肌萎缩的肌电图一般是正常的。

在心脑血管疾病、骨折固定等状态下由于运动减少所产生的障碍,以肌萎缩及肌力减退最为明显。废用性肌萎缩尽管存在肌肉收缩,但由于肌肉使用过少而产生肌肉萎缩和肌力减退,属于废用性综合征的症状之一。

废用导致肌力减退,一般来说若能够进行最大肌力的 20%～30% 的肌肉活动,就可维持肌力;若超过 30% 就可以增强肌力;若不足 20% 则会有肌力减退。无肌肉活动时,1 日有 3%～6% 的减退,1 个月肌力可减退 50%。

(三) 肌源性肌力减退

肌源性肌萎缩与神经源性肌萎缩各有特征。肌源性肌萎缩是源于肌肉本身病变而产生的肌萎缩,主要出现于近端肌肉,表现为腱反射减弱或消失,无肌纤维颤动,不伴感觉障碍。而神经源性肌萎缩见于远端肌肉,腱反射可能亢进、消失或减弱,可能有纤颤和感觉障碍。肌源性肌力减退主要见于肌营养不良、多发性肌炎,肌力减退的特征因各疾病而不同。

1. 进行性肌营养不良　这是一组遗传性肌肉变性疾病,其特征是缓慢进行性加重的对称性肌无力和肌萎缩。近年来认为其病因是肌源性的,是肌肉的细胞膜异常所致,主要表现为肌力减退。

2. 多发性肌炎　这是由多种病因引起的以骨骼肌间质性炎性改变和肌纤维变性为特征的综合征。病变局限于肌肉时称为多发性肌炎,如同时累及皮肤则称为皮肌炎。多发性肌炎主要表现为亚急性或慢性进展的对称性近端肌无力,出现肌力减退的部位主要是四肢近端肌群、颈屈曲肌群、咽喉肌群。皮质类固醇激素对本病有效,可改善肌力。皮肌炎的肌力减退与多发性肌炎相似,可有血清肌酶上升,活检见有横纹肌的炎症、变性和再生现象。肌电图多呈现肌源性损害(低振幅电位、短持续时间电位,未见纤颤)。

(四) 神经-肌肉接头处病变

神经-肌肉接头处病变是一组神经-肌肉接头处传递功能障碍的疾病,以重症肌无力为典型代表。这是乙酰胆碱受体抗体介导的、依赖细胞免疫及补体参与的一种神经-肌肉接头处传递障碍的自身免疫性疾病,主要累及神经-肌肉接头处突触后膜的乙酰胆碱受体。具体表现为部分或全身骨骼肌易于疲劳,呈现为波动性无力。受累肌肉呈现病态疲劳,肌肉连续收缩后发生严重的肌无力乃至瘫痪,经休息后又可以恢复。多于下午或傍晚劳累后加重,早晨和休息后减轻,表现出昼轻暮重的规律性变化。

(五) 神经源性肌力减退

神经源性肌力减退是因神经障碍而使其支配的肌肉萎缩,呈现肌群性萎缩,出现肌力减退,又分为中枢神经源性肌力减退和周围神经源性肌力减退。

1. 周围神经源性肌力减退　可产生周围神经源性肌力减退的疾病有神经断裂等周围神经的损伤、脊髓前角细胞病变的脊髓灰质炎、进行性脊肌萎缩症、脊髓空洞症等疾病。脊椎病变、代谢性病变致神经根障碍可引起肌萎缩，而由神经割断、压迫、炎症、代谢或中毒、缺血等致周围神经损伤时也可出现肌力减退和肌肉萎缩。

神经断裂后会出现肌肉萎缩，表现出肌力减退。根据肌纤维的种类，其肌肉萎缩及肌力减退会有不同的变化，尤其以Ⅱ型肌纤维萎缩严重。

2. 中枢神经源性肌力减退　可产生中枢神经源性肌力减退的疾病有脑血管病、脑性瘫痪、脑肿瘤等中枢神经疾病，其可由废用、制动、失能等的影响而产生。除纯粹的肌纤维萎缩外，也会因运动困难而产生，或因肌肉同时收缩及持续肌肉收缩障碍而致。

其他疾病如厌食症、抑郁症等心理疾病也会出现肌力减退的现象。

三、肌张力异常

(一) 肌张力

肌张力是指肌肉组织在静息状态下的一种不随意的、持续的、微小的收缩。正常肌张力是维持身体各种姿势和正常活动的基础。肌张力的正常与否主要取决于外周神经和中枢神经系统的支配情况，一旦这种支配情况发生改变，就可导致肌张力过强、过低或肌张力障碍等功能问题。因此，肌张力异常是中枢神经系统损伤或外周神经损伤的重要特征，肌张力的评定是中枢神经系统损伤后运动控制障碍评定的重要组成部分。肌张力的分类如下：

1. 静止性肌张力　指肢体在静息状态下（如静卧休息时），身体各部肌肉所具有的张力。

2. 姿势性肌张力　指肢体保持某一姿势（如站立）时，虽不见明显的肌肉收缩，但身体各部分的肌肉亦保持一定张力，以维持这一姿势和身体稳定。

3. 运动性肌张力　指肌肉在运动过程中的张力，是保持肌肉运动连续、平滑（无颤抖、抽搐、痉挛）的重要因素。

(二) 肌张力异常

肌张力的水平可由于神经系统的损害而改变，分为以下类型（表2-8）：

1. 肌张力增高

(1) 痉挛：这是与牵张速度有关的牵张反射亢进状态，常由锥体系障碍所致。在被动屈伸其肢体时，起始阻力大，终末突然阻力减弱，又称折刀现象。痉挛的分布具有一些特点，上肢易累及的肌群为屈肌群，下肢易累及的肌群为伸肌群。

(2) 强直：这是依赖肌肉长度的牵张反射亢进状态，常见于某些锥体外系病变中的特殊张力变化，其肌张力增高有选择性，上肢以内收肌、屈肌和旋前肌为主，下肢以伸肌肌张力增高为主。若无论动作的速度、幅度、方向如何，都遇到同等的阻力，这种肌张力增高称为铅管样强直。若因伴发震颤而产生交替性的松、紧变化，称为齿轮样强直。

2. 肌张力低下　是指肌张力低于正常静息水平，对关节进行被动运动时感觉阻力明显减弱甚至消失，见于脊髓损伤休克阶段、颅脑外伤、脑血管意外的早期、周围神经损伤。检查时见有下述表现。

(1) 肌肉硬度变软：触诊见肌肉缺乏弹性，用手触感觉肌肉较软。

(2) 摆动现象：固定近端看远端关节摆动时的情况，主要是看主动肌和拮抗肌交替活动的情况。肌张力减退时阻力小，摆动大。

(3) 关节活动范围增大及阻力减小：肌肉牵张时阻力小，被动活动四肢时周围部分有过多的活动。肌张力减退时关节活动范围不正常，关节活动范围增大明显，关节有过伸或过屈。

3. **肌张力障碍** 指肌肉的张力紊乱，或高或低，无规律的交替出现。根据障碍部位可分为全身性、局限性和偏身性，根据病因分为特发性和继发性，迄今为止病因不明，可能与遗传有关。

表 2-8 肌张力异常与代表疾病

类 型	病 变 部 位	代 表 疾 病
肌痉挛	锥体束损伤	脑血管病
肌强直	锥体外束损伤	帕金森病
混合型	锥体束和锥体外束损伤	脑血管病、脑外伤
肌张力减退	反射弧组成部分	多发神经炎
	小脑损伤	脊髓小脑变性
	部分基底核病变	

第五节 骨与关节的残疾学

骨骼是人体的重要组织，具有广泛的作用，如支撑体重，保护器官；充当杠杆，与关节和肌肉构成各种杠杆，形成关节运动，使人体能够移动；储存钙与磷，调节机体的矿物质水平等。而关节的功能则主要表现在形成骨与骨之间的功能性连接，以及运动方面。因此，骨与关节的损害直接影响人体的直立、转移、活动等功能性活动。

一、骨损伤的残疾

（一）骨折

骨折是指骨或骨小梁的连续性和完整性遭到破坏，多见于生活、交通、工业及运动中的意外事故及战争创伤，也可以因为疾病导致病理性骨折。

骨折损害导致骨骼力学特性受到破坏，其正常的承重、杠杆、运动功能受到直接的损害。而损伤所致的渗出、水肿、炎性反应，以及复位后的固定等，也会引起疼痛、关节挛缩甚至僵硬、肌肉废用性萎缩、急性骨萎缩等继发性损害。所以，骨折可以引起骨功能部分或全部丧失，是引起肢体残疾等严重残疾的一个重要原因，因此骨折康复是康复医学的一个重要方面。

骨折损伤后断端间的组织修复反应从骨折开始直至结束即为骨折的愈合过程。骨折的自然愈合过程为一期愈合，即骨折断端之间通过哈弗系统的直接愈合。由于骨折断端之间很难避免有一定程度的活动，实际上多数骨折的愈合过程为二期愈合。大体可分为四期。

1. **肉芽修复期** 骨折部出血形成血肿，所属骨、骨膜、周围组织细胞坏死。来自骨外膜、髓腔和周围软组织的新生血管伸入血肿，血肿被吸收、机化而演变为肉芽组织。这一过程在2～3周内完成，骨折端初步粘连。

2. **原始骨痂期** 骨折断端附近的外骨膜增生，新生血管长入其深层，开始膜内骨化，髓腔内的内骨膜也同时产生新骨，但较慢。而填充于骨折断端间和剥离的骨膜下，由血肿机化而形成的纤维组织大部分转变为软骨,经增生变性而成软骨内骨化。这一过程在伤后 6～10 周内完成。

3. *成熟骨板期* 新生骨小梁逐渐增加,排列趋于规则,原始骨小梁被改造为成熟的板状骨。这一过程在伤后 8～12 周内完成,此期习惯称为临床愈合期。

4. *塑形期* 骨结构按力学原则重新改造,最终达到正常骨骼的结构,这一过程需 2～4 年才能完成。

以上各阶段之间在时间上紧密相连、相互交错,但愈合过程受多种因素的影响。掌握骨折愈合的规律,对骨折的临床康复具有重要的意义。

(二) 骨萎缩

骨组织实际上是一种特殊的结缔组织,由有机成分(细胞、胶原纤维等)和无机成分(矿物质成分)组成。骨的组成成分在人的一生中是不断变化的,骨组织释放的钙等无机物进入血浆,维持人体血钙等水平,同时血浆中的钙又沉积于骨中。通过这种变化(主要是骨的合成与分解)骨组织可以实现功能和结构的适应,以及调整机体钙盐的平衡。

骨的结构与功能的适应性是符合 Wolf 定律的,其基本原则是骨的合成(增生)发生在需要受力的部位,而在不受力的部位则以分解为主。由于骨折制动或石膏固定之后,骨骼不承力,骨质的分解较合成为强,即可以造成骨量减少,形成废用性萎缩。

全身、局部、治疗因素对骨折的愈合具有一定的影响,促进骨形成的因素减弱或促进骨吸收的因素增强,都可以引起骨的萎缩。局部的萎缩称为骨萎缩,全身性萎缩称为骨质疏松。两者都是骨的绝对量减少,骨矿物质和骨基质等比例减少。

二、关节损伤的残疾

关节损伤后的残疾主要因为关节挛缩(僵硬)使其固定于非功能位,或关节周围肌肉、韧带缺失或瘫痪、松弛,致关节呈连枷状或严重不稳,无法完成其功能活动。其中关节挛缩是关节损伤的主要残疾。

关节挛缩是因关节周围韧带和关节囊等结构的病变,限制关节运动而产生的。而这些结构大多属于结缔组织,关节囊、肌膜属于疏松结缔组织,韧带、肌腱、关节囊的纤维层属于致密结缔组织。

结缔组织主要成分是胶原纤维。胶原纤维结合密度、方式和形态的不同,决定了结缔组织的种类。在疏松结缔组织中,胶原纤维排列疏松,以束的形式分支吻合,成波纹状分散在基质中,故较柔软。而致密结缔组织中的胶原纤维密集,多按一定的方向排列,比较细密坚硬。目前认为,肢体固定静止不动发生的关节囊变厚、弹性下降所致的关节挛缩,主要原因可能是关节囊的胶原纤维的结构和组合方式发生变化,造成结缔组织的性质改变,所致的挛缩造成了关节的变形和活动障碍,从而直接影响了关节的运动。

三、骨与关节损伤后运动功能的恢复

骨与关节损伤后运动功能的恢复在临床上具体表现为肌力和关节运动范围的恢复。无论骨折或关节损伤,相关的肌肉和关节不可避免地会出现功能障碍。即使这些肌肉和关节本身并无直接的损伤,但肌肉废用性萎缩和关节粘连都会出现。通过治疗和功能锻炼使这些肌肉、关节尤其是自身有损伤的肌肉和关节,恢复到可能达到的程度,但其过程甚至长于骨折愈合(临床愈合期)和关节修复的过程。

四、骨与关节损伤后引起功能障碍的原因

(一) 关节内和关节周围粘连

关节内和邻近关节部位的损伤,很容易引起关节内和关节周围粘连。即使是其他部位的损伤,由于包括关节在内的超关节固定(如长腿石膏管型)时间较长,固定中难以进行有效的关节活动,使肢体静脉血和淋巴回流不畅,组织间隙中浆液纤维性渗出物和纤维蛋白沉积,关节内及周围组织发生纤维性粘连。加上关节囊、韧带和通过该关节的肌肉、肌腱的挛缩,关节可出现不同程度的功能障碍。

(二) 关节不稳定

多种原因可以导致关节无法维护稳定的结构,尤其是韧带损伤后而未能得到应有的修复,即会遗留或继发关节松弛,出现某些方位的不稳定。例如,膝关节交叉韧带的复合损伤未经修复者,晚期会出现直向或旋转不稳定。这种不稳定在早期的影响是使一些正常活动受限,如上下楼梯的困难、转体运动的不稳定等。在晚期则会因继发的关节退行性病变引起症状,并直接限制了该关节的活动。

(三) 创伤性关节炎

创伤性关节炎是因创伤造成关节面不平整或承重失衡,使关节软骨发生退行性改变,在早期可以表现为创伤性滑膜炎。它形成的原因除关节面不平整造成的机械磨损外,更主要的则是载荷传导的紊乱。与其他原因引起的关节退行性病变一样,创伤性关节炎早期出现某些影响正常生活的症状,晚期则可直接造成功能障碍。

(四) 骨折不愈合和畸形愈合

骨折不愈合和骨折畸形愈合对功能的影响视其部位和程度而有所不同,它所带来的功能障碍包括:①关节活动障碍。②肢体各关节之间运动不协调。③平衡失调和步态异常。④肌肉作用的削弱或变质。例如,前臂骨的旋转畸形,引起旋前或旋后障碍;胫骨远端外旋或成角畸形,使膝与踝关节的对应关系改变,同时使下肢整个肢体轴线改变,造成行走、下蹲因关节不协调而难以完成;股骨下段或胫骨上端骨折遗留膝外翻畸形,不仅使伸膝系统的作用削弱,也会使髌骨趋向于向外侧脱位。

(五) 发育障碍

骨骼发育尚未停止之前,骨骺部位的损伤如骨骺骨折、骨骺分离等均有可能直接影响到该部位骨骺正常生长,使该部位的骨骺过早闭合。这种发育障碍的结果或致患肢较正常侧短缩,或致骨端畸形,如肱骨下端的鱼尾畸形、前臂下端的桡偏畸形等。这些畸形有些无法防止,也难以矫正,而导致功能障碍。

(六) 组织缺损

复合性损伤、严重开放性损伤等造成肢体某些组织的缺损,如大块骨缺损、肌肉缺损等,有些不可能通过手术使缺损组织得到理想的重建,而遗留功能障碍。有些则实际上尚无法重建,如迄今尚无可用以代替足跟皮肤的理想组织。

(七) 肌肉挛缩、粘连、变性

肌肉萎缩的后果是运动无力和关节动力性不稳定。肌肉粘连、变性(如骨-筋膜室综合征后

的肌肉坏死、挛缩)则因作为动力的肌肉作用丧失、收缩幅度的缩小等而使相应关节的运动受限。

(八) 神经障碍

中枢性或末梢性神经损伤,或神经行经部位骨折移位压迫,以及后期受骨痂包裹、骨折畸形或发育障碍(如肱骨髁上骨折后肘外翻畸形引起的迟发性尺神经炎)等,造成神经功能障碍,导致支配性运动障碍。

五、康复训练对骨与关节残疾的重要性

骨及关节损伤后常采用固定以使患处组织在愈合过程中受到保护,但固定也存在着副作用。长期固定后关节出现僵直、挛缩,严重者可导致关节退变,使关节周围韧带的刚度下降,肌腱附着点变得脆弱而致韧带易于断裂。现代康复医学兴起后,对骨及关节损伤强调早期功能锻炼,以促进肢体肿胀的消除,减慢肌萎缩的速度,防止关节粘连和加速骨折的愈合。

第六节 周围神经损伤的残疾学

周围神经多为混合性神经,即含有感觉纤维、运动纤维、自主神经纤维,故周围神经的损伤导致的功能障碍也涉及了感觉、运动等多方面的功能。

周围神经损伤是指周围神经干或其分支受到外界直接或间接因素作用而发生的损伤,感染、缺血、外伤、代谢障碍、中毒、营养缺乏和一些先天性的原因均可引起周围神经病变,导致不同程度的功能障碍。周围神经损伤后,神经所支配的靶组织(皮肤、肌肉和骨关节)可能出现疼痛、挛缩、痉挛、麻木或瘫痪等症状和体征,以及肢体功能障碍,也常并发骨、关节、血管、肌腱等损伤,而进一步加重肢体功能障碍。

近20年来,随着显微外科技术的发展和神经营养因子的临床应用,周围神经损伤的治疗效果大大提高,但功能障碍的恢复仍离不开康复治疗。积极的、恰当的康复处理不仅能预防或减轻并发症,而且能促进神经的修复与再生,最快地恢复实用的功能,减少残疾的发生。

一、周围神经损伤后的主要障碍

(一) 运动障碍

运动障碍包括弛缓性瘫痪、肌张力降低、肌肉萎缩、抽搐以及日常生活、工作中某些功能性活动能力障碍。如臂丛神经损伤者,由于上肢运动障碍可不同程度地影响进食、个人卫生、家务活动和写字等手的精细动作,坐骨神经损伤者可出现异常步态或行走困难。

(二) 感觉障碍

感觉障碍包括主观感觉障碍和客观感觉障碍。一般情况下,患者的主观感觉障碍比客观感觉障碍多而且明显。在神经恢复过程中,患者感到的灼痛、感觉过敏往往难以忍受。

1. **主观感觉障碍** 是指在没有任何外界刺激的情况下出现的感觉障碍。①感觉异常:如局部麻木、冷热感、潮湿感、震动感,以麻木感多见。②自发疼痛:这是周围神经损伤后最突出的症状之一,随损伤的程度、部位、性质的不同,疼痛的性质、发生时间、程度也千差万别,常见的有刺痛、跳痛、刀割痛、牵拉痛、灼痛、胀痛、触痛、撕裂痛、酸痛、钝痛等,并伴有一些情感症状。③幻

肢痛:周围神经损伤伴有肢体缺损或截肢者有时出现幻肢痛。

2. 客观感觉障碍　①感觉丧失,如深浅感觉、复合觉、实体觉丧失。②感觉减退。③感觉过敏,即感觉阈值降低,小刺激出现强反应,以痛觉过敏最多见,其次是温度觉过敏。④感觉过度,少见。⑤感觉倒错,如将热的误认为是冷的,也较少见。

(三) 反射障碍

反射是神经活动的基础,分为浅反射和深反射两大类。刺激皮肤或黏膜引起的反射是浅反射,而刺激肌肉、肌腱、骨膜和关节的本体感受器而引起的反射是深反射。周围神经损伤后,其所支配区域的深、浅反射均减弱或消失。

(四) 自主神经功能障碍

自主神经功能障碍包括两方面的表现:①刺激性损伤时,出现皮肤发红、皮温升高、潮湿、角化过度和脱皮等。②有破坏性损伤时,则表现为皮肤发绀、冰凉、干燥无汗或少汗、菲薄,皮下组织轻度肿胀,指甲(趾甲)粗糙变脆,毛发脱落,甚至发生营养性溃疡。

二、周围神经损伤的恢复

(一) 周围神经的再生

神经纤维有再生能力,只要神经元未受损害,轴突的破坏通过再生,其形态和功能尚有可能部分或完全恢复。但一般认为神经元只要死亡就消失,神经细胞的数目随之减少,不能靠分裂来增殖。

神经纤维的再生速度缓慢,约每日 1mm,与轴突流(即正常神经纤维的轴浆运输:由胞体向轴突末梢的轴浆运输,主要是运输蛋白质)中的"慢流"速度一致。

神经纤维损伤后,轴索失去了其连续性,轴索、髓鞘相继崩溃,碎片散在于神经膜腔里。2~3 周后,被巨噬细胞完全吸收,而神经膜细胞分裂增殖,在神经膜管内排列成索状结构。在神经纤维断裂处集中大量的神经膜细胞,可引导再生的神经纤维通过结缔组织到远端的神经管内。

(二) 周围神经再生的方式

周围神经损伤后的再生方式主要有两种,即沿神经长轴再生长芽和通过侧支长芽再支配。

1. 沿神经长轴的再生长芽　伤后 3~4 周时,从轴索中枢端开始,再生轴索开始长芽,在神经膜细胞索的引导下穿过瘢痕组织,进入远端的终末部。但如伤口处结缔组织增生,瘢痕很厚,再生轴索或者到达错误,或者不能到达末梢而误入丧失再生能力的结缔组织中,则形成神经瘤。

神经纤维受损后,中枢端再生轴索长芽越过损伤部(或缝合部)所需时间称为初期延迟(initial delay);从再生轴索达终末部之后,到功能成熟为止,称终末延迟(terminal delay)。一般认为各需 4 周时间,年龄越小则再生速度越快。

再生是否成功,取决于损伤部位情况和损伤分型。如仅仅是神经纤维受压(功能停止型)或神经纤维被膜仍保持连续性却有轴索断裂及神经变性(轴索断裂型),神经纤维再生能大致恢复到原来水平。如果轴索及神经纤维被膜均受损(神经断裂型),再生轴索沿原通路到达效应器或感受器就会困难,易于到达错误或形成神经瘤而不能自然恢复。

2. 通过侧支长芽取得再支配　当一个神经纤维束中几根运动神经纤维分别支配几根肌纤维,其中部分神经纤维变性可引起部分肌纤维萎缩,此时残存的有神经纤维支配的肌纤维则使用性肥大。残存的神经纤维的朗飞结上侧支长芽,伸向神经变性了的肌纤维,逐渐取代了变性的神经纤维,形成神经-肌肉接合部,使这些肌纤维重新得到神经的支配。

此时,一个神经元变得能支配比以前增加数倍的肌纤维,故在失神经性肌萎缩的肌电图上出现特征性的高电位波。侧支长芽的形成在周围神经系统和中枢神经系统中都可广泛地产生,已引起人们的关注。

第七节 中枢神经系统损伤的残疾学

一、中枢神经损伤的概述

中枢神经系统主要包括脑和脊髓,是人体生命活动相关的感觉、运动和高级神经活动的中心和传导通路,具有十分重要的生理功能。中枢神经系统的损伤,会引起包括感觉、运动、认知、精神等一系列复杂的功能障碍,且由于其结构复杂、功能广泛,一旦受损无论是神经元结构的修复或功能障碍的恢复都相当困难。

中枢神经系统的损伤,大多会导致严重而复杂的功能障碍。脑损伤会导致不同程度的运动功能障碍(如偏瘫、四肢瘫)、认知功能障碍(如失用症、失认症)、言语功能障碍(如失语症、构音障碍),以及精神障碍等。脊髓损伤会导致损伤水平以下的肢体与躯干运动功能障碍(如截瘫)、感觉传导功能障碍、神经性膀胱等排便功能障碍等。本节重点讨论中枢性损伤导致偏瘫的残疾问题。

需要指出的是,尽管中枢神经系统损伤的恢复是十分困难的,大多数情况下损伤所导致的功能障碍不可能恢复到损伤前的水平,但临床观察和实验室研究均发现,积极、系统、全面的康复治疗措施,可以在一定的时间和范围内促进功能障碍的恢复,提高功能水平和独立生活的能力。

二、中枢性瘫痪的本质

中枢性瘫痪主要是指上运动神经元损伤导致的对侧肢体运动功能障碍。与周围神经损伤所导致的肌肉无力、瘫痪不同,上运动神经元损伤所致的瘫痪实际上是上运动神经元损伤所导致的上运动神经元综合征(upper motor neuron syndrome,UMNS),是上运动神经元对运动调控作用的障碍。中枢性神经损伤后,高位中枢对低位中枢的抑制、调节作用降低,低位中枢控制的运动形式得以释放、表现。除了有肌肉瘫痪、无力外,还有联合反应、共同运动、异常姿势反射、痉挛、交互抑制障碍等特殊的上运动神经元调控障碍的规律性变化,以致不能很好地完成随意运动。因此,中枢神经损伤所致的瘫痪,其本质是运动模式的异常,分离、协调、精确的随意运动模式丧失,出现异常的运动模式。

(一) 中枢性瘫痪的异常运动模式

中枢神经损伤后,随着损伤的恢复,主要表现为联合反应、共同运动两大类异常运动模式。这两类异常运动模式都是受脊髓低位中枢控制的,是低级的、原始的反应和运动形式。

1. 联合反应(associated reaction) 当偏瘫患者健侧肢体做随意抗阻收缩时,会引起患侧肢体不随意的紧张性活动,且其各关节多为整体运动形式。联合反应是指脊髓水平控制下的不随意运动,是正常情况下会出现的运动模式,有对侧性、同侧性、对称性、相反性的运动形式。

(1) 对侧性联合反应

上肢(对称性):健肢的屈曲→患肢的屈曲,健肢的伸展→患肢的伸展。

下肢(内收、外展、内旋和外旋的对称性,Raimiste 反应):健肢的内收→患肢的内收(和内旋),健肢的外展→患肢的外展(和外旋)。

下肢屈伸的相反性运动形式:健肢的屈曲→患肢的伸展,健肢的伸展→患肢的屈曲。

(2) 同侧的联合反应:主要是同类(对称性)上肢的屈曲→下肢的屈曲,下肢的伸展→上肢的伸展。但在抗重力肌痉挛的模式下,可见非同类者(非对称性),如偏瘫患者常见的上肢的屈曲→下肢的伸展。

2. 共同运动(synergy movement) 是指肢体在做随意运动时不能做单个关节的分离运动,只能做多个关节的同时运动。运动的起始是随意的,但运动形式是固定的多关节整体运动模式,是不随意的。因此,共同运动包括了随意性和不随意性两个方面,其形成机制与脊髓的节间反射有关。共同运动可分为屈曲型和伸展型两种(表 2-9、表 2-10)。

表 2-9 基本的共同运动类型(上肢)

部 位	屈肌共同运动	伸肌共同运动
肩胛带肌	向上和向后	前方突出
肩关节	屈曲、外展、外旋	伸直、内收、内旋
肘关节	屈曲	伸直
前臂	旋后	旋前
腕关节	掌屈、尺屈	背屈、桡屈
手指	屈曲内收	伸直

表 2-10 基本的共同运动类型(下肢)

部 位	屈肌共同运动	伸肌共同运动
骨盆带	上提	
髋关节	屈曲、外展、外旋	伸直、内收、内旋
膝关节	屈曲	伸直
踝关节	背屈、内翻	跖屈、内翻
足趾	伸直(背屈)	屈曲(跖屈)

(3) 联合反应和共同运动的特点:① 伴随痉挛出现而出现,呈正相关系(软瘫期不存在)。② 患侧异常反射活动,肌肉失去自主控制。③ 按照一定固定模式出现,如屈肌共同运动模式、伸肌共同运动模式等。④ 偏瘫早期明显。

(4) 联合反应和共同运动的意义 两者的持续存在和强化,会阻碍患肢随意运动和正常运动模式的建立,形成所谓的"误用"。

1) 随着肌肉痉挛程度加重,联合反应和共同运动也增强,偏瘫姿态强化,导致肢体关节挛缩,妨碍运动恢复。

2) 形成固定的运动模式,导致功能活动更加困难(穿衣、洗手、穿鞋等)。

3) 联合反应和共同运动都是低级的运动形式,在正常人由于高位中枢对其有抑制作用而被掩盖。只有在大脑皮质及其他高位中枢对低级中枢的抑制力和对运动的控制力丧失时,才表现出来,为中枢性瘫痪的特征性表现之一。

(二) 异常姿势反射

姿势反射是指由体位改变导致四肢屈肌、伸肌张力按一定的模式运动,由脑干和脊髓控制,在正常成年人因受大脑皮质功能的抑制,其表现为阴性。而中枢性瘫痪时,由于上位中枢的损伤,皮质抑制减弱或消失而释放出来。异常姿势反射系中枢性瘫痪时的一种特征性表现,见于瘫痪恢复的早期。随着病情的好转,共同运动减弱,分离运动出现,异常姿势反射也逐渐减弱。

1. 紧张性颈反射

(1) 非对称性紧张性颈反射(ATNR)

颈部扭转:面朝向侧的上、下肢呈伸肌优势,对侧呈屈肌优势。故脑卒中患者卧位时,头应偏向患侧。

(2) 对称性紧张性颈反射(STNR)

颈前屈:呈上肢屈肌和下肢伸肌优势。

颈后伸:呈上肢伸肌和下肢屈肌优势。故脑卒中患者应采取颈后伸位,而不宜采用颈屈位。

2. 紧张性迷路反射(TLR)

仰卧位:上、下肢呈伸肌优势。

俯卧位:上、下肢呈屈肌优势。

3. 紧张性腰髓反射　如下半身向右扭转时,右侧上肢屈肌和下肢伸肌优势;左侧上肢伸肌和下肢屈肌优势。故脑卒中患者卧位时应下半身扭向健侧。

三、中枢神经损伤后偏瘫恢复过程的特点和规律

1. 初期的"休克"状态　成人偏瘫及儿童脑性瘫痪,在瘫痪初期可出现肌张力下降,反射消失,不能维持自主活动的弛缓状态。这是脊髓水平下位中枢的活动消失或明显低下(患侧)的表现,同脊髓与高位中枢离断以后出现的一时性的"脊休克"现象类似。

2. 运动形式的异常　指继软瘫后联合反应和共同运动的出现、完成和减弱的过程。

共同运动在恢复的初期出现,但动作不完整,逐渐强化一段时间后,逐渐减弱,出现由共同运动向分离运动的过渡,最终分离运动逐渐占优势,运动的随意性逐步恢复,运动速度也逐步正常化,大致恢复到或接近正常的水平。

高位中枢损害以后,低位中枢"失控"而从高位中枢的控制中释放,使患者以低级、原始的运动形式去代偿已丧失的正确运动形式(随意性、分离性、协调性、精细性等),因而出现了运动"质的变化"。这与周围性瘫痪只是肌力"量的变化"是很不相同的。

3. 肌力的异常　在中枢性瘫痪初期的"休克"状态时,肌力下降甚至完全软瘫。之后最先出现的是联合反应,再后来出现的"随意"的肌收缩实际上是部分关节同时运动而运动形式并"不随意"的运动——共同运动。然后,随着上运动神经元调控功能的恢复,分离运动才出现,运动的质量、速度、肌力逐步由"异常"趋向"正常",成为基本正常的随意运动。因此,在中枢性瘫痪的恢复过程中,虽有潜在肌力,可有关节运动,但不能随意控制运动,运动形式异常,其肌力是一种"异常"的肌力,这是一种"质变"。

4. 异常姿势反射　如延髓、脑桥的姿势反射(如颈紧张反射、迷路紧张反射和腰紧张反射等)在正常时不表现,而翻正反射、平衡反应在正常人是存在的。中枢性瘫痪发生以后,这些正

常反应就消失了,中期以后又逐渐恢复。延髓、脑桥的姿势反射在中枢性瘫痪的恢复过程中,在患侧夸张性地出现,直到中期以后才逐渐减弱并趋向于适时、适度和相互协调。

5. 痉挛、僵硬、交互抑制障碍和病理反射 "休克"状态之后,首先恢复最简单的反射如腱反射,但不久变为亢进,此时肌紧张还处于低下状态。以后随着脊髓水平运动中枢的功能恢复,肌紧张逐渐恢复。由于此时脊髓失去了皮质运动区和纹状体对肌紧张区的加强作用和对易化区的抑制作用,致使网状结构的肌紧张抑制区活动降低,易化区活动增强,从而使易化区活动占明显优势,使肌紧张亢进而出现痉挛和僵硬,中期以后减弱。其痉挛的典型模式为:头向患侧倾斜,面部向健侧转动,躯干向患侧后方转动并向患侧侧屈,上肢呈屈曲模式,下肢一般呈伸展模式。

正常人运动时,原动肌和拮抗肌是在同一个反射弧的支配下交互抑制的。上运动神经元损伤后,交互抑制功能失去调控,表现为抗重力肌的优势,如欲伸肘时反屈肘,欲屈膝时反伸膝。

屈肌反射是脊髓水平的反射。正常时高位中枢对屈肌反射有抑制作用,对伸肌反射有易化作用,故正常时屈肌反射不表现或表现不明显。当高位中枢的控制失去之后,屈肌反射表现为亢进,因而出现巴彬斯基征阳性。

综上所述,中枢性瘫痪恢复过程中,首先出现运动形式、姿势反射、肌张力、病理反射等各方面的异常现象,充分表现了其本质是质变。这种异常维持一段时间(大致在恢复中期)后,逐渐减弱,慢慢恢复到正常或近似正常的情况。

Brunstrom通过对大量脑卒中患者肢体功能恢复过程的观察,总结出了著名的六阶段理论,如表2-11、图2-3。

表2-11 Brunstrom肢体功能恢复六阶段

阶 段	表 现
Ⅰ期	急性发作后,患侧肢体失去控制,运动功能完全丧失,称为弛缓阶段
Ⅱ期	患肢开始出现运动,但伴随着痉挛、联合反应、共同运动的特点,称为痉挛阶段
Ⅲ期	痉挛进一步加重,出现随意运动,但由始至终贯穿共同运动的特点,因共同运动达到高峰,称共同运动阶段
Ⅳ期	痉挛开始减轻,运动模式开始脱离共同运动控制,出现了部分分离运动的组合,称为部分分离运动阶段
Ⅴ期	运动逐渐失去共同运动的控制,出现了难度较大的分离运动组合,称为分离运动阶段
Ⅵ期	由于痉挛的消失,各关节均完成随意运动,协调性和速度均接近正常,称为正常阶段

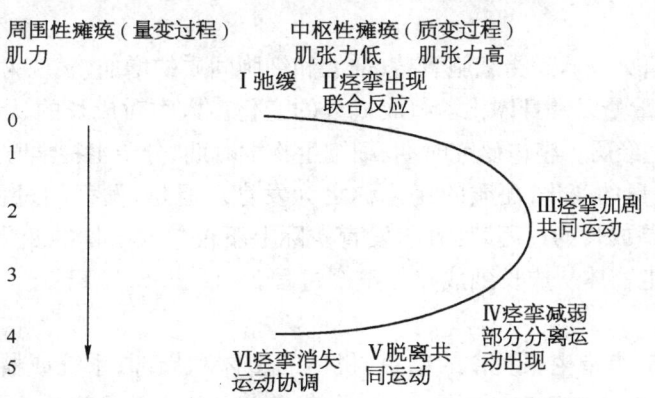

图2-3 Brunstrom肢体功能恢复六阶段

第三章
人体发育学基础

导学

本章主要介绍了人体发育学的基本概念、基本规律,神经系统和神经反射的发育,运动功能的发育,人体发育学的基本理论。通过学习,应掌握人体发育学的基本概念、基本观点和发育的基本规律,神经反射的发育特点,全身粗大运动的分期和各期特点,上肢精细运动的发育,小儿运动发育的规律;熟悉中枢神经系统和周围神经系统的发育过程,手眼协调发育的进程、阶段和顺序;了解人体发育学有关理论。

第一节 人体发育学的基本概念和基本规律

一、发育的概念

发育(development)是指生物体生活史中,构造和功能从简单到复杂的变化过程。在高等生物中,发育一般指达到性功能成熟时为止。发育包括了成长和成熟两个部分。

(一) 成长

成长(growth)又称生长,是指细胞繁殖、增大和细胞间质的增加,表现为组织、器官、身体各部和全身的大小、长短、重量以及身体化学组成成分的变化。人类对成长的认识是随着生物科学的发展而不断深入的,它经历了整体研究时期、细胞生物学时期、分子生物学时期等不同阶段。

成长反映了身体量的变化,而质的变化称之为发育。但是,发育的过程是无法直接观察到的,所能观察到的只是成长的过程。因此,发育实际上不仅包含了量的变化,而且也包括了由量变到质变的转换,是生物体从成长到成熟的整个过程。

(二) 成熟

成熟(maturation)是指生长发育的结束,机体的整体和局部、系统或器官在形态上、功能上已经达到正常成人水平。成熟有两层含义:生物学意义上的成熟是指生命体的结构和功能在有机结合成长的过程中成为完全发育状态,即机体具有相对稳定的结构和功能状态;心理学上的成熟是指内在自我调节机制的完成和完善状态。

因此,发育是生物体形成后从成长到成熟过程中所出现的一系列变化,是生物体内在的、固有的、潜在的功能随着时间的变化逐渐表现出其相应特征的过程,是身体、认知、情绪、社会等各种功能有机的统一结合并随着时间而变化的过程。

二、人体发育学的概念

人体发育学是研究人类个体生命发育全过程的科学。人生发育的全过程,包括了出生前和出生后发育成长各阶段人体的形体结构、生理功能、运动功能、心理功能、智力功能、社会功能和人格特征等。具体到每一个人来说,人体的发育有从胎儿的形成到新生儿的降生,从婴幼儿、儿童、青少年的生长发育,性萌动到逐步成熟的成人,以及人到中年后步入老年、经历临终与死亡等不同阶段;人生的经历往往又有新诞生的生命体在父母及其周围大人的照料和教育下成长,成人后脱离父母、家庭,开始独立生活、工作,然后与异性相遇、相爱结婚,生育子女,繁衍后代,最终衰老、死亡的过程。

从胎儿期经新生儿期、婴儿期、幼儿期、学龄前期、学龄期到青春期的人体发育过程,是个体形态与功能逐渐走向成熟的过程,也可以说是个体的发育过程。随着年龄的增高,逐渐出现人的眼、耳生理功能的下降,跳、跑等瞬间暴发能力的衰退,计算能力和记忆力的减退等,这些都是衰老的变化,是客观存在的现实,也仍然属于整个人生过程的一部分。因此,无论是婴幼儿期、青年期或老年期,以人体生命轨迹为研究对象的人体发育学,广义上应该包括生长和衰退这两种变化的过程。但是,由于在高等生物中发育一般指达到性功能成熟时为止,故成人期后直至老年期出现了人体功能的衰退,一般不采用人体发育学的术语进行理解。

人体的发育是遗传基因和环境因素相互作用的结果,是身体结构和功能沿着一定方向的分化、发育、统一结合,是多样化、复杂化的过程。人体发育涉及从诞生到死亡的整个人生阶段,是各个不同时期获得不同日常生活活动能力并按一定顺序进行的连续过程。某一功能的获得是完成下一功能的前提,如幼儿要会站和走,必须先学会坐和爬。人体身心发育的规律是可以预测的,但是学会或运用某一功能所需的时间则有个体差异,并不是一成不变的。

三、人体发育学的基本观点

(一)人生不是静止的,而是一个动态过程

从出生到死亡的一生过程中,每个人都会有丰富多彩的人生经历和经验,人生是一次生命的周期过程,即从受精卵→胎内发育→出生后发育→成长→成熟→衰老→死亡的过程。一个生命只有一次周期,然后一代一代地繁衍下去。所有的人都会经历这种周期,但是所有的人都是动态地而非静态的处于这个周期中的某一个点上的。

(二)人体的发育是综合整体的,而不是片面孤立的

人体的发育涉及整个人生,不能仅重视人体某些功能发育的研究,而应站在整体的立场上去研究人体发育;不能忽视身体的、精神的、社会发育的任何一个方面,而应协调地、综合地去看待和研究人体发育的全过程。如儿童和年轻人的发育除了受家庭环境影响以外,必然与幼儿园或学校及其社区的环境密切相关,即社会环境因素也对人体发育有相当重要的影响。

因此,人体发育学研究有以下特点:①时间跨度大,研究涉及到整个生命的各个阶段。②内

容丰富,不仅研究个体的生理功能,还涉及心理和社会功能等。③交叉学科多,研究不仅限于生理学范畴,还包括心理学、社会学及其他人文科学的范畴。

四、人体发育的基本规律

生长发育主要贯穿于从儿童直至青年的各个时期。在这个过程中,从组织器官到整个人体在表面上看是形体的不断长大,但是其中还包含了许多复杂的现象和功能的变化。这些形态和功能的变化是有其内在固有规律的。

(一) 生长发育是有阶段性的连续过程

生长发育是一个连续的过程,由于在这一过程中有质和量的变化,因而形成了不同的发育阶段。如临床上根据解剖、生理功能和心理发育等特点,可将人的生长发育过程分为胎儿期、新生儿期、婴儿期、幼儿期、学龄前期、学龄期和青春期等。各年龄阶段按顺序衔接,是一个连续的过程,前一个年龄期的发育为后一年龄期的发育奠定基础。任何一期的发育都不能跳跃,任何一期的发育受到障碍都会影响后一阶段的发育。

(二) 生长发育是一个不平衡的过程

在整体上,生长发育的不平衡性主要表现在整个人体生长发育的速度是不均一的。在小儿生长发育过程中通常能够观察到的身高和体格明显增大的两个高峰期,一个是在婴儿期,而另一个在青春期。

在局部上,各组织、器官的生长发育的速度也不是等同的,各系统器官的发育有先有后、快慢不一,如神经系统发育较早,淋巴系统则先快而后慢,皮下脂肪发育先快后慢,以后再度加快,肌肉系统到学龄期才发育加速,生殖系统发育较晚,而在同一系统中各个器官的发育也不平衡,有先后之分,如在神经系统中大脑优先发育。

这种整体生长发育的不等速、局部器官发育的不等速,是与其功能的需要相适应的。例如,脑的发育最早,在生后前几年发育最快,7~8岁时脑的大小和重量已接近成人;而性器官则要到青春期才迅速发育,但其整体发育过程又是协调的过程。

(三) 生长发育是有一定程序的渐进过程

生长发育一般遵循由上到下、由近到远、由粗到细、由动到静和由低级到高级、由简单到复杂的规律。所谓由上到下是指发育的次序从头逐渐向下肢进行,如头部先生长,最后为下肢;在动作发育上,也是先抬头,继而抬胸、坐起、站立,这种从上到下的发育规律也称"头尾规律"。例如,胎儿期的形态发育是头部领先,其次为躯干,最后为四肢。婴儿期的动作发育也按这种程序进行,首先会抬头、转头,然后能转身、直坐,最后才会直立、行走。由近到远是指以躯干为中心,小儿的活动是先臂后手、先腿后脚,躯干的生长先于四肢,肢体近端的生长先于远端。由粗到细表现为在用手拿物时,都是先全掌握持,以后才会用手指取物;在活动肢体时亦是先活动整个肢体,后才能单独活动手部和足部。由动到静是指小儿活动时,先学会动的动作,如抓握、站起、往前走,后才学会放下、坐下和停步等静的动作。例如,从上肢的动作发育又可看出,初生儿只会无意识地乱动,手几乎不起任何作用;4~5个月时可用手有意识地取物,但只是全手一把抓;到10个月才会用拇、示指对指取物,说明粗大动作先发育,精细动作后发育,近端先发育,远端后发育。

(四) 生长发育既遵循共同的模式但又具有个体间的差异性

虽然人体身心发育是可以预测的,生长发育遵循上述一般规律,不同个体间具有相同的生长发育模式,但不同个体间又具有不同的个体差异,并不是一成不变的,而这种差异随年龄的增长而更加明显。影响这种个体差异的因素主要有遗传和环境两方面的因素,小儿从成胎、初生到青春期,一直处于不断生长发育的过程中,由于遗传和环境因素作用,在同性别、同年龄的群体中,每个儿童的发育水平、发育速度、体型特点、达到成熟的时间等方面都不相同,即使在一对同卵双生儿之间也会存有微小的差别。

五、人体发育学对康复医学的指导意义

人体发育除了躯体器官成长之外,更重要的是运动发育、感知觉发育和智力发育等方面内容。从康复医学角度研究人体的正常发育规律,一般着重于运动功能发育和心理、社会功能发育两大方面。熟悉正常人体的发育规律,可以对残疾人生理、心理和社会功能进行正确的评估,帮助患者最大限度地恢复其功能,对指导全面康复具有重要的意义。

(一) 在运动功能康复方面

运动功能障碍是康复医学研究的核心问题之一,不了解神经发育过程、损伤修复过程、中枢神经可塑性机制、运动形成过程和恢复过程的规律,就不能行之有效地进行康复治疗。如对小儿脑性瘫痪、神经精神发育迟滞儿童的评价和治疗,都需要神经发育方面的知识。成人中枢性病损也常出现运动水平向低发育阶段的退行,其运动的整合水平表现整体性下降。在成年人脑损伤后运动功能的恢复时,也有许多规律与小儿运动发育的规律相似。因此,需要用发育理论来正确指导康复医疗的全过程。现人体发育学中的神经发育学已成为康复医学的基础学科,而运动发育的理论研究对康复治疗也具有重要的指导意义。

(二) 在心理、社会功能康复方面

人生的发展过程除了身体在生物意义上的成长和成熟以外,还有心理、社会功能的变化,这是一个伴随人一生的过程。人体发育学的研究立足于从生物、心理、社会三个层面上分析整个人体结构和功能,不局限于某一二个发育阶段或某一个层面。临床上,生理上有残疾的患者往往在心理上和社会功能上存在障碍,因此对有功能障碍的人除了生理功能评估和治疗之外,心理、社会功能的评估和康复也尤为重要,因为心理、社会功能的评估和康复反过来又会促进功能障碍的恢复。这是康复医学的基本理念,是人体发育科学的新观点和传统的机械观点对生物、心理、社会发展认识上的基本差别。

第二节 神经的发育

一、神经系统的发育

神经系统起源于神经外胚层,由神经管和神经嵴分化发育而成,是人体感觉、运动、精神和心理发育的基础。其中,神经管分化为中枢神经系统(脑、脊髓)、神经垂体和松果体等,神经嵴分化为周围神经系统(神经节、周围神经)和肾上腺髓质等。

(一) 中枢神经系统的发育

1. **神经组织的发生** 神经外胚层是由胚胎早期外胚层一个特定区域的非特异性细胞在中胚层脊索(notochord)的神经诱导(neural induction)作用下转化形成的。至人胚第三周初,背部

中线两侧的神经外胚层形成神经褶,神经褶闭合形成神经管。神经管前段膨大,衍化为脑;后段较细,衍化为脊髓。在神经管形成过程中,神经褶边缘的一些神经外胚层细胞随神经管的形成而下陷,在神经管背外侧形成左、右两条细胞索,称神经嵴(neuralcrest)(图 3-1)。

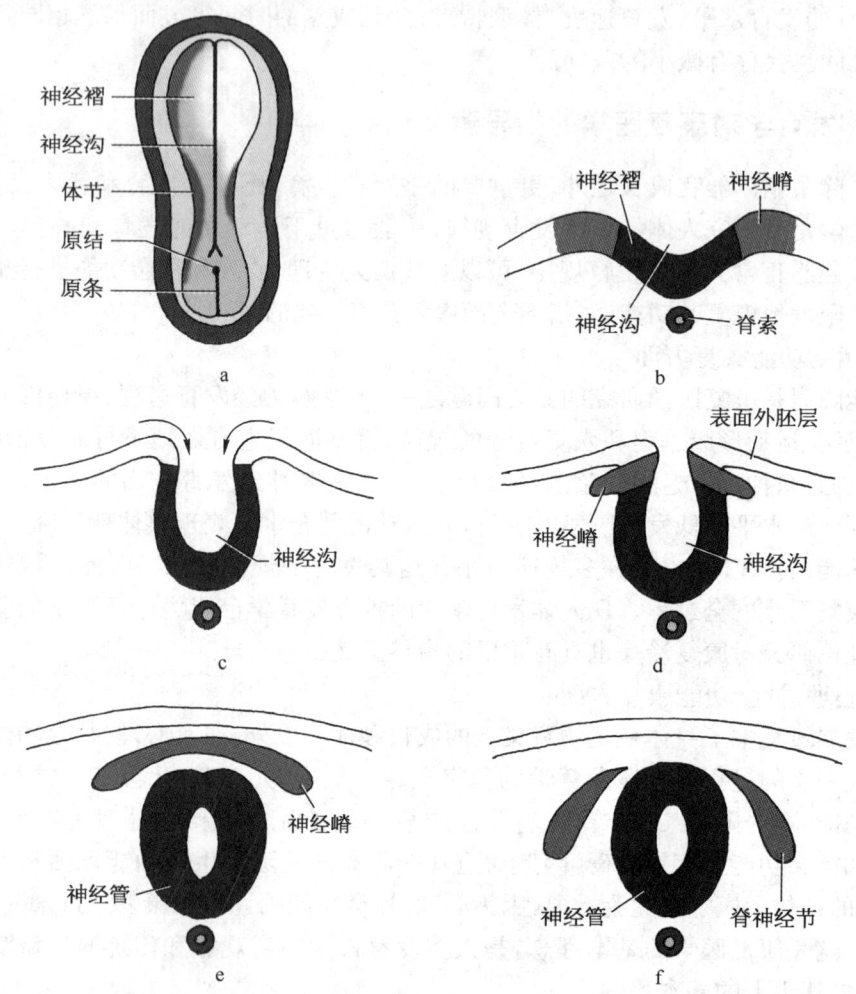

图 3-1　神经组织发生示意图

神经管形成后,管壁由假复层柱状上皮构成,称神经上皮(neuroepithelium)。神经上皮的基膜较厚,称外界膜;管壁内面也有一层膜,称内界膜。神经上皮细胞的细胞长轴与管壁表面垂直,早期细胞延伸至整个管壁,随后由于神经上皮细胞不断的分裂增殖,部分细胞迁移至神经上皮的外周,成为成神经细胞(neuroblast)。成神经细胞形成之后,另一些神经上皮细胞经历另一个分化过程又分化出成神经胶质细胞(glioblast),也迁至神经上皮的外周。

此时,神经上皮的外周由成神经细胞和成神经胶质细胞构成一层新细胞层,称套层(mantle layer)。原来的神经上皮停止分化,变成一层立方形或矮柱状细胞,称室管膜层(ependymal layer)。套层的成神经细胞起初为圆球形,很快长出突起,突起逐渐增长并伸至套层外周,形成一层新的、细胞稀少的结构,称边缘层(marginal layer)。至此,神经管管壁由从内向外由三层组成:即室管膜层(神经上皮层)、套层和边缘层。

成神经细胞属于分裂后细胞,一般不再分裂增殖,起初为圆形,称无极成神经细胞(apolar neuroblast)。以后发出两个突起,成为双极成神经细胞(bipolar neuroblast)。双极成神经细胞朝向神经管腔一侧的突起退化消失,伸向边缘层的突起迅速增长,形成原始轴突,而成为单极成神经细胞(unipolar neuroblast)。单极成神经细胞胞体又发出若干短突起,形成原始树突,于是成为多极成神经细胞(multipolar neuroblast)。多极成神经细胞进一步生长发育分化为多极神经细胞。

神经胶质细胞的发育略晚于神经细胞,随着成神经细胞的分化,先由套层中的成胶质细胞分化为各类胶质细胞的前体细胞,即成星形胶质细胞(astroblast)和成少突胶质细胞(oligodendroblast);然后,成星形胶质细胞分化为原浆性和纤维性星形胶质细胞,成少突胶质细胞分化为少突胶质细胞。小胶质细胞的起源问题尚有争议,有人认为它们来源于血液中的单核细胞,也有人认为它们来源于神经管周围的间充质细胞。神经胶质细胞始终保持分裂增殖能力。

长期以来,一直认为中枢神经系统的神经细胞在出生前或出生后不久即停止增殖,成年哺乳动物中枢神经系统的神经元受损死亡后不能再生,大脑功能的重新建立可能主要是依靠尚存活的神经元功能的重新组合,而其组织的缺损只能由神经胶质细胞增殖填充。但近年大量的研究已经证实了神经干细胞(neural stem cell)的存在。

神经干细胞也与其他干细胞一样,具有多向分化潜能(multipotentiality)、自我复制和更新的能力,并在整个生命过程中持续保持分裂增殖的能力,干细胞可分化形成神经元和神经胶质细胞。目前,科学家们已经成功地分离和体外培养了神经干细胞,并发现移植到啮齿类动物脑内的神经干细胞不仅可以分化为神经元,还可形成功能性的突触,对神经系统损伤后修复和退行性疾病的治疗均有重大意义。

2. 脊髓的发育　神经管的下段分化为脊髓。脊髓是神经管变化最小的部分,基本保持了神经管的三层结构,室管膜层成为室管膜,套层分化为脊髓的灰质,边缘层分化为白质,其管腔演化为脊髓中央管。

在胚胎第一个月末,神经管两侧壁由于套层中成神经细胞和成神经胶质细胞的增生而逐渐增厚,腹侧部增厚形成左、右两个基板(basalplate),背侧部增厚形成左、右两个翼板(alarplate)。神经管的顶壁和底壁则变薄、变窄,分别形成顶板(roofplate)和底板(floorplate)。由于基板和翼板的增厚,在神经管的内表面出现了左、右两条纵沟,称界沟(sulcuslimitans)。由于成神经细胞和成神经胶质细胞继续增多,左、右两基板之间出现一纵沟,称前正中裂,位于脊髓的腹侧正中。而左、右两翼板增大向内侧推移并在中线愈合,愈合处形成一隔膜,称后正中沟。

基板形成脊髓灰质的前角,基板内的成神经细胞后来发育成脊髓的运动性神经元;翼板形成脊髓灰质的后角,翼板内的成神经细胞则发育成为脊髓的传入神经元。聚集于基板和翼板之间的成神经细胞还形成脊髓灰质的侧角。

胚胎第三个月之前,脊髓与脊柱等长,其下端可达脊柱的尾骨;第三个月后,由于脊柱增长比脊髓快,脊柱逐渐超越脊髓向尾端延伸,脊髓的位置相对上移。至出生前,脊髓下端与第三腰椎平齐,仅以终丝与尾骨相连;4岁时已达第一、第二腰椎之间水平;而至成人,脊髓下端与第一腰椎平齐。

由于节段分布的脊神经均在胚胎早期形成,并从相应节段的椎间孔穿出,当脊髓位置相对上移后,脊髓颈段以下的脊神经根便越来越向尾侧斜行,腰、骶和尾段的脊神经根则在椎管内垂直下行,与终丝共同组成马尾。

3. 脑的发育

(1) 脑在出生前的发育:在胚胎第四周末,神经管头段形成三个膨大的脑泡(brain vesicle),由前向后依次为前脑泡、中脑泡和菱脑泡。脑壁的演化与脊髓相似,由于套层的增厚,使侧壁分成了背侧的翼板和腹侧的基板。脑的内腔成为脑室和中脑的导水管。

由于脑各部分发育不平衡,脑部相继出现几个屈曲。在菱脑与脊髓相连处凸向背侧的屈曲,称颈曲。在中脑处明显凸向背侧的屈曲,称头曲或中脑曲;以后,由于脑部继续生长,在脑桥和端脑处又产生了两个凸向腹侧的弯曲,分别称为脑桥曲和端脑曲。

前脑泡在第五周时,头端向两侧膨大,形成左、右两个端脑(telencephalon),最终见发育成为大脑两半球,而前脑泡的尾端则形成间脑。端脑和间脑的侧壁大部分形成翼板,基板很小。端脑套层中的大部分细胞都迁至外表面,形成大脑皮质;小部分细胞聚集成团,形成神经核;边缘层分化为大脑白质。

中脑泡演变为中脑,是三个原始脑泡中变化最小的部分。菱脑泡演变为头侧的后脑(metencephalon)和尾侧的末脑(myelencephalon);后脑又演变为脑桥和小脑,末脑演变为延髓。中脑、后脑和末脑中的套层细胞多聚集成团或细胞柱,形成各种神经核。翼板中的神经核多为感觉中继核,基板中的神经核多为运动核。小脑是由后脑两侧翼板的背侧部分对称性增厚发育而成,其套层的部分细胞迁移到边缘层表面形成小脑皮质,其余的成神经细胞形成小脑中的核群,边缘层发育成小脑白质。

(2) 脑在出生后的发育:出生时中脑、桥脑、延髓的发育已经比较完善,可保证生命中枢的基本正常功能。脊髓的发育在出生时也已较为成熟,其发育与运动功能呈平行进展,并随年龄增大而增重、加长。而大脑和小脑仍然需要继续发育,小脑在1岁内发育很快,到3岁时小脑已基本与成人相同,能够维持身体的平衡性和动作的准确性。而大脑的发育周期更长,发育变化更为复杂。

在解剖学上,出生时小儿大脑已具备了成人脑所具备的沟和回,但比成人的浅,在组织学上也已具备了大脑皮质的六层基本结构,但出生后无论在解剖上还是在功能上又得到了迅速发展。

0~2岁,出生时脑重量350~400 g,占体重的1/9~1/8,约为成人脑重的25%。其中1岁时为出生时的2倍,达成人脑重的50%,2岁时为成人脑重的75%。出生时大脑的神经细胞在数量上已与成人相同,但轴突和树突形成不足,树突和轴突少而短,尚未形成大脑各区间复杂的交织。对于脑细胞起支持作用的神经胶质细胞的分裂在生后3个月才达高峰,新神经胶质细胞的形成直到出生后2年。出生后脑重的增加主要由于神经细胞体积增大和树突的增多、加长,以及神经髓鞘的形成和发育。新生儿由于大脑皮质、锥体束发育尚未成熟,而皮质下系统如丘脑、苍白球功能发育较好,故初生时的活动主要由皮质下系统调节,因此大脑病变时常不易发生运动功能的改变,甚至有严重的脑疾患也不能被发现。以后脑实质逐渐增长、成熟,运动转为由大脑皮质中枢调节,对皮质下中枢的抑制作用也趋明显。

3~6岁时,脑的发育仍较迅速,到6岁时脑重已增至1 200 g。神经纤维分支加多加长,这有利于神经元之间联系的形成。4~6岁,大脑半球的所有神经传导通路几乎都已髓鞘化,身体在接受刺激后,可以很快地、准确地由感官沿着神经通路传到大脑皮质高级中枢。这使大脑皮质各区间增加了暂时联系的可能性,分化作用也大大加强,条件反射的形成比较稳定和巩固。而婴儿期由于髓鞘形成不完善,刺激引起的冲动经神经传入大脑,不仅传导慢,而且易于泛化,不易形成明显的兴奋灶。

7~8岁的儿童大脑半球继续发育,脑重由6岁时的1 200g增加到1 300g,接近成人的脑重(1 350~1 400g),同时神经细胞体积增大,细胞分化基本完成,神经细胞的突起分支变得更密,出现了许多新的神经通路。大脑额叶迅速生长,使儿童运动的正确性和协调性得到发展。由于大脑的发育,抑制能力和分析综合能力加强,工作能力也逐渐增强,儿童的行为变得更有意识。但这一时期,儿童对第二信号系统的语言和文字反应尚未完善,直观形象模仿能力强,而对抽象概念思维能力差。

9~16岁儿童,脑重量增加不多,这一时期主要是进行脑细胞内部结构和功能的复杂化过程。神经的联络纤维在数量上大大增加,联络神经元的结构和皮质细胞结构、功能在强烈地发展和形成着,这是联想的、推理的、抽象的和概括的思维过程的物质基础,是大脑功能进一步发育成熟的标志。

4. **中枢神经系统发育和感觉运动** 中枢神经系统发育过程中结构和化学物质的变化是导致人体发育过程中行为和功能变化的根本。在发育过程中,中枢神经系统的解剖学结构的变化是动态的,多数情况是神经元和突触形成与消亡的连续过程,其形态的变化受时间的严密限制。

胎儿期,神经元呈过度增生状态,一个突触的生成是多个神经元相互竞争的结果,当某一神经元形成突触后,其他神经元就死亡。在此阶段,胎儿出现刺激-应答反应的感觉-运动形式。随着运动发育,抑制现象逐渐明显,胎儿对刺激的反应逐渐消失,胎儿末期自发运动也减少。出生后运动发育中产生的原始反射逐渐消失,运动功能开始发育,从而有机会不断获得新的运动技能以适应生存的需要。

1972年Prechtl提出了感觉运动机制(sensory-motor mechanism)形成的假说,认为:①中枢神经系统解剖学上结构的形成和消失与运动行为的出现和消退是有密切关联的。②感觉运动机制的消亡是在发育过程中引起的。③感觉运动的机制位于中枢,上位中枢为了有效地抑制下位中枢使得反射活动消失。④形成感觉运动机制的要素和其结合形式会发生变化。⑤某种感觉的传入不起作用时,其他感觉的传入可以产生同样的运动输出。⑥某种感觉的传入可以启动好几个运动程序,最初是一种竞争状态,随着发育而出现分化,如刺激婴幼儿足底部时,可出现双下肢交互运动和同时屈伸运动,以后交互运动成为优势位,使步行的协调性得到提高。这些生理模式与中枢神经损伤后功能恢复的模式相类似,但其中有一些是神经系统发育过程中特有的现象,这一假说对中枢神经损伤后的康复治疗具有一定的指导意义。

(二) 周围神经系统的发育

1. **神经节的发育** 神经节起源于神经嵴。神经嵴细胞向两侧迁移,分列于神经管的背外侧,并聚集成细胞团,分化为脑神经节和脊神经节,这些神经节均属感觉神经节。

神经嵴细胞首先分化为成神经细胞和卫星细胞。成神经细胞最先长出两个突起,成为双极神经元,由于细胞体各面的不均等生长,使两个突起的起始部逐渐靠拢,最后合二为一,双极神经元变成假单极神经元,分化成为感觉神经细胞。卫星细胞是一种神经胶质细胞,包绕在神经元胞体的周围。神经节周围的间充质分化为结缔组织的被膜,包绕整个神经节。

胸段神经嵴的部分细胞迁至背主动脉的背外侧,形成两列节段性排列的神经节,即交感神经节。这些神经节借纵行的神经纤维彼此相连，形成两条纵行的交感链。节内的部分细胞迁至主动脉腹侧，形成主动脉前交感神经节。另一部分神经嵴细胞分化为卫星细胞(图3-2)。

副交感神经节的起源问题尚有争议，有人认为来自神经管，也有人认为来自脑神经节中的成神经细胞。

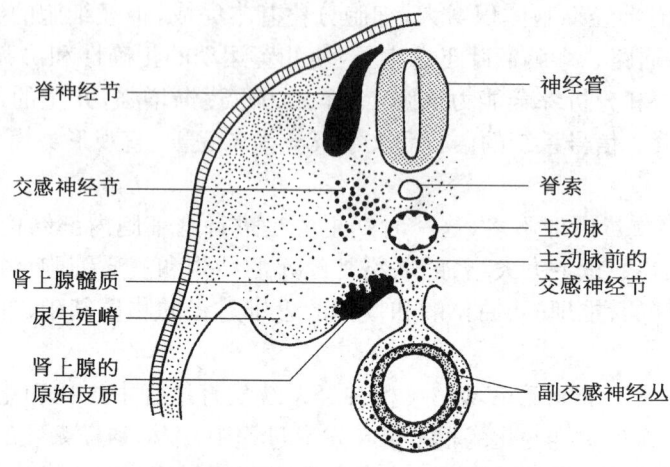

图3-2 交感神经节发育示意图

2. 周围神经的发育　周围神经包括颅神经、脊神经和自主神经，由感觉神经纤维和运动神经纤维构成，而构成神经纤维的是神经细胞的突起和神经膜细胞。感觉神经纤维中的突起是感觉神经节细胞的周围突；躯体运动神经纤维中的突起是脑干和脊髓灰质前角运动神经细胞的轴突；内脏运动神经节前纤维中的突起是脑干内脏运动核和脊髓灰质侧角中神经细胞的轴突，节后纤维则是自主神经节细胞的轴突。

神经膜细胞也由神经嵴细胞分化而成，并随神经元的轴突延长而同步增殖和迁移。神经膜细胞与轴突相贴处凹陷，形成一条深沟，沟内包埋着轴突。由于包埋程度的不同，周围神经可分为有髓鞘和无髓鞘两种，除自主神经的节后纤维无髓鞘以外，其余均有髓鞘。

在无髓鞘神经纤维，一个神经膜细胞可与多条轴突相贴，并形成多条深沟包绕轴突，但不形成髓鞘。在有髓鞘神经纤维，当沟完全包绕轴突时，神经膜细胞与轴突之间形成扁平的轴突系膜，此系膜不断增长并反复包绕轴突，在轴突外周形成由多层神经膜细胞胞膜包绕而成的髓鞘。神经的髓鞘化根据神经种类不同而异，颅神经在小儿生后3个月可完成，但有人认为听觉系统神经纤维开始髓鞘化在胎儿第6个月时，且髓鞘化过程缓慢，直到4岁还未完成。与之相反，视觉神经纤维几乎直到出生前才开始有髓鞘形成，但之后发育非常迅速。脊神经从胎儿5～6个月开始形成，2岁是髓鞘形成阶段，4岁时已相当成熟，以后仍在缓慢进行直至成年。由于婴儿期神经纤维髓鞘形成不全，故兴奋传导易波及邻近神经而引起泛化现象。

二、神经反射的发育

反射是神经系统生理活动的基本形式，是神经系统在调节机体活动中对内、外界环境刺激作出的适宜反应。反射活动的形态基础是反射弧，反射弧包括五个部分：感受器——传入神经（感觉神经）——中枢——传出神经（运动神经）——效应器。反射弧中任何一个部分发育障碍或损伤，反射都将出现障碍，如肌肉瘫痪、皮肤感觉丧失等。因此，反射发育是神经发育的重要组成部分。

人体的正常发育是以正常反射为基础的,儿童的反射按时间顺序而出现,其出现、保留或消退的时间具有一定规律。推迟出现或消退,甚至终身保留低水平的神经反射多数属于不正常现象。在成人脑损伤后,一些儿童时期的较原始的反射活动也会重新出现。

(一)出生即有,终身存在的反射

1. 角膜反射　正常时,角膜反射阳性。出生即有,且终身存在。
2. 瞳孔对光反射　正常时,瞳孔对光反射阳性。出生即有,且终身存在。
3. 咽反射　正常时,咽反射阳性。出生即有,且终身存在。

此外,其他如吞咽反射、呼吸反射、咳嗽反射、排尿反射、排便反射等也属于出生即有、终身存在的反射,若这些神经反射减弱或消失,表示神经系统存在病变。

(二)出生即有,随后消失的反射

1. 吮吸反射　所有正常足月新生儿都有吸吮反射,生后即出现,4个月后被主动的进食动作所代替。
2. 觅食反射　此反射在生后第1日有时可能引不出,但不能视为异常。觅食反射出生后数月逐渐消失。
3. 握持反射　出生后即出现,2~3个月消失,逐渐被有意识的握物所代替。
4. 拥抱反射　出生后即出现,3个月以内表现明显,4~5个月时渐消失,6个月时如持续存在属异常。
5. 踏步反射　出生后即存在此反射,2~3个月后消失。早产儿消失较晚,持久不退者应检查是否有脑部疾患。
6. 立足反射　初生时即存在,6周后逐渐消失。
7. 侧弯反射　出生后即出现,3个月消失,如持续存在者属异常。
8. 颈肢反射　出生后2~3个月消失。如持久不退、过强或一侧出现时,应考虑有脑损伤。
9. 交叉内收肌反射　新生儿时期即可引出此反射,1个月后逐渐减弱。
10. 吸引反射　出生后1~2个月以内明显,以后逐渐消失。
11. 颈翻正反射　出生后即出现,6个月消失。
12. 屈肌反射　2个月以内出现阳性反射为正常,如果阳性反射持续存在则为异常表现。
13. 伸肌反射　2个月以内出现阳性反射为正常,如果阳性反射持续存在则为异常表现。
14. 对侧伸肌反射　2个月以内出现阳性反射为正常,如果阳性反射持续存在则为异常表现。
15. 不对称性紧张性颈反射　出生后4~6个月之内出现阳性反射是正常的,出生6个月后仍存在可能提示反射发育迟缓。
16. 对称性颈紧张反射　出生后4~6个月之内出现阳性反射是正常的,出生6个月后仍存在可能提示反射发育迟缓。
17. 紧张性迷路反射　出生后4个月内出现阳性反射是正常的,4个月后仍存在可能提示反射发育迟缓。

(三)出生时没有,以后逐渐出现并维持终身的反射(反应)

1. 翻正反射(反应)　翻正反射可分为视觉、迷路、躯体和颈翻正反射四种,其中颈翻正反射属于出生即有、随后消失的反射,躯干翻正反射属于出生时没有、以后出现、随后消失的反射。只有视觉翻正反射和迷路翻正反射属于出生时没有,出生1～2个月以后逐渐出现且持续终身的反射。

2. 保护性伸展 阳性反射大约在6个月出现并持续终身,6个月后阴性反射可能提示反射发育迟缓。

3. 倾斜反射(反应) 包括仰卧位平衡反射、俯卧位平衡反射和膝手四点平衡反射,其中,前两者出生后6个月直至终身出现阳性反射,6个月后仍出现阴性反射可能是反射发育迟缓的一个征象;后者出生后8个月出现阳性反射是正常的,并持续终身,8个月后仍为阴性反射可能是反射发育迟缓的征象。

4. 防御反射(反应)

(1) 坐位平衡反射:出生后10～12个月出现阳性反射是正常的,并维持终身。12个月后仍为阴性反射可能是反射发育迟缓的征象。

(2) 双膝立位平衡反射:出生15个月后出现阳性反射是正常的,并维持终身。15个月后仍为阴性反射可能是反射发育迟缓的征象。

(3) 跨步和跳跃反射:出生后15～18个月出现阳性反射是正常的,并维持终身。18个月后仍为阴性反射可能是反射发育迟缓的象征。

(4) 足背屈平衡反射:出生后15～18个月出现阳性反射是正常的,并维持终身。18个月后仍为阴性反射可能是反射发育迟缓的征象。

(四) 出生时没有,随后出现,但以后消失的反射(反应)

1. 躯干翻正反射 出生后6～18个月出现阳性反射是正常的,6个月后仍是阴性反射可能提示反射发育迟缓。

2. 阳性支持反射 出生后4～8个月出现阳性反射是正常的,在8个月之后仍存在阳性反射可能提示反射发育迟缓。

(五) 出生时未能引出,以后逐渐稳定的反射

如腹壁反射、提睾反射,由于新生儿和婴儿的肌腱较弱,这些反射不易引出,故到1岁后才稳定。

(六) 出生后一段时间内可存在的病理反射

由于新生儿和婴儿脊髓和皮质下中枢作用占优,巴彬斯基征、奥本海姆征、戈登征和查多克征等病理反射在婴幼儿期就能出现,但随着月龄的推移而逐渐消失,无临床意义。

总之,上述这些神经反射(反应)的检查对评定新生儿发育程度有一定价值。随着年龄的增长和大脑皮质高级神经中枢发育的成熟,这些神经反射有的出现,有的逐渐消失,有的持续维持。通过伴随反射或反应的运动知觉,儿童可以感知到自己的身体和动作,促进知觉运动技能的形成。但是,如果这些反射的出现、消失或持续维持与正常规律不符,则应考虑脑发育是否异常。

此外,成人由于上运动神经元的损害,出现异常的反射、抗重力肌的痉挛等病理性改变,这被认为是对下运动神经元的抑制作用减退,使本已消退的低位反射活动重现出来。这些较原始的反射或反应的重现是康复训练中必须考虑的因素。

第三节 运动功能的发育

运动发育又称神经运动发育，分为粗大运动和精细运动。小儿运动功能的发育是有一定顺序的，在不同年龄阶段会出现不同的运动行为，随年龄推移而变化。虽然其间有可能出现某些动作的提前或滞后发育，但总的来说，小儿运动功能的发育还是遵循着一定规律的。因此，运用正常的发育表现模式不仅可以评价不同年龄段小儿运动功能发育的状况，而且利用运动发育顺序也成为了一些康复易化技术的训练原则，适用于小儿脑性瘫痪和成年人脑卒中偏瘫的治疗。

目前，对于小儿运动功能发育情况的研究，主要是观察小儿全身的粗大运动和上肢的精细运动。

一、小儿运动发育的规律

小儿运动的最初形式是妊娠后期出现的胎动。新生儿的动作多属无意识和不协调的，此后，尤其第一年内随着大脑的迅速发育，小儿运动功能日臻完善。从运动发育学的观点来看，完成运动功能发育的时间一般是在6周岁左右。小儿动作发育遵循一定规律。

（一）头尾规律

小儿总的动作发育方向是从头至脚，即沿着抬头→翻身→坐→爬→站→走这一趋势逐渐成熟的，最早是头部的动作，先会抬头，再会转头，以后开始翻身，6个月左右会坐，再后是手臂和手的运动，最后才是站立和行走。

（二）由远到近

动作发育的先后以躯干为中心，越接近中心部位（身体中轴）的动作发育越早，而离中心较远部位的动作发育相对较晚。以上肢为例，先是肩部和上臂动作的发育，接着是肘、腕部，最后手指动作的控制能力才逐渐成熟起来。

（三）由不协调到协调，由泛化到集中

小儿最初的动作是全身性的、泛化的，然后逐渐发育成局部的、准确的动作。如对于1~2个月的小儿，若用手帕将其脸盖住，则小儿表现为全身的乱动。到了5个月的时候，小儿可表现为双手向脸部乱抓，但不一定能拉下手帕。而到了8个月时，即能迅速而准确地拉掉手帕。

（四）由粗大动作到精细动作

粗大动作的发育先于精细动作的发育，先是抬头、坐、站、走等大动作的发育，然后才有手指摘物、脚尖走路等精细动作，此与协调平衡的发展有关。

（五）先有正面动作，后有反面动作

先能俯卧时抬头，然后才能仰卧时屈颈；先学会向前行走，再学会倒着走路；先能抓取物体，然后才是有意识地松手放开物体。

二、全身粗大运动的发育

运动的发育依赖于脑和感知的发育，由于中央前回在出生后第一年的发育主要在肩、颈部代表区，第二年主要在手代表区，故婴儿抬头、坐等动作的发育先于手的精细动作。运动的发育既有赖于视感知的参与,又反过来影响其他功能区和情绪的发育,故给予婴儿适宜的刺激是有利的。

对出生后头几个月婴儿运动情况的评估,可观察俯卧位时头的抬起、踢足力量、握持和拥抱反射的对称性。出生后最初的1年内的发育以卧位、坐位、屈膝位到站立位等姿势运动为主,而1周岁以后直到6周岁,则进入步行、上下楼梯、跨越障碍物、单腿站立、跑、跳等移动运动能力发育的阶段。1周岁以内的姿势运动发育对以后移动运动能力发育具有很重要的作用(表3-1)。

姿势运动发育可分为姿势维持期、移动准备期、屈膝坐位期和屈膝站立期四个时期,移动运动发育分为双足步行期和步行后的运动能力发育期两个时期。各个时期均有特征性的姿势和移动运动形式。

(一) 姿势维持期(1~3个月)

小儿出生后的最初3个月,运动的发育就是使头部竖直并且保持对称性姿势,而头部控制能力的发育是全身运动发育的基础。新生儿颈肌完全无力,在从仰卧位扶至坐位时颈肌仅有短暂的张力增高,2个月扶坐时只能间歇地、勉强地仰头,3个月小儿抬头较稳,但头仍稍后垂。

生理性屈曲姿势和原始反射是适合新生儿生存的与生俱来的机制。婴儿出生后如让其仰卧平躺,此时可以观察到躯体呈现蜷曲状,婴儿通过这种生理性屈曲姿势以加强身体各部位的联合,保持姿势稳定,有利于自我保护。在发育学中,各种原始反射被认为与营养摄取、避免危机等与生存密切相关的保护性机制有关。

出生后的婴儿经历了仰卧位、俯卧位和各种抱着的姿势后,颈部周围的肌群逐渐协调收缩,使得头部能够稳定地竖起。左、右颈肌的协调使得头部能保持在正中位上。

(二) 移动准备期(4~6个月)

这一时期,婴儿开始进一步向翻身和坐位能力发育,其中翻身能力是坐位的必要条件。要完成翻身和坐位动作必须具备以下五种能力:

1. **头颈部控制能力** 通过哺乳、怀抱、俯卧位的颈部抬起等活动能使颈部肌群同时收缩,而促进头颈部控制功能的发育。

2. **四肢、躯干独立活动能力** 躯干和四肢必须不受颈部回旋的影响,才能完成翻身动作。

3. **下肢髋关节多轴性活动** 新生儿髋关节屈曲时,常呈现髋关节、膝关节和踝关节联带运动,为翻身做准备。

4. **下肢的分离运动** 在新生儿期可以看到髋关节的内收、外展和内、外旋等多种活动,当躯干呈伸展位而下肢呈屈曲状态时较易完成翻身。

5. **躯干骨盆控制能力** 躯干旋转是实现翻身的首要条件,而促进卧位时上肢和躯干的屈曲、伸展、侧屈等动作的发育对完成躯干和骨盆的回旋动作是非常必要的。婴儿3个月后可以将四肢上举和臀部抬高,玩弄双足(图3-3),同时可将身体反转呈拱桥形状(图3-4)。这种玩耍动作实际上是一种为躯体旋转和站立活动做准备的训练方式。

6. **上肢的支撑性** 翻身时需要利用肘部抵压床面使对侧身体离开床面,故上肢支撑能力的获得也是保证翻身动作完成的一个重要因素,是翻身的必要准备条件。最初新生儿阶段可本能地从侧卧位到仰卧位;1~2个月时能伸展脊柱从侧卧位到仰卧位;6~8个月时可有意伸展上肢(或下肢),继而躯干、下肢(或上肢),分段转动从侧卧位到仰卧位。

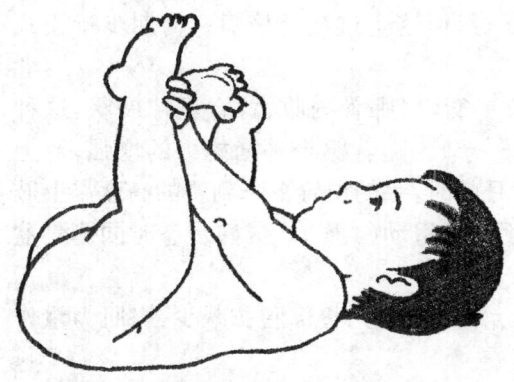
图3-3 保持双足的空间位置

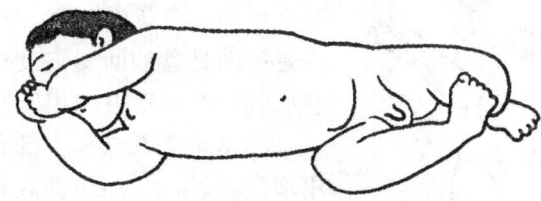
图3-4 身体的侧身反转拱桥形状

（三）屈膝坐位期（7~9个月）

这一时期的移动方式是四肢爬行移动。由于四肢爬行、双膝位站立和单膝位站立均是以膝关节为支持点的运动,故屈膝位的动作控制是姿势运动发育的重要阶段。

新生儿3~4个月时可用肘部支撑上身达数分钟之久;7~9个月的婴儿能用手支撑胸腹使身体离开床面,有时能在原地转动;8~9个月时能用上肢往前爬。而从小学习爬的动作有助于胸部和臂力的发育,以扩大接触周围事物的机会。

爬行初期,身体重心移向臀部后方,使手能自由地腾空。而单手支撑上半身,是进行上肢交互运动的基础（图3-5）。小儿在四肢爬行前进的过程中为避免跌倒,手会自动向前方或侧方伸出以保持身体的平衡（降落伞反应）。而对称性颈紧张反射虽然有助于保持抬头和伸手的四肢爬行姿势,但是这种反射过强就变成了兔跳样移动,会对爬行移动有阻碍作用。因此,必须抑制

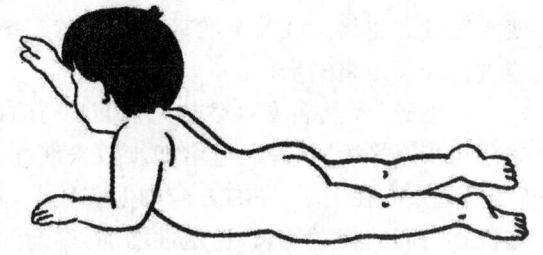
图3-5 重心向后方移动使手腾空

对称性颈紧张反射使头颈部与躯干运动的分离,上、下肢伸展并交互运动方能实现爬行动作。

（四）屈膝站立期（10~12个月）

这一时期姿势运动发育的重点是扶物站立和辅助步行（10~11个月）。扶物站立时头部的转动和伸手动作导致了重心在两脚掌之间的移动,如果扶物站立的同时伴有身体的前后摇晃,则导致了重心在足脚掌底之间的前后移动。辅助步行是借助辅助具进行步行,必须具备保持躯干直立的能力,只有当躯干直立时身体才会有旋转的空间。辅助步行使得重心向前方或后方转移,足能自由地张开和跟随移动。

新生儿期可引出踏步反射;2~3个月时当扶至立位时,髋、膝关节弯曲;6个月当呈立位时,两下肢可支持其体重,并上下跳动;7个月扶站时,小儿能高兴地蹦跳;9个月时可扶站;11个月时可扶栏独脚站,或做蟹行,此时搀着两手能向前走。

（五）双足步行期（12个月后）

经过自我姿势的调节、独立移动重心和扶物站立阶段后,进入步行期。约1岁能够步行移

动,最初用两手扶持着行走,以后单手扶持,随后独自步行,但这个过渡期极短。初期步行模式如下。

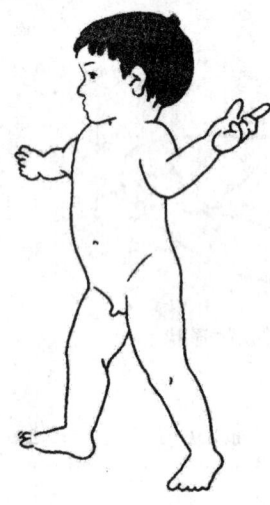

图3-6 挑担样步态

1. 挑担样步态 双手维持平衡,肩胛骨内收、背脊呈伸展状,这种姿势容易保持躯干的稳定(图3-6)。随着躯干平衡能力的增强,双上肢平举的高度逐渐下降,约15月龄时,手的位置下降到腰的高度。上肢只是帮助骨盆的回旋,表现为手腕的甩动(4岁)。成熟步态时同侧骨盆和肩胛带的运动方向相反。

2. 缺乏骨盆回旋 随着年龄增长,小儿腹部脂肪减少,腹肌力量作用增强,以帮助、加强骨盆的回旋。

3. 宽步幅 1周岁前后,婴儿的身体重心位置较成人相对较高,为了稳定步态,跨步时采用髋关节外展、外旋并增大步幅来满足行走要求。随着步态平衡的稳定性提高,步幅逐渐变窄。

4. 全脚掌着地 当踝关节的支撑力得到加强后,髋、膝关节的过度屈曲不再需要,踝关节呈踢球样着地(2岁)。然后,逐渐发育过渡到足跟着地、足尖离地的正常成人步态。

5. 站立位膝过伸 早期步行时,为确保下肢能够支撑身体,站立时膝关节呈轻度过伸状态。随着躯干的平衡和下肢支撑力量的增强,在步态周期立位相时膝关节变成轻度屈曲状。膝关节的轻度屈曲状态能够缓冲身体重心的垂直偏移,故而不易发生疲劳,能进行较长距离的步行。

6. 步速、步数和重心移动 早期步行时由于婴儿的脚短小,与地面的接触面积相对较小,不易获得步态平衡,只有通过增加步数来获得这种平衡,称之为小步跑。这种步态不仅步幅不一致,而且重心在上下、左右方向的偏移较大,容易发生疲劳,只能行走短距离。随着脚掌的增宽,立位相时间的相对延长,稳定性增加,逐渐变成缓慢步态。

(六)步行后的运动能力发育期

步行能力的获得,在小儿运动行动上是一个划时代的变化,但并无确定时间,这可能与成长过程中的环境、性格、营养等个体差异因素有关。小儿15个月时可自己站起,站得很稳,可脱离扶杆爬楼梯(每个台阶需先后用两只脚去踏),能拾起地上的东西而自己不跌倒,但绕物体转弯时还不灵活,行走时不能突然止步;18个月时可跑步和倒退行走;2岁时步态较稳,但仍需眼的协调;2~3岁时能跑,但不能迅速起步和停止,上台阶时一步一个,能独脚站立数秒钟;4.5~5岁时能快步奔跑,并伴有手臂的协调摆动;5~6岁时,儿童已能适应高低不平的路面,平稳行走,下楼梯比较困难,6~7岁后才能独自一个人下楼梯。

跳的动作一般约从1.5岁时开始,此时也能用一脚跨过低障碍物;2岁时能并足跃下一级台阶,也能并足往前跳一步和原地跳跃;3岁时能用一脚跳过低障碍物,约2/3的小儿在4.5岁时能跳稳;2.5~3.5岁时开始用独脚向前连续跳1~3步;5岁时可连跳8~10步;6.5岁时才能较好地蹦跳和奔跑。

小儿运动的发育随着年龄增长逐渐完成,运动技能逐渐提高,运动操作步骤逐渐向节约能量消耗、提高运动效率的方向发展。

表3-1　我国儿童粗大运动能力的发育

项　　目	50%及格年龄(月)	90%及格年龄(月)
抬头90°	2.2～3.3	3.1～4.6
俯卧位前臂支撑	3.0～3.5	4.5～4.9
翻身	4.6～6.1	6.9～7.0
腿支持部分体重	3.5～3.8	5.0～5.5
拉坐头不后垂	3.1～3.8	4.6～5.5
稳坐不用支持	5.9～6.0	7.8～8.0
扶物站立	5.8～7.4	8.0～9.1
自握能站立	5.8～10.5	8.2～11.9
自己能坐下	7.4～10.6	9.4～12.0
独自站立片刻	9.0～12.0	11.9～14.5
扶物行走	7.9～11.7	10.7～13.3
独自站立不扶物	11.1～13.3	11.5～13.6
弯腰直起	12.8～13.6	14.8～16.4
走得好	13.1～14.2	15.6～16.2
能向后退	12.8～14.7	17.5～24.4
能走梯	16.1～16.8	20.4～26.4
踢球	14.4～19.2	23.3～24.0
抛球	16.0～16.8	21.9～25.2
并足跳	25.6～26.1	32.4～33.7
单足站1s	26.7～28.0	34.8～34.9
单足站5s	35.5～43.5	48.7～51.3
跳远	28.6～30.0	35.7～40.8
抓住跳跃的球	50.1～54.6	64.5～69.0
单足跳	42.8～44.4	49.7～53.4
足尖、足跟向前行	47.0～48.6	56.7～70.4
足尖、足跟向后退	51.1～56.4	59.8～76.8

三、精细运动的发育

上肢精细运动的发育是以姿势运动和移动运动发育为基础的，主要表现在手指能力的发育情况上，需要视感知的协调，而视感知反过来又促进上肢精细动作的发育。可以说姿势和移动运动、上肢功能、视觉功能三者之间是一个共同协调、共同发育的过程，上肢精细运动的发育离不开手、眼的协调功能。有实验把新生儿分为两组，一组给予刺激极少的环境，另一组给予刺激丰富的环境（如放在小儿手边的奶嘴、色彩鲜艳的玩具等）。结果发现手的各种动作，如单手上举、双手伸展等动作的出现,后者比前者早数日,提示视觉环境刺激对伸手的动作发育十分重要。

(一)上肢功能的发育

人的手具有以下特征:手掌呈拱形,手指能对掌运动,容易抓住和把持物体,由肩、肘、腕关节构成的上肢使手的活动范围明显扩大。

来自大脑皮质的运动神经支配手的远端关节和手指的分离运动,来自脑干的运动神经控制着手的姿势和近端关节。由此可见,上肢受到两种运动神经的支配,能够满足其对运动的精细调节和选择性运动。上肢来自大脑感觉和运动皮质的神经纤维较身体其他部位分布广泛,一支神经纤维所支配的肌肉纤维数和感觉感受器的数量越少,则手的精细动作能力越高。此外,上肢的白肌纤维较多、收缩快,具有辨别和操作物体的特点,但较下肢容易疲劳。

手的功能主要可以归纳为伸展和屈曲两种形式,这两种基本动作类型与周围的环境密切相关,反映了对环境的理解程度,即接近有利环境而躲避危险环境的程度。上肢运动功能的精细化使手具备了操作能力,随着操作过程的不断练习,手识别物体的能力也随之提高。

用手识别事物不同于视觉的识别,如精制仿造的鲜花与真花之间的差别单凭视觉可能无法鉴别,但手触摸后立即就能明白。用手识别的优点在于:

1. 能够识别对象或物体的属性 触摸物体后能够理解物体的属性,如性质、形状、大小、质地等(触感知功能)。

2. 能够感知身体的运动变化 通过手的触摸知晓手的动作及其与身体部位之间的空间位置关系(位置觉功能)。

在发育初期手的辨别能力是优先发展的,功能完善后通常通过视觉功能来弥补(表3-2)。

表3-2 儿童手应用能力的发育

年 龄	能 力
1个月	双手拇指可放在一起玩,东西放入手中立即脱落
2个月	无意识伸手抓东西
2~3个月	短暂地抓握拨浪鼓,注视双手
3个月	握住拨浪鼓
4个月	用双手去拿东西
5~6个月	扔或丢掉东西
6个月	手握积木,视线投向目标
7个月	半卧位抓握物品,伸腕抓握
8个月	将物品从一手传递到另一手,笨拙握剪刀
9个月	将物品放入大容器
10~11个月	手眼并用
12个月	精细捏抓,准确地将物品放入小容器中
12~18个月	攥握式抓笔并自发乱画
18个月	叠起三块积木
18个月至3岁	手旋前握笔

(续表)

年　龄	能　力
2.5岁	叠起6~8块积木
3岁	将积木排成一列火车,用三块积木模仿桥,用剪刀剪东西
4岁	串小珠子
4.5~6岁	动态三点支撑握笔

(二) 视觉功能的发育

1. 眼的发育　正常足月新生儿出生时眼的大小约为成人的3/4,在生后第一年内,发育最快,以后发育速度降低,但仍较快。3岁后,以较慢的速度发展直至青春期,青春期后变化不大。一般来讲,在出生时眼的前部结构相对较大,以后较后部结构发育慢。这种发育特征使小儿眼球形状处在不断变化之中,最后眼球近似球形。

2. 视觉的作用

(1) 识别能力:眼和手都具有识别能力,但视觉占绝对的优势作用,可以说视觉几乎是人体其他各种感觉的代表。

(2) 远眺作用:使得人类可以避开危险的环境,保护个体的生存。

(3) 安定情绪:根据视觉信息把握状态,可以使人得到基本的安心感。

3. 视觉功能的发育　正常新生儿大部分时间虽闭着眼睛,但对灯光的变化有反应的,有瞳孔对光反射,不过敏锐度较差。由于晶状体形状的调节功能和眼外肌反馈系统发育尚未完善,新生儿只能在15~20 cm距离视觉清晰,在安静清醒状态下有短暂的注视能力。对视觉最早的刺激是母亲的脸,特别是在哺乳时。2周时对大物体比较感兴趣,出生后4~6周可在水平方向用目光跟随移动的物体,8~10周时可水平追视180°。

新生儿对红与蓝表现出不同的反应,喜欢注视运动着的物体和物体的轮廓,以及轮廓线较多和有曲线的物体或图像。随着眼肌控制调节功能的发育,小儿在4~6个月时,辨别颜色、亮度和轮廓等初级视觉系统才有良好的协调性,并有较精细和较复杂的辨别力。6~8周时,开始出现视觉恒定(对物体大小及形状感知不因距离及方位不同而改变)。2个月时,已能利用运动视差(眼球转动时,较近的物体向相反方向移动,远处物体则向相同方向移动,且移动速度较慢)来感知场景的深度。6个月时,辨别场景深度的能力更好。但直至4岁,多数小儿仅能感知一张拼图的组成部分,而看不到其整体(表3-3)。

表3-3　儿童视觉能力的发育

年　龄	视　觉　能　力
1个月	头眼协调
2~4个月	注视双手,视线左右移动180°,被鲜艳的颜色和明亮的光线所吸引,双眼视觉协调一致
5~6个月	触觉与视觉相结合,用眼观察,不依赖转头而用双眼跟随物体
9~12个月	视线追随移动物体
12~18个月	视觉发育基本完成
4岁	部分与整体关系的视觉概念形成

正常小儿很少有视觉发育落后,对个别例外者需长时间追踪随访。如小儿出生后失明,而眼附近的肌肉(眼轮匝肌、皱眉肌和额肌等)运动发育正常,则小儿面部表情不受影响。盲儿常常表现出一些特异动作,如用手指深压眼窝、揉搓、按眼球等,这些动作出现于1岁,至5~6岁停止。

(三)手眼协调能力的发育

1. 发育进程 新生儿时期可引出握持反射,持续2~3个月,握持反射消失后小儿才能有意识地握物。小儿上肢肌张力降低后,才能开始手的捏弄动作。

由于3~4个月时握持反射消失,小儿手眼不协调,故小儿常不能准确抓住近处的物体,可自行玩手,看到物体时全身乱动,并企图抓扒。5~6个月之前腰、手不能协调,故不能弯腰抓取或伸手不能触及的面前物体。6~7个月时能弯腰伸手拿取较远处物体,并将物体在两手间互相传递,及进行捏、敲等探索性动作。9个月时小儿能随意放掉或扔掉手中物体,可用拇、示指拾物,喜撕纸。12~15个月时学会用匙,可用笔乱涂画。约15个月时小儿能正确地将2块2.5 cm立方木块叠起来。2岁时能叠6块,会翻书,说明手眼协调已有进步。

绘画和书写需要手的精细动作和良好的手眼协调,但在幼年,它们与其他技能相比更受练习的影响。绘画能力的发育经过乱涂、绘线图(如绘线、绘几何图形)、合并与集合(合并2或3个以上的线图成平面图)和绘画四个阶段(表3-4)。

表3-4 小儿涂、绘发育进程

年龄	表现
1~2岁	乱涂,重复地涂放射线或圆圈
2岁	在纸上多处涂多线条或单线条的无规则交叉或其他式样
3岁	可能会绘不像样的"十"字形,绘有界限的圆(如半圆、圆等),绘不像样的太阳或人面
4岁	开始应用线图的合并与集合,绘拟似的房屋、舟车,绘人体的五部分,可能画方形
5岁	绘动物及树
6岁	绘三角形
7~8岁	绘菱形
9~10岁	绘立体几何形
10岁	绘圆筒形及一条垂直边在前的立方形

小儿开始写阿拉伯数字时基线不整齐,5岁时写的字多为1.5~2.5 cm高,笔画方向可发生左右或上下颠倒,如9写成6或p,写两位数时有时先后颠倒,即先写个位数后写十位数,或数位颠倒。7岁时能写4~6 mm大小的数字,但基线还不整齐,偶可发生左右或上下颠倒。写汉字需具有线及图的合并与集合能力。我国多数6岁儿童及少数5岁儿童能学写结构较简单的字。

2. 发育阶段 根据小儿上肢功能发育的特征,可将手眼协调能力的发育分为以下四个阶段。

(1)第一期(0~3个月):婴儿出生后,身体处于屈曲优势位,当紧张稍有缓解时,可见到手、腕背伸和五指张开的动作;当婴儿感受到来自身体外的刺激时,手又恢复到紧握着拳头的屈曲内收状态(回卷现象)。

新生儿期后,视感知发育迅速,1个月可凝视光源,头可以跟随水平方向移动的物体至中线位置。当仰卧位两肩胛成为对称状态后,手、腕可以移到正中线位置。当手能够移动到口的位置时,首先必须先由视觉确认手和口之间的身体位置,然后会看到一只手,进而是看到另一只手。随着颈部控制能力的提高,可以看到自己运动着的手,视线会从手移向物体,再从物体移向手。

新生儿在触摸手指甲和手掌背侧会出现逃避反应,这在发育早期占主导地位。逃避反应的表现为腕关节背伸和手指伸直外展,握持反射则表现为腕关节掌屈和手指屈曲内旋增强,这两种反射起到的是拮抗作用。由此,最初的强力握拳姿势逐渐发育成具有手腕背伸和手指屈曲内旋能力的功能手。如图3-7所示,逃避反射(手腕背伸、手指伸直外展)→握持反射(手腕掌屈、手指屈曲内旋)→功能手(手腕背伸、手指屈曲内旋)。

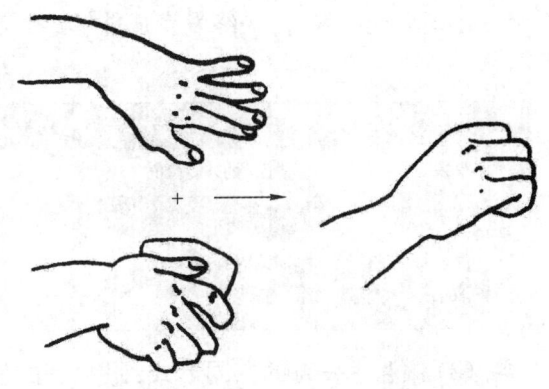

图3-7 功能手的发育过程

(2) 第二期(4~6个月):这一时期开始了伸手、握持等手的功能发育,身体的姿势位置对上肢的影响力逐渐减弱。

在这一时期,能够完成视觉诱导下的伸手和握持动作。4月龄时一直握拳的手能松开,会伸向身边的物体,并能抓住,不论任何东西都往嘴里放或边摇晃边拍打。6月龄时能用单手抓向目的物,能将物品在两手之间传递。在上臂的支撑下身体可以向左、右移动,这样促进了上臂回旋活动的练习,上臂的外旋动作使得眼睛容易看到手内握持的物品。随着视线对手和物品两方面的注视,使得手的活动、手的感觉和视觉信息有机地统一结合在一起,最终经视觉神经通道,对物体产生感知觉和认知觉。即只要是看到过的东西,就能回想出该物体的感觉、触觉和运动觉。

(3) 第三期(7~9个月):此期进入了用眼睛引导手的动作、手功能多样化发展的时期,手的功能得到了迅速的发育和提高。随着抗重力伸展姿势的稳定发展,伸腕和伸手功能得到了发育。8~9月龄,小儿能分别用左右手同时拿东西,如果再给第三样东西,会放下其中一只手上的东西,去取新给的东西。在坐位按住某物时,躯干已具备了伸展的能力。由于目测距离准确性的提高,伸手抓物时,手够不着或伸过头的情况开始减少,逐渐发育成手能在最短的距离内伸向目标物体。

(4) 第四期(10~12个月):此期是上肢精细动作发育的熟练阶段。坐位时,不再需要依靠上肢来保持身体的平衡,使得腕关节和手指活动得以解放出来,并逐渐能用指尖转动物体,使得手指的功能得到了进一步的发育。手指的把持动作最初用全部手指和手掌抓握,之后逐渐发展为拇指、示指和中指的对抓动作,最后发展成为拇指和示指的捏抓动作,一般这一动作在10~12月龄完成。当尺侧3个手指能够屈曲后,尺侧有了较好的稳定性,能够完成使用示指指物的动作(图3-8)。一般在手的动作开始前,先由视觉

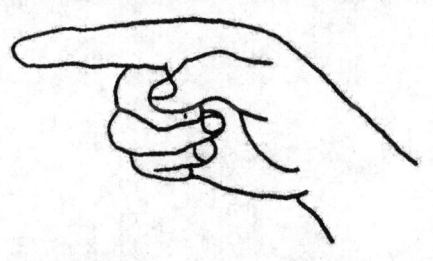

图3-8 尺侧三指屈曲增加了手的稳定性,示指指物动作发育完成

引导手指的活动,一旦习惯后,即使眼睛不看手指也能顺利地完成操作活动。

3. 发育顺序

(1) 整体运动向分离运动发育:随着躯干稳定性的增加,眼和手逐渐不再受姿势体位的影响,最初手、腕整体的联带运动逐渐向手指的精细运动分化发育。

(2) 抓握的稳定点由近端逐渐向远端发展:表3-5显示了抓握动作的发育过程,基本上遵循手掌的外旋抓握→手的内旋抓握→三手指的静态抓握→三手指的动态抓握的发育过程。稳定点逐渐向远端发育,最终发育成能够绘画和写字的手的抓握形态。

表3-5 抓握动作发育的顺序

年 龄	抓 握	运动中心位置	必要的稳定点
1~2岁	手掌的外旋握位	肩和肘关节	躯干和颈部
2~3岁	手掌的内旋握位	肘关节和前臂	肩的稳定
3~4岁	手指的内旋握位	前臂和腕关节	肩和肘关节稳定
4岁以后	三指握位	手指和指关节	前臂的稳定

(3) 眼和手发育的共同形式:眼和手的发育过程具有共同的特征,即经过无目的(random)→到达(reach)→抓握(grasp)→操作(manipulation)的顺序性发育过程。

(4) 从手掌抓握向手指抓捏发展:先用手指对掌心一把抓,后用拇指对示指捏抓。

(5) 尺侧抓握向桡侧抓握发展:小儿先用手掌尺侧握物,后用桡侧,再用手指。

(6) 从抓握到放开的发展:新生儿出生时两手呈握拳状,故人首先学会的是抓握,然后逐渐学会张手放开物体。

(7) 从防御手向功能手发展:当手遇到有害刺激时自然作出防御反应,从防御手、感觉手向探索手、功能手方向发育进展。

(8) 从手到眼的发展:对于物体的认识,手将主导权让位于眼。

(9) 利手的发育:一般发育到三指动态握捏(握握铅笔)阶段时就能判断明确哪一侧是利手,时间在4~6岁。

我国儿童精细能力发育的一般过程见表3-6。

表3-6 我国儿童精细运动能力的发育

筛查项目	50%及格年龄(月)	90%及格年龄(月)
视线跟着过中央线	0.7~1.1	1.8~2.3
两眼能跟随180°	1.8~2.7	3.2~4.1
手握着手玩	2.9	4.0~5.0
握着拨浪鼓	2.7	2.5~3.7
握住2块小方木	4.9~5.8	6.8~7.6
方木从一手递交另一手	6.8~7.1	8.1~9.7
手握2块小方木向桌面敲击	7.5~8.8	10.6~11.4
叠起2块小方木	13.6~14.4	15.6~17.3

(续表)

筛查项目	50%及格年龄(月)	90%及格年龄(月)
从瓶中倒出小丸(示范后)	12.7~13.5	15.0~21.4
模仿乱画	14.7~14.9	21.2~22.5
叠起4块小方木	16.1~16.3	21.5~21.9
从瓶中倒出小丸(自发地)	16.5~19.3	24.4~30.3
叠起8块小方木	22.2~30.0	29.1~44.0
画圆形	34.5~39.0	43.9~50.4
画十字形	38.8~41.4	48.4~51.9
模仿画方形	47.6~48.6	56.4~62.0
画人体三部分	48.6~51.4	56.3~64.5
画人体六部分	53.5~54.2	59.0~67.5

"三翻、六坐、七滚、八爬,十个月站,十二个月走",再加上之后的精细运动和知觉运动的发育模式,被称为小儿运动发育的直列式程序。这在小儿脑瘫和成人偏瘫中常被用来指导康复训练的过程,称之为神经发育学疗法(neuro-developmental treatment,NDT)。

第四节　人体发育学理论

人体发育学的研究涉及人整个生命过程中的生物、心理和社会等各种发育相关要素,包括了人生各阶段形态结构、生理功能、运动功能、心理功能、智力、能力、社会功能和人格特征等变化的规律。由于对这些发育要素的变化规律研究方法不同,研究重点不同。因此,迄今为止,已形成了许多学派的发育理论,如肾精学说、变蒸学说、自然成熟理论、环境——学习理论、心理分析理论、心理社会理论和认知发育理论等,但目前尚无一种发育理论能够全面解释人体发育的所有问题。

一、肾精学说

中医学认为,人体发育的始动因素在于肾。肾藏精,精,即指精气,是构成人体的基本物质,是人体生长发育和各种功能活动的物质基础,包括先天之精和后天之精。

"先天之精"禀受于父母生殖之精,与生俱来,是构成胚胎发育的原始物质。《灵枢·本神》曰:"生之来,谓之精。"指的就是先天之精,故肾又称之为先天之本。先天之精的强弱决定了禀赋的强弱,禀赋强则发育旺盛而体健寿延,禀赋弱则发育迟缓而体弱寿短。

后天之精是指出生后来源于饮食,经脾胃运化功能而生成的水谷之精,以及脏腑生理活动中所化生的精气通过代谢平衡后的剩余部分,藏之于肾,一方面充养先天之精,另一方面与先天之精一起化生元气,推动人体生长和发育,温煦和激发各脏腑、经络等的生理活动。

人体生命的开始,起源于父母先天之精的结合,受精怀孕。人体胎内的成长发育,《淮南子·精神训》说:"一月而膏,二月而胅,三月而胎,四月而肌,五月而筋,六月而骨,七月而成,八月而动,九月而躁,十月而生,形体以成,五脏乃形。"其中"三月而胎"指3个月胚胎完成,胎儿形成;"七月而成",指7个月器官组织完成,此后出生的胎儿可以存活;10个月为足月,受气已足,俟时而生。人体出生后的生命历程,《素问·上古天真论篇》曰:"女子七岁,肾气盛,齿更发长;二七而天癸至,任脉通,太冲脉盛,月事以时下,故有子;三七,肾气平均,故真牙生而长极;四七,筋骨坚,发长极,身体盛壮;五七,阳明脉衰,面始焦,发始堕;六七,三阳脉衰于上,面皆焦,发始白;七七,任脉虚,太冲脉衰少,天癸竭,地道不通,故形坏而无子也。丈夫八岁,肾气实,发长齿更;二八,肾气盛,天癸至,精气溢泻,阴阳和,故能有子;三八,肾气平均,筋骨劲强,故真牙生而长极;四八,筋骨隆盛,肌肉满壮;五八,肾气衰,发堕齿槁;六八,阳气衰竭于上,面焦,发鬓颁白;七八,肝气衰,筋不能动,天癸竭,精少,肾藏衰,形体皆极;八八则齿发去。"

这些论述,明确地指出了机体生、长、壮、老、已的自然发育规律,与肾中精气的盛衰密切相关。

二、变蒸学说

变蒸学说也是我国古代医家用来解释小儿生长发育规律、阐述婴幼儿生长发育期间生理现象的一种学说。变者,变其情智,发其聪明;蒸者,蒸其血脉,长其百骸。小儿生长发育旺盛,其形体、神智都在不断地变异,蒸蒸日上,故称变蒸。

变蒸之名,始见于西晋王叔和《脉经》。《小儿药证直诀》指出:"小儿在母腹中,乃生骨气,五脏六腑成而未全。自生之后,即长骨脉,五脏六腑之神志也。变者易也,由生变蒸者,自内而长,自下而上,又身热,故以生日之日后三十二日一变,变每毕,即性情有异于前,何者?长生脏腑智意故也。"《诸病源候论》等医籍关于变蒸的记载认为,小儿自初生起,32日一变,64日变且蒸,10变5蒸,历320日,小蒸完毕;小蒸以后是大蒸,大蒸共3次,第一、第二次各64日,第三次为128日。合计576日,变蒸完毕。小儿变蒸时,机体脏腑功能逐步健全完善,也就反映为表现于外的形、神同步协调发展。

变蒸学说总结出婴幼儿生长发育具有这样一些规律:小儿生长发育是一个连续不断的变化过程,且每经过一定周期,都显示出特殊的变化发展;在小儿的周期性生长发育显著变化中是形、神相应发育、同步发展的;变蒸周期在320日内为32日一变,以后延长为64日、128日,说明婴幼儿生长发育经历着一个逐步减慢的过程;576日后不再有明显的变蒸周期。

变蒸学说揭示的婴幼儿生长发育规律是符合实际的,给后世研究人体发育留下了宝贵的历史资料。但今天认识变蒸学说,要摒弃某些古籍中关于变蒸时有体热、汗出等症状的说法,取其精华,仿其思路,应用现代方法,为进一步全面认识现代人体的生长发育规律服务。

三、自然成熟理论

自然成熟理论的主要代表人物为格塞尔(A Gesell,1880—1961年)。格塞尔通过儿童早期运动发展的研究提出了自然成熟论观点,这种理论特别强调生物因素在儿童发展中的作用,认为儿童身心的发展变化是受机体内部的因素,即生物基因固有的程序所制约,外部环境的作用虽然也重要,但它只是为正常生长提供必要的条件,不能改变发展本身自然的成熟程序。

格塞尔发现无论是胎儿期或是出生后,发展总是遵循着一个从头到脚(头尾)的方向进行。头部在胎儿时期最早发育,出生后也是如此,婴儿先是能控制唇、舌,继而能控制眼的运动,接着是控制肩、手臂、手指、躯干、腿、脚;先坐后站,先站后走。在以后的发展中也都有一定的模式,如先会画圆,后会画方;先说"不",后说"是";先"利己",后"利人"等。这些过程都受成熟的规律所支配,且什么时候出现什么功能都有一个内部的时间表。

格塞尔根据他的观点进行了大量观察,分析了婴幼儿不同时期行为和动作发育的变化,研究总结了不同的年龄阶段行为和动作发育的规律,编制出测量婴幼儿动作、言语和社会行为的发展量表,作为评判儿童行为和动作发育的诊断依据,以此来判断儿童神经生理学发育的成熟度。这个发展量表涉及到5个方面的内容:

(一) 适应性行为

主要包括儿童的知觉、定向行动能力、手指操作能力、注意力和智力等认知发育方面的情况。这些指标发育的成熟程度,可以提示儿童是否具备了适应外环境变化而生存的能力。

(二) 大肌群运动行为

主要包括姿势、移动运动等粗大运动能力发育的指标。这些指标有助于判断各年龄阶段的儿童起坐、站立、步行、跑跳等粗大运动发育成熟的程度,以及是否已具备了及时地躲避危险环境而保护自己的能力。

(三) 小肌群运动行为

主要包括抓握和放开动作、手指精细操作、眼手协调运动,以及双手、手足甚至全身的协调运动等精细运动和调控能力的发育。精细运动的发育使得上肢的功能从支撑体重中解放出来,活动范围有了进一步的拓展,充分发挥了利用和改造外部环境为我所用、改善生存条件的主观能动作用。

(四) 言语行为

言语行为反映了儿童对人或事的模仿能力、人与人之间的交流能力以及相互理解沟通的能力。言语行为的发育使得儿童能够逐渐理解人和事物,能够相互之间进行交流,表达自己感情和意志。言语的发育也提示儿童逐渐具备了能够应用抽象的符号进行思维、判断和推理的能力,具备了创造新事物的能力。

(五) 个体和社会行为

社会行为主要包括对他人的反应、对所属民族文化压力的反应和对家庭生活、集团生活、社会习惯等的反应及其态度。社会行为的发育使得儿童开始逐渐理解其所生活社会的各种规则,并在日常生活活动中自觉加以遵守,更好地适应这一社会环境而生存。

格塞尔和汤普森(Thompson)用双生子爬梯、堆积木、学词汇等实验研究说明,经过训练虽能稍提早其某些功能的出现,但未经训练的双生子之一,在其认为已达到可以执行某种任务的年龄,不需多少训练,就立即赶上。因此,格塞尔认为明显有一个适合做某事的内部时间表,早训练的得益是相当短暂的。

虽然格塞尔并不认为环境是无足轻重的,儿童需要一个好的环境以保证他们良好天赋的顺利实现,但是,当他提出"环境因素支持、改变和控制"成长的时候,格塞尔仍然认为它们并不导致发展的根本进步,这些进步只能来自内部,婴儿是带着一个天然进度表降生到世界上来的,这是生物进化三四百万年的结果。因此,格塞尔的育儿哲学强调父母不能迫使自己的孩子嵌入他们(指父母)的预想的模式,而应从儿童本身得到启示。

四、环境-学习理论

环境-学习理论包括行为主义的创始人华生(Watson,1878—1958年)和新行为主义者斯金纳(Skinner)、赫尔(Hull)、西尔斯(Sears)等人以及社会学习理论者班杜拉(A Bandura)等的理论。虽然他们在解释学习过程上有所不同,但是都强调学习在发育中的作用——强调行为,反对以那些不可捉摸的内部过程(如意识、心理状态、欲求、意志等)为研究对象;强调儿童的行为是由环境力量塑造起来的,只要具备或施加适当的环境条件,任何正常儿童都能学会任何事情;认为发展是一个连续的过程,只有量的增加,没有质的变化。

行为主义强调极端的环境决定论,认为心理学应以客观的、可观察的行为作为研究对象,抛弃"意识"、"内省"、"心理状态"等术语。认为行为是可预测和控制的,已知刺激就能预知反应,已知反应就能够推断先行的刺激,故行为主义又称之为"刺激-反应(S-R)"理论。行为主义的创始人华生曾提出给他任何一个健全的儿童,他可以按照自己的意图和特设的环境将他培养成为任何一种类型的专家。他的一套行为科学训练方法在行为治疗和婴幼儿行为训练以及当时的家庭教育方面起了一定的积极作用,但这种偏激的理论似乎只能解释一些低级的心理过程的发展,如感知觉、动作和初级情绪等,而对思维、言语、智力、能力、动机等都被排斥于研究之外。

新行为主义则认为,刺激-反应之间还存在着一个机体的内部过程,心理学不需要以任何不可捉摸的心理状态作为参考。新行为主义学派主张研究操作性的行为,认为行为是由跟随着它的强化刺激所控制。人能够创造适合于人类意图的环境来控制、操纵人的行为,儿童也可以像动物一样用一步步强化反应的方法来"塑造"行为。

社会学习理论则强调社会模式在行为形成中的巨大作用,认为在社会情境中人们往往是直接通过观察别人的行为而学得又多又快,如儿童许多新行为的获得都是只需通过观察双亲的活动或其他社会模式。社会学习理论反对将儿童心理的"发展"看作是一个内部成长和自发出现的过程。

五、心理分析理论

心理分析(psychoanalysis)是西方现代心理学的主要流派之一,又称精神分析,其创始人是奥地利精神病学家西格蒙德·弗洛伊德(Sigmund Freud,1856—1939 年)。弗洛伊德心理分析理论的核心思想是:存在于潜意识中的性本能是人的心理的基本动力,是决定个人和社会发展的永恒力量。他的理论对人体发育学影响较大的有精神结构理论和性心理发展阶段理论两个方面。

(一) 精神结构理论

精神结构理论也称人格结构理论。弗洛伊德认为人的精神世界是由本我(id)、自我(ego)和超我(superego)3个层次组成。

1. 本我 是指人的原始本能和驱动力,是精神结构中最古老的部分,在出生时与生俱来并主宰人类。本我包含基本的内驱力和原始欲望,它是由"快乐原则"所支配,处于"潜意识"状态,其目的在于争取最大的快乐和最小的痛苦。年龄越小,本我的作用越强,如婴儿几乎全部处于本我状态。

2. 自我 是指心理中有计划、有理性的一部分,是人格结构中有意识的理性成分,是使个人能与环境维持适应状态的一种心理功能,包括感觉、运动控制、记忆、情感、思考等。自我处于本我和外界之间,根据外部世界的需要来对本我加以控制与压抑,如儿童随着年龄增长,逐步学会不能凭本能和冲动随心所欲,他们逐步考虑后果和现实的作用,这就是自我。自我是从本我中发展出来的,代表人们在满足外部现实制约的同时又满足本我的基本冲动的努力,以保护个体免受来自挫折的焦虑。自我遵循"现实原则",自我不能脱离本我而独立存在,它可以参照现实来调节本我,帮助本我最终获得快乐的满足。一开始自我受控于本我之下,用来寻找方法满足本能的需要。在长期满足本能的需要和避免不适的要求之后,自我逐渐地脱离了本我的控制,反过来掌控了本能的需求。自我的活动在于同时满足本我、超我和现实的要求,协调它们的要求。

3. 超我 是指个人心理上的道德规范和理想精神,也就是说超我包括良心和自我理想两部分。前者是超我的惩罚性的、消极的和批判性的部分,它告诉个体不能违背良心,如它指导人们该如何活动,当其做了违背良心的事,就会产生罪恶感。后者是由积极的雄心、理想所构成的抽象概念,它希望个体为之奋斗,如一个儿童希望将来成为一个什么样的人。超我是"道德化了的自我",代表着道德标准和人们生活的高级方向,指导自我去限制本我的冲动,以社会道德标准或理想来控制行动。

超我和自我是人格的控制系统,自我控制本我盲目的激情以保持机体免受损害,而超我则有是非标准,它不仅力图使本我延迟得到满足,而且也会使本我不能获得满足。在正常情况下,本我、自我、超我处于一种相对平衡的状态中,如果这种平衡遭到破坏,就会产生精神疾病。

(二) 性心理发展阶段理论

弗洛伊德认为,一个人从出生到衰老,一切行为和动机都具有性的色彩,都受性本能冲动所支配。因此,他以性感区域的变化来划分发展阶段,从婴儿时期的口唇期、肛门期到青春、成年的性器期和生殖期等。他认为这几个时期对于一个人的人格发展极为重要,儿童将来的发展是正常或变态,5岁前具有决定性的意义。

1. 口唇期(oral stage,0~1岁) 婴儿最初的心理和性的发育阶段在口唇,此时刺激的主要焦点是用口唇和口腔来满足吃的欲望。在此阶段,除了生物学必要的摄食行为外,婴儿所获得的生活经验都是通过与进食相关联的活动来实现的。婴儿通过诸如吸吮、咀嚼和咬等口部活动来获得快感,性本能集中于口部。由于口唇活动是应付焦虑、获得满足的唯一方式,而能满足口唇期基本欲求的是母亲。因此,这一时期的满足感觉可能成为贯穿一生的满足源泉。如果过早或过迟断奶,口唇快感满足不够或过度满足,在口唇期后就会遗留某些口唇期的行为方式,可能导致以后会过分依赖配偶。弗洛伊德将这种现象称为"固着(fixation)作用"。弗洛伊德认为,每个人都经历口唇期的阶段,流露出较早阶段的快感和偏见。此后的发展阶段直至成人期出现的吮吸或咬东西(如铅笔等)的愉快,或抽烟和饮酒的快乐,都是口唇快感的发展。

2. 肛门期(anal stage,1~2岁) 这一时期,幼儿通过排泄体内的粪便来消除紧张和不快的情绪而获得快感。最初儿童不能控制肛门和膀胱,但是社会和环境要求儿童必须随意地控制与排泄有关的一切动作。儿童必须经历排泄训练中即刻排泄给幼儿带来的快感和延迟排泄造成的不快感这两种对立的情绪纠葛,训练结束时最终能获得社会认可的排泄行为,从而获得满足感。这一阶段如果训练过严或过松,会导致肛门期的固着作用。结果是到了成年期,要么过分拘谨、小气、固执,高度有条理性,过分注意清洁和小节,表现为"肛门滞留型"人格;要么过分杂乱无序、邋遢、没有条理、不拘小节,表现为"肛门排泄型"人格。

3. 生殖器期(phallic stage,3~5岁) 这一时期幼儿开始意识到生殖器性别的差异。由于幼儿已意识到个人的主体性与他人不同的现实,故常常与双亲之间产生纠葛。例如,母亲对男孩具有非常大的魅力,但男孩对父亲则产生相当强烈的敌意和竞争心;而父亲对女孩也具有非常强的吸引力,但女孩也对母亲则产生相当强烈的嫉妒和排斥感。对母亲和父亲的这种心理状态又称俄狄浦斯情结(Oedipus complex)或伊莱克特情结(Electra complex)。然而,这种情感是不能被接受的,且儿童也惧怕来自父母中同性一方的惩罚。因此,这种冲突的结果使得幼儿进入模仿同性双亲、向异性靠拢的阶段发育,最终导致儿童内化同性别父母的性别角色特征和道德标准,通过对父母中同性一方的"认同(identification)",在行为、思想和体验上以父母中的同性一方为榜样,与榜样相一致来解决矛盾。这样,一方面可以"取代"同性一方而获得异性一方的情感,另一方面可以因效仿同性一方得到赏识而不是惩罚。

4. 潜伏期(latency stage,6~12岁) 这一时期的俄狄浦斯情结或伊莱克特情结被压制,心理和性的发育呈现出一种停滞的或退化的现象,处于相对平静的时期,对异性也漠不关心,称之为潜伏期。此前提供给性欲望的能量大部分被转换为学习和游戏活动,随着社会规则的内化和在学校获得更多的解决问题的能力,自我和超我继续发展。前几个阶段用于解决纠葛所产生的能量开始转向对双亲的爱,并与同性儿童之间建立了强烈的社会纽带,通过学校的教育和学习,不断获取文化和社会的价值观。

5. 生殖期(genital stage,12岁以后) 潜伏期的终了与两性期的开始,以青春期为界限划分,青春期再次激发了性冲动,这一时期性的冲动面向异性对象。如果前面的几个阶段发展顺利,此期就可建立持久的性爱关系。这时,虽然快乐源仍指向生殖器区,但人们不只是寻求自我满足,而是考虑他人需要,在性爱基础上建立爱情关系。此期的青年必须学会以社会可接受的方式来表达性冲动。

六、心理社会理论

埃里克森(Erikson,1902—1994)不但考虑到生物学对人格发展的影响,也考虑到文化和社会因素的作用。因此,埃里克森在弗洛伊德人格结构理论的基础上建立起了"人格发展渐成说(epigenesis)",倡导新的心理社会理论。这种理论认为人体的发育是个人的欲望和能力与社会的期待和要求相互作用的结果,认为在人格发展中,起主要作用的是自我。自我是对个人过去经验与当初认知范围内所面临任务的综合,它能引导心理性欲向着社会所规定的方向发展。每个人在成长过程中都普遍经历着生物的、心理的、社会的事件发生顺序,发展是依照渐成原则分阶段进行的,各阶段间循序渐进,前后相继,形成一个连续的统一体。这个发展过程是以自我为主导的,将个人的内心生活与社会任务结合起来的心理社会发展过程。这一过程在一生中可分为八大阶段,每一阶段都有一个特定的任务等待解决,而每个人总是处于某种任务的两端之间的某一点上。

埃里克森认为,在每一个心理社会发展阶段中,解决了核心问题之后所产生的人格特质,包括了积极与消极两方面的品质。如果各个阶段都保持向积极品质发展,就完成了这阶段的任务,逐渐实现了健全的人格,否则就会产生心理社会危机,出现情绪障碍,形成不健全的人格。

(一)婴儿期(出生至1岁)

本阶段是心理社会发育的最初阶段,主要任务是满足生理上的需要,发展信任感,克服不信任感,体验着"希望"的实现。信任与不信任既是对立的又是统一的,克服了不信任感就获得了信任感,两者是均衡的。此期,母亲是满足婴儿需要的最重要人物,婴儿的快乐、健康和满足均来自母亲,其生存和幸福也依赖母亲。

若母亲对婴儿采取经常、一贯和可靠的慈爱态度,则婴儿会产生一种基本信任感,就能感觉到外界能满足自己的欲求,从而获得某种程度的统合控制能力的信念。埃里克森认为这种内部信念的获得是婴儿的第一个社会成就,是婴儿自我同一性的基础,它培养了婴儿对他人的信任感,使婴儿感受到他人是可靠的。这种信任感的表现是,当母亲从婴儿的视线中消失时,婴儿并没有过度的焦虑,没有明显的烦躁不安而显得平静。因为婴儿有一种内部信念,相信母亲会返回来照顾和哺育他。这种人际关系的经验给婴儿社会交往能力的发展提供了基础。如果没有这种体验,婴儿对外界的信赖感就不会产生,相反可能使婴儿产生怀疑感,婴儿体验到挫折、烦恼、恐惧和怀疑。每当母亲离开时,他就会烦躁不安,生怕被剥夺受哺育的权利,这种恐惧和怀疑若持续存在,将影响到以后的发展过程。

埃里克森认为在第一个发展阶段里,婴儿既应形成信任感,也应形成不信任感,且信任感应大于不信任感。假如婴儿具有的信任感超过不信任感,则将来易形成"希望"的积极品质,具有希望品质的人敢于冒险、不怕挫折和失败,对未来怀有热切的期待。而缺乏必要信任感的儿童总是为眼前的需要而忧虑,无暇顾及未来,故不可能对未来怀有希望。在未来的发展阶段里,克服危机的积极体验可加强希望,而冲突和压力可毁灭业已形成的希望。

(二) 幼儿期(1~3岁)

这个阶段的儿童主要是获得自主感而克服羞怯和疑虑,体验"意志"的实现。这一时期幼儿开始跑、跳、登山、骑三轮车等活动,面临着自我控制、运动技能、言语和想像等课题。以自我控制为例,父母开始根据社会行为规范训练儿童的大、小便,孩子必须根据父母的要求,学习控制肛门肌肉,知道在什么时间和场合可以大便,什么时间和场合不可以大便。这就在儿童的"随心所欲"和父母的要求之间造成一种冲突,使儿童陷入自己的意愿与父母的意愿相矛盾的冲突之中。此时,若父母能以理智和忍耐的精神、坚定和负责的态度、循序渐进的方式引导儿童的行为,使儿童遵循父母的要求而又不伤害他自己的自信与自尊,让他感觉自己能够控制自己,儿童就会形成一种自主感。若父母要么放任自流、过分溺爱,要么严厉苛刻、专制独裁,那么儿童由于期望独立但又无法脱离依赖,就会常常产生挫折感,怀疑自身的能力,从而导致羞怯和疑虑。这一时期,若儿童的自主意识超过羞怯和疑虑,则会形成积极的品质——"意志"。意志是今后发展的基础,随着以后发展阶段中危机的解决会不断成长,并对于个人今后对社会组织和社会理想的态度将产生重要影响,这为未来的秩序和法制生活作好了准备。

(三) 游戏期(3~6岁)

从学龄前到入学,本阶段儿童的主要任务是获得主动感和克服内疚感,体验"目的"的实现。在这一期孩子们喜欢制订计划,并组织实施。儿童尝试像成人一样行动和尝试承担超出他们能力的责任。孩子对任何事物都感兴趣,对父母、同伴和周围的环境产生好奇心;喜欢寻根问底,言语能力进一步发展,会对成人提出各种各样的问题;开始探索自己能成为哪一种人,交往范围开始超出家庭,与同伴游戏、玩耍、交朋友;想像力也更加丰富,常常与同伴在游戏中扮演大人的角色,对异性父母产生依恋感,并伴随对同性父母的排斥感。

埃里克森认为,若父母能鼓励儿童的好奇心和想像力,给儿童以充分的自由,理解儿童,耐心地回答儿童的问题,将孩子的好奇心导向社会认可的活动方面,儿童就会形成主动性,能以积极主动且又自信的方式对待面临的一切事物,并形成一种称之为"目的"的积极品质(在埃里克森的理论中,目的指的是正视和追求有价值的目标和勇气)。若父母不能以正确的方式对待儿童的主动性与好奇心,讥笑或惩罚儿童的独创性,儿童就会缺乏信心,每当主动干一件事时,就想起父母的讥笑或惩罚,因而缩手缩脚、难以成功,导致内疚感的产生。这样的儿童往往循规蹈矩,缺乏进取精神,倾向于依赖他人。埃里克森认为,个人未来在社会中所能取得的工作上、经济上的成就,都与儿童在本阶段主动性发展的程度有关。

(四)学龄期(6~12岁)

本阶段的发展任务是获得勤奋感而克服自卑感,体验着"能力"的实现,基本确立了对待工作的基本态度。这一阶段,儿童交往的范围扩大了,由原来的家庭和家庭周围的环境扩展到学校,交往的对象由父母、同伴扩大到老师和同学。在学校里,儿童学习各种新知识和新技能,并在老师和父母的引导下,获得认真刻苦地完成任务的勤奋感。随着技能的学习和掌握,孩子开始对某些独立操作的行为负有责任感。

此期的儿童常常将自己和同伴做比较,如果通过勤奋学习获得了社会和学习技能,就能在学校里经常获得成功,并获得家长和老师的承认与奖励,则勤奋感就会进一步发展,他们会觉得自信。相反地,若儿童得不到正确的指导,任何技能都无法很好地掌握,经常体验到学业失败的苦涩,就会产生自卑感,感觉自己不如他人,不能成为对社会有用的成员。残疾儿童由于不易学习和掌握技能,失败的体验越多,就越容易助长劣等感。

埃里克森认为,这些发展中的不足可通过老师的努力而得到克服,老师应通过积极地鼓励和引导,建立相互信任的师生关系,以帮助学生解决各种矛盾与冲突,走向正常的发展道路。若儿童的勤奋感胜过自卑感,则形成强大的"自我",这种"自我"是一种称之为"能力"的积极品质(在埃里克森的理论中,能力指的是运用自如的聪明才智),使学生面对任何困难的课题不靠臆测而是集中自身能力去努力。埃里克森相信,许多人将来学习、工作的态度和习惯都可溯源于本阶段的勤奋感。

(五)青年期(12~20岁)

青年期是孩子向大人转变的时期。这一阶段的发展任务是建立同一感和防止角色混乱,体验"忠实"的实现,为进入成人期打基础。在这一阶段,孩子常常会问自己是谁?自己要干什么?但必须确立基本的社会和职业身份,否则他们将会对成年后所扮演的角色产生混乱。

通过这个阶段的发展,他们懂得了自己是谁,具有什么特点和能力,了解了自己在不同场合所扮演的各种角色,如在家里是父母的孩子,在外面是同伴的朋友,在学校里是学生。此时他们要将这些特征和以往的经验组合在一起,形成自我同一性。这种自我同一性混杂包括了积极的自我同一性和消极的自我同一性两方面,消极的自我同一性主要是指受到过惩罚或批评的自我形象,以及失败的或无能的自我形象。

埃里克森认为就青年人内在的倾向来讲,每个青年均可克服危机,达到自我同一性。但一方面,社会文化急剧变迁所造成的价值观方面的矛盾使青年人无法适应,另一方面,父母和老一辈人本身缺乏牢固的信念基础,因而无法给青年人提供适当的指导,因而导致内部的冲突与危机。自我同一性的危机常常诱发抑郁状态,若危机得到积极解决,则形成"忠诚"的积极品质(在埃里克森的理论中,忠诚是对自己的朋友、亲人和生活伴侣承担责任的意愿,也是执著地追求既定目标的能力)。

埃里克森认为,此时青年人若不能形成自我同一性,则产生角色混乱或同一性危机。这样的青年人不能正确地选择生活的角色,或在选择生活的角色上缺乏一致性和连贯性,对未来没有正确的信念。他们不能明确地意识到自己是谁,有哪些区别于他人的特点,属于哪个群体,过去怎样、今后向哪个方向发展。为此,他们体验到比以往更多的痛苦、焦虑、空虚和孤独。

(六) 成年期(20~40岁)

成年期意味着长时间的依赖性生活结束,开始独立生活,具备社会责任、权利和义务。这一阶段的心理社会危机是亲密感和孤独感,发展任务是建立牢固的友谊,获得爱和友谊的感觉,体验"爱情"的实现。此时,青年人通过青春期的发展,已确立了稳定的自我同一性,这就为他们建立与他人的亲密关系打下了基础。

埃里克森指出,唯有具备牢固自我同一性的人才敢于同他人建立亲密的关系。亲密是指一种关心他人,准备而且渴望将自己的同一性与他人的同一性融合在一起,与他人共享的能力。亲密关系的确立不能与性关系上的密切混为一谈,因亲密关系不仅仅指性关系上的密切,还包括彼此的心理融洽和责任意识,以及相互的信任。亲密关系也不限于配偶之间,同事、朋友之间也可建立亲密关系。同甘共苦的同事和朋友相互关心,相互帮助,彼此分享对方的信任,具有浓厚的亲密感。相反地,若一个人不具备与朋友、配偶建立亲密关系的能力,就会走向孤独。这种人回避与他人的亲密交往,不能与他人分享彼此的信任,自恋、自爱,与他人的交往仅仅维持在表面水平上。埃里克森认为,发展亲密感对是否能满意地进入社会有重要作用。若亲密的比例大于孤独的比例,则形成"爱"的积极品质。

(七) 成熟期(40~65岁)

成熟期确立了自我在社会中的地位,责任性增大的同时,体力衰退明显。这一阶段的主要发展任务是获得繁殖感而避免停滞感,体验"关怀"的实现。在这一时期经历了亲人的死亡、孩子的自立,最终为自我的衰老而准备。

埃里克森指出,繁殖并不仅仅指生育和指导孩子,它还包括文学艺术、思想观念和物质产品的创造,而通过创造来丰富和提高人类的生活水平也是繁殖的一个重要的体现。这一时期形成的积极的人格特征是"关怀",即对出生的万物广泛地关心。但同时存在无法摆脱的责任感和考虑自我的双重情感的争斗。缺乏这种体验的人会倒退到一种假亲密的需要,沉浸于自己的天地之中,只一心专注于自己而产生停滞感。这种人新的东西不想干,无所事事,感觉生活枯燥无味,没有生活追求,没有后代的连续感,工作马马虎虎,为自身的将来不作努力,埋没于日常性事务中,得过且过,缺乏责任意识,变得自我悲观。

(八) 老年期(65岁以上)

老年期是人生的最后阶段,以退休为特征,从社会义务中解脱出来。这一阶段的发展任务是获得完善感和避免失望、厌倦感,体验"智能"的实现。此时,人生的主要活动已基本结束,老年人离开工作岗位,安度晚年。刚进入老年期考虑着如何健康地继续做些工作,或主动地继续做一些活动,退休前开始准备退休后的第二职业。否则,会出现快速老化,增加疾病的可能性。那些不能坦然对待以往的一切、无人照顾、不愿面对死亡的老人将陷入绝望之中,他们意识到生活将是短暂的,他们过去没有获得满足感,今后也不会再有这种机会,时间已不允许他们开始一种新的生活,往往对人的老化表现出嫌弃和厌恶,否定人生的现阶段,故对未完成和实现的目标抱憾终生。与此形成对照的是,健康的老人能适应生活的这一新阶段,当回首往事时,能安然地面对过去的胜利和失望。他们认为自己的一生是圆满、有意义、有价值的,是幸福的一生,因而不惧怕死亡。这样的老人具有自我整合感,能形成"智能"的积极品质(埃里克森认为,智能是面临死亡时对生命的一种超然态度)。这一阶段,一个人的人生经历尤其是社会经历,决定了最后生活的状况。

七、认知发育理论

认知是指获得和应用知识的心理过程。皮亚杰(Piaget)通过对儿童的研究,从认知构造的方面论述了发育的过程,系统性地建立并充实了认知发育理论,认为认知发育是整个人体发育的均衡化过程。

皮亚杰认为认知的结构基础是图式(schema),图式是指一个有组织的、可重复的行为或思维模式,一个人的全部图式组成一个人的认知结构。初生的婴儿,具有吸吮、哭叫和视、听、抓握等行为,这些行为是与生俱来的,是婴儿能够生存的基本条件,这些行为图式或模式是先天性遗传图式,全部遗传图式的综合构成了一个初生婴儿的智力结构。

以这些先天性遗传图式为基础,在适应过程中,皮亚杰认为认知发育是通过两种形式实现的,一个是同化(assimilation,又称吸收),另一个是顺应(accommodation,又称调节)。当小儿认识新事物(或解决新问题)时,即用原有的图式(先天性遗传图式或在先天性遗传图式基础上已经形成的图式)给予对照,如当旧图式可用于认识、解决新事物时,此过程称为同化;若不能解决,则需要改变旧图式,形成新图式以便适应新情况,此过程称为顺应。小儿通过同化和顺应这两种形式达到机体与环境的平衡,如果机体和环境失去平衡,就需要改变行为以重建平衡。这种不断的平衡——不平衡——平衡的循环过程,就是适应的过程,也是儿童认知能力(智力)发展的实质和原因。

皮亚杰通过大量的研究工作,运用数理逻辑中运算的概念具体论证了儿童从出生到青年初期智力或思维发展的四个阶段,并对儿童认知发育的这种年龄阶段性概括地提出了自己的看法:①认知结构的发展是一个连续建构的过程,每一个阶段都是前一阶段的延伸,是在新水平上对前面阶段进行改组而形成的新系统。②阶段出现的先后顺序固定不变,不能跨越,也不能颠倒。它们经历不变的、恒常的顺序,并且所有的儿童都遵循这样的发展顺序,因而阶段具有普遍性。③任何一个特定阶段的出现不取决于年龄而取决于智力发展水平。每一阶段都有独特的认知结构,这些相对稳定的结构决定儿童行为的一般特点。儿童发展到某一阶段,就能从事水平相同的各种性质的活动。④每阶段的结构形成一个结构整体,它不是无关特性的并列和混合,前面阶段的结构是后面阶段结构的先决条件,并为后者取代。

(一) 感觉运动期(sensorimotor stage,0~2 岁)

认知能力的最初发育阶段是感觉运动期,婴儿通过感觉和运动认识对象,这是儿童思维的萌芽期。儿童主要通过先天感觉运动图式和外界取得平衡,处理主、客体的关系。这时期小儿行为的发展要经过本能、习惯和智力活动出现三个层次共六个小阶段:

1. 第一阶段(反射练习期,0~1 个月) 出生后第一个月以原始反射为特征,用先天的无条件反射适应环境。这些无条件反射是遗传决定的,主要有吸吮反射、吞咽反射、握持反射、拥抱反射和哭叫、视听等动作。通过反复地练习,这些先天的反射得到发展和协调,而发展和协调意味着同化与顺应的作用。

2. 第二阶段(习惯动作和知觉形成时期,2~4 个月) 在先天反射动作的基础上,通过机体的整合作用,婴儿逐渐将个别的动作联结起来,形成一些新的习惯,出现初级的循环反应,喜欢重复偶然发生的动作。行为的重复和模式化表明动作正在同化作用中,并开始形成动作的结构,反射运动在向智慧行动过渡,行为间的区别渐渐明朗化。最初习惯动作的形成是儿童智力发展的第一个路标。

3. 第三阶段(有目的动作逐步形成时期,5~10个月) 儿童的活动开始出现意向性,并对动作的结果感兴趣。从这一阶段开始,婴儿在视觉与抓握动作之间形成了协调,以后儿童经常用手触摸、摆弄周围的物体。这样一来,婴儿的活动便不再限于主体本身,而开始涉及对物体的影响,物体受到影响后又反过来进一步引起主体对它的动作,这样就通过动作与动作结果造成的影响使主体对客体发生了循环联系,最后渐渐使动作(手段)与动作结果(目的)产生分化,出现了为达到某一目的而行使的动作。例如,响铃摇动发出声响引起婴儿目光寻找或追踪,这样的活动重复数次后,婴儿就会主动地用手去抓或是用脚去踢挂在摇篮上的响铃。这显然可以看出,婴儿已从偶然的、无目的摇动玩具过渡到了有目地反复摇动玩具,能集中关心自身以外的事物或体验,反复训练特定的动作,智慧动作开始萌芽。这种意向性活动是儿童智力发展的第二个路标。

4. 第四阶段(手段与目的分化协调期,11~12个月) 这一时期又称图式之间协调期。婴儿动作目的与手段已经分化,智慧动作出现,开始对物体内在的相互间的关系感兴趣,动作不再是偶然的,而是为了达到某个目的而行动。一些动作图式被当作目的,另一些动作图式则被当作手段使用。如儿童拉成人的手,将手移向他自己够不着的玩具方向,或者要成人揭开盖着玩具的布,这表明儿童在做出这些动作之前已有取得物体(玩具)的意向。随着这类动作的增多,儿童运用各动作图式之间的配合更加灵活,并能运用不同的动作图式来对付遇到的新事物,就像以后能运用概念来了解事物一样,婴儿用抓、推、敲、打等多种动作来认识事物,表现出对新环境的适应,儿童的行动开始符合智慧活动的要求。不过这阶段婴儿只会运用同化图式中已有的动作图式,还不会创造或发现新的动作以顺应世界。

5. 第五阶段(感知动作智慧时期,13~18个月) 这一时期孩子的步行等运动技巧进一步发育,儿童间接行为的智慧动作也进一步发展起来,学会利用工具。例如,幼儿想得到放在床上枕头上的一个玩具,他伸出手去抓却够不着,想求助爸爸、妈妈可又不在身边,他继续用手去抓,偶然地他抓住了枕头,在拉枕头过程中带动了玩具,于是幼儿通过偶然地抓拉枕头得到了玩具,以后幼儿再看见放在枕头上的玩具,就会熟练地先拉枕头再取玩具。这是智慧动作的一大进步,出现了因果性认识的萌芽。但儿童不是自己想出这样的办法,他的发现是来源于偶然的动作中。间接行为的发展是儿童智慧发展的第三个路标。

在这一阶段,孩子还开始形成了物体是独立存在的、具有永久性的概念,并且懂得了物体的独立存在与自己的活动或感觉无关。具体表现在:当一个物体(如爸爸妈妈、玩具)在他面前时,婴儿知道有这个人或物,而当这个物体不在眼前时,他能认识到此物尽管当前摸不着、看不见也听不到,但仍然是存在的,爸爸妈妈离开了,但婴儿相信他们还会出现。被大人藏起的玩具还在什么地方,翻开毡子,打开抽屉,还可找到,这标志着稳定性客体的认知格式已经形成。这个阶段,儿童已建立了所有认知的基础。

6. 第六阶段(智慧综合时期,19~24个月) 此时认知的发育开始从感知运动方式向心理表象过渡,是从感觉运动性行为向智能活动发展的过渡阶段时期。这个阶段以使用符号为特点,出现将客体内在化的现象,如看见饼干盒时用手势和口形表示饼干好吃,这是非词语性符号的应用;同时也开始了简单的言语,能将由不同感觉得到的某个物体的一些特征综合起来认识某一事物并称呼它。符号(意义所借)与客观事物(意义所指)的分化,皮亚杰认为这就是思维的发生,意味着儿童的符号系统开始形成。而物体独立存在的概念进一步发展,就使儿童学会寻找他没有亲眼看见的藏起来的东西。此期出现与感觉刺激无关的思想。

(二) 前操作期

认知发育理论认为操作(operation,又译为运算或运筹)是内化了的、可逆的、有守恒前提的、有逻辑结构的动作。前操作期(preoperational stage,2~7岁)是认知发育的一个转换期,与感知运动阶段相比,前操作期儿童的认知功能在质的方面有了新的飞跃。

符号的运用是前操作期的一种基本特征,明显能显露出的是言语的发育。在感觉运动期,儿童只能对当前感觉到的事物施以实际的动作并进行思维,在这一阶段中晚期形成物体永久性意识,有了最早期的内化动作。内化的动作是思想上的动作而不是具体的躯体动作,内化的产生是儿童智力的重大进步。到前操作期,物体永久性的意识进一步巩固,动作大量内化。动作大量内化事实上就是将感觉运动所经历的东西在自己大脑中再建构,舍弃无关的细节,形成表象。在表象思维的过程中,儿童主要运用符号(包括言语符号和象征符号)的象征功能和替代作用,在头脑中将事物和动作内化。随着言语的快速发展和初步完善,儿童频繁地借助表象符号(言语符号与象征符号)来代替外界事物,开始用符号来表示周围的人、物体、地点,用词来表示物体和行动,并重视外部活动。因儿童开始从具体动作中摆脱出来,凭借象征格式在头脑里进行"表象性思维",故这一阶段又称为表象思维阶段。

(三) 具体操作期

具体操作是指儿童的思维操作必须有具体的事物支持,有些问题在具体事物帮助下可以顺利获得解决。具体操作期(concrete operational stage,8~11岁)是获得概念进行逻辑思维的阶段,这一时期的孩子缺乏与直觉体验无关的事务操作能力,不能考虑自由等抽象的概念和与具体的经验无关的困难概念。皮亚杰举了这样的例子:爱迪丝的头发比苏珊淡些,爱迪丝的头发比莉莎黑些,问儿童:"三个中谁的头发最黑"。这个问题如是以语言的形式出现,则具体操作期儿童难以正确回答。但如果拿来三个头发黑白程度不同的布娃娃,分别命名为爱迪丝、苏珊和莉莎,按题目的顺序拿出来给儿童看,儿童看过之后,提问者再将布娃娃收藏起来,再让儿童说谁的头发最黑,他们全毫无困难地指出苏珊的头发最黑。

除了内化的动作,具体操作期儿童认知发育的最重要表现是获得了可逆性和守恒性的概念。所谓可逆性是指内化动作的可逆,如儿童可以在头脑中想像将水从热水瓶倒入杯中,事实上他们也能够在头脑中想像让水从杯中回到热水瓶去,这就是可逆性。所谓守恒性是指认识到数目、长度、面积、体积、重量、质量等尽管以不同的方式或不同的形式呈现,但物体的这一特征不因为其非本质特征的改变而改变。具体操作期儿童并不是同时获得所有这些守恒性概念的,而是随着年龄的增长,先是在7~8岁获得质量守恒概念,之后是重量守恒(9~10岁)、体积守恒(11~12岁)。皮亚杰以确定质量守恒概念达到时作为儿童具体操作期的开始,体积守恒概念达到时作为具体操作期的终结或下一个运算阶段(形式操作期)的开始。儿童的认知达到守恒,表明他的认识能力达到透过现象看清本质的阶段。

具体操作期的儿童虽然在推理、问题解决和逻辑方面已超过前操作期儿童,但思维仍局限于当时、当地的具体运算。在这个阶段,儿童已有量和数的守恒,能对现实的东西排列次序和分类。但不能对抽象概念、假设的命题或想像的事件进行推理。

（四）形式操作期

从12岁左右开始到整个成人期，是认知发育的最高阶段。具体操作期时，儿童只能利用具体的事物、物体或过程来进行思维，不能利用语言、文字陈述的事物和过程为基础来运算。而当儿童智力进入形式操作期时，思维不必从具体事物和过程开始，可以利用语言文字，在头脑中想像和思维，重建事物和过程来解决问题。这种摆脱了具体事物束缚，利用语言文字在头脑中重建事物和过程来解决问题的操作就称为形式操作。

形式操作期（formal operational stage，12岁至成人）认知构造的变化或质的变化全部完成，克服了具体操作期的局限性，除了利用语言文字外，解决问题时能运用许多不同的认知运算和策略，甚至可以根据概念、假设等为前提，进行假设演绎推理，得出结论。这个阶段的思维和推理高度灵活，能触类旁通，并能从许多角度和观点看待事物，这种系统的科学思考，可以使认知范围进一步扩大。由于假设演绎思维是一切形式运算的基础，包括逻辑学、数学、自然科学和社会科学在内，故儿童是否具有假设演绎运算能力是判断其智力高低的极其重要的尺度。

第四章
运动学基础

导学

本章主要介绍了运动的生物力学和运动中的生理学问题,以及上肢、下肢和头颈躯干的运动学基础知识,重点是介绍人体运动的杠杆分类、各部位关节的活动形式以及与关节各种运动相关的肌肉。通过学习,应掌握关节的生物力学、肌肉的生物力学、人体运动的杠杆原理、各部位关节的关节活动形式,以及与关节各种运动相关的肌肉;熟悉运动力学的一般力学知识以及与运动相关的骨和肌肉的解剖知识;了解与运动相关的其他方面问题。

第一节 运动的生物力学

力学是指对力进行研究的学科,是研究物质机械运动规律的科学。应用力学原理和方法对生物体中的力学问题进行定量研究的学科,则称为生物力学。

一、作用于人体的力

作用于人体的力可以分为外力和内力两大类。

(一) 外力

外力是指外界环境作用于人体的力,包括重力、支撑反作用力、摩擦力、流体作用力、机械的其他阻力等。在康复训练过程中,外力可以成为肢体活动的阻力,也可以成为助力。

1. 重力 是指地球对其表面及其附近物体吸引的力,是人体保持直立姿势和活动时必须克服的负荷。当人体携带必要的重物或在运动中使用沙袋、哑铃、重锤等时,这些物体同样受重力的影响并叠加于人体。人体的站立、上举肢体都必须要克服重力才能引起运动。

2. 支撑反作用力 在静止状态下,地面或器械通过支撑点作用于人体的、与重力相反的作用力,称为静力支撑反作用力。支撑的反作用力作用于人体,以克服重力的作用。

3. 摩擦力 是指人体或肢体在地面或器械上滑动时所受到的摩擦阻力。

4. 流体作用力 人体在流体中运动时所承受的流体阻力,称流体作用力。其大小与运动速度、流体密度成正比,故在水中运动所受到的阻力较空气中大。但因流体的浮力可以抵消大部分重力,故人体在水中向上运动比较省力,可以做一些在地面上不能做的运动。

5. 机械的其他阻力 当肢体推动运动机械进行锻炼时,除要克服机械重力外,还需要克服机械的惯性力、摩擦力或弹力所产生的阻力,其大小与肢体推力相等,方向相反。

各种外力经常被用来作为运动训练的负荷,这种负荷要求肢体运动的方向和力量与之相适应,从而选择投入工作的肌群及其收缩的强度,这是肌力训练的方法学基础。

(二) 内力

内力是指人体内部各组织器官间相互作用的力,包括肌肉的收缩力、各组织器官间的被动阻力、组织器官间的摩擦力等。

1. 肌肉收缩时产生的力 这种力产生相应的运动和(或)维持人体的姿势。

2. 各组织器官间的被动阻力 当一肢体做屈曲或伸展运动时,其相反方向的组织受到牵拉,可以产生各种阻力,其中最重要的是拮抗肌的张力。

3. 各内脏器官的摩擦力 如胃肠蠕动时肠襻间的摩擦力,心脏搏动时与肺、纵隔和胸廓间的摩擦力等。

4. 内脏器官和固定装置间的阻力 如胃肠蠕动与腹膜、肠系膜、大血管间的阻力,食管蠕动与纵隔间的阻力等。

5. 流体的阻力 如血液、淋巴液在管道内流动时产生的流体阻力,在分流时产生的湍流等。

各种内力总是相互适应,以维持最佳活动,同时也不断和外力相抗衡以适应人体生活的需要。例如,为克服重力对血流流动的影响,有时需要肌肉收缩来帮助血液循环,或者需要下肢的静脉瓣这一特殊结构等。

二、骨组织的生物力学

骨骼系统的作用是保护内脏器官并为肌肉提供坚强的动力联系和附着点,以利于肌肉收缩和身体运动。除此之外,骨组织具有自我修复的能力,并能根据力学的需要改变其性能和外形。

(一) 骨的力学性能

强度和刚度是骨的重要力学性能。如图4-1骨组织的加载荷变形曲线显示,当在骨组织的弹性区内加载,并随之卸荷时,骨组织恢复原来形状,即不产生永久变形。若继续加载,骨组织的最外层纤维就开始在某些点"屈服"。若继续加载,超过此屈服点,则进入该曲线的非弹性区,将出现永久变形。若在非弹性区再继续加载,则可以达到骨组织的极限断裂点。从加载荷后的变形曲线中可以得出决定骨组织强度的三个参数:①骨组织断裂前所能承受的载荷。②断裂前所能承受的变形。③断裂前所储存的能量。在曲线上,由载荷和变形显示的强度,用断裂点表示;由能量储存显示的强度,用整个曲线下面积大小来表示;结构的刚度用弹性区的曲线斜率来表示。

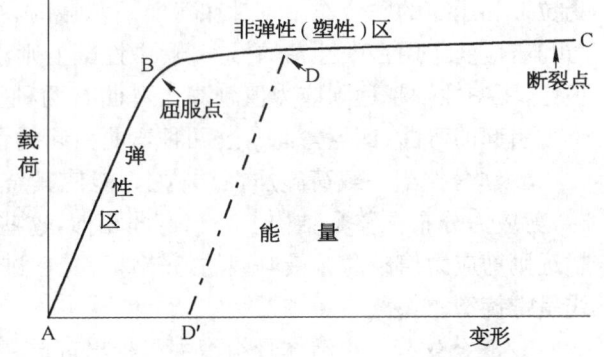

图4-1 骨组织的加载荷变形曲线

(二) 骨组织结构

骨骼是由骨密质和骨松质组成,其区别在于孔隙率不同。孔隙率是指非矿物组织(非骨组织)所占骨容积的比率,以百分比表示。骨密质的孔隙率为 5%~30%,骨松质为 30%~90%。骨密质较骨松质坚硬,断裂前能承受较大的应力,但能承受的应变则较小。当体外承受的应变超过原长 2% 时骨密质断裂,而骨松质在应变超过 7% 时才断裂,这是由于骨松质的多孔性结构具有较高的储存能量的能力。

(三) 不同加载形式的骨性能

骨密质和骨松质均呈各向异性。各向异性是指在不同方向受载时显示不同的力学性能。由于骨的结构在横向和纵向各不相同,因而骨的强度也随所加载荷的不同方向而异。以不同方向的力或力矩施加在骨组织上可以产生拉伸、压缩、剪切、弯曲、扭转和联合载荷等变化。

1. 拉伸　在拉伸载荷下,由结构表面向外施加大小相等的载荷,而在结构内部产生拉应力和拉应变。最大拉应力发生在与施加载荷垂直的平面上,而在拉伸载荷下结构变长、变窄。在拉伸载荷下,骨组织的断裂机制主要是黏合线失去衔接和骨单元彼此被拉开。临床上,由拉伸载荷引起的骨折多见于骨松质,如腓骨短肌止点附着于第五跖骨基底的撕脱骨折和跟腱止点的跟骨骨折。

2. 压缩　在压缩载荷下,向着结构表面施加大小相等的载荷,而在结构内部产生压应力和压应变。最大压应力发生在与载荷垂直的平面上,而压缩载荷下结构变宽、变短。在压缩载荷下,骨组织的断裂机制主要是骨单元斜向开裂。由压缩负荷产生的骨折常见于脊椎。

3. 剪切　剪切载荷下,平行于结构表面施加载荷,在结构内部产生剪应力和剪应变。结构受剪切载荷时,其内部发生角变形,直角变成钝角或锐角。剪切载荷引起的骨折常见于骨松质,如股骨髁和胫骨平台骨折。

在压缩、拉伸和剪切载荷下,人成熟骨密质的极限应力是不同的。骨密质在压缩下承受的应力大于拉伸,在拉伸下能承受的应力大于剪切。

4. 弯曲　当一载荷作用于结构,使该结构能够围绕一根轴绕曲时就出现弯曲。结构弯曲时受拉伸和压缩的联合作用。骨在弯曲下承载时,拉应力和拉应变作用在中性轴的一侧,而压应力和压应变作用在中性轴的另一侧,中性轴上则没有应力和应变。应力值与距中性轴的距离成正比,距中性轴越远则应力值越高。弯曲有两种类型:由三个力引起的弯曲(三点弯曲)和由四个力引起的弯曲(四点弯曲),这两种弯曲引起的骨折较为常见。

5. 扭转　当一载荷施加在结构上,能使其绕一轴扭动时即发生扭转。结构在扭转下受载时,剪应力分布在整个结构上。与弯曲相似,这些剪应力值与距中性轴的距离成正比,距中性轴越远则剪应力值越高。最典型的扭转骨折是在进行投掷运动时所发生的肋骨骨折,此时的骨折线呈螺旋型。

6. 联合载荷　在活体骨组织中很少出现单一形式的载荷,多是综合的。其主要原因是骨的几何结构是不规则的,且骨经常受到多个不确定载荷的影响。在人正常走路和慢跑时对成熟股骨的前内侧面做体内应变测量,证明了在日常生理活动下载荷的综合性。Carter 从这些应变测量中计算了应力值:正常走路,足跟着地时为压应力,站立相为拉应力,而推离时又为压应力。步态周期的后部出现较高的剪切应力,说明有明显的扭转载荷,这种扭转载荷表明在站立和推离时胫骨有外旋。慢跑时应力的变化很大,足趾着地时主要是压应力,而推离时则产生高拉应力;整个步态周期的剪切应力均较小,表明扭转载荷极小,这种扭转载荷说明在改变步态中,股骨有外旋和内旋。

(四)肌肉活动对骨应力分布的影响

骨在体内受载时,止于骨上的肌肉收缩可以改变骨的应力分布。这种肌肉收缩时所产生的压应力,可减少或消除骨的拉应力,使拉应力全部或部分抵消。从承受三点弯曲的胫骨可以说明这种肌肉收缩的效应,如滑雪者向前跌倒,胫骨受到一弯曲力矩作用,胫骨后侧受高拉应力作用,前侧受高压应力作用。而小腿的三头肌收缩,使后侧产生一高压应力,抵消一部分高拉应力,从而使胫骨免于发生拉伸骨折。但这种肌肉收缩将在胫骨前面形成更高的压应力,通常成熟骨能够承受这种应力,但不成熟骨承受程度较弱,可以出现压缩骨折。肌肉收缩在髋关节上产生相似的效应,如走路时,弯曲力矩施加在股骨颈上,拉应力发生在上部骨密质。臀中肌收缩产生的压应力抵消了拉应力,导致骨密质上部既无压应力又无拉应力,故肌肉收缩使得股骨颈能承受更高负荷(图4-2)。

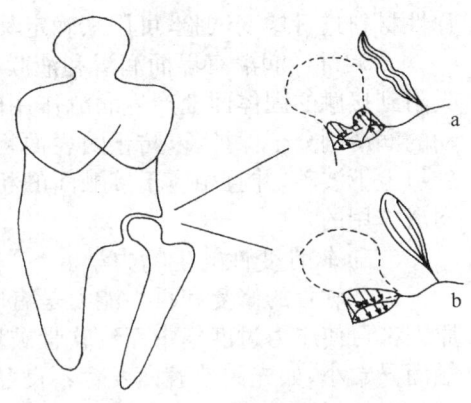

图4-2 股骨颈承受弯曲时的应力分布

a.臀中肌松弛时,拉应力作用在上部的骨密质上,压应力作用在下部的骨密质上;b.臀中肌收缩时,使拉应力抵消

三、关节软骨的生物力学

关节是骨骼系统中相邻骨间的功能性连接。在关节的骨端是关节软骨,其主要功能是:①将施加于关节上的载荷扩散到较大的区域,以减少接触应力。②使对应的关节面以最小的摩擦和磨损进行相对运动。

(一)软骨的成分

1. 胶原 胶原是体内最丰富的蛋白质,其最重要的力学性能是拉伸刚度和拉伸强度。

2. 糖蛋白凝胶 软骨的另一主要结构成分是高含水量凝胶,此种凝胶由分布不均匀的糖蛋白大分子及其聚合物组成。

3. 软骨各成分间结构上的相互作用 糖蛋白有很强的亲水性,在水中的溶解度很高,具有下列几种重要的作用:①吸引正电荷如 Na^+、Ca^{2+} 以中和、固定负电荷。②相邻的氨基聚糖(glycosaminoglycan,GAG)链由于固定的电荷相互排斥,使组织内保持一种挺而伸展的状态。这种 GAG 和小离子的浓缩液,有通过渗透作用而自我稀释的趋向。即使软骨未受外界应力,胶原纤维也处于拉伸状态。当向软骨面施加应力时,可以发生瞬间变形,这主要是由于糖蛋白区的形状改变所致。由于这种外加的应力使软骨基质中的内压超过了膨胀压,引起液体从组织中外流。这种水分的丧失导致糖蛋白溶液的浓度增加,随即又增加了膨胀压,这种过程一直持续到膨胀压与外界应力平衡为止。

(二)关节软骨的生物学性质

1. 渗透性 渗透性是物质的一种特性,它表示液体流过多孔物质的固体基质时的摩擦阻力。渗透性越低,承载时液体流动阻力越大。与普通海绵的渗透性相比,健康软骨的渗透性是很小的。通常在病理状态下,机械应力或异常酶作用的生化效应均可以使胶原——糖蛋白的团体基质连续性遭到破坏。例如,由于胶原纤维网的损伤和糖蛋白大分子的丧失,骨关节炎组织的渗透性大于正常组织。

2. 关节软骨的蠕变反应　一个恒定的载荷瞬间施加于试样上,并在实验期间保持载荷不变,在载荷作用下,压缩变形连续增加,直至获得一个平稳状态或近似值,这就是"蠕变"。对黏弹性材料进行蠕变试验,可用来确定其反应的相关时间。

3. 润滑　润滑有界面润滑和液膜润滑两种基本的类型。界面润滑是依靠单层润滑剂分子吸附到接触的固体面上产生润滑作用的,在做相对运动时或在重载荷下,承载面多受到互相滑动的润滑剂分子保护,以防止因表面粗糙发生的黏合和磨损。而当载荷不很重,或载荷较低和(或)上下波动,并且相应于接触面的相对速度较高时,关节很可能是在液膜润滑的形式下产生润滑作用的。

(三)软骨变性的生物力学

关节软骨的修复和再生能力是有限的,如果承受应力过大,可能很快发生完全破坏。很多原因都可使应力过度集中而致软骨破坏,其中多数情况是由于关节某种形式的不对称,导致接触面异常小,如先天性髋臼发育不良、股骨头骨骺滑脱或关节内骨折引起的骨关节病。此外,膝关节半月板切除可消除半月板扩散载荷的功能,韧带断裂可使骨端产生过度的相对运动和与异常的关节连接,使总载荷和应力集中程度均有所增加,随着宏观的应力集中,还可以进一步引起显微应力点的集中,使这些关节面材料发生磨损。而关节总载荷频率和数量的增加,可能是某些职业的人员关节变性发生率高的原因,如足球运动员的膝关节、芭蕾舞演员的踝关节等。骨关节病也可以继发于胶原蛋白——糖蛋白基质的分子或微观结构损伤,如类风湿关节炎等。

四、胶原组织的生物力学

骨骼系统周围含有胶原的组织包括肌腱、韧带(含关节囊)和皮肤。胶原组织主要由胶原纤维、弹性纤维和网状纤维三种类型的纤维组成,胶原纤维主要为组织提供强度和刚度,弹性纤维在组织受载时提供延展性,而网状纤维则提供容积。

(一)胶原组织的力学特性

1. 纤维的结构　肌腱、韧带、皮肤中三种胶原的结构不同,并与每种结构的功能相适应。肌腱纤维几乎完全平行排列,使肌腱更适应于承受高拉伸载荷。韧带纤维(包括关节囊)有较少恒定的结构,在不同的韧带中结构随韧带的功能而异,但多数韧带纤维近似平行。皮肤纤维呈网状,这种结构使皮肤在各个方向上具有延展性。皮下组织的结构则更为松散,从而提供更大的扩展空间。肌腱、韧带和皮肤纤维排列的不同,使这些结构具有不同的力学特性,其中肌腱能承受最强的拉伸载荷。韧带受拉伸载荷时,由于纤维不平行,只有与主纤维方向完全一致的纤维首先被完全拉直而承受最大载荷;那些与主纤维方向不平行的纤维,只承受低载荷。皮肤纤维走向较之韧带更无规则,故所能承受的最大载荷也最小,因此皮肤在拉伸下,比肌腱和韧带更脆弱一些。

2. 胶原纤维和弹性纤维的特性　胶原纤维和弹性纤维是胶原组织的主要成分,两者占胶原组织的90%左右。胶原纤维为类塑性材料,而弹性纤维为类脆性材料,故受载时这两类纤维的表现完全不同。用人类肌腱的平行胶原纤维和人类肌肉的弹性纤维做拉伸破坏试验,即可显示出两类纤维类塑性、类脆性的性能。在拉伸试验下,胶原纤维在加载开始时即稍有伸长,但很快随着负荷的增加变得刚硬到达屈服点,随之出现非弹性变形,直到极限破坏,破坏时的变性范围为6%~8%。弹性纤维在低载荷下呈现较大的伸长(可达原长的2倍多),但随着载荷的增加,纤维突然变得刚硬,在没有变形情况下而突然断裂。所以,胶原纤维比较强,能承受的应力大约是骨密质在拉伸情况下的一半;弹性纤维比较弱,能承受的应力仅为骨密质在拉伸情况下的1/10(图4-3)。

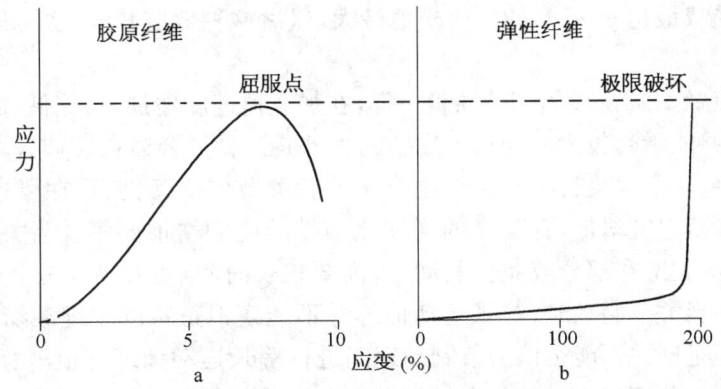

图4-3 胶原纤维束和弹性纤维束拉伸破坏实验的应力-应变曲线
a.施加低载荷时胶原纤维稍有伸长,直到波浪状的纤维拉长,此时胶原纤维束迅速变刚硬直到屈服点。然后发生非弹性变形,直到极限破坏;b.受低载荷时,弹性纤维拉伸很大。当达到极限破坏点时突然变刚硬,在没有变形情况下而突然断裂

韧带(包括关节囊)的功能是稳定关节、支持关节运动并防止过量运动。在载荷下,决定韧带强度的主要因素是韧带的粗细、形状和载荷增加的速度。韧带的横截面积影响其强度,与加载方向取向一致的纤维数越多、越宽、越厚,则韧带的强度越大。韧带与骨一样,其强度和刚度随加载荷速度的增加而增大,当加载荷速度(变形率)增加4倍时,破坏时的载荷量几乎增加了50%。

3.胶原纤维和弹性纤维的比例　胶原组织中弹性纤维和胶原纤维之间的比例与该组织功能相适应,并影响组织的力学性能。肌腱的主要功能是将肌力传递到骨或筋膜,几乎完全由胶原纤维组成,故在拉伸载荷下,其性能几乎与单独胶原纤维束相一致。韧带(包括关节囊)的主要功能是在运动时稳定关节、支持关节运动并防止过量运动,机体的大多数韧带与肌腱一样主要由胶原纤维所组成。但脊柱中的项韧带和黄韧带,是由2/3的弹性纤维参与构成,所以几乎完全表现为弹性性能,这些韧带具有特殊的功能,能保护神经根免受机械冲击,为脊柱提供内在稳定性。

(二) 骨-韧带-骨复合体

前面提到的是离体韧带的力学性能,但是必须将韧带的结构考虑为骨-韧带-骨复合体的一个环节。用光学和电子显微镜检查犬韧带的起止点,并根据组织形态将韧带的止点分为4个区。发现在韧带末端(1区)的胶原纤维与纤维软骨(2区)有交织,纤维软骨逐渐变为矿物化纤维软骨(3区),矿物化纤维软骨又与骨密质融合(4区)。由于韧带-骨连结处存在3种刚度逐渐增加的材料,当韧带进入刚度较大的骨结构上的止点部位时,应力集中效应就减小。

(三) 各种载荷条件下骨-韧带-骨复合体的性能载荷的速度和持续时间

1.恒定载荷效应　关节在长时间内承受恒定的低载荷时,软组织发生缓慢变形即蠕变。受载初期6～8h内这种蠕变最大。如在较低速度下持续数月,绝大部分蠕变发生在负荷-变形曲线的初始区。利用软组织在长期恒定载荷下产生的蠕变现象,可有效治疗某些畸形。如按摩儿童畸形足并用管形石膏固定,可使患足承受固定载荷。用石膏或支架治疗特发性脊柱侧弯,借助所加的恒定载荷使软组织伸长。当软组织变形到某一恒定长度时,使载荷发生松弛,即载荷

随时间而减小。受载最初6~8 h的载荷松弛最大，以后这种效应减弱，也可以在低速率下持续数月。

2. 加载荷速度的影响　离体韧带和骨一样，在加载荷速度增加时，能储存更多的能量，断裂时需要更大的力，并能承受较大的伸长。完整的骨-韧带-骨复合体在拉伸破坏试验时呈现更复杂的力学性能。将从30只灵长类动物体内取出的膝关节前交叉韧带，在慢速和快速下做拉伸破坏试验。随着载荷速度增加，骨强度的增加比韧带强度的增加要多。当关节制动时，韧带上的应力减少。因此，关节在部分或完全制动后，需要较长时间（可长达1年）才能恢复正常的强度和刚度。这说明当关节制动时，等张运动训练并不能模拟正常的生理载荷，所以不能防止韧带强度的降低。但是这并不能否认关节制动期间进行等长运动训练有很多有益的效果，这些效果已在临床上得到充分证实。老年化在韧带上产生的改变与制动引起的结果相似，韧带的强度和刚度随着年龄的增长有明显降低。韧带力学性能的这些改变可由多种原因引起，诸如变性过程、与活动水平降低相关的废用效应或所患的疾病状况等。

（四）肌腱

1. 肌腱的功能　其功能是将肌肉附着在骨或筋膜上，并将拉伸载荷从肌肉传递到骨或筋膜，从而产生关节运动。肌腱装置分为有鞘肌腱和无鞘肌腱两种类型，前者分布在承受特别高摩擦力的部位（如在手掌面、手指及腕关节），后者分布在承受较低摩擦力的部位。

在负荷下，肌腱的性能几乎与韧带的性能完全相同，而肌腱的粗细形状和加载荷速度决定了肌腱的强度。与韧带一样，不能孤立地来考虑肌腱，必须把它考虑为肌肉-肌腱-骨系统的一个环节。肌腱止点的结构也与韧带相似，可以分为4个区。伴随着腱性材料向骨性材料的转变，其力学性能也产生逐渐改变，使肌腱在接近骨止点处的应力集中效应有所减小。肌肉收缩时，肌腱上的应力值增加，主要表现为拉应力增高。若肌肉快速被动伸展，肌腱上的拉应力可进一步升高。例如，踝关节快速背屈，腓肠肌和比目鱼肌未能反射性地松弛，使跟腱上的拉伸力量增加，在这种情况下，肌腱所受载荷可以超过屈服点而引起跟腱断裂。肌肉产生的收缩量取决于它的生理横截面积，横截面积越大则收缩产生的力值越高，通过肌腱传送的拉伸载荷也越大。同样，肌腱的横截面积越大，能承受的载荷也越大。健康肌腱的拉伸强度是肌肉强度的两倍，故肌肉断裂比肌腱断裂更为常见。大肌肉通常有大横截面积的肌腱，如小腿三头肌有跟腱，但某些小肌肉也有大横截面积的肌腱，如跖肌。

2. 手术修复后屈肌腱的愈合　手指屈曲能力对完成日常生活十分重要。因此，有鞘屈肌腱的损伤通常需要手术来恢复正常功能，而手术修复的主要目的是恢复肌腱断端的连接和肌腱的正常滑动功能。一般手术后3~14日内，肌腱功能最弱。此时，修复区胶原纤维变软，其支持力和抗缝合剪切效应的能力下降。手术后在较短时间内肌腱抗拉伸强度接近正常，但在随后几日内迅速下降，第5日最低。第6日以后，肌腱逐渐恢复其强度，20日左右基本恢复正常。临床试验表明，手术后必须制动3周左右，以防止修复的肌腱再断裂。但制动3周以上，常引起肌腱、腱鞘和周围软组织的粘连，临床上延长制动时间也常引起关节僵直。关节僵直和出现粘连均能妨碍肌腱的滑动功能，并引起关节活动的减少。虽然肌腱是被动结构，不产生主动运动，但由于肌肉不断收缩使肌腱经常承受载荷。因此，即使关节被固定，肌腱仍可受到一定载荷。由于制动并不能完全消除肌腱上的载荷，手术吻合方法就具有极大的重要性。

五、关节的生物力学

关节结构极为复杂,包括前述三种具有不同力学特性的材料,即骨、软骨和胶原组织。关节又是四肢、脊柱赖以活动的基础,因此在康复治疗中必须充分了解其特性。

(一) 关节运动的面与轴

研究人体运动学,必须首先确立参照系,用以记录人体运动时体表和体内某些点的空间位置以及这些点的运动轨迹。通常使用三维坐标系统,其起始体位为中立位。

1. 矢状面和矢状轴

(1) 矢状面:通过躯干纵轴、前后位的垂直平面,将人体分为左、右两部分。

(2) 矢状轴(X轴):矢状面与水平面交叉所形成的前、后向轴(前为正、后为负),即在水平面上由前向后贯穿人体的线。

2. 额状面和额状轴

(1) 冠状面(额状面):与矢状面成直角的垂直平面,将人体分为前、后(背侧与腹侧)两部分。

(2) 冠状轴(额状轴,Y轴):额状面与水平面交叉所形成的左、右侧向轴(右为正,左为负),即在水平面上由右向左贯穿人体的线。

3. 水平面和垂直轴

(1) 水平面(横切面):通过人体与地平面相平的任意一平面,将人体分为上、下两部分。

(2) 垂直轴(Z轴):矢状面与额状面交叉所形成的轴(上为正、下为负),即上下贯穿人体、垂直于水平面的线。

(二) 关节运动的常用术语

1. 屈曲、伸展(表4-1)

(1) 屈曲:关节绕额状轴运动,致相关关节的两骨彼此接近,其间的角度变小。

(2) 伸展:关节绕额状轴运动,致相关关节的两骨彼此离开,其间的角度变大。

表4-1 关节的屈曲、伸展

运动	屈 曲	伸 展
所绕轴	冠状轴	冠状轴
骨位移	彼此接近	彼此离开
骨间角	角度变小	角度变大

2. 外展、内收(表4-2)

(1) 外展:关节绕矢状轴运动,该部分离开指定线(如身体中线、手或前臂的正中线)向外侧活动。

(2) 内收:关节绕矢状轴运动,该部位离开指定线向内侧活动。

表4-2 关节的外展、内收

运动	外 展	内 收
所绕轴	矢状轴	矢状轴
骨位移	离开指定线	离开指定线
骨间角	向外侧	向内侧

3. 内旋、外旋(表4-3) 旋转是指关节的一部分绕其轴转动或移动,其中向身体前方旋转为内旋,向身体后方旋转为外旋。

旋转在上肢的特殊表现:①旋前。屈肘90°,上臂置于体侧时,前臂旋转而使手掌朝下。②旋后。屈肘90°,上臂置于体侧时,前臂旋转而使手掌朝上。

旋转在下肢的特殊表现:①内翻。足向内旋转,足底面倾向内侧;②外翻。足向外旋转,足底面倾向外侧。

表4-3 关节的内旋、外旋

运 动	内 旋	外 旋
所绕轴	垂直轴	垂直轴
运动方向	离开指定线	离开指定线
	向身体前方	向身体后方

(三) 关节的类型

1. 不动关节 相邻骨之间由结缔组织或透明软骨相连,相连方式为缝和软骨联合两种,无运动功能。

2. 少动关节 一种是两骨的关节面覆盖透明软骨,其间依靠纤维组织连接,如椎间关节、耻骨联合;另一种是两骨之间仅仅有一定间隙,其间借韧带和骨间膜相连,如骶髂关节、下胫腓关节。

3. 活动关节 全身大部分关节为这类关节,具有典型的关节构造,关节可自由活动。

(四) 关节的自由度

所有关节运动都可以分解为环绕三个相互垂直的轴线,在三个相互垂直平面上进行的运动,即环绕冠状轴在矢状面上的运动,环绕矢状轴在冠状面上的运动,环绕垂直轴在水平面(横切面)上的运动。关节可根据自由度多少分成以下类型。

1. 单轴关节 此类关节只有一个自由度,即只能绕一个运动轴在一个平面上运动。

(1) 滑车关节:滑车运动只允许绕冠状轴进行屈伸运动,如近端、远端指骨间关节。

(2) 车轴关节:只允许做垂直轴上的旋转运动,如桡尺近侧和远侧关节、寰枢关节。

(3) 蜗状关节:是滑车关节的变形(如肘关节),亦只有一个自由度。

2. 双轴关节 此类关节有两个自由度,可以围绕两个互为垂直的运动轴在两个平面上运动。

(1) 颗状关节:如寰枕关节。

(2) 椭圆关节:如桡腕关节,可做冠状轴、矢状轴上的屈伸和尺侧偏移、桡侧偏移运动。

(3) 鞍状关节:如拇指腕掌关节,可做屈伸及收展运动。

3. 三轴关节或称多轴关节 此类关节有三个自由度,即可在三个相互垂直的运动轴上做屈伸、收展、旋转等多方向的运动,但仍限于三度空间的运动。

(1) 球窝关节:如肩关节。

(2) 杵臼关节:如髋关节。

(3) 平面关节:如肩锁关节、腕骨和跗骨间诸关节。

(4) 半关节：骶髂关节。

以上凡具有两个或两个以上自由度的关节都可以做绕环运动。

(五) 关节的活动度和稳定性

1. 关节的功能取决于关节活动度 (range of motion, ROM) 或柔韧性和稳定性　一般情况下，稳定性大的关节则活动度小。上肢关节有较大的活动度，而下肢关节有较大的稳定性。

2. 影响关节活动度和稳定性的因素

(1) 与构成关节两个关节面的弧度差有关。差别大时活动度大，稳定性差；差别小时则相反。以肩关节与髋关节作比较，这种关系十分明显。肩胛盂的弧面几乎呈垂直（近180°），而肱骨头则呈半球状（350°），其弧度差大，故活动度大；反之，髋关节的髋臼和股骨头的弧度基本吻合，故髋关节的活动范围就较肩关节明显为小。此外，肱尺关节的肱骨滑车面弧度约320°，与之相对的尺骨关节滑车面弧度约180°，两者相差140°，这就决定了肘屈伸活动范围为140°左右。

(2) 与关节囊的厚薄和松紧度有关。

(3) 与关节韧带的强弱和多少有关。

(4) 与关节周围肌群的强弱和伸展性有关。一般来说，骨骼和韧带对关节的静态稳定起主要作用，肌肉拉力则对动态稳定起主要作用。

(六) 运动链

运动链是指几个部位通过关节连接而组成的复合链。如一侧上、下肢可视为一条长链，而每个关节均为链扣。运动链可分为开放链与闭合链。

如远端游离即为开放链，此时可任意活动某一单独关节或同时活动若干关节。反之，远端闭合，如接触地面、墙面或桌面，或两手相握，即可称之为闭合链，此时所能做的肢体运动只能是多关节协调活动。如蹲站时必须同时活动膝、踝关节，不可能做单一关节的活动；两上肢撑地做俯卧撑运动时，也只能同时活动腕、肘和肩关节，而不可能单独活动单一关节。在康复治疗尤其是神经系统疾病的康复治疗中，可以根据需要，选择训练较强的肌群、关节来带动较弱的肌群、关节而进行开放链、闭合链运动。对于关节粘连患者，既可以选择开放链活动以专一活动该关节，也可以采用闭合链运动使其他关节带动该关节活动。

六、肌肉的生物力学

人类骨骼肌具有三类肌纤维：红肌纤维（Ⅰ型肌，慢肌），又称为慢颤氧化型；白肌纤维（Ⅱ型肌，快肌），又称快颤糖酵解型；还有中间型纤维。骨骼肌是支持身体运动的肌肉，由收缩成分和弹性成分构成。

(一) 肌力

肌力是指肌肉运动时能最大收缩的力量，以肌肉最大兴奋时所能负荷的重量来表示。影响肌力主要有以下4个因素。

1. 肌肉的横断面　由于肌肉由肌纤维组成，每条肌纤维的横断面称为肌肉的生理横断面。单位生理横断面所能产生的最大肌力称为绝对肌力。一般来讲，肌肉生理横断面越大，产生的肌力越大，反之亦然。

2. 肌肉的初长度　即肌肉收缩前的长度。因为肌肉是弹性物质，故在生理限度内，肌肉在收缩前被牵拉至适宜的长度则收缩时的肌力较大。当肌肉被牵拉至静息长度的1.2倍时,肌力最大。例如,在投掷铅球时,必须充分屈曲肘关节,以尽可能牵张肱三头肌,然后利用肱三头肌急剧收缩时的力量将铅球抛出。

3. 肌肉的募集 同时投入收缩的运动单位数量越多,肌力也越大,称为肌肉的募集。肌肉的募集受中枢神经系统功能状态的影响。当运动神经发出的冲动强度大时,动员的运动单位就多;当运动神经冲动的频率高时,激活的运动单位也多。

4. 肌纤维走向与肌腱长轴的关系 一般肌纤维走向与肌腱长轴相一致,但也有不一致的。如在一些较大的肌肉中,部分肌纤维与肌腱形成一定的角度成羽状连结。这种羽状连结的肌纤维越多,成角也越大,肌肉越粗,能产生较多的力。如腓肠肌或其他快肌,具有较强的收缩力。而比目鱼肌等慢肌,肌纤维与肌腱的连结很少成角,故具有较强的持续等长收缩力。

(二) 肌肉的收缩形式

1. 等张收缩(isotonic contraction) 一种动态的收缩,收缩时关节活动,肌肉缩短,但张力保持相对恒定,分为向心性收缩和离心性收缩。

(1) 向心性收缩:主要指主动肌的收缩。肌肉收缩时,主肌肉的起点和止点相互靠近,肌纤维的长度变短,如上楼梯时股四头肌的缩短收缩。

(2) 离心性收缩:主要指拮抗肌的收缩。肌肉收缩时,肌肉的起点和止点相互远离,肌纤维的长度被拉长,如下楼梯时股四头肌的延长收缩。

在进行等张抗阻训练时,所加的负荷便于定量,患者可看到肌力上升的具体数值而易于产生持久的兴趣,其中渐增抗阻运动是提高肌力和耐力的有效方法。其缺点是:由于关节在运动全过程中肌力矩不全相等,而所取的"最大负荷"实际上是运动全程中最薄弱点上的负荷,并不能使该点得到最大负荷的训练。特别是肌肉疲劳以后,运动的速度和幅度会降低(难以人为控制),从而影响训练效果。而且由于是带负荷训练,难免在疲劳、疼痛及取下负荷时造成损伤。

2. 等长收缩(isometric contraction) 是一种静态的收缩,收缩时关节不活动,肌肉长度不变,张力增加,又称静力性收缩。

通过等长抗阻训练,可以在短时间内最高效地获得肌力增强的效果。它不需器械,患者易于理解和接受。但由于阻力由治疗师徒手施加,难于测定运动的强度和负荷的大小;且动作比较单调,不易引起患者的兴趣;还有人认为其对心脏的负担较大,心功能较差者慎用。

除了上述两种肌肉收缩方式之外,还有肌肉的等速收缩。等速收缩不是肌肉收缩的自然形式,但在仪器的帮助下可以做到。用等速训练器(如CYBEC、BIODEX等)训练,可使肌肉收缩的角速度恒定;阻力可随时变化,既可以保证运动过程中各点均达做功的最大能力,又可在疲劳疼痛时降低阻力,保证运动的安全性;还可在运动中测定各项指标,如关节活动度、肌力、做功等。因为等速肌力测定能够很好地量化肌力矩、关节活动度和做功,故成为康复医学中重要的客观评定方法之一。

(三) 肌肉的分类

肢体的每一动作都需要多组肌肉合作才能完成。为了阐明肌肉在进行某一动作中的具体作用,分别命名如下。

(1) 原动肌:在运动的启动和维持中起主要作用的肌肉称为原动肌,如屈肘动作中的肱二头肌和肱肌。而协助完成动作或仅在动作的某一阶段起作用者称为副动肌，如屈肘动作中的肱桡肌和旋前圆肌。

（2）拮抗肌：是指那些与原动肌运动方向完全相反或启动和维持相反运动的肌肉。当原动肌收缩时，拮抗肌协调地放松或做适当的离心性收缩，以保持关节活动的稳定性及增加动作的精确性，并能防止关节损伤。如在屈肘动作中，肱三头肌和肘肌即是肱二头肌和肱肌的拮抗肌。

（3）固定肌：为了发挥原动肌对肢体运动的动力作用，必须将肌肉相对固定的一端（定点）所附着的骨骼或更近的一连串骨骼充分固定，起这种固定作用的肌群通称为固定肌。例如，在上臂体侧下垂的屈肘位做腕关节屈伸负重活动时，必须固定肩、肘关节，这时起固定肩、肘关节的肌群均称为固定肌。

（4）中和肌：是抵消原动肌收缩时所产生的一部分不需要的动作的肌肉。例如，做扩胸运动时，斜方肌和菱形肌都是原动肌。斜方肌收缩除使肩外展扩胸外，还可使肩胛骨下角外旋；菱形肌收缩使肩胛骨移向脊柱以产生扩胸效应的同时，还可产生肩胛骨下角的内旋，这种肩胛骨下角的内、外旋常可削弱扩胸效应。但两肌同时收缩时所产生的无效动作可相互抵消，因而又互为中和肌。

副动肌、固定肌和中和肌通常统称为协同肌。肌肉的协同关系随着动作的改变而变化。如作用于腕关节的桡侧腕伸肌、尺侧腕伸肌、桡侧腕屈肌和尺侧腕屈肌，在做伸腕动作时，桡侧腕伸肌和尺侧腕伸肌为原动肌，而桡、尺侧腕屈肌为拮抗肌。桡侧腕伸肌和尺侧腕伸肌同时收缩，使腕向桡侧和尺侧屈曲的作用相互抵消，因此又互为中和肌。在向桡侧屈曲腕关节时，桡侧腕伸肌和桡侧腕屈肌同为原动肌，尺侧腕伸肌和尺侧腕屈肌则为拮抗肌。桡侧腕伸肌和桡侧腕屈肌同时收缩，使腕伸、屈的作用相互抵消，因而又互为中和肌。

七、人体运动的杠杆原理

由于肌肉收缩产生的实际力矩输出受运动节段杠杆效率的影响，因而人的运动均遵循杠杆原理，各种复杂的运动均可以分解为一系列的杠杆运动。运用杠杆原理对运动进行分析是生物力学研究的重要途径之一。

（一）有关杠杆作用的名词

1. 支点　是指杠杆绕着转动的轴心点，在肢体杠杆上支点是关节的运动中心。

2. 力点　动力作用点称为力点或动力点，在骨杠杆上力点是肌肉的附着点。

3. 阻力点　阻力在杠杆上的作用点称为阻力点或重力点，是指运动节段的重力、运动器械的重力、摩擦或弹力以及拮抗肌的张力，或韧带、筋膜的抗牵拉力等所造成的阻力。一个杠杆系统中的阻力作用点只有一个，即全部阻力的合力作用点为唯一的阻力点。

4. 力臂　从支点到动力作用线的垂直距离，称为力臂。

5. 阻力臂　从支点到阻力作用线的垂直距离，称为阻力臂。

6. 力矩　表示力对物体转动作用的大小，是力和力臂的乘积。

7. 阻力矩　阻力和阻力臂的乘积为阻力矩。

力矩和阻力矩的作用方向一律用"顺时针方向"和"逆时针方向"来表示，习惯上将顺时针方向的力矩规定为正力矩，逆时针方向的力矩为负力矩。规定正负之后，几个力矩的合成就可以用代数和来计算。

(二) 杠杆的分类

根据杠杆上三个点的不同位置关系,可以将杠杆分成以下三类。

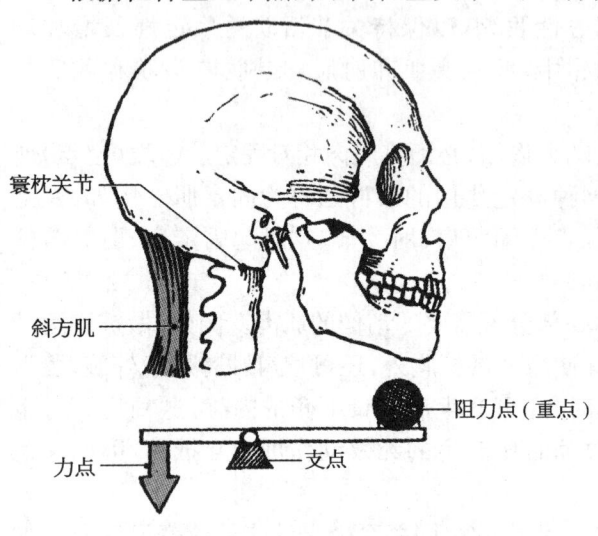

图 4-4 第一类杠杆示意图

1. 第一类杠杆 又称平衡杠杆。其特征是支点在力点和阻力点中间,如天平和跷跷板等。在人体中,这一类杠杆较少,如头颅与脊柱的连接,支点位于寰枕关节的冠状轴上,动力点(如斜方肌、肩胛提肌、头夹肌、头半棘肌、头最长肌等的作用点)在支点的后方,阻力点(头的重心)位于支点的前方(图 4-4)。此类杠杆的主要作用是传递动力和保持平衡,支点靠近力点时有增大速度和幅度的作用,支点靠近阻力点时有省力的作用。

2. 第二类杠杆 又称省力杠杆。其特征是阻力点在力点和支点的中间,如一根一端支在地上,向上撬动重物的棍棒。在人体上,这类杠杆在静态时极为少见,只有在动态时可以观察到。如站立提跟时,以跖趾关节为支点,小腿三头肌以粗大的跟腱附着于跟骨上的支点为力点,人体重力通过距骨体形成阻力点,并在跟骨与跖骨构成的杠杆中位于支点和力点之间。这类杠杆的力臂始终大于阻力臂,可以用较小的力来克服较大的阻力,故称为省力杠杆(图 4-5)。

3. 第三类杠杆 又称速度杠杆。其特征是力点在阻力点和支点的中间,如镊子的使用。此类杠杆在人体中最为普通。如肱二头肌通过肘关节屈起前臂的动作,此时支点在肘关节中心,力点(肱二头肌在桡骨粗隆上的止点)在支点和阻力点(手及所持重物的重心)的中间(图 4-6)。此类杠杆因为力臂始终小于阻力臂,力必须大于阻力才能引起运动,故不能省力,但可以使阻力点获得较大的运动速度和幅度,故称速度杠杆。

(三) 杠杆原理在康复医学中的作用

1. 省力 要用较小的力去克服较大阻力,就要缩短阻力臂或延长力臂。在人体杠杆中,肌肉拉力的力臂一般都很短,但人体有一些补偿机制可以使之增大。一是通过籽骨来增长力臂,如髌骨就延长了股四头肌的力臂。二是通过肌肉在骨上附着点的隆起、突起来延长力臂,如股骨大转子就增大了臀中肌、臀小肌的力臂,小转子则延长了髂腰肌的力臂;一个活动多、肌肉强壮的人,其骨骼上的粗隆、结节也较明显,说明运动锻炼不仅能增强肌力,而且能增大力臂来增加力矩。同样,缩短阻力臂也能够省力,如提重物时,重物越靠近身体越省力;举杠铃的技术关键也是让杠铃尽可能贴近身体。假如杠铃离身体 12 cm 时(即阻力臂长 12 cm)能举起 50 kg 的重量,则杠铃离身体 10 cm(即阻力臂缩短 2 cm)时就能举起 60 kg 的重量。

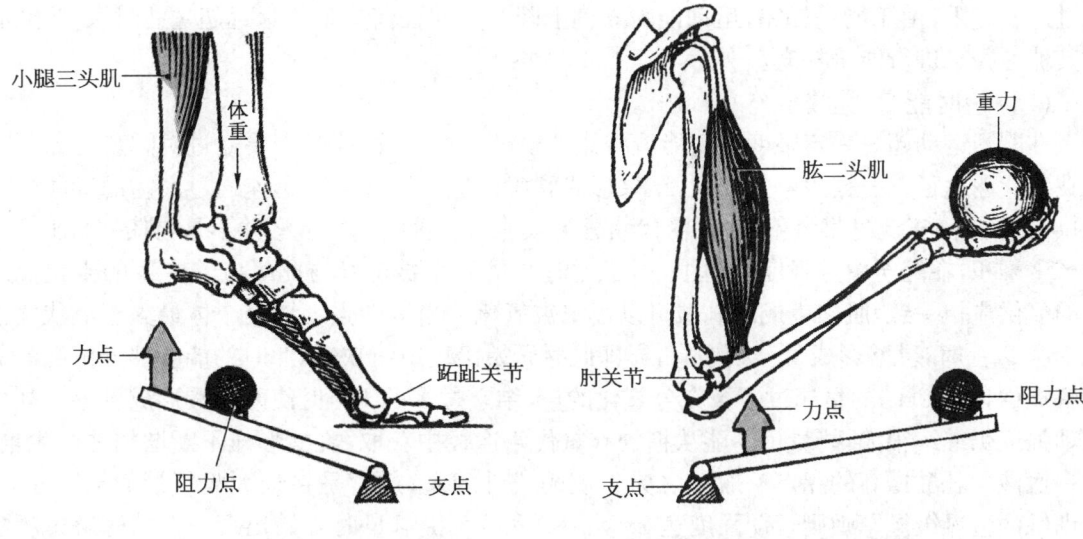

图 4-5　第二类杠杆示意图　　图 4-6　第三类杠杆示意图

2. 获得速度　许多动作不要求省力，而要求获得较大的运动速度和幅度，如投掷物体、踢球、挥拍击球等。为使阻力点移动距离和速度增大，就要增长阻力臂和缩短力臂。人体中大多数杠杆虽属第三类杠杆，而有利于获得速度，但为了获得更大速度，常需使几个关节组成一个长的杠杆臂，这就要求肢体伸展，如掷铁饼时，就要先伸展手臂。有时甚至需要附加物体延长阻力臂，如利用球棒或球拍来延长阻力臂。

3. 防止损伤　从上述杠杆原理可知第三类杠杆不利于负重和载荷，而人体肌肉杠杆又大多属于第三类杠杆，因而可以理解阻力过大时容易引起运动杠杆各环节的损伤，特别是其力点和支点的损伤，即肌腱系统和肌肉止点以及关节的损伤。再加上在肢体伤病后，常常要求局部或全身休息，造成肌力降低。因此，在康复治疗中特别强调增强肌力的锻炼，同时也应适当控制阻力和阻力矩，以保护运动杠杆免受损害。

第二节　运动中的生理学问题

一、运动中的能量转换

在运动过程中需要大量的能量，如在剧烈运动中，肌肉的能量消耗可为安静时的 120 倍或更多；但在强度较低、持久性运动中则为安静时的 20~30 倍。根据不同强度的运动，能量可从 3 个不同层次获取。

(一) 即刻能量-ATP-CP 系统

对时间较短但强度很大的运动，如 100 m 冲刺、25 m 游泳或举重，这些都需要提供即刻能量，此时几乎毫无例外地由那些参与运动的肌群中贮备的高能磷酸盐三磷酸腺苷（ATP）和磷酸肌酸（CP）提供能量。在每千克的肌肉中贮备有 5~12 mmol 的 ATP 和 15~20 mmol 的 CP，如按 70 kg 体重计，肌块重为 30~40 kg，则由相应的 ATP 和 CP 供能。假定某项运动需 20 kg 肌肉参与运动，则这些能量只能维持轻快步行 1 min、慢跑 20~30 s。全力快跑或游泳约 6 s。如超过这一时限,由于能量耗完,运动能力立刻下降。然而任何运动均远远超过此时限,为此必须有其他途径来进行能量补充。

(二) 短时能量-乳酸系统

在剧烈运动超过一定限度后高能磷酸盐必须迅速再合成,此时主要通过对贮备糖原(肌糖)的缺氧代谢途径——糖酵解来补充,结果形成乳酸。这一过程可以迅速通过底物的磷酸化过程提供ATP。由于此时供氧不足,故糖代谢分解只能形成乳酸。但乳酸并不是在任一水平运动中均产生堆积,在轻至中等强度运动中,由于此时能量的需要正好与此时应答产生的生化反应所需的氧供应相一致,肌肉生成的乳酸可以很快被氧化。当运动强度增至个体最大有氧代谢能力的55%以上时,乳酸形成量开始增高,亦即此时开始出现组织缺氧,此时的能量部分由糖的无氧酵解提供,释放H^+的量超过了被充分氧化的量,结果过多的H^+促使丙酮酸形成乳酸。如此时运动强度仍继续很大,能量仍不能从糖的有氧代谢途径中获取,乳酸形成不断增加并产生堆积。这一血液中乳酸增高的拐点一般称之为无氧阈或乳酸阈,通常是在最大吸氧量的55%~65%,经训练的世界级冠军中则运动强度达85%~90%最大摄氧量时开始出现。在糖酵解过程中虽然其化学反应快,但较少的ATP被再合成。

(三) 长期能量-有氧代谢系统

有氧代谢在运动后阶段的能量提供中极为重要,慢跑中由于氧供应充分,此时细胞利用氧的能力称为摄氧能力(oxygen uptake)。摄氧能力常与体形大小相关,即体形愈大则摄(耗)氧愈多,平均为250 ml/min(安静基础代谢时摄氧量为160~290 ml/min),其值随运动时间延长而增高,如慢跑4 min时摄氧量可达1.6 L/min,此时血液中乳酸量不增高。尽管在糖有氧代谢中仍可产生一定量的乳酸,但它很快被氧化(进入三羧酸循环)或由邻近少活动肌所利用,或进入肝脏为糖原异生所用。

二、运动对营养代谢的影响

人体营养素有大营养素(主要指糖、脂肪和蛋白质)和小营养素(指各种维生素、微量元素等)。虽然这些营养素在康复治疗中均极为重要,但在代谢中则仍以大营养素的作用更为明显。

(一) 糖类代谢

肌糖原是运动中的主要能源,随着运动方式、强度、时间、饮食条件、训练水平和周围环境不同而变化。在一定强度的运动中,运动开始时肌糖原的降解较快。通常在任何时间内,运动强度越大,肌糖原利用越多。

(二) 脂肪代谢

人体内脂类包括三酰甘油、胆固醇酯、卵磷脂、核糖脂等。三酰甘油的主要功能是可以随时经分解释放出甘油和脂肪酸,脂肪酸立即与血液中蛋白质结合形成血浆游离脂肪酸。血浆游离脂肪酸是人体的重要能源,其来源有血浆脂质、细胞内甘油酯和卵磷脂池、肌纤维间脂肪组织中的三酰甘油池。应用放射免疫法测定标记的脂肪酸代谢,证明脂肪酸是安静时和轻至中等强度运动时的后阶段ATP形成的主要能源。例如,在40%最大摄氧量强度运动时,脂肪酸的氧化约占肌肉能量来源的60%。同时,运动可提高脂肪组织中的脂蛋白脂酶(LPL)的活性,加速富含三酰甘油的乳糜和极低密度脂蛋白的分解(其中部分转化为小分子的高密度脂蛋白胆固醇)。因此,运动可降低血脂,而使高密度脂蛋白胆固醇的含量增加。

(三) 蛋白质代谢

在耐力型运动中,蛋白质在能量底物中所占比例虽小,但亦具有重要作用。为提供能量,氨基酸(主要为亮氨酸、异亮氨酸、缬氨酸、谷氨酸、天冬氨酸)必须先脱氨转变成可以进入能量释放通路的形式。肝脏即为脱氨的主要部位,骨骼肌中也含有从氨基酸中移走氨基并转变成其他化合物的转氨化过程中的酶。当氨从氨基酸移走时,剩下的"碳骨架"可以成为高能磷酸化链的一种反应性化合物,如丙氨酸当失去其氨基,获得2价氧形成丙酮酸;缬氨酸形成α-酮戊二酸;天冬氨酸形成草酰乙酸,所有这些都是三羧酸循环中的重要产物。

三、运动对呼吸系统的影响

人体肺泡约有30亿个,肺泡壁即成为肺和血管中气体交换的主要场所。肺泡比身体其他器官有更丰富的血液供应,无数毛细血管与肺泡密切相依,使气体极容易在肺泡和血管之间进行弥散。

在安静时每分钟约有250 ml氧进入血管,约200 ml二氧化碳从血液中进入肺泡而被呼出,在运动时这种能力相应增大。肺通气的主要功能即在于,无论在安静或运动时都能维持最佳的体内血氧和二氧化碳浓度。

(一) 肺通气指标

肺活量由潮气量、补呼气量、补吸气量组成。潮气量即气流在每次平静吸气和呼气时的进出气量,在安静时正常成年人均在0.4~0.6 L。如再用力吸气,其量为1.5~2 L,为补吸气量。在平静呼出气后再用力呼气,其量为0.9~1.2 L,为补呼气量。在一次呼吸中从最大吸气至最大呼气的容量即为用力肺活量,其值常随体表面积、检查时的体位而改变,在站立位,正常健康年轻男性为4~5 L,女性为3~4 L,运动员最高可达8.1L(越野滑雪)。即使在深呼气后仍有部分气体残留肺内,此即为残气量,平均男性为1.2~1.5 L,女性为1.0~1.2 L。

(二) 解剖死腔

不进入肺泡进行气体交换的气体量,即只进入鼻、口腔、气管和部分支气管(在呼吸性细支气管以上)的气体量,称之为解剖死腔量。

(三) 通气(V)灌流(Q)比

完善的气体交换存在于肺泡和血流之间,即血流量应与肺通气量相匹配。如在安静时肺泡通气约为4.2 L/min,而通过肺毛细血管的血量约为5.0 L/min,此时V/Q为0.8。在轻量运动时V/Q可维持不变。在某些情况下,一部分肺泡可能在气体交换中通气不充分,而部分毛细血管灌注也不充分,可能影响到气体交换,V/Q不匹配,从而形成生理死腔。这种影响对年轻人来说极小,通常可以不计。但对老年性肺气肿患者来说,下部肺通气不足时,而血流又因重力作用使肺下部灌注较好,上肺部因无肺气肿而通气良好,但血流较少,可出现较大的V/Q不匹配。

(四) 运动对摄氧量的影响

体力运动由于能量的需求,影响着氧的摄取和二氧化碳的产生。

1. 运动中摄氧量的变化　对摄氧量来说,影响它的生理因素有三个方面:①人体直接从大气获取氧的通气功能。②血液循环运载气体的功能。③组织对氧的摄取利用功能。通常人体通气功能有相当大的容量范围,在需氧极大的运动情况下,呼出气体中剩余的氧含量还是很大的,因此通气能力对摄氧量的限制并不显著。而后两种因素因受心输出量、组织内血管网的开放程度和血液有效成分等的影响,它们的容量范围相对较小,因而在很大程度上制约着摄氧量的增大,也即制约着运动能力。

在摄氧量能够满足需氧量的轻或中等强度运动中,只要运动强度不变,即能量消耗恒定时,摄氧量便能保持在一定水平,被称为"稳定状态"。但在运动刚开始的短时间内,因呼吸、循环的调节较为迟缓,氧在体内的运输滞后,致使摄氧量水平不能立即到位,而是呈指数函数曲线样逐渐上升,此即做功的非稳定状态期或"进入工作状态",通常是从无氧供能开始,逐渐增加有氧成分,呈特定的摄氧量动力学变化。"稳定状态"是完全的有氧供能而"进入工作状态",这一阶段的摄氧量与根据稳定状态推断的需氧量相比,其不足部分即无氧供能部分,传统上被称为"氧亏"。

当运动结束进入恢复期时,摄氧量也并非从高水平立即降至安静时的水平,而是通过快、慢两个下降曲线逐渐移行到安静水平。这一超过安静水平多消耗的氧,传统上被称为"氧债",一般认为"氧债"与总的"氧亏"等量。计算运动中的摄氧量与氧债之和减去同一时间安静状态下所需的氧耗,便可得出这一运动的需氧量。

2. 最大摄氧量　运动时消耗的能量随运动强度加大而增加。以中等强度的固定负荷进行运动时,在到达稳定状态后持续运动期间的每分钟摄氧量,即反映这一运动的能耗和强度水平。用功率自行车进行每次持续 5~6 min 的多次运动中,功率 50 W 作功时每分钟摄氧量不到 1 L。当功率为 100 W 和 200 W 时,随功率加大摄氧量亦递次增加。当强度加大到 250 W 时,摄氧量达到每分钟 3.5 L 后即不再增加或增加极少,此时人的感觉也已到达精疲力竭。这一摄氧量达到最大而不再能增加的值,即被称为每分钟最大摄氧量(VO_{2max}/min)。

强度逐级加大的运动实验,可用递增强度方式一次进行。通过这样的运动可以观察到,先是吸气量(VO_2)逐级递增,与心率呈线性关系。当心率上升到 180 次/min 以上,运动到达一定强度时,VO_2 便不再随负荷的加大而增加,脱离了线性而出现平台。此处即是 VO_{2max}。此时若运动强度继续增大,乳酸可大量积聚,呼吸商则可超过 1.10。这是 H^+ 浓度升高、乳酸被缓冲物中和、分解排出更多二氧化碳的结果。

3. 运动诱发哮喘(exercise induced asthma, EIA)　运动诱发支气管痉挛,即运动后出现咳嗽、哮喘和呼吸短促。运动一开始儿茶酚胺从交感神经系统中释放,对支气管中平滑肌可产生松弛作用,这无论是健康人或哮喘患者均如此,并不发生哮喘。但在哮喘患者中随即出现支气管痉挛,分泌大量黏液痰,严重者可发生阻塞。此一现象常发生在运动 10 min 后,并在 30~90 min 内逐渐恢复。其发生原因可能是对体温梯度的敏感,这是因为运动中增加了通气量导致上呼吸道内温度下降,如停止运动,上呼吸道内温度迅速回升,这一"冷"和"温"刺激了气管黏膜下黏液腺(增加分泌)和肥大细胞(释放大量化学介质如组胺)引起气管痉挛。此外,环境亦极重要,如在湿润环境下运动则 EIA 可以不发生,因为干燥也是一种刺激原。而肥大细胞脱颗粒后常需 2 h 才能重新合成颗粒,因此如在发生哮喘后 2 h 内再运动亦可不诱发哮喘。为防止 EIA 的发生,建议选择合适的运动方法和运动时间,如游泳、各种水上运动以使机体与运动强度相适应,降低支气管敏感性,减少上呼吸道温度和水分的丢失,必要时可应用药物做预防。

而运动后咳嗽主要是由于上呼吸道过度通气而致水分丢失和干燥刺激所引起(并不是温度降低),这一现象多见,故在湿润环境下运动或适当湿润咽喉有利于停止咳嗽。

四、运动对心血管的影响

心血管系统为骨骼肌运动和维持全身脏器有足够的营养供应和代谢产物的清除提供了强有力的保障,保证骨骼肌理想的作功环境,从而使生命维持在最佳状态。

(一) 血液循环系统

当持续运动数秒钟后,人体的心血管系统就会出现复杂的功能调节,其调节程度取决于运动的强度。这种调节主要在于满足运动肌群氧的需求和废物的清除,从而维持正常的肌肉工作环境。

(二) 运动中提高肌肉摄氧能力

工作肌对氧吸收量的增加可通过增加血流量和从血液中摄取较多的氧来完成。在安静状态下,血液流经每克肌肉的流量极低,这是因为骨骼肌中血管平滑肌具有较高的张力(迷走神经兴奋),以促进血管收缩。但运动一开始,这种张力很快减弱(交感神经兴奋),即使在刚开始运动后的数秒钟内就已出现,因而血管很快舒张。在这种作用中自主神经无疑起着主导作用,局部其他的作用因素还有:①局部组织的氧张力降低。②二氧化碳张力提高。③乳酸堆积。因ATP水解,细胞内K^+、组胺和腺嘌呤复合物(腺苷)等释放。局部因素中又以组织氧张力下降和二氧化碳张力升高的作用最快、最强。

由于肌肉系统中血管的总容量极大,若完全扩张,则可超过全身血总容量。因此,在作功肌内血管开放的同时,其他脏器血管相应收缩,使血液重新分配。在正常安静情况下,内脏器官(心、肝、肾、脾、胃肠)接受的血流量约为 3.0 L/min,而皮肤为 0.25 L/min,肌肉为 1.0 L/min。运动中,内脏(除心脏外)的血流量均减少,皮肤血管则先收缩后扩张,以便于散热,这主要是通过交感神经兴奋 α 肾上腺素能受体所致。而肌肉中则血液量大量增加,这样可使作功肌获得较多的血流,以摄取较安静时高达 50~75 倍的氧量。

由于活动肌中氧耗增加,使组织中的氧张力低下,扩大了血液和组织间的氧梯度,并因二氧化碳增多和乳酸的堆积,血液中血红蛋白氧分离曲线右移,因而即使在组织中的氧张力不变,仍可使肌细胞获得更多的氧,其结果扩大了动、静脉之间的氧分压差(正常相差约 6%,最大运动时可增至 14%~16%,训练水平高者其压差可更大些)。一般来说,中等运动强度可使心排血量增加 3 倍,其综合的结果可使作功肌获得大量氧的能力。由于血液是人体内环境中主要的物质载体,不仅提供给作功肌以较多的氧和营养物质,而且由于酶、激素、无机盐、免疫物质的运送,对全身均产生明显的调节作用。

(三) 运动中的循环调节

血液循环作为运输氧和营养物质以及代谢产物的主要载体,在运动中可从心脏作功和血压改变中得到极为明显的反映。

1. **心率和心搏出量** 在运动中,心脏每分钟排血量的增加或维持,可通过增快心率或增加心搏出量或两者均增加的形式来达到。在轻至中等强度运动时,心率改变常与运动强度一致。轻量运动时,心率增至 100 次/min;中等量时,心率可达 150 次/min;极大量时,则心率可超过 200 次/min。这一线性关系,使临床上用心率来衡量运动强度成为可能。心率的变化如仅用神经阻断迷走神经的影响(如应用阿托品),最多也只能加快 30~40 次/min。因此,必然还同时存在有交感神经的作用,而运动中肾上腺髓质分泌儿茶酚胺和体温升高,均可使心率加快。

运动时心搏出量保持不变或增加也极为重要,影响心搏出量的主要因素有心室收缩力、左心室流出通道和血管的阻力、回心血量。而许多加快心率的因素同样可以增强心肌收缩力,心动过速本身也可通过心肌收缩而加快心肌收缩成分的缩短效率。增强心肌收缩力是运动中增加心搏出量的重要代偿机制,现已知左心搏出量的大小取决于左室舒张期末容量和收缩期末容量的差值,而左室舒张期末容量则受回心血量、心室流出通道阻力和心室充盈时间所影响。由于心室充盈时间是在舒张期,而运动时舒张期又因心率快而缩短。

回心血量减少则心搏出量应减少,而实际上其不仅不减少,还能保持不变或增多,这主要是由于增强了心肌收缩力,使左室收缩期末容量缩小,增大舒张期末和收缩期末容量差值的结果。

2. 心排血量 运动中必须保持高心脏排血量,以保证肌肉、呼吸和全身脏器的需要。安静仰卧时成人每分钟心排血量是 4~5 L,站立时略有减少,运动中增加,增加的量是根据不同的运动强度而定,健康人每分钟排血量可增至 20 L 左右。但心排血量的增加不可能与代谢率或通气量的增加完全一致。例如,在剧烈运动时,总的摄氧量和肺泡通气量可较安静时增加 24 倍,而心排血量只增加 8 倍。因此,运动中血循环的基本反应是为保证肌肉活动的需要,即通过有选择地对作功肌供应血流,使其局部组织摄取较多的氧。

就训练效应而言,良好训练者安静时心率较慢,而心搏出量则因左室收缩期末容量缩小而增大,故心排血量并不减少。这样就为心脏提供较多的功能贮备,使人体在亚极量负荷下仍以较低的心率来完成,极量负荷下用较快的心率来满足机体的需要。而长期少动者,结果正相反,运动后常以较快心率来补偿心排血量的不足,提早出现运动能力的限制。

3. 静脉回流 运动时,因骨骼肌血管床扩张而引起大量血流灌注,若没有相应的代偿机制常可妨碍静脉血回流。因为静脉管壁较薄,且有静脉瓣,故可阻止血液逆流。当肌肉收缩时,静脉受挤压,迫使血液向心脏流动,而肌肉舒张可使静脉重新充盈。这样反复挤压,产生"按摩"效应,可防止血流的淤积。同样,运动时的呼吸动作也促使肢体的静脉血回流入胸、腹腔。胸腔和腹腔的大静脉可容纳 400~500 ml 血量,而股静脉、颈静脉和锁骨下静脉瓣组成一个单向封闭系统。吸气时胸腔扩张,胸内压下降,膈肌收缩,腹内压增高,而左心房是这一个单向封闭系统中惟一开口部位,且压力较低,而使血液源源不断地注入心脏。此外,交感神经可使容量血管收缩,使静脉系统中血流量减少,也是保证回心血量增加的重要因素。

4. 心血管的失健和健化 任何减少运动和卧床休息超过 2~4 周以上者,均不可避免地出现心血管系统的失健现象,具体表现为安静时心率增快,心搏出量减少,心肌收缩作功效率降低,使在亚极量运动中不足以增高心搏出量,而是以增快心率来保证运动中足够的每分钟心排血量。由于此时血液中儿茶酚胺的含量也升高,并增加了环磷酸腺苷(cAMP)的含量,这就有可能降低心肌的缺血阈值。因为运动中心脏负荷的增加,必然使运动停止后的恢复期延长。以上现象都是前述运动效应和(或)健化现象的倒退。在心血管疾患中,这些现象更为明显。然而,这些失健现象是完全可逆的,只要坚持进行合适的运动康复治疗,不仅可产生外周效应(占 85%),而且还可产生相应的中心性效应(占 15% 左右),也就是说有可能直接提高心功能。

五、运动对内分泌的影响

内分泌激素可以调节生长、发育、代谢和生育,且在体力和精神应激下强化身体功能产生适应,维护着内环境的稳定,调节电解质和酸碱平衡等。运动对内分泌激素有十分重要的影响。

(一) 生长激素

生长激素(GH)具有广泛的生理活性,可促进细胞分裂、增殖。它通过提高氨基酸的转运,促进蛋白质合成,刺激合成核糖核酸或激活细胞核糖体以加快蛋白质合成。运动开始后数分钟 GH 分泌即增加,随着运动强度的增大可使 GH 大量增多,且运动强度较运动时间对其影响更大。因运动促使 GH 分泌增多可促进蛋白质合成,产生肌肥大,促进软骨形成。但 GH 对促进骨骼生长和细胞增生等机制尚不清楚,可能是促进了同化过程。

(二) 促甲状腺素

促甲状腺素(TSH)能够控制甲状腺分泌激素的量。其在运动中增高,以满足运动需要。

(三) 催乳素

在剧烈运动和在恢复过程中的 45 min 内催乳素(PRL)增高。

(四) 垂体后叶激素

运动可促使垂体后叶激素(ADH)分泌,也即在剧烈运动中或过后增加肾对水分的回吸,可能是因大量出汗后的刺激以帮助保存体液。

(五) 甲状腺激素

甲状腺分泌两种与碘结合的激素即四碘甲状原氨酸(甲状腺素 T_4)和三碘甲状原氨酸(T_3)。T_4 可提高所有细胞的代谢率,提高 $Na^+ - K^+ - ATP$ 酶的活性,使基础代谢率提高。它可促进糖类和脂肪的分解代谢,因此高 T_4 可使体重很快下降。运动中游离 T_4(即 T_4 未与血浆蛋白结合)升高,这可提高体温,并使某些激素改变与蛋白质的结合,但这一暂时改变的重要性尚不明。

(六) 肾上腺髓质激素

运动后儿茶酚胺分泌增加,其分泌量与运动强度一致,并与运动时间有关,如在长距离跑步中时间因素与儿茶酚胺分泌呈负相关,且受有年龄(相同运动强度下老年人分泌较多)、性别(在相同运动强度下男性高于女性)因素影响。运动中儿茶酚胺增高有利于血流合理分布,提高心肌收缩力、能量底物利用、肝糖原分解和脂肪分解。

(七) 肾上腺皮质激素

肾上腺皮质受脑垂体促皮质激素刺激而分泌激素,其分泌的激素根据其功能可分为盐皮质激素、糖皮质激素和性激素。

1. **盐皮质激素**　运动时由于交感神经兴奋使肾血管收缩,促使肾分泌肾素,肾素又刺激产生另一种激素——血管紧张素,它又可刺激肾上腺皮质分泌醛固酮。

2. **糖皮质激素**　皮质醇是肾上腺皮质分泌的主要糖皮质激素,它的主要作用是调整能量代谢,如促进蛋白质分解成氨基酸,并进入肝脏通过糖异生作用合成葡萄糖;支持其他激素如生长激素、高血糖素;作为胰岛素的拮抗体减少糖摄取和氧化,加快脂质作为能源而被动用,此作用在运动中极为明显。同样,在应激反应中糖皮质激素的分泌可产生理想的适应性效应。运动对糖皮质激素影响报道结果极不一致,常随运动强度、时间、机体健康和营养状况,甚至昼夜节律而不同。大部分研究结果认为皮质醇分泌随运动强度增大而增多,并可保持至运动后 2 h。

3. **性激素**　女性卵巢仅分泌少量睾酮,相反男性睾酮可在外周组织中转化为雌激素。在女性血浆中虽然睾酮浓度仅为男性的 1/10,但在运动中可增高,同样还可增高雌二醇、黄体酮浓度。无训练的男性在运动后 15~20 min 就可明显增高血清中游离睾酮水平,但在长期剧烈运动后,如马拉松赛跑后,睾酮水平可降低至安静水平以下。

(八)胰岛素

在运动中随着强度和时间的增加,血糖和胰岛素渐渐降低。这是受儿茶酚胺抑制所致,并直接刺激肝糖原的转运。胰岛素分泌减少促使脂肪酸的动用(即脂肪作为能源而被利用)。

六、运动对消化系统的影响

低强度运动对胃酸分泌或胃排空仅有轻微的影响。随着运动强度的增加,胃酸分泌明显减少。但在慢性十二指肠球部溃疡患者,即使按50%的最大运动强度,无论在运动中或静息期均出现高酸性反应,这一反应是由自主神经功能异常引起。中等至大强度运动时可延缓胃的排空,特别是过饱、高渗性饮食和高脂饮食后尤为明显。

运动对胃肠道吸收功能影响不明显,只有当血流量下降低于正常的50%时,才有吸收功能下降。运动时肝血流量可降低至正常的80%以上,故长距离运动可使血清丙氨酸氨基转移酶、胆红素、碱性磷酸酶升高。运动有利于脂肪代谢及胆汁合成和排出,可降低肌肉中胆固醇,增加粪便排出胆固醇,也可减少胆石症的发生。

七、运动对泌尿系统的影响

正常安静时,心排血量中的20%通过肾脏滤过。在运动中,肾血流量减少,尤其在剧烈运动时肾血流量可下降至安静时的50%,但仰卧位剧烈运动肾血流量可在1 h内恢复。运动时肾血流量虽减少,但肾小球滤过率仅下降30%,因而滤过分数反增高近20%,这一结果可能是因肾小球的出球小动脉发生收缩所致。

(一)运动对水分的影响

运动时,体内水分因蒸发和水分子跨膜运动的综合影响而丢失,尤其是剧烈运动开始时水分从血液中外移至活动肌细胞中,以后再从细胞间隙或肌细胞内丧失水分。当脱水相当于体重的6%时,血浆渗透压可升高约20 mmol/L。当脱水进一步加重时,此时主要是细胞内水分丢失(该水分是糖原分解、氧化过程中所产生)。经长期训练后,血容量不仅不减少,反而增加,此现象可持续至停止运动后数日。

(二)运动对电解质的影响

剧烈运动后尿Na^+排出量减少,汗液中Na^+浓度可达50 mmol/L(安静时为20 mmol/L),但在活动时肌细胞中Na^+浓度不变,血浆中Na^+浓度增至600 mmol/L。K^+在运动中的自稳定状态有很多机制:在轻运动强度时,尿中排K^+量稍增,但做短暂大强度运动时,则尿中排K^+量减少。在热环境中运动,总K^+减少近500 mmo/L,而在寒冷环境中无此现象。肌活检证实,活动时肌细胞内K^+外流,当血容量因失水而减少时,血K^+浓度反而增高13%,马拉松运动时可增高血K^+浓度0.5 mmol/L,80 km长跑时血K^+浓度可再升高,甚至有出现高血钾症的危险。血浆Mg^{2+}浓度与K^+、Na^+相反,在长期运动中可减少0.2 mmol/L,大部分Mg^{2+}从汗中流失(汗中含Mg^{2+}约2.3 mmol/L)。血Ca^{2+}在剧烈运动后常无改变。

八、运动对骨关节的影响

在正常情况下,骨不断由成骨细胞和破骨细胞维持着钙、磷的平衡。在幼年时期,由于骨能较快生长,成骨细胞功能占优势,维持着骨的正平衡;至老年期,则破骨细胞的功能占优势,维持着骨的负平衡。骨代谢既受营养、激素等影响,也受重力和张力影响,故运动有助于减轻和预防骨质疏松。

(一) 运动对骨结构的维持作用

即使在幼年或成年期间,卧床6周以上即可使尿中排钙量增加1倍以上,而局部固定不动也可使局部骨骼脱钙。防止尿钙排出量增多和局部脱钙最有效的方法就是运动和早期负重,故在幼年期进行系统的负重训练,不仅可维持骨代谢的正平衡,而且可促使骨密质增厚,骨小梁结构排列更趋向于"受力型"。例如,股骨颈的骨质排列呈垂直形,若与未进行负重训练者相比,则后者骨质排列呈锐角的"非受力型"变化。

(二) 运动对软骨的影响

已知软骨并无直接血管供应,其营养主要来自软骨下骨组织的血液、关节滑囊壁和关节液。任何关节活动都可对软骨产生"挤压"效应,从而使软骨获得足够的营养,且运动还可保持关节液的营养成分。若长期固定不动,即可引起关节囊挛缩、关节液变稀,以及其中长链的透明质酸和硫酸软骨素分子裂解,从而降低软骨的营养,再加上缺乏"挤压",常可使软骨变薄,最终使关节形态破坏,进而造成功能障碍。因此,运动在维护关节的形态和功能上起到了重要的作用。

九、运动对代偿功能的影响

运动是由一系列条件反射所组成,正常动作正是通过不断运动所形成强化和熟练。不运动可使复杂的条件反射消退,从而使动作生疏甚至遗忘。当由于各种伤病而导致肢体或功能丧失时,人类为了生存,必然需要产生各种代偿功能,建立新的条件反射来弥补丧失的肢体和功能。

人体产生的代偿有两种类型:①无需特殊的训练或适应而自发形成,如一侧肾切除,对侧肾即自动担负全身的排泄功能。②需训练才能形成的代偿功能,如肌肉、神经移植术后,由于改变了原先的功能状态,需要加以训练,才能产生需要的功能。需要刻苦训练才能形成的代偿功能,如肢体残缺或偏瘫、截瘫后,必须通过系统训练,降低突触传导的阻力,才有可能在病灶周围、网状神经联系中形成新的传导通路,或者用健侧肢体代替患侧肢体的功能,如用下肢代替丧失的上肢功能等。这些功能只有通过反复强化,才能使条件反射建立更加牢固,动作日臻完善。对这类代偿功能的产生,不经过刻苦训练或有指导的训练,就不可能获得比较满意的效果。形成代偿功能的机制主要是来源于中枢神经特别是大脑皮质的可塑性。

十、运动对精神和心理因素的影响

运动对精神、心理有较大的影响。对患者来说,由于对疾病的不正确理解和对治疗丧失信心,极易产生精神抑郁、悲观、失望等负性情绪,而这些又常可进一步削弱人体的功能。患者若参加运动,积极主动地锻炼,可以减少或消除上述消极影响。这是因为运动可反射性地引起大脑皮质和丘脑、下丘脑部位兴奋性提高,而下丘脑是调节内脏、内分泌活动的次高级中枢,对躯干活动有调节作用。运动还可提高机体的反应能力,因而能较好地适应各种因素给机体所造成的应激状态。在丘脑还有"愉快中枢",运动时常表现为良好、愉快的情绪,再加上交感神经的营养性影响,可改变体内物质代谢过程。特别当患者看到自己参加运动并从中获益时,常常能对治疗恢复信心,有助于疾病的康复。

第三节 颈与躯干的运动学

一、解剖基础

(一) 骨

1. **椎骨** 幼年时,椎骨总数为32或33块,由上而下依次分为颈椎(7块)、胸椎(12块)、腰椎(5块)、骶椎(5块)和尾椎(3～4块)。成人的椎骨因骶椎、尾椎的分别愈合,总数为26块。

(1) 椎骨的一般形态:每个椎骨都由椎体、椎弓和由椎弓伸出的7个突起构成。椎体为椎骨的前部分,呈短圆柱状,是支持体重的主要部分,表面为一层较薄的骨密质,内部为骨松质,在垂直暴力作用下,易发生压缩性骨折。椎弓是椎体后方的弓形骨板,弓与椎体连接的部分较细,其上、下缘各有一切迹,分别称为椎上切迹和椎下切迹。椎弓与椎体围成一孔,称为椎孔,全部椎骨的椎孔连成一管,称为椎管,椎管内容纳脊髓和脊神经根等。每个椎弓伸出7个突起,即向两侧伸出一对横突,向上伸出一对上关节突,向下伸出一对下关节突,向后伸出单一的棘突。

(2) 各部椎骨的主要特征

1) 颈椎:共有7个,椎体较小,横突有一圆孔,称为横突孔,有血管通过。第一颈椎又称寰椎,呈环形,由前弓、后弓和两个侧块构成。前弓的后面与第二颈椎的齿突相关节。侧块的上面与枕髁相关节,下面与第二颈椎相关节。第二颈椎又称枢椎,椎体上有齿突与寰椎前弓后面相关节。第七颈椎又称隆椎,棘突最长,当头前屈时,该突特别隆起,皮下易于触及,是临床记数椎骨数目和针灸取穴的标志。

2) 胸椎:共12个,在椎体侧面和横突尖端的前面,都有与肋骨相关节的肋凹。胸椎棘突伸向后下,互相掩盖,呈叠瓦状。

3) 腰椎:共5个,为椎骨中最大者。由于承受重力较大,故椎体肥厚。棘突直伸向后方。

4) 骶骨:略呈三角形,其底向上,尖向下。底的前缘向前突出,称为岬,为女性盆骨测量的重要标志。骶骨的两侧有耳状的关节面,与髋骨连接。骶骨中央有一纵贯全长的管道,称为骶管,向上与椎管连接,向下开口形成骶管裂孔。骶管裂孔两侧有向下突出的骶角。骶骨前面略凹而平滑,有4对骶前孔;后面粗糙不平,有4对骶后孔。骶前、后孔都与骶管相通,有骶神经前、后支和血管通过。背侧面凸隆,正中线上有由棘突愈合形成的骶正中嵴。

5) 尾骨:借软骨和韧带与骶骨相连。

2. **胸骨** 是一块扁骨,位于胸前部正中。胸骨上部较宽,称为胸骨柄。其上缘正中的切迹称为颈静脉切迹。胸骨中部呈长方形,称为胸骨体。胸骨体与胸骨柄相接处形成突向前方的横行隆起,称为胸骨角。胸骨的下端为一形状不定的薄骨片,称为剑突。

3. **肋** 共12对,由肋骨和肋软骨构成。肋骨为细长弓状的扁骨,富有弹性。每一肋骨可分为中部的体和前、后端。肋骨前端接肋软骨,后端膨大,称肋头,有关节面与胸椎体的肋凹相关节。肋头的外侧有肋结节。肋结节有关节面与胸椎横突的肋凹相关节。肋体有内、外两面和上、下两缘。内面近下缘处有肋沟,肋间血管和神经沿此沟走行。第一肋骨扁宽,短小而弯曲,可分为上、下两面和内、外两缘,无肋角和肋沟。上面内缘处有前斜角肌附着形成的前斜角肌结节,结节的前、后方各有锁骨下静脉和锁骨下动脉经过的压迹。

(二) 关节

1. 椎骨间的连接 相邻椎骨之间借椎间盘、韧带和关节相连接。

(1) 椎间盘：连结在上、下两个椎体之间，由纤维环和髓核构成。纤维环为呈环形排列的纤维软骨，前宽后窄，围绕在髓核的周围，可防止髓核向外突出。髓核是一种富有弹性的胶状体，位于椎间盘的中部稍偏后方，有缓和冲击的作用。它被限制在纤维环之内，施加压力时则有向外膨出的趋势。

(2) 韧带：脊柱的韧带可分为以下几种。

1) 前纵韧带：为全身最长的韧带，很坚韧，位于椎体的前面，上至枕骨大孔前缘，下达第一或第二骶椎体，与椎体边缘和椎间盘结合较紧。有防止脊柱过伸和防止椎间盘向前脱出的作用。

2) 后纵韧带：位于各椎体的后面（椎管前壁），它较前纵韧带狭窄，起自枢椎，终于骶管前壁。有限制脊柱过分前屈和防止椎间盘向后脱出的作用。

3) 黄韧带：又称弓间韧带，是连接相邻椎弓的韧带，由弹力纤维构成，坚韧富有弹性。黄韧带协助围成椎管，并有限制脊柱过分前屈的作用。

4) 棘上韧带：是连接胸、腰、骶椎各棘突尖之间的纵行韧带，能限制脊柱过屈。

5) 棘间韧带：连接于各棘突之间，后接棘上韧带或项韧带。

6) 项韧带：为在项中线呈矢状位的板状韧带，由弹力纤维构成，向上附着于枕外隆凸，其后缘游离，前缘附着于棘突。

(3) 关节：关节突关节由相邻椎骨的上、下关节突构成，可做微量运动，但各椎骨之间的运动总和则很大。位于相邻椎骨横突之间还有横突间关节，在腰部该关节常较厚。腰骶关节由第五腰椎的下关节突与骶骨上关节突构成。钩椎关节临床上称为 Luschka 关节，在下 6 个颈椎体之间，由椎体上面两侧缘的钩状突与上位椎体下面两侧缘的凹陷构成。关节的周缘有滑膜囊包绕。此关节病变可引起椎间孔狭窄，压迫脊神经，导致颈椎病的症状。

2. 脊柱

(1) 脊柱的组成：脊柱由 24 块分离椎骨、1 块骶骨和 1 块尾骨，借椎间盘、韧带和关节紧密连结而成。位于躯干背面正中，形成躯干的中轴，上承颅骨，下连髋骨，中附肋骨，参与构成胸腔、腹腔和骨盆腔的后壁。脊柱中央有椎管，容纳脊髓及其被膜；两侧有 23 对椎间孔，通过脊神经。脊柱具有运动、保护和支持体重等作用。

(2) 脊柱的弯曲：从侧面观察，脊柱有四个生理弯曲，即颈曲、胸曲、腰曲和骶曲。颈曲和腰曲向前突出，而胸曲和骶曲向后突出。

(3) 脊柱的运动：在相邻两个椎骨之间的活动很小，但就整个脊柱而言，运动幅度很大，而且能做各个方向的运动。脊柱的运动可分为四种：①冠状轴上的前屈和后伸运动。②矢状轴上的侧屈运动。③垂直轴上的旋转运动。在矢状轴和冠状轴运动的基础上，也可做环转运动。脊柱的颈、腰部的运动较为灵活，但损伤也多见于此两部（图 4-7）。

3. 胸廓

(1) 胸廓的组成：胸廓由全部胸椎、胸骨和 12 对肋借关节和韧带连接而成。12 对肋头的关节面与 12 个胸椎的肋凹构成肋头关节；肋结节的关节面与胸椎横突的肋凹构成肋横突关节。12 对肋的前端均为肋软骨。第一对肋软骨与胸骨柄直接连接。第二至第七对肋软骨与胸骨侧缘相应的切迹形成胸肋关节。第八至第十对肋软骨不直接连于胸骨，而是依次连于上一个肋软骨,形成一对肋弓。第十一、第十二对肋软骨前端游离于腹壁肌中,又称浮肋。

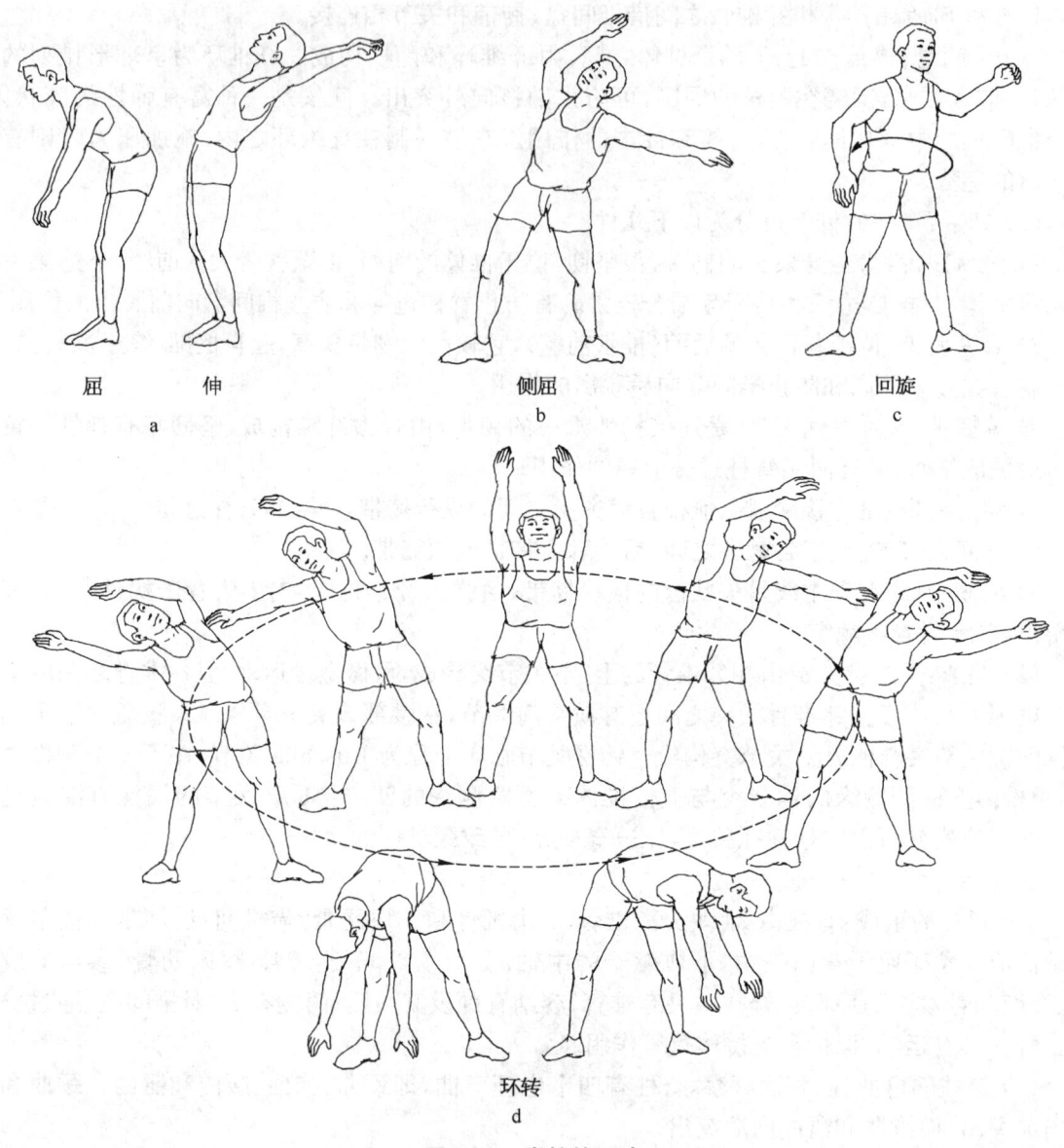

图4-7 脊柱的运动

（2）胸廓的形态:成人胸廓近似圆锥形。其横径长,前、后径短,上部狭窄,下部宽阔。胸廓有上、下两口,胸廓上口由第一胸椎、第一对肋和胸骨柄上缘所围成,是食管、气管、大血管和神经出入胸腔的通道;胸廓下口宽阔而不整齐,由第十二胸椎、第十一与第十二对肋及两肋弓和剑突共同围成,被膈封闭。相邻各肋之间的空隙,称肋间隙,均由肌和韧带所封闭。

（3）胸廓的运动:在肋间肌的作用下,使肋的后端沿着贯穿肋结节与肋头的轴旋转,前端连带胸骨一起做上升和下降运动,使胸廓扩大和缩小,协助吸气和呼气。

（三）肌肉

1. **躯干肌** 躯干肌可分为背肌、胸肌、膈和腹肌。

(1) 背肌:为位于躯干后面的肌群,可分为浅、深两层。浅层主要有斜方肌、背阔肌等,深层主要有竖脊肌(图4-8)。

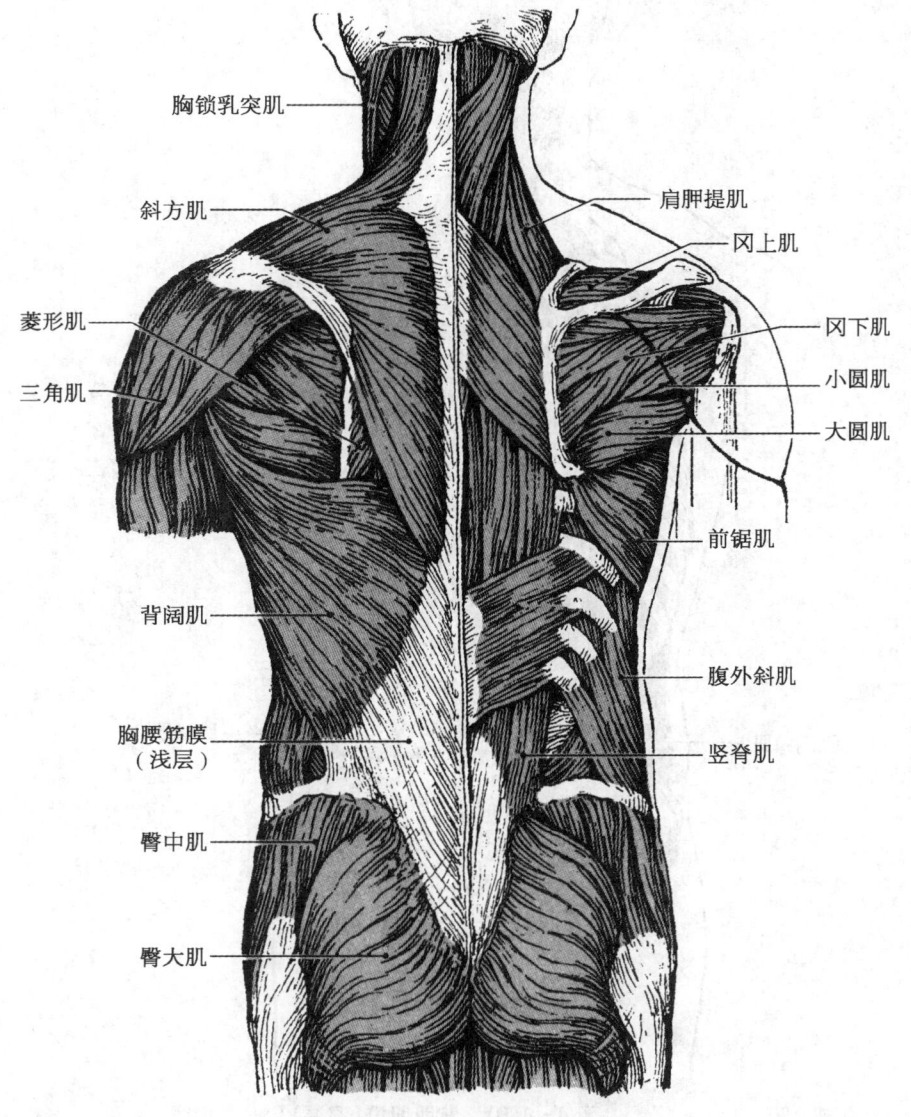

图4-8(A) 背肌肌群(浅层)

1) 斜方肌:位于项部和背上部的浅层,为三角形的阔肌,两侧相合为斜方形。该肌起于枕外隆凸、项韧带和全部胸椎棘突,上部肌束斜向外下方,中部肌束平行向外,下部肌束斜向外上方,止于锁骨的外侧段以及肩胛骨的肩峰和肩胛冈。全肌收缩时牵引肩胛骨向脊柱靠拢,上部肌束收缩时可上提肩胛骨,下部肌束收缩时可使肩胛骨下降。

2) 背阔肌:位于背下部和胸部后外侧,为全身最大的扁阔肌,以腱膜的形式起于下六个胸椎和全部腰椎的棘突骶正中嵴、髂嵴后部,肌束向外上方集中,止于肱骨小结节嵴。该肌能使肱骨内收、内旋和后伸;当上肢上举被固定时,则上提躯干(如引体向上)。

3) 竖脊肌:也称骶棘肌,为背肌中最长、最大的肌,纵列于棘突的两侧,居上述肌的深部。该肌能使脊柱后伸和仰头，是强有力的伸肌，对保持人体直立姿势有重要作用。

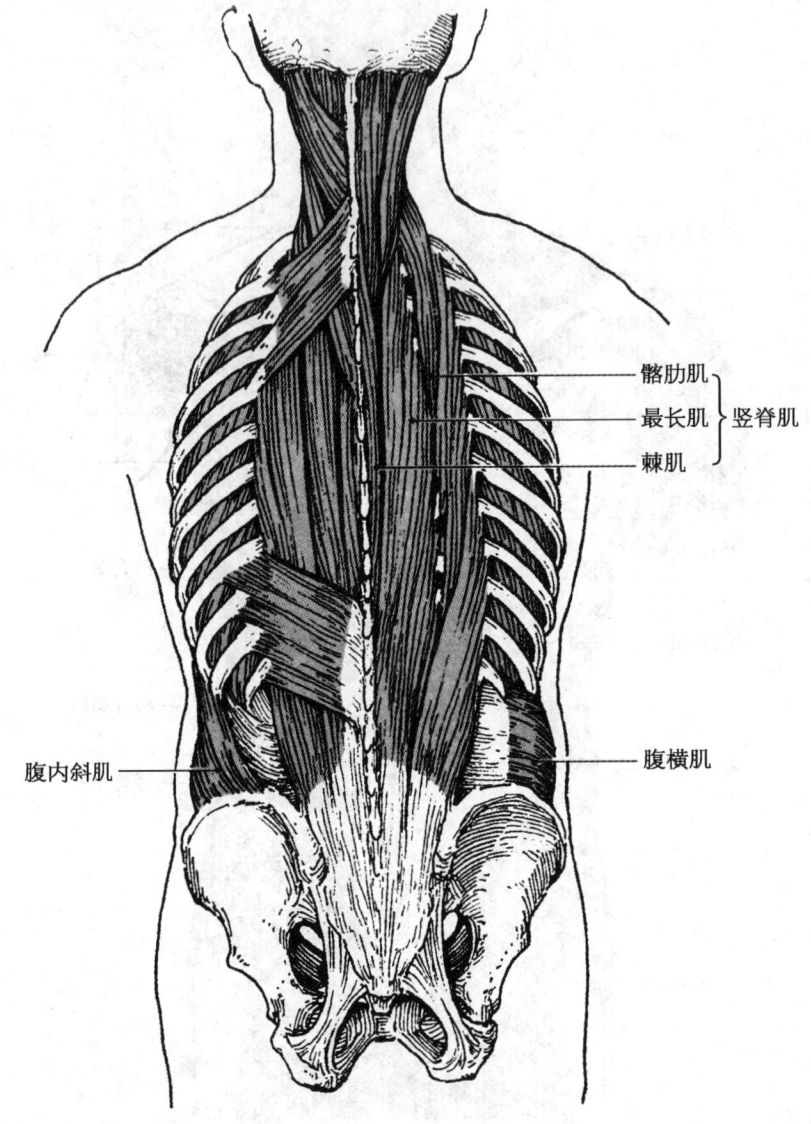

图 4-8(B) 背肌肌群（深层）

（2）胸肌：胸肌可分为胸上肢肌和胸固有肌。

胸上肢肌：均起自胸廓外面，止于上肢带骨或肱骨，主要有胸大肌（图 4-9）。胸大肌位置浅表，覆盖胸廓前壁的大部，呈扇形，宽而厚。起自锁骨的内侧半、胸骨和第一至第六肋软骨等处，各部肌束集合向外，以扁腱止于肱骨大结节嵴。该肌能使肱骨内收和旋内。

胸固有肌：主要有位于肋间隙内的肋间内、外肌。肋间外肌位于各肋间隙的浅层，起自肋骨下缘，肌束斜向前下，止于下一肋骨的上缘。肋间内肌位于肋间外肌的深面，肌束方向与肋间外肌相反。肋间外肌能提肋、助吸气，肋间内肌可降肋、助呼气。

膈：封闭胸廓下口，介于胸腔和腹腔之间，为圆顶形扁薄的阔肌。其周围为肌质部，起自胸廓下口内面和腰椎前面，各部肌束向中央集中移行于中心腱。膈上有三个裂孔：在第十二胸椎前方是主动脉裂孔，有主动脉和胸导管通过；在第十胸椎水平有食管裂孔，有食管和迷走神经通过；在第八胸椎水平有腔静脉孔，有下腔静脉通过。

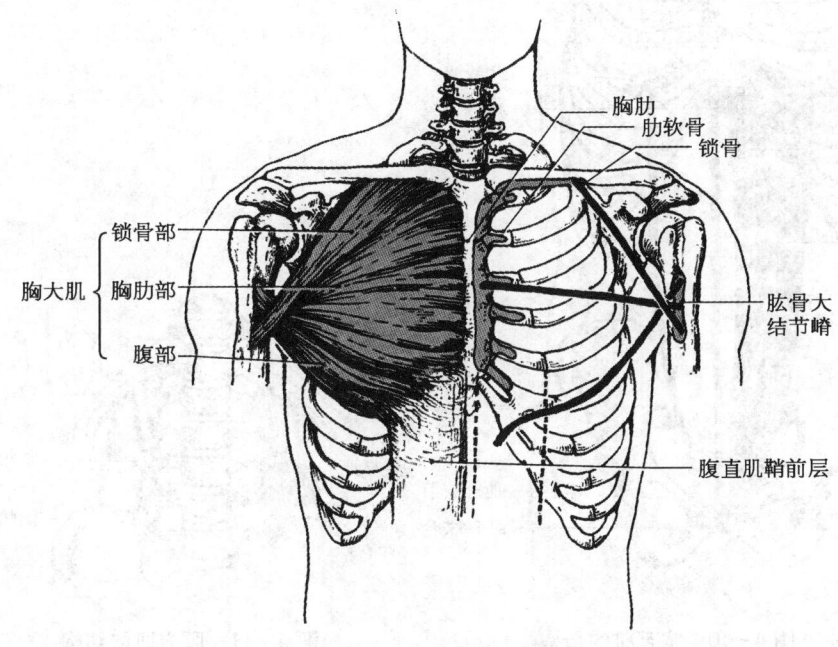

图4-9　胸大肌的结构

（4）腹肌：腹肌可分为前外侧群和后群。

1）前外侧群：包括腹直肌、腹外斜肌、腹内斜肌和腹横肌等。其作用是共同保护和支持腹腔脏器，收缩时可以缩小腹腔，增加腹压，以协助呼气、排便、分娩、呕吐及咳嗽等活动，又可使脊柱前屈、侧屈和旋转等。

腹直肌（图4-10）：位于腹前壁正中线的两旁，居腹直肌鞘中，为上宽下窄的带形肌，起自耻骨联合和耻骨结节之间，肌束向上止于胸骨剑突及其附近肋软骨的前面。肌的全长被3~4条横行的腱划分成多个肌腹，腱划由结缔组织构成，与腹直肌鞘的前层紧密结合。

腹外斜肌：位于腹前外侧壁的浅层，为一宽阔扁肌，起于下8肋，肌束由后外上方斜向前内下方，一部分止于髂嵴，而大部分在腹直肌外侧缘处移行为腹外斜肌腱膜。

腹内斜肌：位于腹外斜肌深面，大部分肌束向内上方，下部肌束向内下方，在腹直肌外侧缘移行为腹内斜肌腱膜。

腹横肌：位于腹内斜肌深面，肌束向前内横行，在腹直肌外侧缘移行为腹横肌腱膜。

2）后群：有腰大肌和腰方肌。腰方肌（图4-11）位于腹后壁，在腰椎两侧，其后方有竖脊肌。该肌起自髂嵴，向上止于第十二肋，使脊柱侧屈。

2. 颈肌　主要包括胸锁乳突肌和斜角肌。

（1）胸锁乳突肌：斜列于颈部两侧，为一对强有力的肌肉，起自胸骨柄前面和锁骨的胸骨端，肌束斜向后上，止于乳突。该肌双侧收缩，使头向后仰；单侧收缩，使头歪向同侧，面转向对侧。

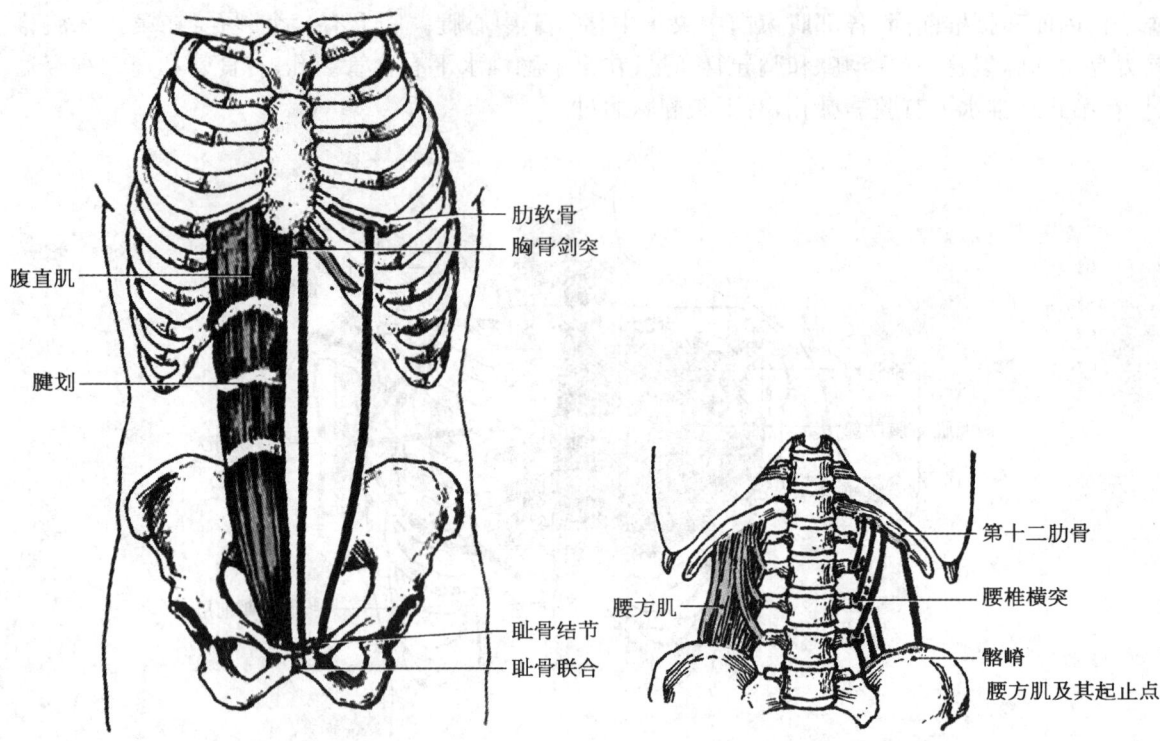

图4-10 腹直肌的结构　　图4-11 腰方肌的结构

图4-12 斜角肌的结构

（2）斜角肌（图4-12）：①前斜角肌在胸锁乳突肌深面。起于第三至第六颈椎横突前结点，止于第一肋骨上面斜角肌结节。②中斜角肌位于前斜角肌后方。起于第二至第六颈椎横突后结点，止于第一肋骨上面。③后斜角肌位于前斜角肌后方。起于第五至第七颈椎横突后结点，止于第二肋骨外侧。斜角肌可使颈前屈、侧屈和上提肋助吸气。

二、关节的运动

（一）颈部的运动

1. 颈前屈（图4-13）　颈前屈的主动肌主要为胸锁乳突肌，拮抗肌主要为斜方肌，辅助肌主要为斜角肌等。当胸锁乳突肌瘫痪时，无法收缩以完成颈前屈的动作；当斜方肌瘫痪时，其拮抗作用消失而至颈前屈过度；当斜角肌瘫痪时，因其为辅助肌故对颈前屈的影响不大，但协调性差。

2. 颈后伸（图4-13）　颈后伸的主动肌主要为斜方肌，拮抗肌为胸锁乳突肌，辅助肌为前、后斜角肌等。当斜方肌瘫痪时，无法收缩以完成颈后伸的动作；当胸锁乳突肌瘫痪时，其拮抗作用消失而至颈后伸过度；当前、后斜角肌斜角肌瘫痪时，因其为辅助肌故对颈后伸的影响不大，但协调性差。

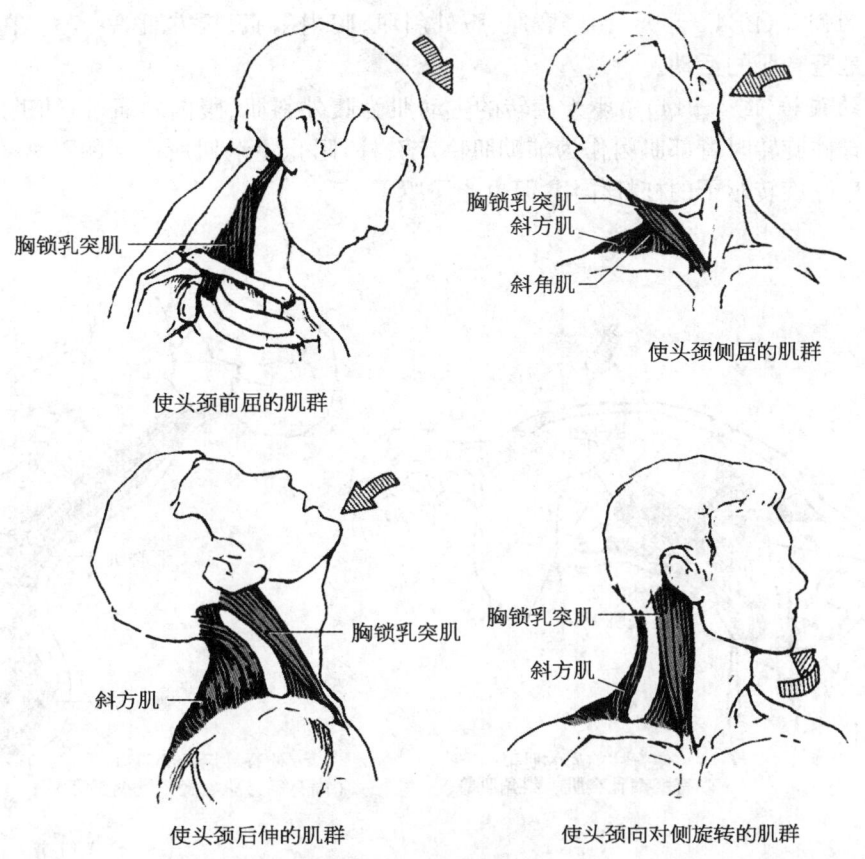

图 4-13 颈部运动肌群

3. 颈侧屈（图 4-13） 参与的肌肉为斜方肌、斜角肌、胸锁乳突肌、肩胛提肌等。当颈部侧向一侧时，对侧同名肌肉就成为它的拮抗肌。颈部的侧屈是由这些肌肉协同作用实现的，其中任何一块肌肉瘫痪都有可能影响颈部正常的侧屈。

（二）躯干的运动

1. 躯干的前屈（图 4-14） 躯干前屈的主动肌为腹直肌，拮抗肌主要为腰方肌，辅助肌为腹外斜肌、腹内斜肌等。当腹直肌瘫痪时，无法收缩以完成躯干的前屈的动作，拮抗肌的作用明显，可见躯干的过度后伸；而当腰方肌瘫痪时使其拮抗作用消失而至躯干的前屈过度；当腹外斜肌、腹内斜肌瘫痪时，因其为辅助肌故对躯干的前屈的影响不大，仍可见躯干的前屈，只是协调性较差。躯干承受前屈运动的能力还来自脊柱后方的韧带、腹横肌和腹内斜肌等产生的被动力或主动力的复合力。当脊柱腰部前屈时竖脊肌的拉力线几乎与脊柱平行，竖脊肌仅具有很小的力量。在这个位置上竖脊肌的收缩不会产生后伸脊柱腰部的作用，但它会增加对椎间盘的压力。当脊柱腰部前屈位时，后韧带（关节突关节囊、棘间和棘上韧带等）会被动地支持巨大的力量，然后以伸髋肌来抬起躯干。

2. 躯干的后伸（图 4-14） 躯干后伸的主动肌主要为竖脊肌等，拮抗肌为腹直肌，辅助肌为臀大肌等。当竖脊肌瘫痪时，无法收缩以完成躯干的后伸动作；拮抗肌的作用过强会使躯干过度前屈；当腹直肌瘫痪时；其拮抗作用消失而至躯干过度后伸；而当头、上肢和躯干以及附加重量的重心接近髋关节运动轴时，竖脊肌的活动就可完成脊柱的后伸。

3. 躯干的侧屈(图4-14)　由竖脊肌、腹外斜肌、腹内斜肌、腰方肌等参与。在侧屈的整个运动中主要是竖脊肌的活动。

4. 躯干的旋转(图4-14)　躯干旋转的主动肌为腹外斜肌、腹内斜肌等,辅助肌为腰大肌、腰方肌。在脊柱旋转时背部肌肉作为辅助肌稳定脊柱,阻止主动肌所产生的不需要动作。腹外斜肌有极其良好旋转躯干的杠杆作用,但也能屈躯干。

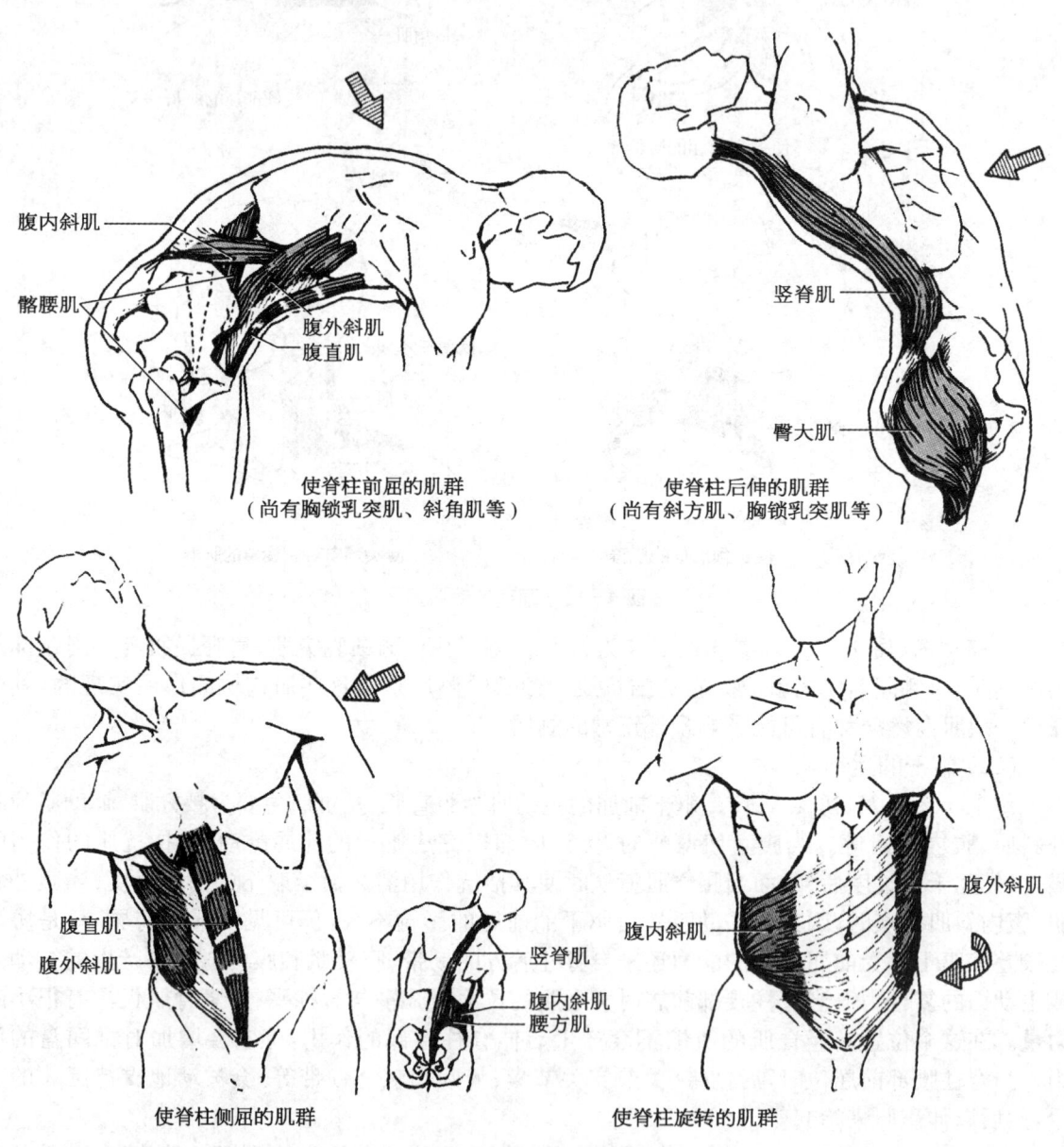

图4-14　躯干运动肌群

第四节 上肢运动学

一、解剖基础

(一) 骨

1. 肩部

(1) 锁骨：位于胸廓前上部两侧。分为肩峰端和胸骨端，分别与肩胛骨、胸骨构成关节。锁骨全长于皮下均可摸到，是重要的骨性标志。

(2) 肩胛骨：是三角形的扁骨，位于胸廓的后外侧上份，介于第二至第七肋骨之间。其外侧角最肥厚，有梨形关节面，称为关节盂，与肱骨头相关节。关节盂上、下方分别有盂上结节和盂下结节。上缘的外侧部有一弯曲的指状突起，称为喙突。肩胛骨的前面为一大的浅窝，朝向肋骨，称为肩胛下窝，后面被一横列的肩胛冈分为冈上窝和冈下窝。肩胛冈的外侧端，向前外伸展，高耸在关节盂上方称为肩峰。肩峰内侧缘有平坦的小关节面，与锁骨构成关节。

(3) 肱骨：位于臂部，分为一体和两端。上端有半球形的肱骨头，与肩胛骨的关节盂相关节。肱骨头前下方的突起，称为小结节。小结节外侧的隆起，称为大结节。由大、小结节向下延续为大结节嵴和小结节嵴。大、小结节及嵴间的纵形浅沟称为结节间沟。肱骨上端与体交界处稍细，称为外科颈，是骨折的易发部分。肱骨体的中部外侧面有粗糙的三角肌粗隆。体的后面有由内上斜向外下的桡神经沟，由桡神经通过，肱骨干的骨折常可伤及此神经。肱骨下端前后扁，外侧有半球形的肱骨小头，与桡骨形成关节；内侧有肱骨滑车，与尺骨形成关节。在滑车的前上方有一冠状窝，在滑车的后上方有鹰嘴窝。小头的外上侧和滑车的内上侧各有一个突起，分别称为外上髁和内上髁。内上髁的后下方有一浅沟，称为尺神经沟，有尺神经通过，故当内上髁骨折时，有可能伤及尺神经。

2. 肘部和前臂

(1) 桡骨：位于前臂外侧部，分为一体和两端。上端比下端细小，称为桡骨头。头的上面有关节凹与肱骨小头相关节，头的周缘有环状关节面与尺骨相关节。头的内下侧方有一粗糙隆起，称为桡骨粗隆。桡骨体呈三棱柱形，内缘为锐利的骨间缘。桡骨下端的内侧面有关节面，称为尺切迹，与尺骨头相关节；下端的外侧向下突起，称为茎突。桡骨下端的腕关节面与腕骨相关节。

(2) 尺骨：位于前臂内侧部，分为一体和两端。上端较粗大，前面有大的凹陷的关节面，称为滑车切迹(半月切迹)，与肱骨滑车相关节。在切迹的上、下方各有一突起，分别称为鹰嘴和冠突，冠突外侧面的关节面是桡切迹，与桡骨头相关节。冠突的前下方的粗糙隆起，称为尺骨粗隆。尺骨体稍弯曲，上段粗，下段细圆，外缘锐利称为骨间缘。尺骨下端称为尺骨头，与桡骨的尺切迹相关节。尺骨头的后内侧有向下的突起称尺骨茎突。

3. 腕部和手

(1) 腕骨：由8块小的短骨组成，排成2列，每列各有4块。由桡侧向尺侧，近侧列依次为手舟骨、月骨、三角骨和豌豆骨；远侧列依次为大多角骨、小多角骨、头状骨和钩骨。近侧列前三块腕骨的近侧面合成卵圆形凸面,与桡骨下端的腕关节面相关节。

(2) 掌骨:共5块,由桡侧向尺侧,分别称为第一至第五掌骨。掌骨的近侧端为掌骨底,接腕骨;远侧端为掌骨头,连接指骨;头、底之间的部分为掌骨体。

(3) 指骨:共14节。拇指有两节指骨,其余各指都有3节。由近侧至远侧依次为近节指骨、中节指骨和远节指骨。每节指骨可分为底、体、滑车(头)三部分。远节指骨远侧掌面粗糙,称为远节指骨粗隆。

(二) 关节

1. 肩部关节

(1) 肩关节:由肱骨头与肩胛骨的关节盂构成。肱骨头大,有半球形的关节面;关节盂浅而小,虽然有纤维软骨构成的盂唇附于其周缘,使之略为加深,但它仍只与1/4~1/3的肱骨头关节面相接触。因此,肩关节可做多样而较大幅度的运动。

肩关节囊薄而松弛,囊内有肱二头肌长头腱通过。囊的上部、后部和前部有肌和肌腱纤维加强,关节囊的前下部缺乏肌和肌腱加强而较薄弱。因此,临床见到的肩关节脱位,以前下方脱位为多见,此时肱骨头移至喙突的下方。

关节囊的上方有喙肩韧带架在肩峰与喙突之间,有从上方保护肩关节的作用。

肩关节为人体运动最灵活的关节。它可绕额状轴做屈和伸运动;绕矢状轴做外展和内收运动;绕垂直轴做旋外和旋内等运动(图4-15)。此外,还可做环转运动。

(2) 胸锁关节:由锁骨胸骨端与胸骨柄相应的切迹构成。胸锁关节以其特殊的鞍状结构可做前后、上下方向和旋转活动。前后方向以垂直轴为轴心活动范围为25°~30°。上下方向以矢状轴为轴心活动范围约为60°,受胸锁间韧带、胸锁韧带和上下关节囊所节制。锁骨旋转以纵轴为轴心从臂下垂位到最大上举位向后约30°,其活动范围决定于两关节面间的吻合和胸锁韧带的松弛程度。

(3) 肩锁关节:由肩胛骨肩峰的关节面与锁骨肩峰端的关节面构成,可做各方向的微动,如外展、内收、旋前、旋后和钟摆样运动。

肩锁关节的外展、内收范围之和约为10°,外展时受喙锁韧带特别是锥状韧带的限制,内收时则因喙突撞击锁骨肩峰端而受限制。肩峰在锁骨肩峰端的旋前、旋后范围之和约为30°,旋前时锁骨纵轴与肩胛冈之间的夹角加大,旋后时减小。钟摆样运动指肩胛骨自后内向前外的旋转,范围在60°~70°,运动轴心和肩锁关节面相垂直,活动时受肩锁关节囊、肩锁韧带和喙锁韧带的限制。

(4) 肩胛胸壁关节:由肩胛骨前侧面和胸廓构成,可协助上臂的外展与前屈运动。

2. 肘部和前臂关节

(1) 肘关节:由肱骨下端和桡、尺骨上端构成。包括由肱骨滑车和尺骨滑车切迹构成的肱尺关节、由肱骨小头和桡骨头关节凹构成的肱桡关节和由桡骨头环状关节面和尺骨的桡切迹构成的桡尺近侧关节。

三个关节共包在一个关节囊内,有一个共同的关节腔。关节囊的前、后壁薄弱而松弛,两侧则有桡侧副韧带和尺侧副韧带增厚。关节囊纤维层的环行纤维于桡骨头处较发达,形成一坚强的桡骨环状韧带,包绕桡骨头的环状关节面,两端分别连于尺骨的桡切迹前、后缘。肘关节运动在冠状轴上做屈、伸运动,其桡尺近侧关节在垂直轴上做旋前、旋后运动(图4-16)。

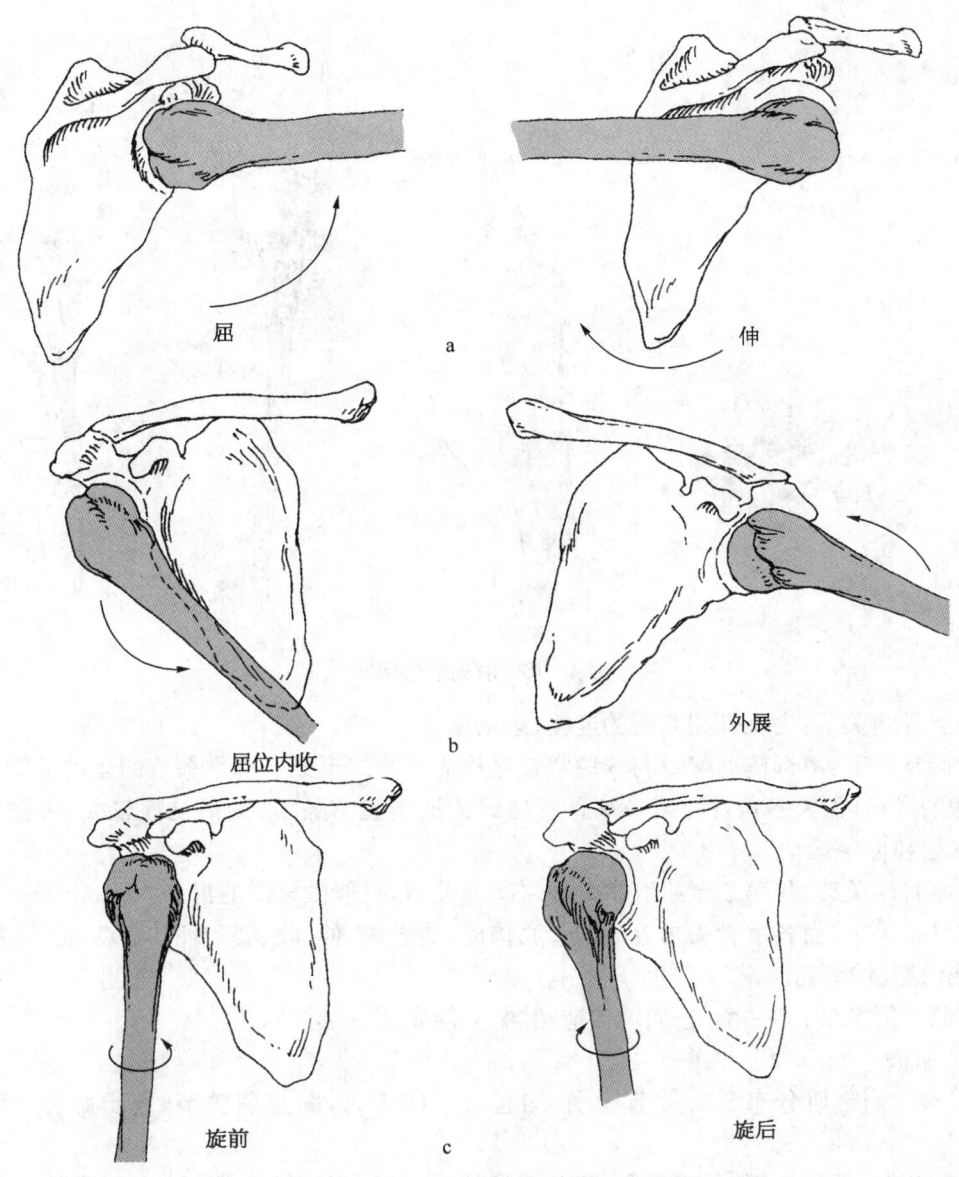

图 4-15 肩关节的运动

(2) 前臂骨间的连接：包括前臂骨间膜、桡尺近侧关节和桡尺远侧关节。前臂骨间膜为连接尺骨和桡骨骨干之间的坚韧的纤维膜；桡尺远侧关节由桡骨下端的尺切迹和尺骨头构成。关节的下方，有略呈三角形的关节盘，与桡腕关节分隔。桡尺骨近、远端两个关节联合活动，可做旋前和旋后运动。

3. 腕部和手

(1) 桡腕关节：又称腕关节，由桡骨下端的腕关节面和尺骨头下方的关节盘作为关节窝，与手舟骨、月骨、三角骨的近侧面组成的关节头共同构成。关节囊松弛，但四周都有韧带加强。桡腕关节可做屈、伸、内收、外展和环转等运动(图 4-17)。

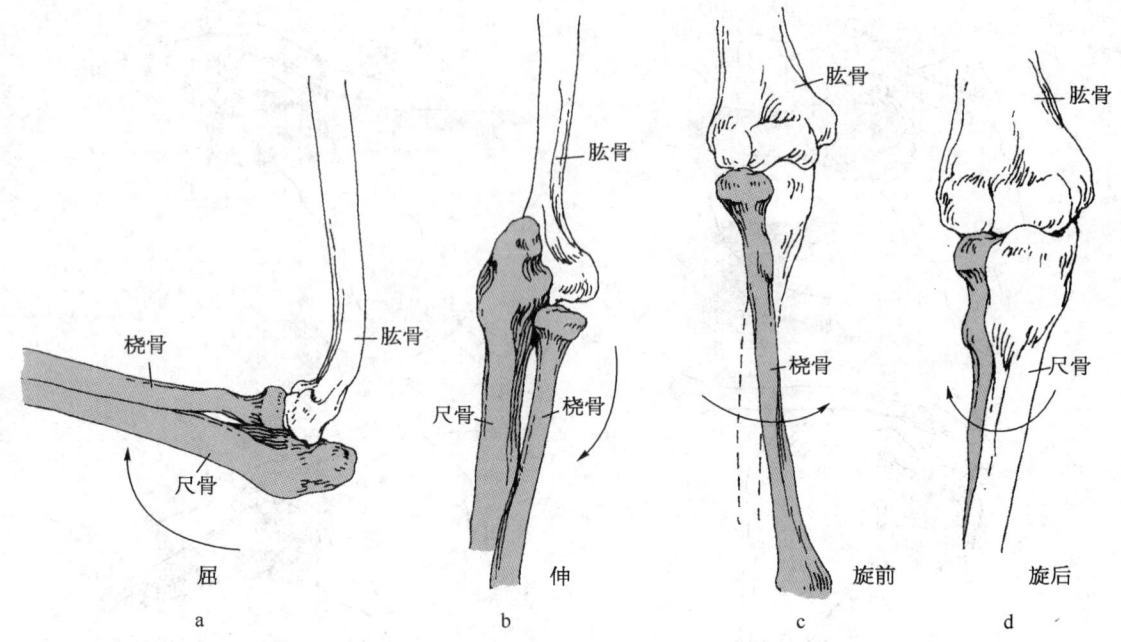

图 4-16 肘关节的运动

(2) 腕骨间关节:为腕骨相互间的连接,运动微小。

(3) 腕掌关节:由远侧列腕骨与5块掌骨底构成。第二至第五腕掌关节的运动范围极小,仅能做轻微的滑动,而大多角骨与第一掌骨底构成的拇指腕掌关节,则活动性较大,可做对掌、内收、外展、屈和伸等运动。

(4) 掌骨间关节:是第二至第五掌骨底之间的关节,只能做轻微的滑动。

(5) 掌指关节:由各掌骨头与近节指骨底构成,能做屈、伸、收、展和环转运动,但拇指的掌指关节只能做屈、伸运动。

(6) 指骨间关节:共9个,它们的构造相同,只能做屈、伸运动。

(三) 肌肉

1. 肩部　肩部肌分布于肩关节周围,均起自上肢带骨,跨越肩关节,止于肱骨,能运动肩关节。

(1) 三角肌:位于肩部,呈三角形,起自锁骨的外侧段、肩峰和肩胛冈,肌束逐渐向外下方集中,止于肱骨体外侧面的三角肌粗隆(图 4-18)。肱骨上端由于三角肌的覆盖,使肩关节呈圆隆形。其作用主要是使肩关节外展。

(2) 冈上肌:起于冈上窝,止于肱骨大结节上部,使肩关节外展(图 4-19)。

(3) 冈下肌:起于冈下窝,止于肱骨大结节中部,使肩关节旋外(图 4-19)。

(4) 小圆肌:起于肩胛骨外侧缘后面,止于肱骨大结节下部,使肩关节旋外(图 4-19)。

(5) 大圆肌:起于肩胛骨外侧缘和下角,止于肱骨小结节嵴,使肩关节内收、旋内、后伸(图4-19)。

(6) 肩胛下肌:起于肩胛下窝,止于肱骨小结节,使肩关节内收和旋内(图 4-19)。

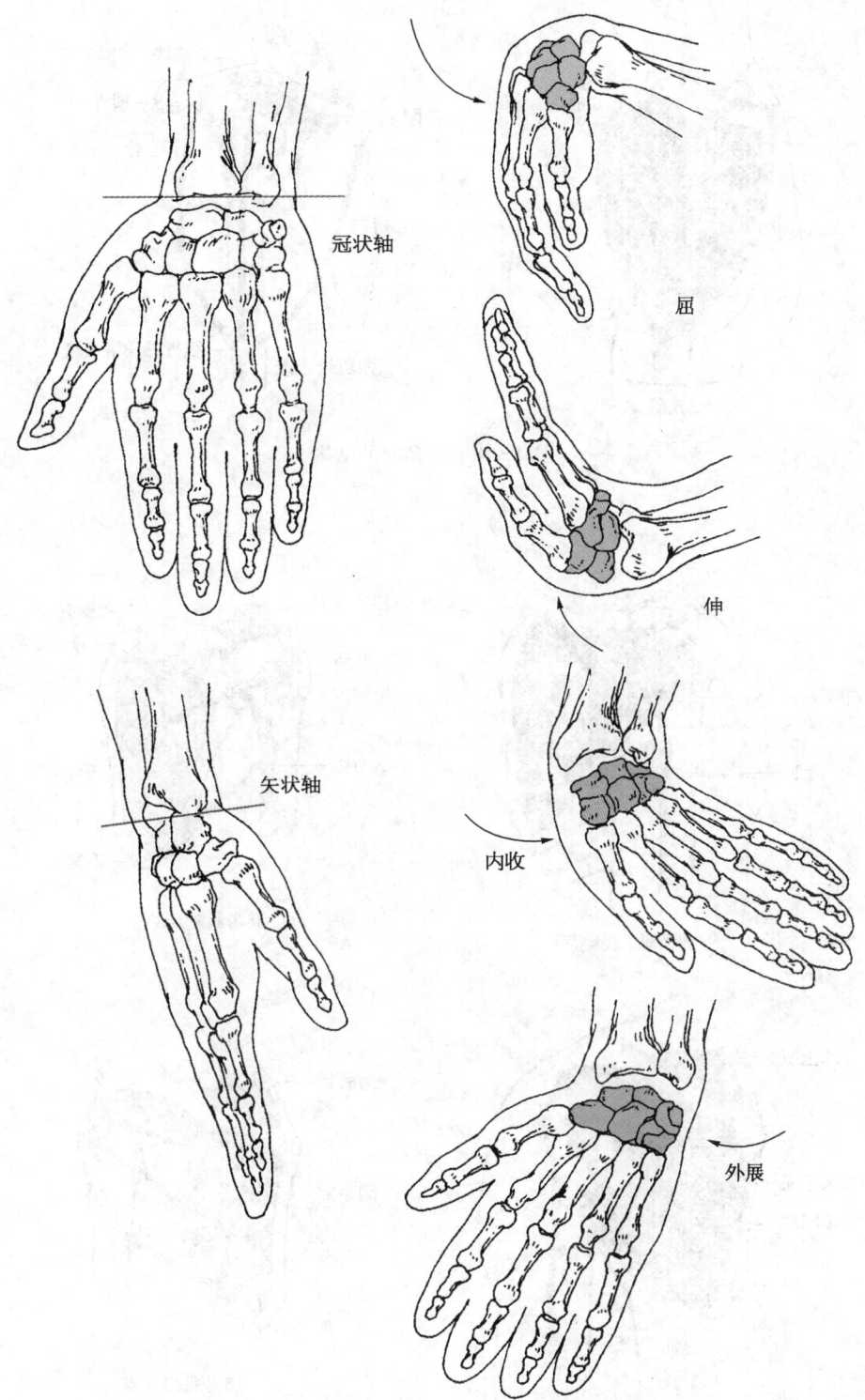

图 4-17 桡腕关节的运动

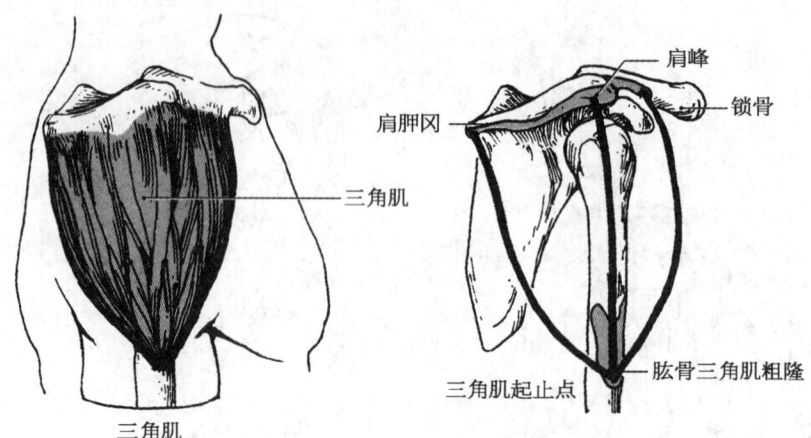

图 4-18 三角肌的结构

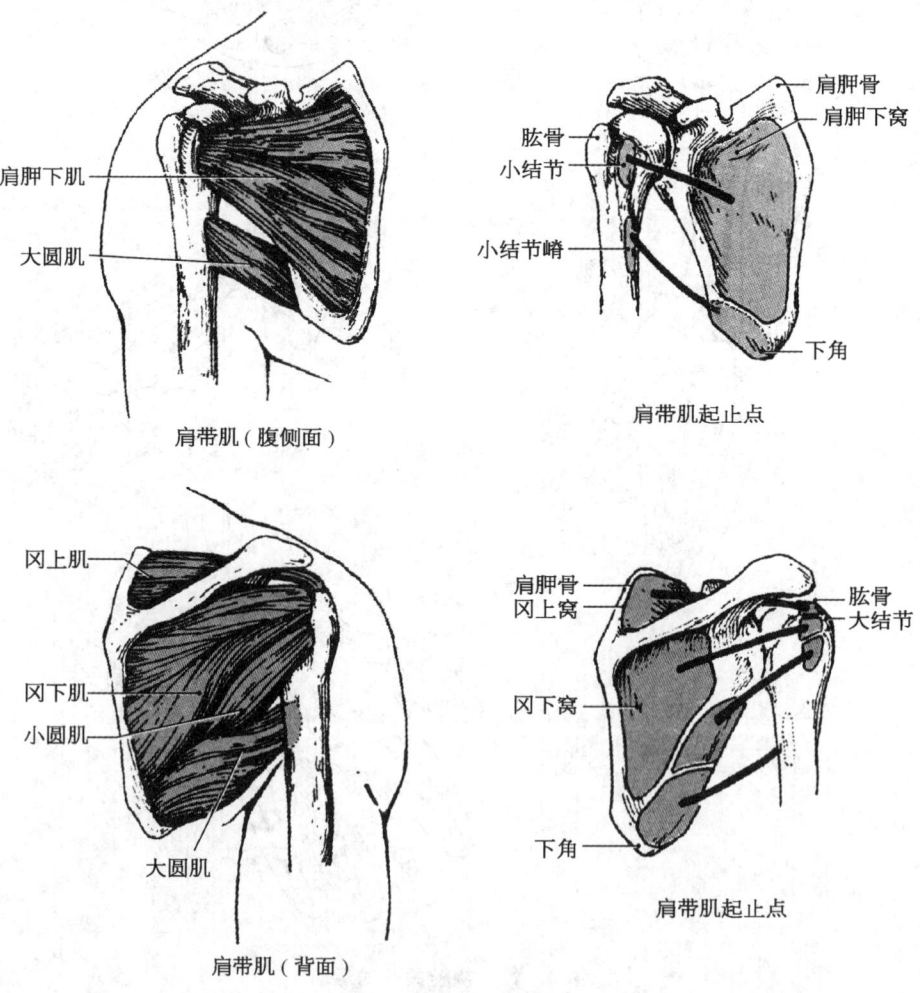

图 4-19 肩带肌的组成

2. 肘部和前臂　臂肌可分前、后两群。前群为屈肌,后群为伸肌。前臂肌位于尺、桡骨的周围,分为前、后两群。每群又分为浅、深两层,各层肌的肌腹多在前臂的上半部,向下形成细长的肌腱,主要作用于肘关节、腕关节和手关节。

(1) 臂肌前群:主要为肱二头肌。

肱二头肌:呈梭形,起端有两个头。长头以长腱起自肩胛骨关节盂的上方,通过肩关节囊,经大、小结节之间的结节间沟下降;短头在内侧,起自肩胛骨喙突。两头在臂中会合成一个肌腹,向下延伸为肌腱,经肘关节前方,止于桡骨粗隆(图4-20)。作用主要是屈肘关节,长头协助屈肩关节。

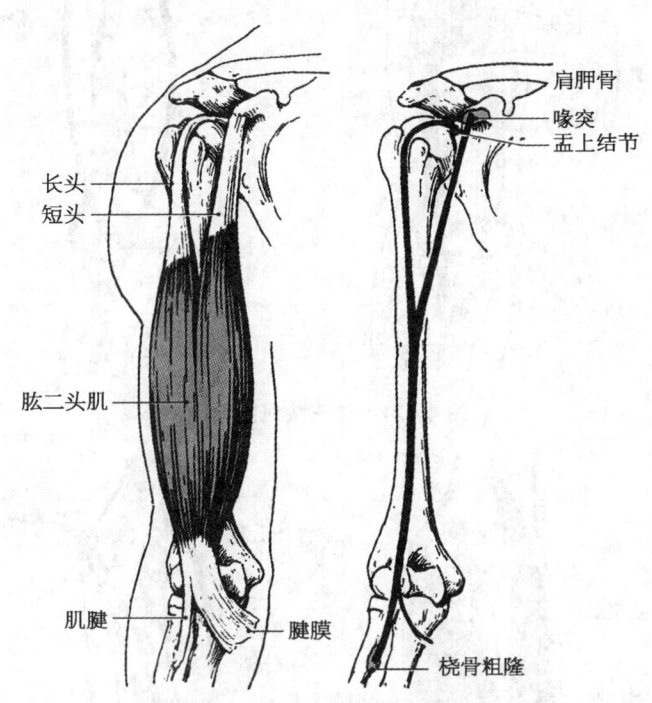

图4-20　肱二头肌的结构

(2) 臂肌后群:主要为肱三头肌。

肱三头肌:位于臂的后面。起端有三个头,即长头、内侧头和外侧头。长头起自肩胛骨关节盂的下方,外侧头起自肱骨后面桡神经沟的外上方,内侧头起自桡神经沟的内下方,三头合为一个肌腹,以扁腱止于尺骨鹰嘴(图4-21)。作用主要是伸肘关节,长头尚可使臂后伸。

(3) 前臂肌前群:位于前臂的前面,共9块,主要是屈腕、屈指和使前臂旋前的肌,称为屈肌群,分为浅、深两层。浅层有6块肌,自桡侧向尺侧依次为肱桡肌、旋前圆肌、桡侧腕屈肌、掌长肌、指浅屈肌和尺侧腕屈肌。深层有3块肌,在桡侧有拇长屈肌,尺侧有指深屈肌,在桡、尺骨远端的前面有旋前方肌(图4-22)。

(4) 前臂肌后群:位于前臂的后面,共10块肌,主要为伸腕、伸指和旋后的肌,称为伸肌群,也分浅、深两层。浅层有5块肌,由桡侧向尺侧依次为桡侧腕长伸肌、桡侧腕短伸肌、指伸肌、小指伸肌和尺侧腕伸肌。深层有5块肌,由近侧向远端依次为旋后肌、拇长展肌、拇短伸肌、拇长伸肌和示指伸肌(图4-23)。

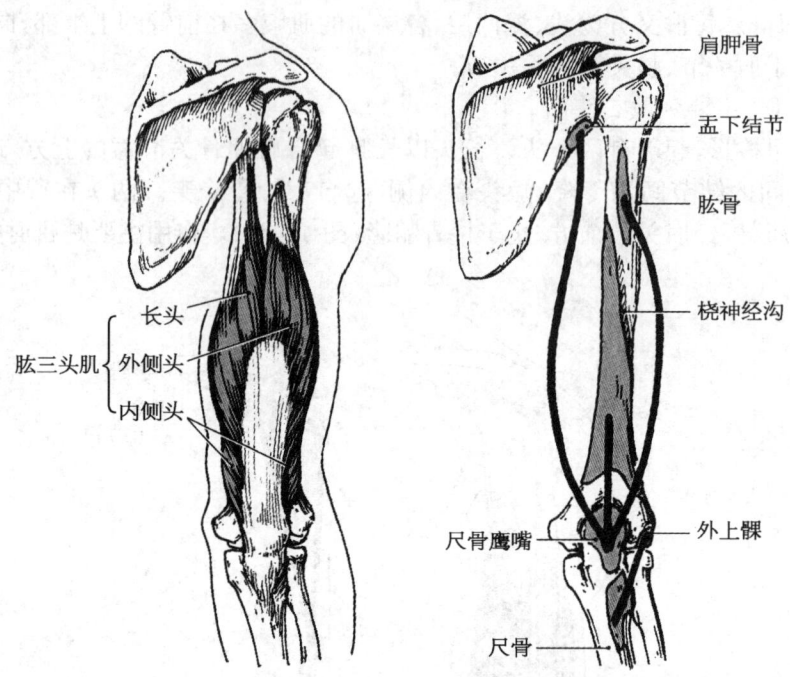

图 4-21 肱三头肌的结构

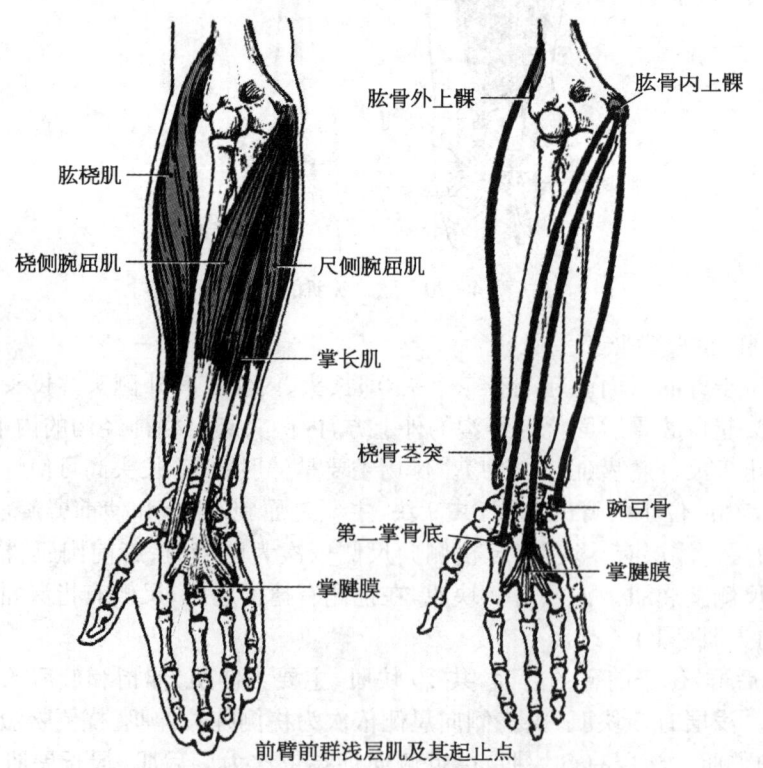

前臂前群浅层肌及其起止点

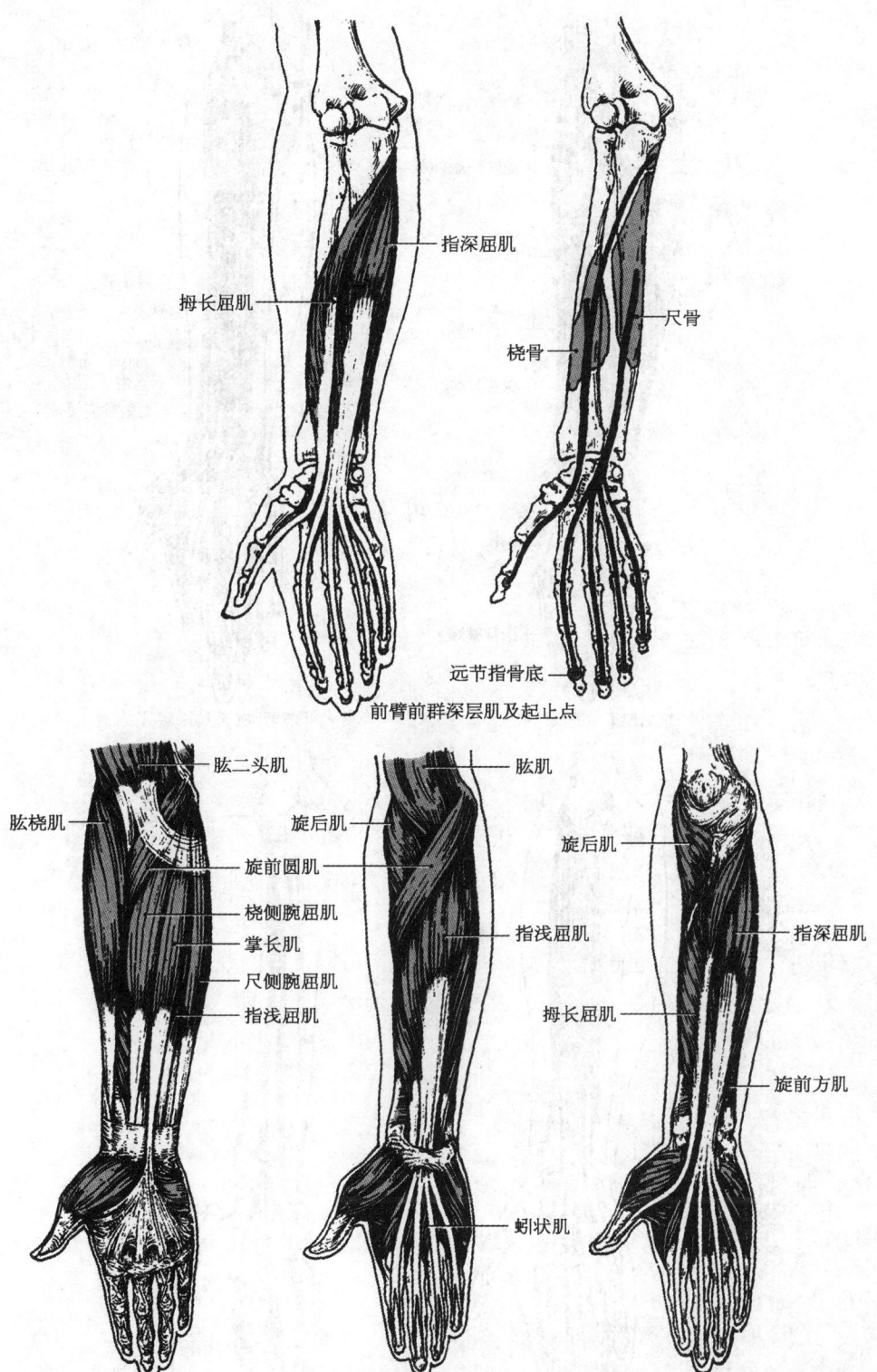

图 4-22 前臂肌前群肌的组成

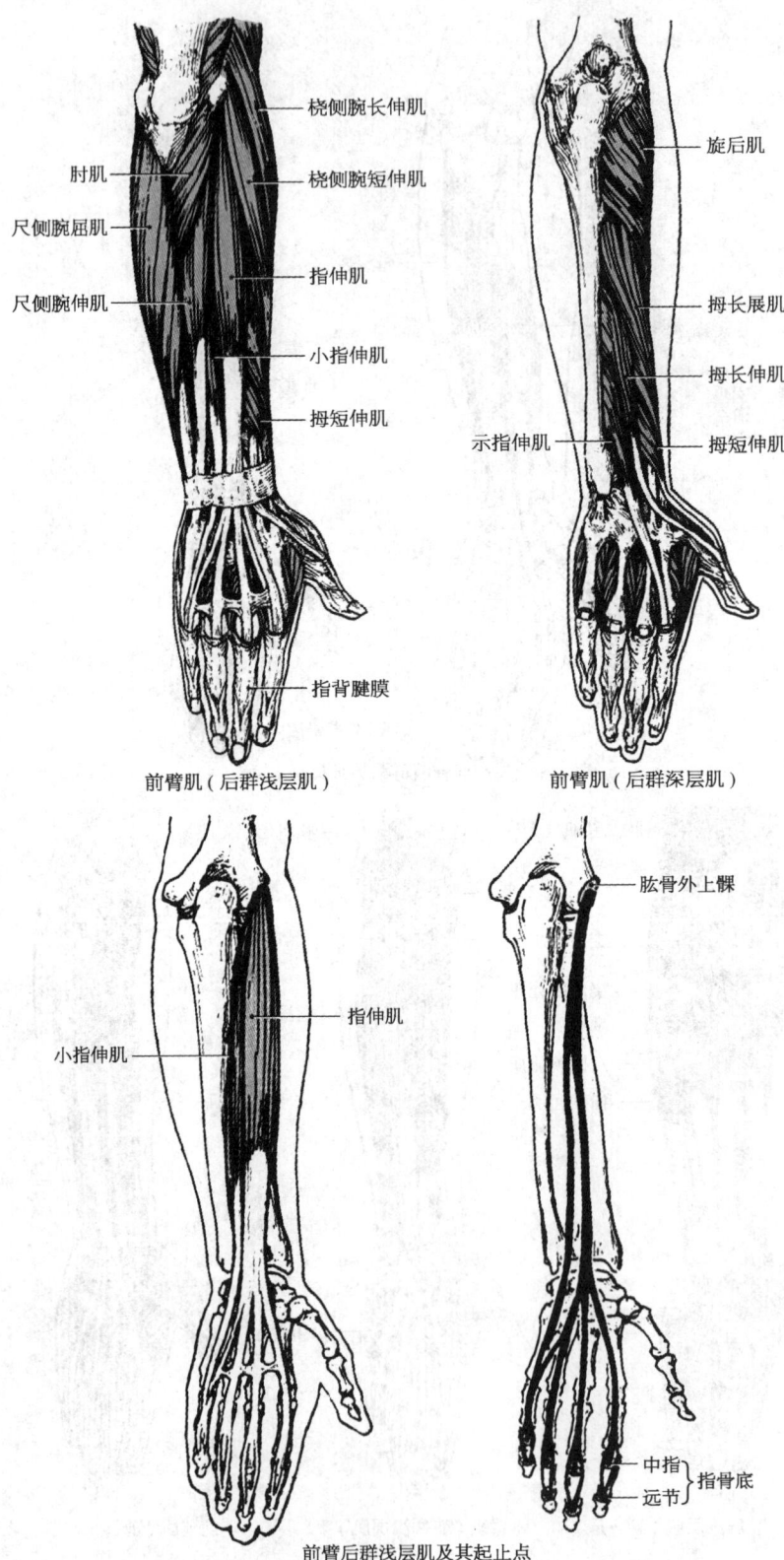

前臂肌（后群浅层肌） 前臂肌（后群深层肌）

前臂后群浅层肌及其起止点

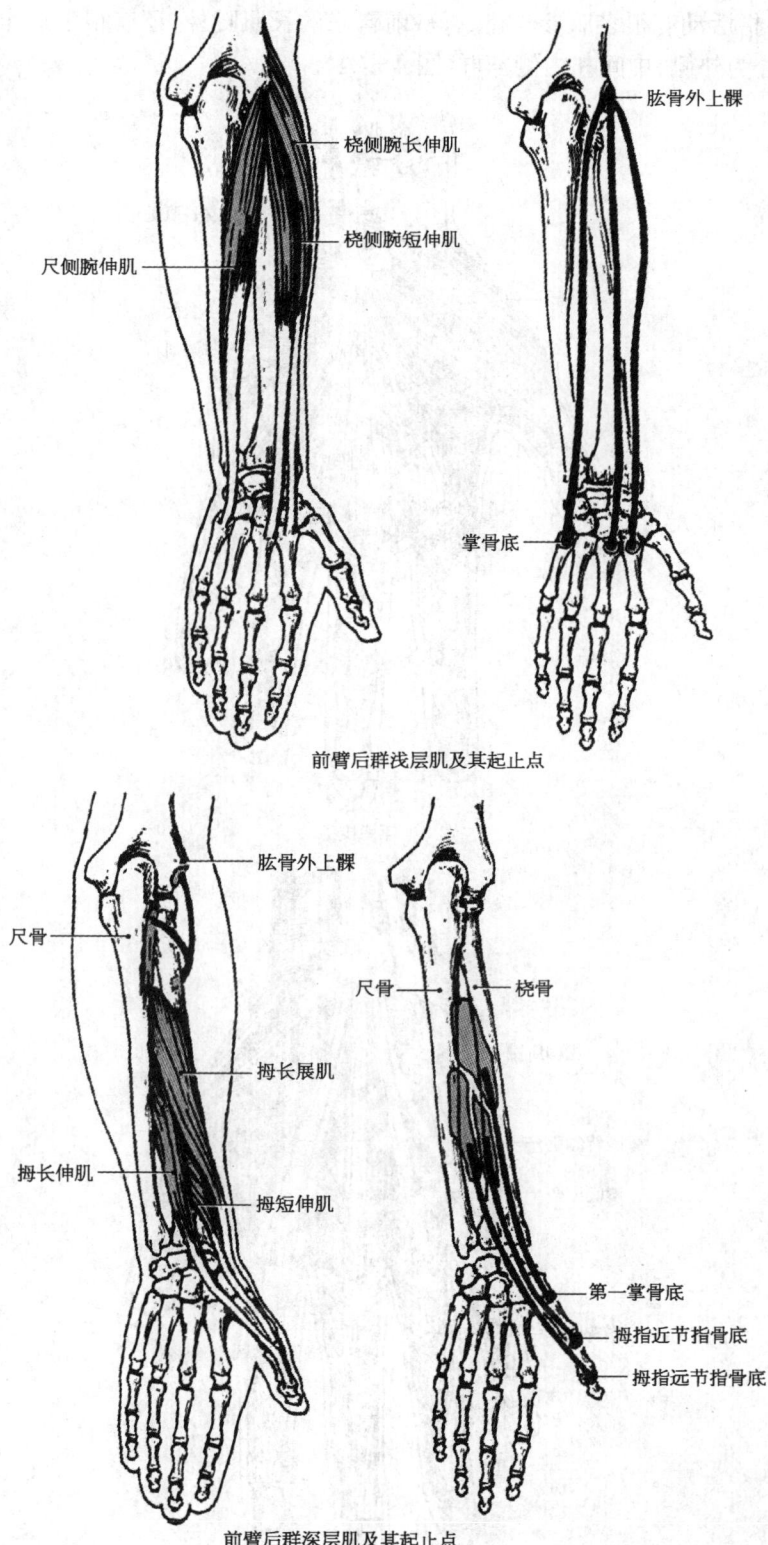

前臂后群浅层肌及其起止点

前臂后群深层肌及其起止点

图 4-23 前臂肌后群肌的组成

3. **手部** 手指活动有很多肌参与,除有从前臂来的长肌腱外,还有很多短小的手肌,这些肌都在手掌面,可分为外侧、中间和内侧三群(图4-24)。

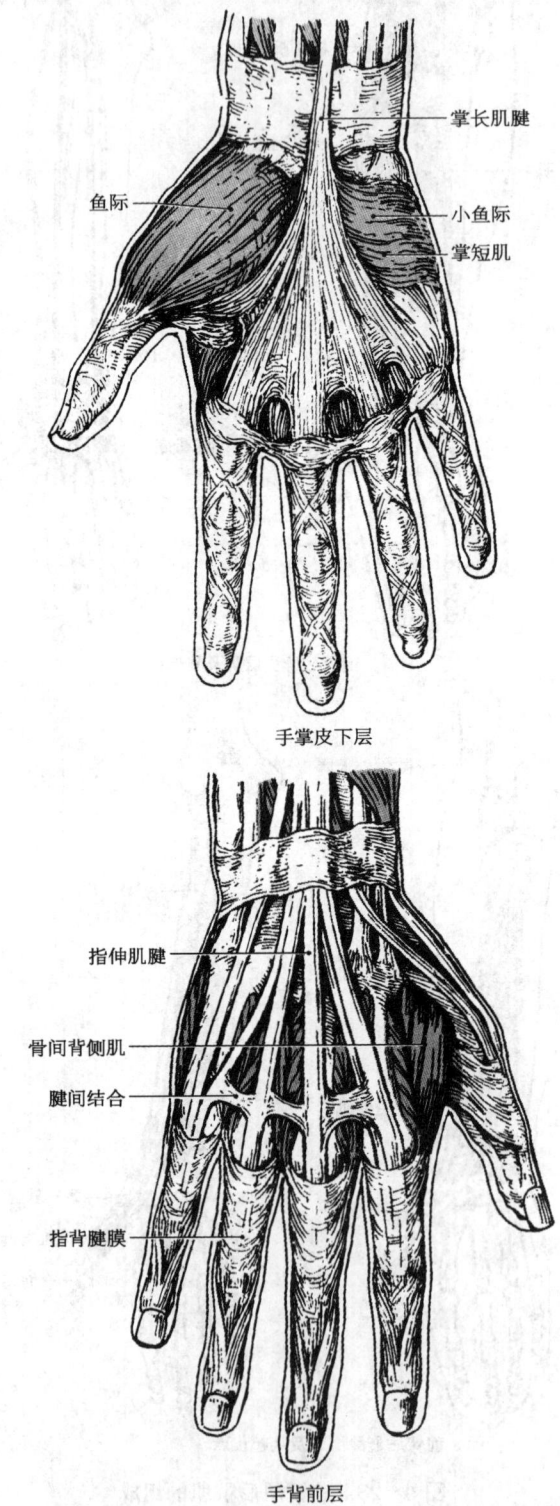

手掌皮下层

手背前层

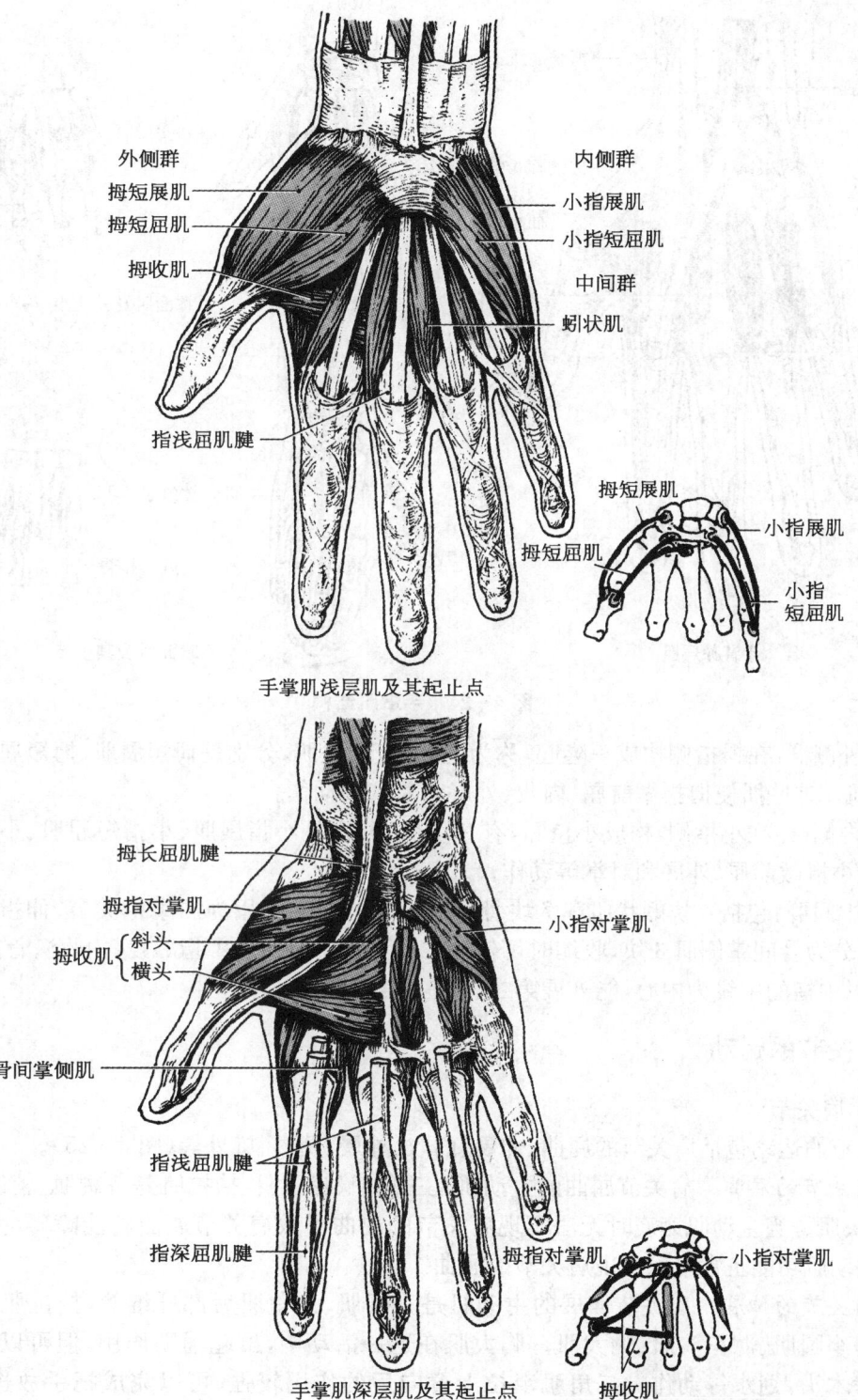

手掌肌浅层肌及其起止点

手掌肌深层肌及其起止点

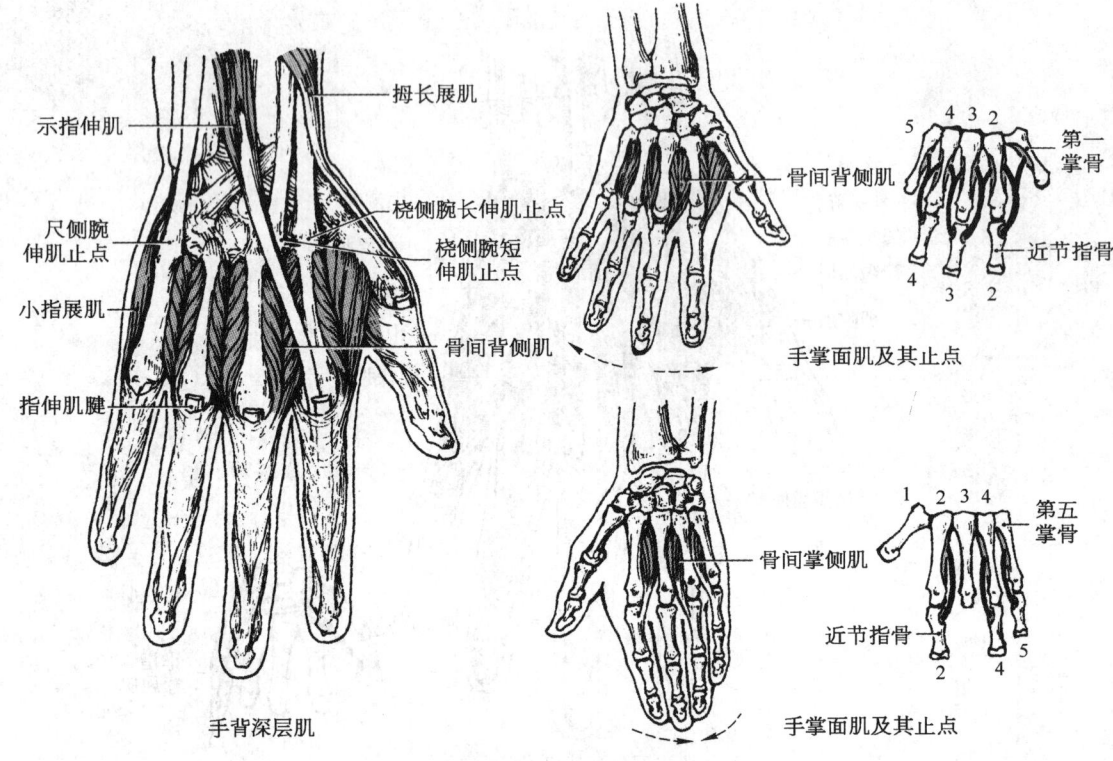

图 4-24 手掌肌结构

(1) 外侧群：在拇指侧构成一隆起，称为鱼际，有 4 块肌，分别是拇短展肌、拇短屈肌、拇对掌肌、拇收肌。这些肌使拇指做前屈、内收、外展和对掌等动作。

(2) 内侧群：在小指侧，构成小鱼际，有 3 块肌，分别是小指展肌、小指短屈肌、小指对掌肌。这些肌使小指做前屈、外展和对掌等动作。

(3) 中间群：包括 4 块蚓状肌和 7 块骨间肌。蚓状肌的作用为屈掌指关节、伸指骨间关节。骨间肌可分为骨间掌侧肌 3 块，收缩时可使第二、第四、第五指向中指靠拢（内收）；骨间背侧肌 4 块，它们以中指的中线为中心，能外展第二、第三、第四指。

二、关节的运动

（一）肩关节

肩关节的运动包括肩关节的屈曲、伸展、内收、外展、旋内、旋外等（图 4-25）。

1. 肩关节的屈曲 肩关节屈曲的主动肌是三角肌、喙肱肌，拮抗肌是背阔肌，辅助肌是胸大肌、肱二头肌。当主动肌瘫痪时无法实现肩关节的屈曲可致肩关节屈曲功能障碍，而辅助肌瘫痪时因主动肌功能正常可以实现肩关节的屈曲。

2. 肩关节的伸展 肩关节伸展的主动肌是背阔肌、三角肌后部纤维等，拮抗肌是喙肱肌，辅助肌是小圆肌、肱三头肌、胸大肌。胸大肌在这一活动中，虽起辅助作用，但可以后伸上臂，完成如劈木头、划水等动作。三角肌牵拉上臂向后的作用较强，可以完成把手放进后口袋的动作。

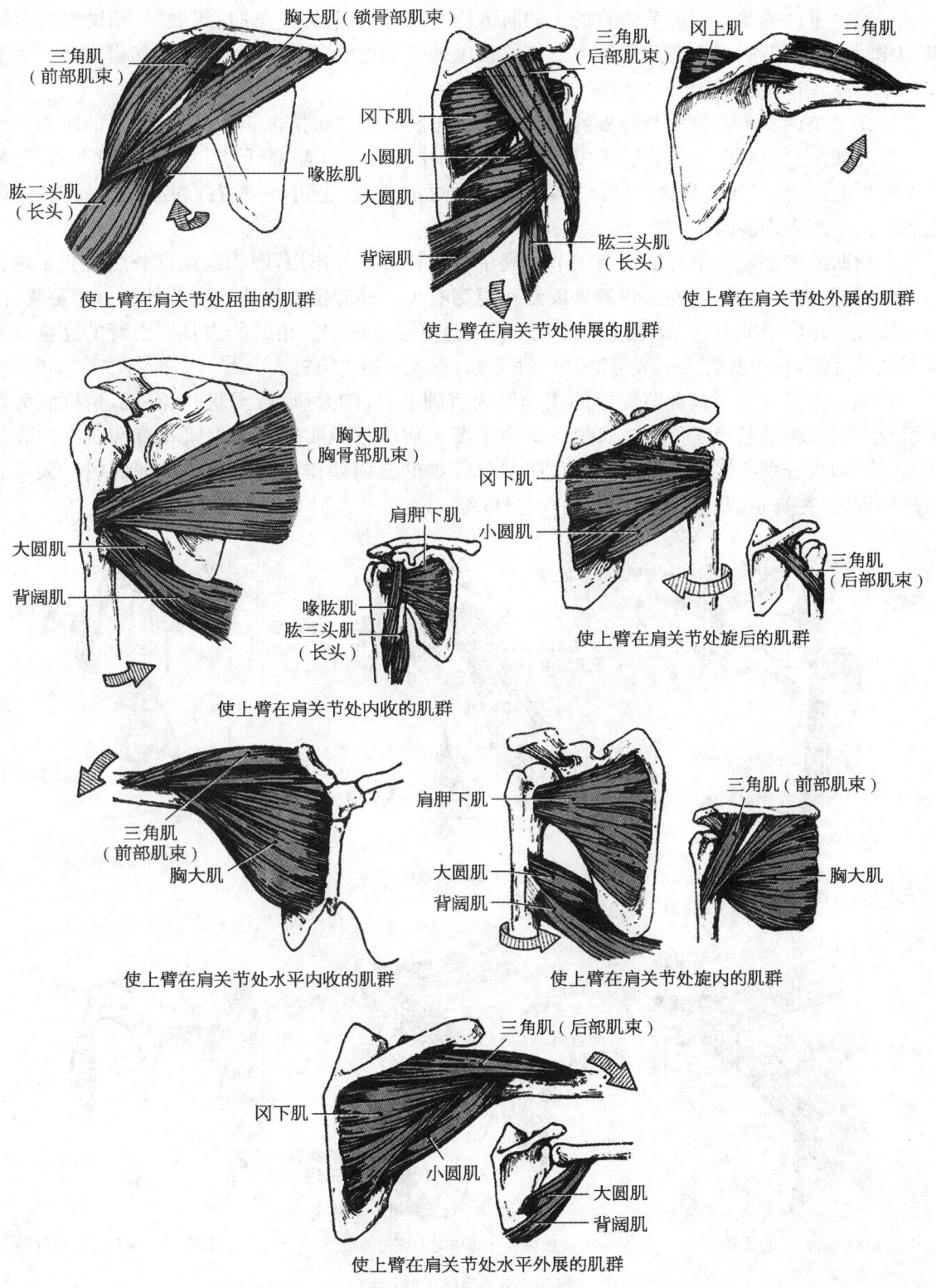

图 4-25 肩关节的运动

3. 肩关节的内收　肩关节内收的主动肌为胸大肌,拮抗肌为三角肌、冈上肌,辅助肌为背阔肌、大圆肌、肩胛下肌等。肩关节的内收能够使上臂带动前臂到达躯干的对侧,如摸对侧肩关节或其他物品、粉刷墙壁等。

4. 肩关节的外展　肩关节外展的主动肌为三角肌、冈上肌,拮抗肌为胸大肌,辅助肌为前锯肌。肩外展由三角肌作为主动肌完成,特别是它的中部或稍外侧部纤维。相对于冈上肌,三角肌外展更有力,在不伴有肩胛骨旋转时,其能外展更加充分,达到90°左右;在三角肌瘫痪时,冈上肌能代替产生外展动作。

三角肌的前部或后部纤维在肩关节外展中也发挥着重要作用,因为这两部分肌肉止于肱骨的外侧,当肱骨旋转时,可使肱骨的外展动作更为有力。外旋位外展比内旋位外展力量更强,因为内旋位肩外展活动力弱,故通过外旋位外展试验更容易评定三角肌的力量。上臂的完全外展需要肱骨外旋,这时肱骨大结节可滑到肩胛下方,不致于撞击肩峰。

5. 肩关节的旋内　肩关节旋内的主动肌为肩胛下肌、胸大肌、背阔肌、大圆肌,拮抗肌为冈下肌、小圆肌,辅助肌为三角肌。肩关节旋内主要由肩胛下肌实现。胸大肌和背阔肌在内收或屈曲、伸展时,分别产生旋内动作。三角肌前部纤维的旋内动作发生在肩关节屈曲时。大圆肌虽然稍弱,但在真正的旋内活动中,也有明显收缩。

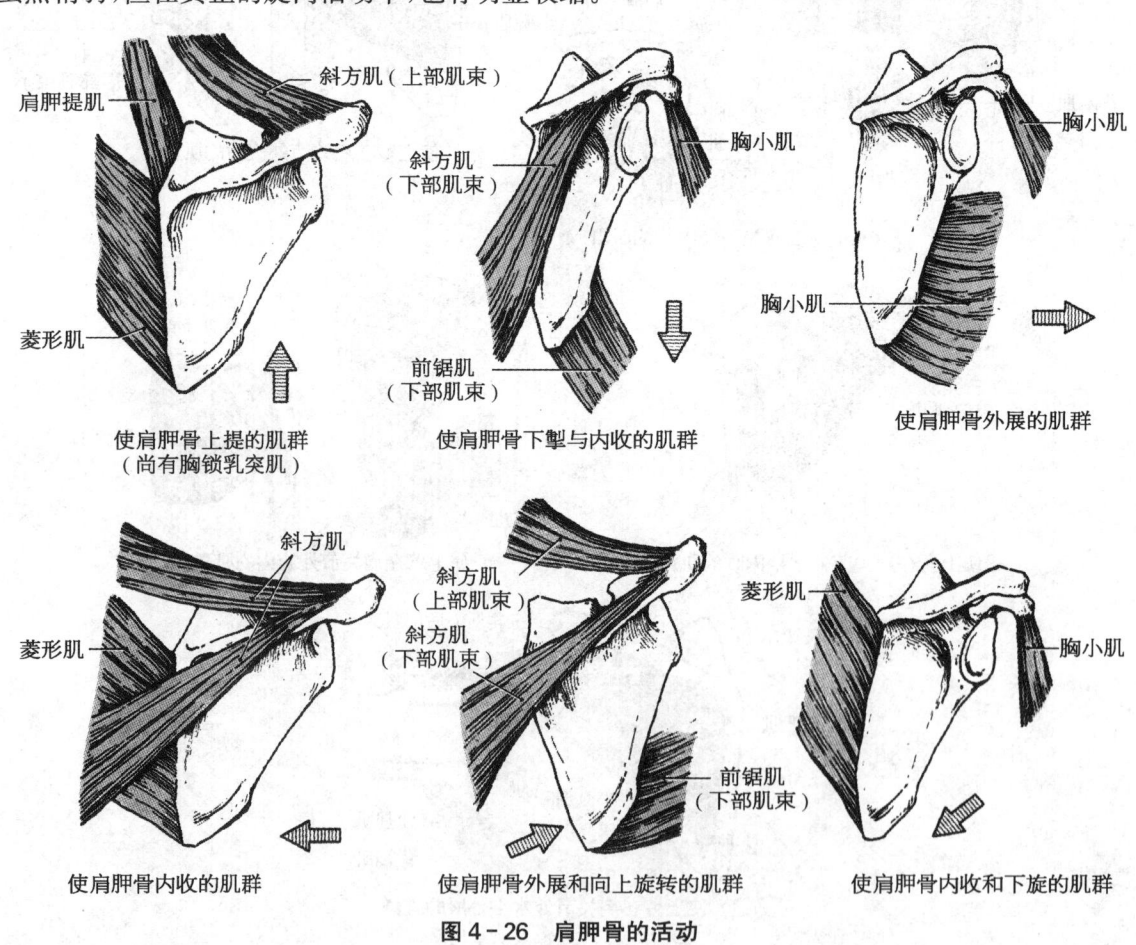

图 4-26　肩胛骨的活动

6. **肩关节的旋外** 肩关节旋外的主动肌为冈下肌、小圆肌,拮抗肌为肩胛下肌、胸大肌、背阔肌、大圆肌,辅助肌为三角肌。肩关节旋外主要是由冈下肌、小圆肌和三角肌的后部纤维实现。如果主动肌瘫痪则无法实现肩关节的旋外而引起相应的功能障碍。

7. **肩胛骨的活动** 关节固有的活动,即肱骨和肩胛骨之间的活动,一般伴随肩胛骨自身的活动。两者的协调活动称为肩肱节律,而正常节律的失调与肩部周围某些典型损伤有关。因越过肩关节起作用的大多数肌肉是紧密附着于肱骨上端的短肌,故它们的杠杆作用较弱。

肩胛骨本身的活动可增加上臂活动的范围,由于能按主观意志自由倾斜关节盂,也就增加了肢体活动的范围。在肩关节活动中,当上臂外展时三角肌和冈上肌是明显的主动肌。随着外展活动的增加,关节盂逐渐向上旋转。关节盂的向上旋转,是由前锯肌下部和斜方肌上下部纤维收缩所致。同理,典型的肩部屈伸活动,也包括肩胛骨和肱骨的上提。

肩胛骨有四块肌肉附着于肩胛冈和肩峰以及锁骨上,斜方肌上部纤维上提肩胛骨的外角,肩胛提肌和大、小菱形肌作用于肩胛骨内侧缘。斜方肌瘫痪时,斜方肌提举肩胛骨外角无力,肢体被重力向下拉拽,重量落在肩胛提肌和菱形肌上,随着肌肉的拉长,会反射性地增强它们的活动,收紧肩胛骨,导致肩胛上角的过度抬高。

胸小肌、背阔肌以及斜方肌、前锯肌和胸大肌下部纤维全都参加降低肩的活动。胸小肌倾向于下旋肩胛骨,前锯肌倾向于上旋肩胛骨。斜方肌下部纤维在降低肩胛骨的同时,有收紧该骨的倾向。一个简单的肩部活动,如降低肩部可能包括肩部大多数肌肉的运动,它们分别作为主动肌、拮抗肌、辅助肌或作为维持盂肱之间接触的肌肉。

(二) 肘关节及前臂

肘关节的运动包括屈曲、伸展,前臂的运动主要是桡尺关节活动即前臂的旋前和旋后。

1. **肘关节的运动**(图 4-27)

(1) 肘关节的屈曲:肘关节屈曲的主动肌为肱二头肌、肱肌、肱桡肌,拮抗肌为肱三头肌,辅助肌为前臂其他屈肌肌群。

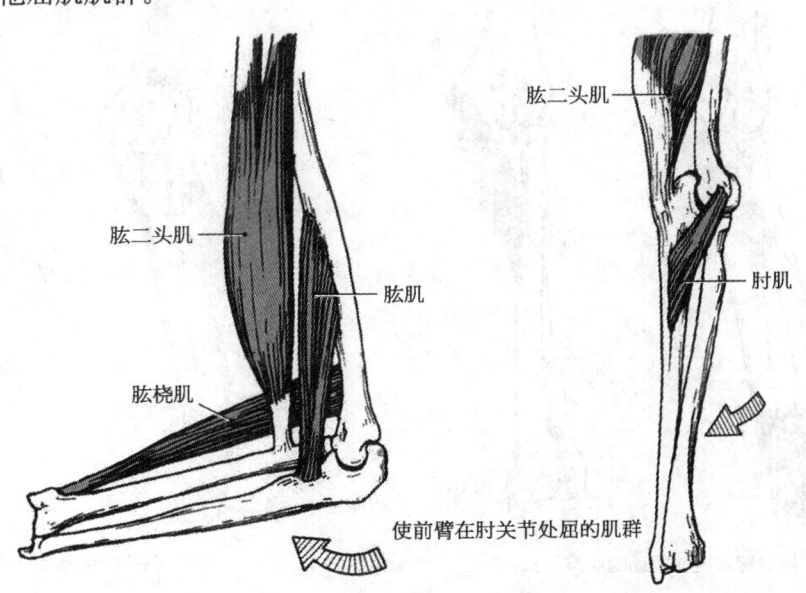

图 4-27 肘关节屈伸的肌群

肘关节屈曲活动主要由肱二头肌和肱肌完成。但由于前臂肌肉是由不同神经支配,肌皮神经损伤致肱二头肌和肱肌瘫痪时,也不会丧失屈肘功能。前臂外侧肌群中的大部分浅层肌肉,在拇指向上时,能够很好地使肘关节屈曲,尤其是肱桡肌,即便在肘关节快速运动时,屈肘也主要是肱桡肌的作用。当主动肌瘫痪时则无法实现肘关节的屈曲。在伸肌侧的其他肌群,特别是桡侧腕长伸肌,可能帮助肱桡肌进行屈肘运动,但它在肱骨的起点太低,故在肘关节屈曲运动中作用很次要。前臂屈肌群中的旋前圆肌在肱骨上起点的高度仅次于肱桡肌,它也是上臂中一个比较弱的前臂屈肌。

(2)肘关节的伸展:肘关节伸展的主动肌为肱三头肌,拮抗肌为肱二头肌、肱肌、肱桡肌,辅助肌为前臂伸肌群、肘肌。前臂的伸肌是肱三头肌和肘肌,但肘肌的明显作用,先是伸展或稳定肘关节。而当需要更强力量时,则由肱三头肌的各部分给予加强,先是内侧头,然后依次是外侧头和长头。

虽然胸大肌并不跨越肘关节,但在闭链运动中它以内收肩部运动来协助伸肘,做俯卧撑时很容易看到或触及胸大肌的作用。这种作用对脊髓损伤造成肱三头肌($C_{7\sim8}$)瘫痪而胸大肌($C_{5\sim7}$)完好的患者十分有用,如推轻物体、关抽屉、关门,这些动作都是将手放在物体上屈肘,随后以胸大肌收缩达到伸肘的目的。

肘部的闭链运动发生在固定肩部做引体向上或俯卧撑动作时,在引体向上时,屈肘肌以向心和离心性收缩使躯干升高或下降;在俯卧撑时,肱三头肌向心性收缩时伸肘使躯干升高,而离心性收缩时屈肘使躯干下降。

2. 前臂的运动(桡尺关节运动)

(1)前臂的旋前(图4-28):前臂旋前的主动肌为旋前圆肌、旋前方肌,拮抗肌为旋后肌,辅助肌为桡侧腕屈肌。旋前方肌一般单独旋前,只有在需要更大的强度和更快的速度时,旋前圆肌才开始收缩。桡侧腕屈肌在屈腕末时将明显旋前。此外,肱桡肌在正常旋前活动中,很少明显起作用,只有当活动受阻或旋前圆肌和旋前方肌瘫痪时,它才明显地参加旋前活动。所有这些肌肉,除肱桡肌之外,均由正中神经支配,故正中神经的肘上损伤时旋前活动会明显地减弱,但并不消失。

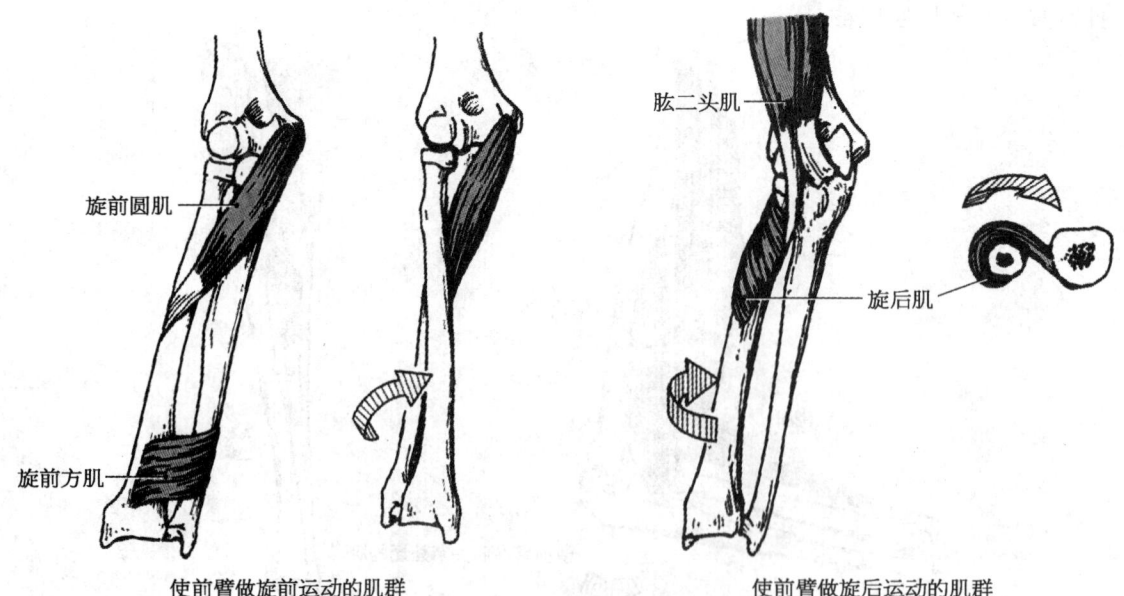

使前臂做旋前运动的肌群　　　使前臂做旋后运动的肌群

图4-28 桡尺关节运动的肌群

(2) 前臂的旋后(图4-28):前臂的旋后的主动肌为旋后肌,拮抗肌为旋前圆肌、旋前方肌,辅助肌为肱二头肌。旋后活动比旋前活动强,因为旋后活动不仅由旋后肌产生,而且肱二头肌也有此作用。在这项活动中,旋后肌可能单独作用,也可由肱二头肌提供最大的力量。一般来讲,当前臂屈曲时,肱二头肌的旋后作用最强。但当活动受阻时,为了使伸展的前臂旋后,肱二头肌也会收缩(肱二头肌提供较大的力量反映在拧螺钉的过程中,一个使用右手的人,必须后旋才能把螺钉拧进木头)。桡侧腕长伸肌和肱桡肌受刺激时,前臂可由旋前位部分地转为旋后,故通常也将它列入旋后的肌肉。

(三) 手腕关节

手腕关节的运动包括腕关节的屈、伸、尺偏、桡偏,手指的屈、伸,指的外展,拇指指骨间关节的伸直。

1. 腕关节的屈伸(图4-29) 腕关节屈曲的主动肌为桡侧腕屈肌、尺侧腕屈肌,辅助肌为掌长肌等。屈曲活动主要通过桡侧腕屈肌和尺侧腕屈肌产生,同时掌长肌也协助这一活动。如果手指保持伸展,拇长屈肌只协助屈腕(在腕部屈曲时);而由于拇长屈肌的活动范围太小,以至不允许它们同时发生屈指和屈腕的动作。

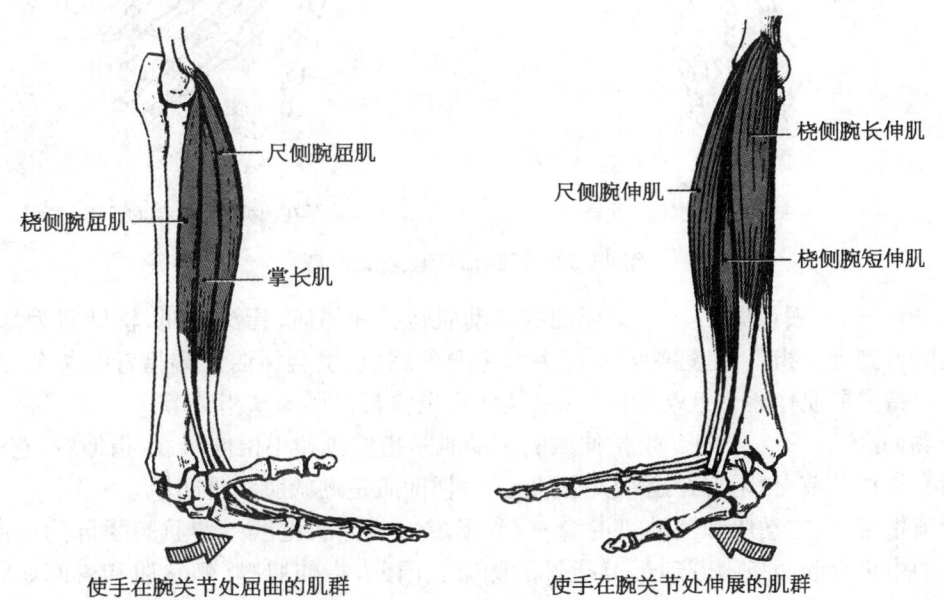

图4-29 腕部屈伸肌群

腕关节伸展的主动肌为桡侧腕长伸肌、桡侧腕短伸肌、尺侧腕伸肌。腕关节通过桡侧腕长伸肌、腕短伸肌和尺侧腕伸肌实现伸展活动。纯粹的伸展活动,可能由桡侧腕短伸肌单独产生,但如果没有更强的力量,桡侧腕长伸肌和尺侧腕伸肌可以通过收缩来克服手外展的倾向。如果紧握拳头,指伸肌和拇长(伸)肌也能帮助腕关节的伸展。

2. 腕关节的尺偏、桡偏(图4-30) 桡偏的主动肌为拇长展肌和拇短伸肌,桡侧腕长伸肌、桡侧腕短伸肌、桡侧腕屈肌和拇长伸肌起辅助肌的作用。尺偏是尺侧腕伸肌和尺侧腕屈肌的协同作用的结果。

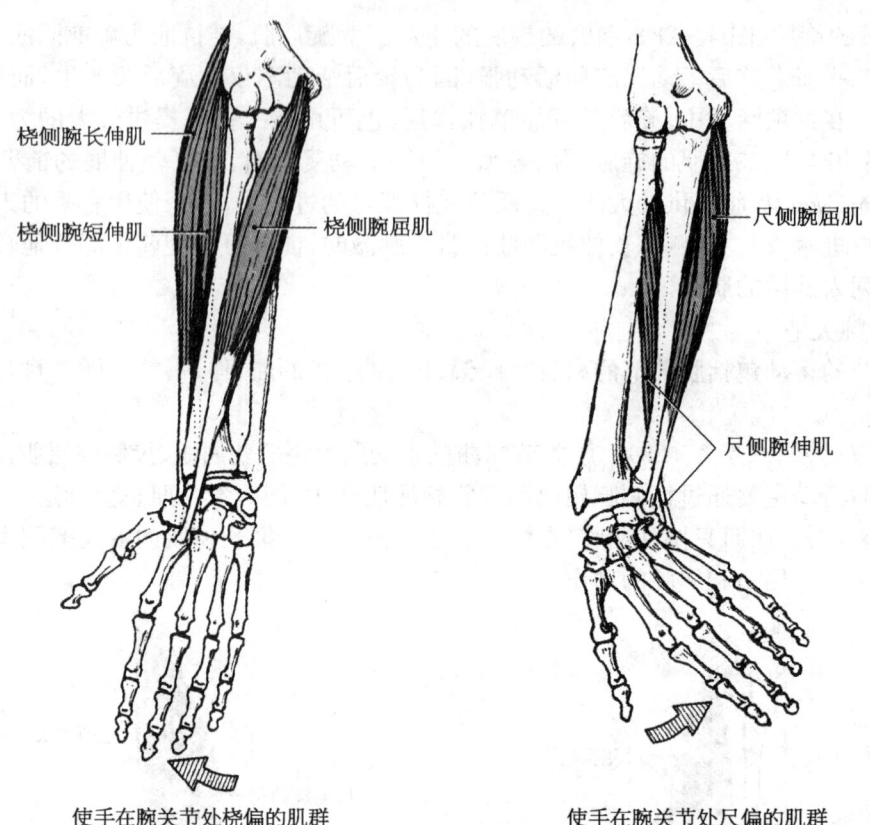

图 4-30　手腕部尺偏、桡偏肌群

3. **手指的屈曲**（图 4-31）　手指屈曲的主动肌是指浅屈肌、指深屈肌，辅助肌为掌部肌肉。指深屈肌附着到远节指骨，是远端指骨间关节主要的屈肌，也会屈曲近端指骨间关节，最终屈曲掌指关节。指浅屈肌作用于近端指间，如继续作用也将帮助屈曲掌指关节。

4. **手指的伸展**（图 4-31）　手指伸展的主动肌是指伸肌和小指伸肌、示指伸肌，它们扩展到四指的每一掌指关节上，附着在这些关节的远端；辅助肌是蚓状肌和骨间肌。

在近节指骨上，主动肌和辅助肌混合一起，形成一条伸肌腱膜。伸肌腱膜分为一条附着到中节指骨的中央束和两条附着到远节指骨的侧束。因此，指伸肌腱、蚓状肌和骨间肌将合作完成伸直中节和远节指骨。

5. **手指的外展、内收**（图 4-31）　手指外展的主动肌是骨间背侧肌和拇指、小指展肌，手指内收的主动肌是骨间掌侧肌和拇指内收肌。

6. **拇指指骨间关节的伸展**（图 4-31）　拇指指骨间关节伸展的主动肌是拇长伸肌和拇短展肌。在伸展掌指关节时，拇长伸肌也可与拇短伸肌联合进行有助于伸直远节指骨的活动。

7. **手握物模式的类型**

(1) 勾握：第二至第五指呈勾状握物，如提手提箱或拎篮子。

(2) 圆柱状握：整个手掌面握住一个圆柱形物体，拇指闭合在物体对侧面，如握玻璃杯。

(3) 拳握：拇指扣在其他指上，握住一个狭小细长的物体，如握高尔夫球棒和锤柄。

(4) 球形握：手姿势调整为球状握住球形物体，如拿球或苹果。

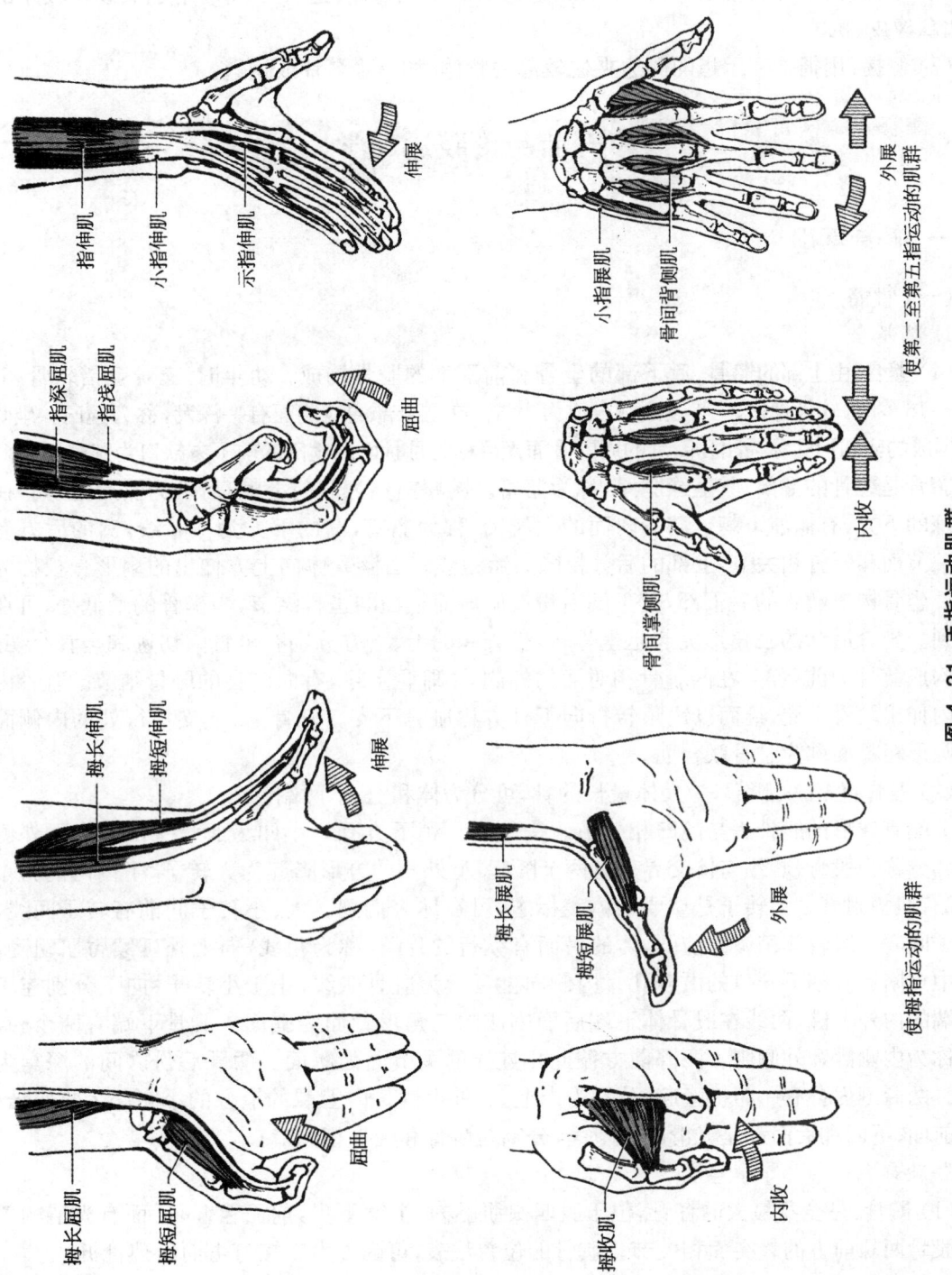

图 4-31 手指运动肌群

(5) 尖握:拇指尖与其他指尖相对,取较小的物体,如拿针或硬币。

(6) 掌握:拇指与其他指相对,用末节指的掌面接触物体,这种方式常用于取或持较小的物体,如拿橡皮、执笔。

(7) 侧握:用拇指和示指的侧边夹住较薄的物体,如一张名片或钥匙。

第五节 下肢运动学

一、解剖基础

(一) 骨骼

1. 髋部

(1) 髋骨:由上部的髂骨、后下部的坐骨和前下部的耻骨构成。幼年时,三骨互借软骨相连。至15~16岁时,软骨骨化,三骨逐渐融合成为一骨。在融合部的外侧面有一深窝,称为髋臼。坐骨和耻骨围成的卵圆形孔称为闭孔。窝的周围骨面光滑称为月状面。髋臼的前下方缺口为髋臼切迹。

髂骨是髋骨的上部,其上缘肥厚,称为髂嵴。髂嵴前端为髂前上棘,后端为髂后上棘。在髂前上棘的下方,有髂前下棘。髂骨内面的大浅窝,称为髂窝,窝的下方为弓状线,窝的后方有耳状的关节面和骶骨相关节,上部的后分粗隆为髂粗隆。由髂骨体向上方伸出的扇形骨板称为髂骨翼。坐骨构成髋骨的后下部,其下端后份有肥厚而粗糙的坐骨结节,为坐骨的最低处,可在体表扪到。坐骨后缘的三角形突起是坐骨棘,坐骨棘的上、下方分别有坐骨大切迹和坐骨小切迹。耻骨构成髋骨的前下部,在两耻骨相对面的外侧,于耻骨上缘,有向前突的耻骨结节。耻骨由体向前内伸出耻骨上支,继而以锐角转折向下外方称耻骨下支。耻骨上、下支移行处的内侧面为一卵圆形粗糙面称为耻骨联合面。

(2) 股骨:位于大腿部,为人体最长的骨,可分为体和上、下两端。

上端有球形的股骨头与髋臼相关节。头的中央稍下方有一小凹为股骨头凹。头下外侧的狭细部分称为股骨颈,颈与体交界处有两个隆起,上外侧的方形隆起为大转子,下内侧的为小转子,都有肌腱附着。大转子是重要的体表标志,可在体表扪到。大、小转子间前有转子间线,后有转子间嵴。股骨体稍微向前凸,体的后面有纵行的骨嵴,称为粗线,向上外延续臀肌粗隆,粗线的中点附近有朝下开口的滋养孔。内侧向上延续为耻骨肌线,止于小转子;向下分别连于股骨下端的内外上髁,两线在股骨体下端后面围成的三角形骨面为腘面。股骨下端有两个膨大,分别称为内侧髁和外侧髁。两髁前方彼此相连接的关节面为髌面。两髁后份之间的深窝为髁间窝。两髁侧面各有一粗糙隆起,分别为内上髁、外上髁。内上髁的上方的小突起为收肌结节。髁的前面、下面和后面都是光滑的关节面,分别与髌骨和胫骨相关节。

2. 膝部

(1) 髌骨:是全身最大的籽骨,位于股四头肌腱内,上宽下尖,前面粗糙,后面有光滑的关节面与股骨两髁前方的骨突面相关节。髌骨的位置浅表,可因外力直接打击而出现骨折。

(2) 胫骨:位于小腿内侧部,是小腿主要负重的骨,故较粗壮,可分为一体和两端。上端膨大,形成内侧髁和外侧髁。两髁上面有关节面,与股骨两髁相关节,两关节之间的粗糙隆起为髁间隆起。胫骨体外侧缘为骨间缘。在外侧髁的后下有一腓关节面,与腓骨头相关节。胫骨体后面的上份有一斜向内下方的比目鱼肌线。体上中 1/3 交界处附近有向上开口的滋养孔。在胫骨上端与体移行处的前面，有一胫骨粗隆。胫骨体呈三棱柱形，其前缘明显，直接位于皮下。胫骨下端内侧面凸隆，称为内踝，外侧面有一个三角形的腓切迹，与腓骨相连结。下端的下面为一略呈四方形的关节面，与距骨相关节。

(3) 腓骨：位于小腿外侧部，细而长，可分为一体和两端。上端略膨大，称为腓骨头，其内上面为关节面，与胫骨相关节。头下方变细，称为腓骨颈。腓骨头浅居皮下，为重要的体表标志。腓骨下端膨大为外踝，其内侧的关节面，与距骨形成关节。

3. 踝部和足

(1) 跗骨：属于短骨，共 7 块，即距骨、跟骨、骰骨、足舟骨和 3 块楔骨。跟骨在后下方，距骨在跟骨的上方，跟骨前方接骰骨，距骨前方接足舟骨，足舟骨的前方为 3 块楔骨。

(2) 跖骨：属于长骨，相当于手的掌骨，共 5 块，从内侧向外侧依次称为第一至第五跖骨。每块跖骨也可分为跖骨底、跖骨体和跖骨头三部分。

(3) 趾骨：属于长骨，比手指骨短小，其数目和命名与指骨相同。踇趾为 2 节，其余各趾均为 3 节。

(二) 关节

1. 髋部关节

(1) 髋关节：由股骨头与髋臼构成。髋臼周缘由纤维软骨构成的髋臼唇，以增加髋臼的深度，可容纳股骨头的 2/3。关节囊坚韧，上方附于髋臼唇周缘，下方前面到达两转子之间的线上，后面附于股骨颈的外、中部 1/3 交界处。股骨颈前面全部在囊内，但股骨颈后面的外侧 1/3 在囊外，内侧 2/3 在囊内，故临床上股骨颈发生骨折有囊内、外和混合性之分。关节囊的后下部缺乏韧带加强，较薄弱，故股骨头易向后下方脱位。关节囊内有股骨头韧带，连于关节窝和股骨头之间，韧带中含有滋养股骨头的血管。

髋关节的运动与肩关节类似，在冠状轴上可做屈和伸运动，在矢状轴上做内收和外展运动，在垂直轴上做旋内和旋外运动，且还可做环转运动。因受髋臼的限制，髋关节的运动范围较肩关节小。

(2) 骶髂关节：由骶、髂两骨的耳状关节面构成。关节囊紧张，并有坚强的韧带进一步加强其稳固性，运动范围极小。

(3) 耻骨间的连结：即耻骨联合，由左、右耻骨的相对面和其间的纤维软骨共同构成。软骨内往往有纵长裂隙，在女性此软骨较宽而短。两侧耻骨相连形成的骨性弓，称耻骨弓。

2. 膝关节　膝关节为人体内最大、最复杂的关节，由股骨内、外侧髁和胫骨内、外侧髁与髌骨共同构成。关节囊广阔松弛、各部厚薄不一。关节囊前壁不完整，由附着于股四头肌腱的髌骨和髌韧带填补。囊的两侧壁有韧带加强，外侧为腓侧副韧带，内侧为胫侧副韧带。

关节囊内还有前、后交叉韧带和内、外侧半月板。前、后交叉韧带牢固地连结于股骨和胫骨之间，前交叉韧带于伸膝时最紧张，以防止胫骨前移；后交叉韧带于屈膝时最紧张，以防止胫骨后移。半月板是位于股骨和胫骨关节面之间的两个纤维软骨板，周缘厚而内缘薄，下面平而上面凹陷。内侧半月板较大，呈"C"形，其外缘与胫侧副韧带紧密相连。外侧半月板较小，近"O"形。半月板加深了关节窝的深度，从而加强了膝关节的稳固性，且在跳跃和剧烈运动时可起缓冲作用。

膝关节的运动主要是绕冠状轴做屈、伸运动，在屈膝状态下又可做旋内和旋外运动。

3. 踝部和足关节

(1) 距小腿关节：又称踝关节，由胫、腓骨下端的踝关节面与距骨滑车构成。关节囊前、后壁较薄,两侧有韧带增强。在内侧为内侧韧带(又称三角韧带),自内踝开始,呈扇形向下展开,附于足舟骨、距骨和跟骨。在外侧有三个独立的韧带,它们都自外踝开始,分别向前、向下、向后,附于距骨和跟骨。

踝关节可做背屈和跖屈运动。由于距骨滑车的后部较窄,当跖屈时距骨滑车较窄的后部进入关节窝内,故可有轻微的侧方(展、收)运动,此时距小腿关节松动而稳定性较差,易受扭伤,其中以内翻扭伤较多见(即外侧的韧带损伤)。

(2)跗骨间关节:跗骨间的连结比较复杂,包括距下关节、距跟舟关节、跟骰关节。跗骨间关节主要可做足内翻(足底面朝向内侧)和足外翻(足底面朝向外侧)。

(三)肌肉

1. 髋部

(1)髋肌:主要起自骨盆的内面或外面,跨越髋关节,止于股骨,能运动髋关节。按其所在的部位和作用,可分为前、后两群。

1)髋肌前群:主要有髂腰肌(图4-32),由腰大肌和髂肌组成。腰大肌主要起自腰椎体侧面和横突,髂肌起自髂窝。两肌向下互相结合,经腹股沟韧带深面和髋关节的前内侧,止于股骨小转子。腰大肌被一筋膜鞘包裹,当患腰椎结核时,有时脓液可沿此鞘流入髂窝或大腿根部。髂腰肌的作用是使髋关节前屈和旋外,下肢固定时可使躯干和骨盆前屈。

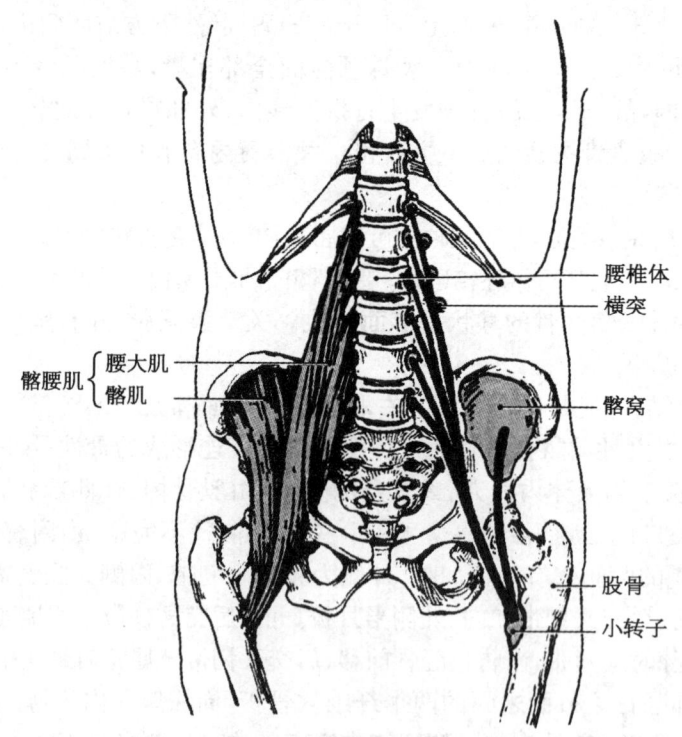

图4-32 髂腰肌的结构

2)髋肌后群:主要位于臀部,有臀大肌、臀中肌、臀小肌和梨状肌等,主要作用为后伸髋关节。

臀大肌(图4-33):位于臀部皮下,人类由于直立姿势的影响,故大而肥厚,形成特有的臀部膨隆。臀大肌起于髂骨外面和骶、尾骨的后面,肌束斜向下外,止于股骨的臀肌粗隆和髂胫束。

臀大肌肌束肥厚,是肌内注射的常用部位。臀大肌的作用是伸髋关节,且可使股骨旋外。

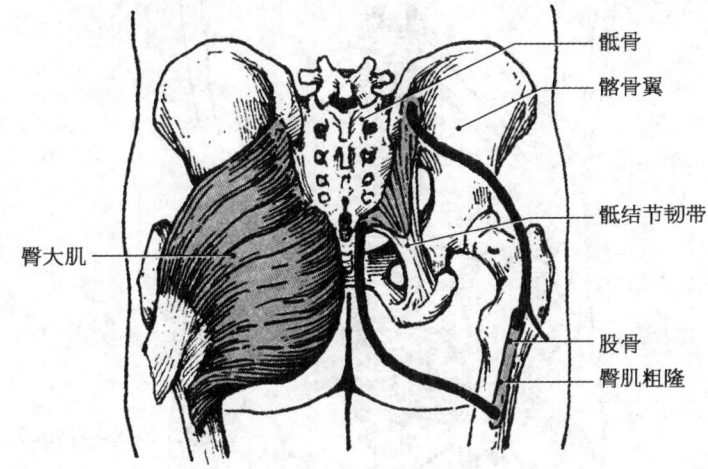

图 4-33 臀大肌的结构

臀中肌、臀小肌(图 4-34):起于髂骨翼外面,止于股骨大转子。两肌均可使髋关节外展,前部肌束使髋关节旋内,后部肌束使髋关节旋外。

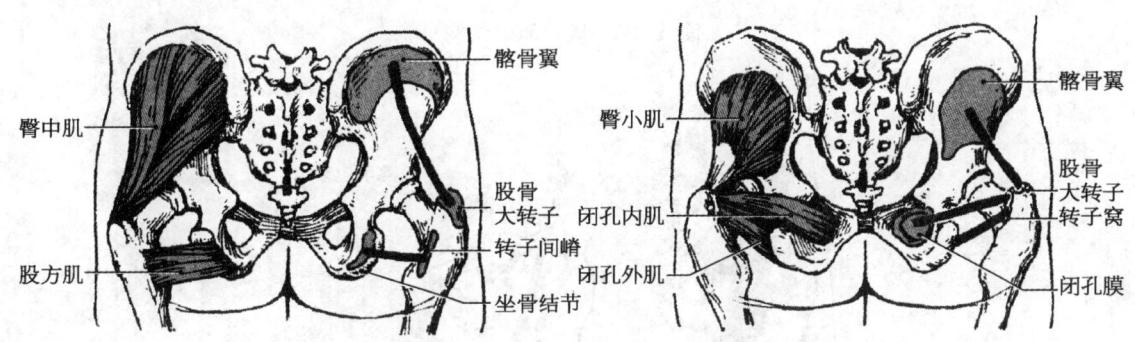

图 4-34 臀中肌、臀小肌的结构

梨状肌(图 4-35):起于骶骨前面,向外经坐骨大孔,止于股骨大转子。在坐骨大孔处,该肌的上、下缘均留有空隙,分别称为梨状肌上孔和梨状肌下孔,均有血管、神经通过。梨状肌的作用是使髋关节外展和旋外。

(2) 大腿肌:位于股骨的周围,可分为前群、后群和内侧群。

1) 前群:位于股骨的周围,主要有缝匠肌和股四头肌。

缝匠肌(图 4-36):是全身中最长的肌之一,呈扁带状,起于髂前上棘,经大腿的前面,转向内下侧,止于胫骨上端的内侧面。作用是屈髋和屈膝。

股四头肌(图 4-37):是全身中体积最大的肌,起端有四个头,分别称为股直肌、股内侧肌、股外侧肌和股中间肌。股直肌位于大腿前面,起自髂前下棘;股内侧肌和股外侧肌分别位于股直肌的内、外侧,起自股骨粗线;股中间肌位于股直肌的深面,在股内、外侧肌之间,起自股骨体的前面。四个头向下形成一个腱,包绕髌骨的前面和两侧缘,向下延续为髌韧带,止于胫骨粗隆。股四头肌是膝关节强有力的伸肌,股直肌还有屈髋关节的作用。

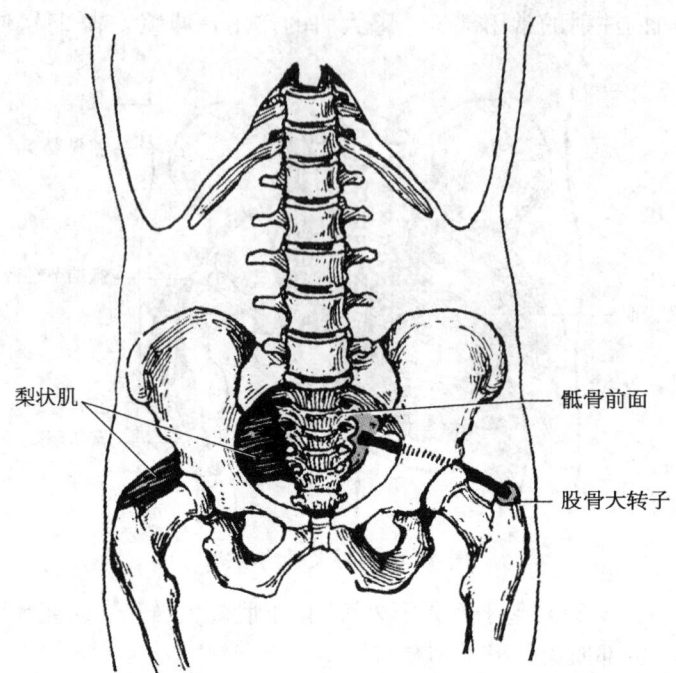

图 4-35 梨状肌的结构

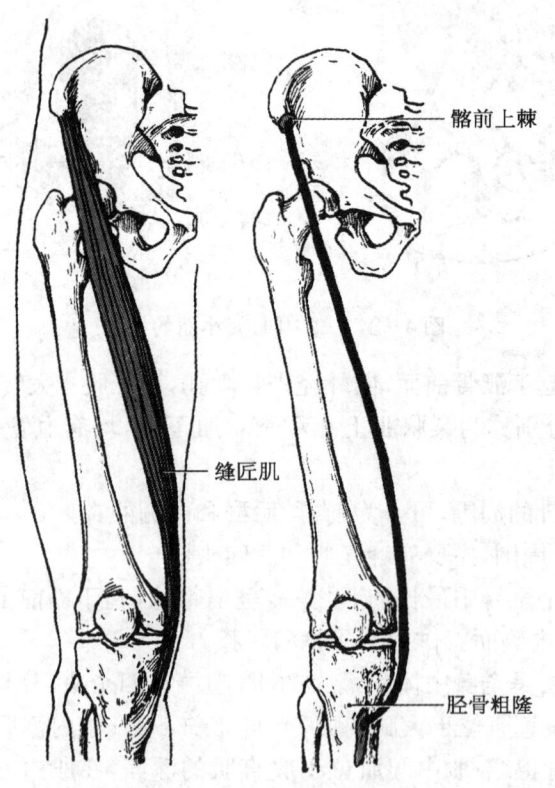

缝匠肌(前面)

图 4-36 缝匠肌的结构

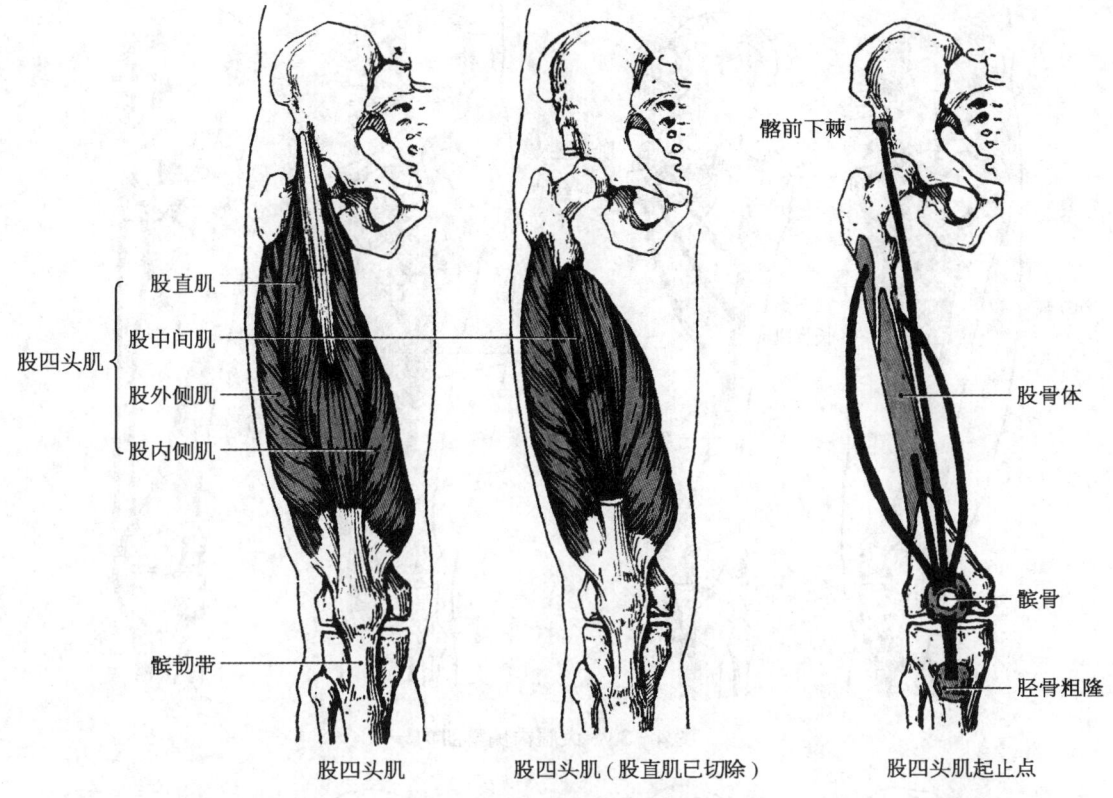

图 4-37 股四头肌的结构

2) 内侧群（图4-38）：位于大腿内侧，有耻骨肌、长收肌、短收肌、大收肌和股薄肌。均起自耻骨和坐骨，除股薄肌止于胫骨上端的内侧以外，其他各肌都止于股骨粗线。作用主要是内收大腿，故又称内收肌群。

3) 后群：位于大腿的后面，有股二头肌、半腱肌和半膜肌（图4-39）。后群的三块肌可以屈膝关节和伸髋关节。

股二头肌：位于大腿后面外侧，有长、短两头。长头起自坐骨结节，短头起自股骨粗线，两头合并，止于腓骨头。

半腱肌：在股二头肌的内侧，肌腱圆细而长，几乎占肌的一半，起于坐骨结节，止于胫骨上端的内侧。

半膜肌：在半腱肌的深面，以扁薄的腱膜起自坐骨结节，其腱膜几乎占肌长的一半，止于胫骨内侧髁的后面。

2. 膝部　包括大腿肌和小腿肌。小腿肌可分为前、外侧和后三群。

（1）前群：位于小腿骨前方。主要有3块肌，自胫侧向腓侧依次为胫骨前肌、踇长伸肌和趾长伸肌（图4-40）。前肌群都可伸踝关节（足背屈）。

胫骨前肌：起自胫骨体和小腿骨间膜，止于内侧楔骨和第一跖骨底。作用主要是使足背屈和内翻。

踇长伸肌：位于胫骨前肌与趾长伸肌之间。起自腓骨体和小腿骨间膜，止于踇趾远节趾骨底。作用主要是伸踇趾，也可使足背屈。

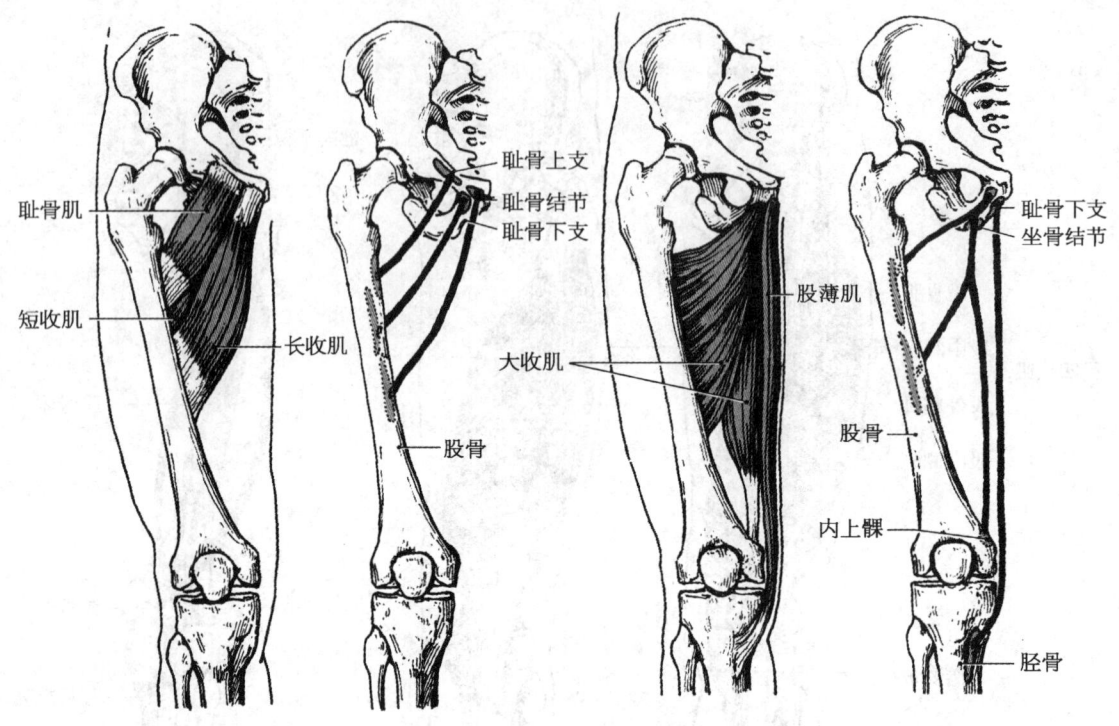

图 4-38　大腿内侧群肌肉

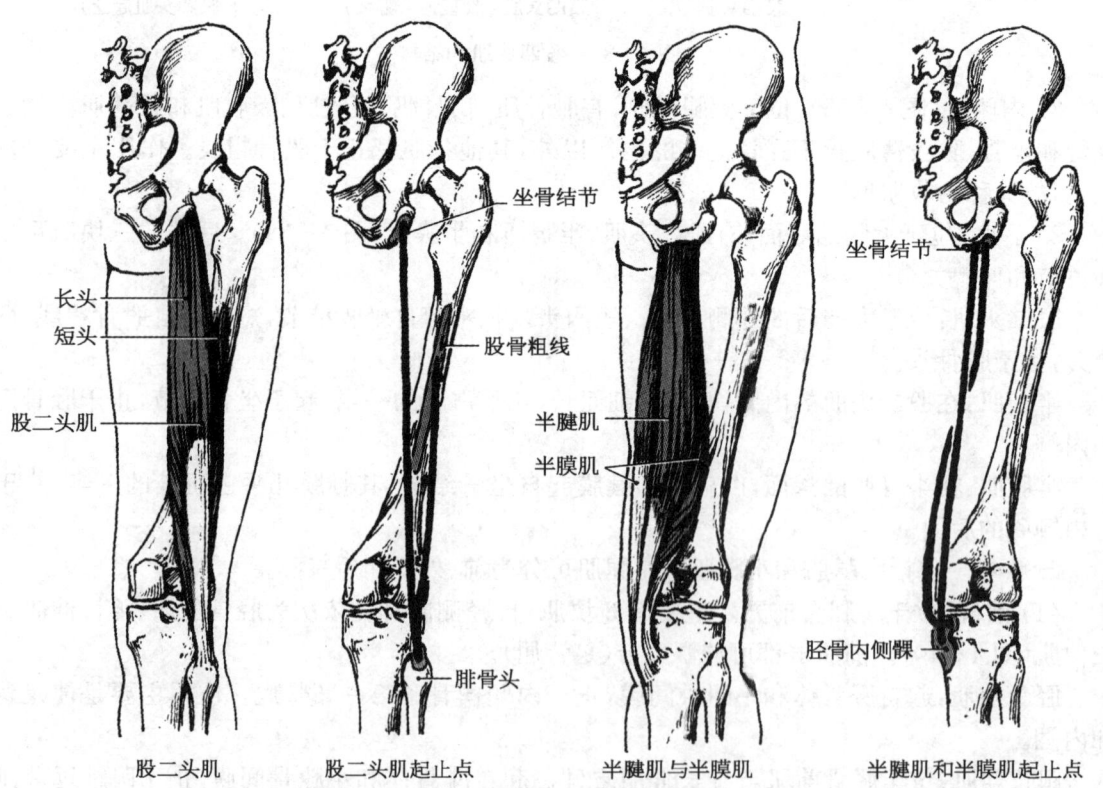

图 4-39　股二头肌、半腱肌和半膜肌的结构

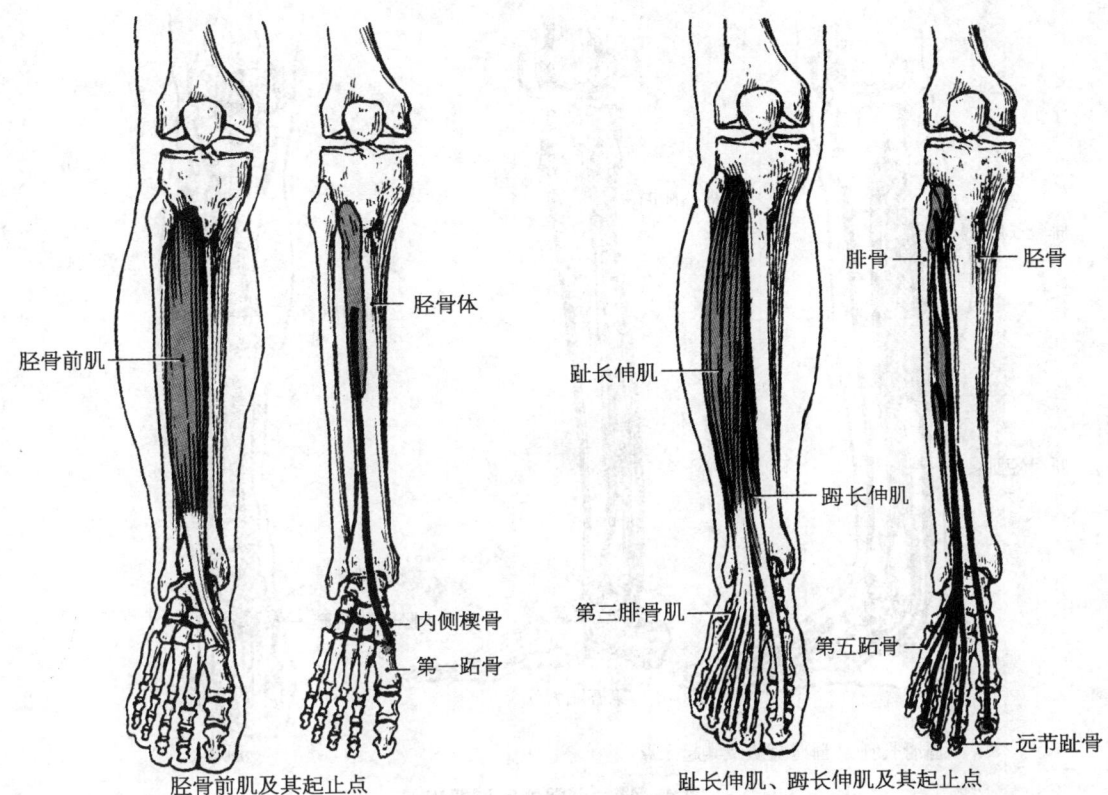

图 4-40 小腿前群肌肉

趾长伸肌：位于胫骨前肌与踇长伸肌的外侧。起自腓骨，向下分为四个腱，分别止于第二至第五趾的中节、远节趾骨底。作用主要是伸第二至第五趾，并可使足背屈。

(2) 外侧群：位于腓骨的外侧，有腓骨长肌和腓骨短肌（图 4-41）。主要作用是使足外翻并跖屈。

腓骨长肌：起自腓骨外侧面，其腱经外踝后方，斜向前内越过足底，止于第一趾骨底。

腓骨短肌：起自腓骨外侧面，位于腓骨长肌深面，其腱经外踝后方，止于第五趾骨底。

(3) 后群：位于小腿骨后方，可分浅、深两层。

1) 浅层：有强大的小腿三头肌，由腓肠肌和比目鱼肌构成（图 4-42）。作用是屈小腿和上提足跟，在站立时，能固定踝关节和膝关节，以防止身体向前倾倒。

腓肠肌位置表浅，有内、外侧两个头，分别起自股骨内、外侧髁。比目鱼肌起自胫、腓骨上端的后面。上述三个头会合，在小腿的上部形成膨隆的肌腹，向下续为跟腱，止于跟骨结节。

2) 深层：有 4 块肌，上方为腘肌，下方自胫侧向腓侧依次为趾长屈肌、胫骨后肌、踇长屈肌（图 4-43）。

趾长屈肌：位于胫侧，起于胫骨体后面，长腱经内踝后方至足底，在足底分为四条腱，止于第二至第五趾的远节趾骨底。作用主要为屈第二至第五趾并使足跖屈。

胫骨后肌：位于趾长屈肌和踇长屈肌之间，起自胫骨、腓骨和小腿骨间膜的后面，肌腱经内踝后方至足底内侧，止于足舟骨及内侧、中间、外侧楔骨。作用主要是使足跖屈和足内翻。

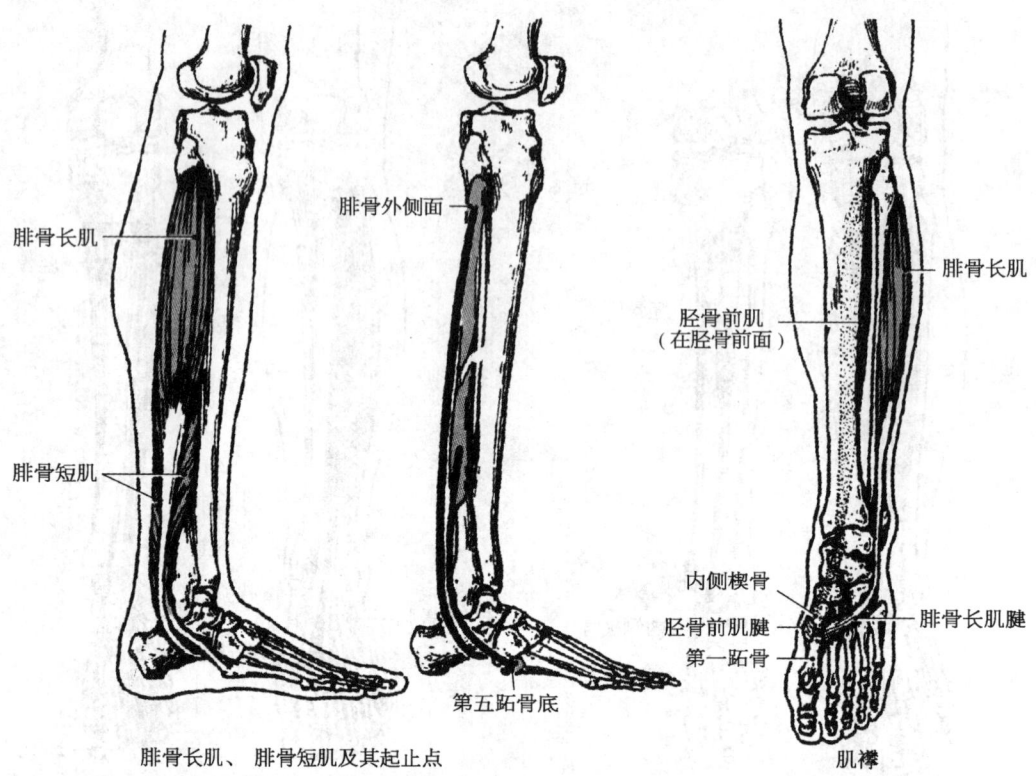

图 4-41 小腿外侧群肌肉

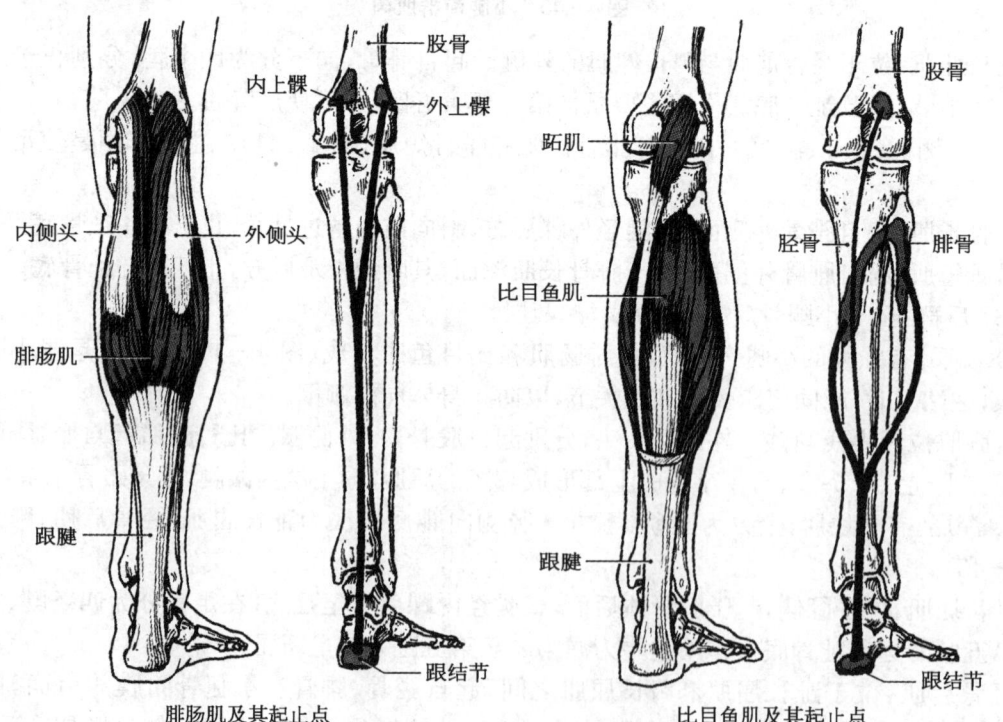

图 4-42 小腿后群浅层肌群

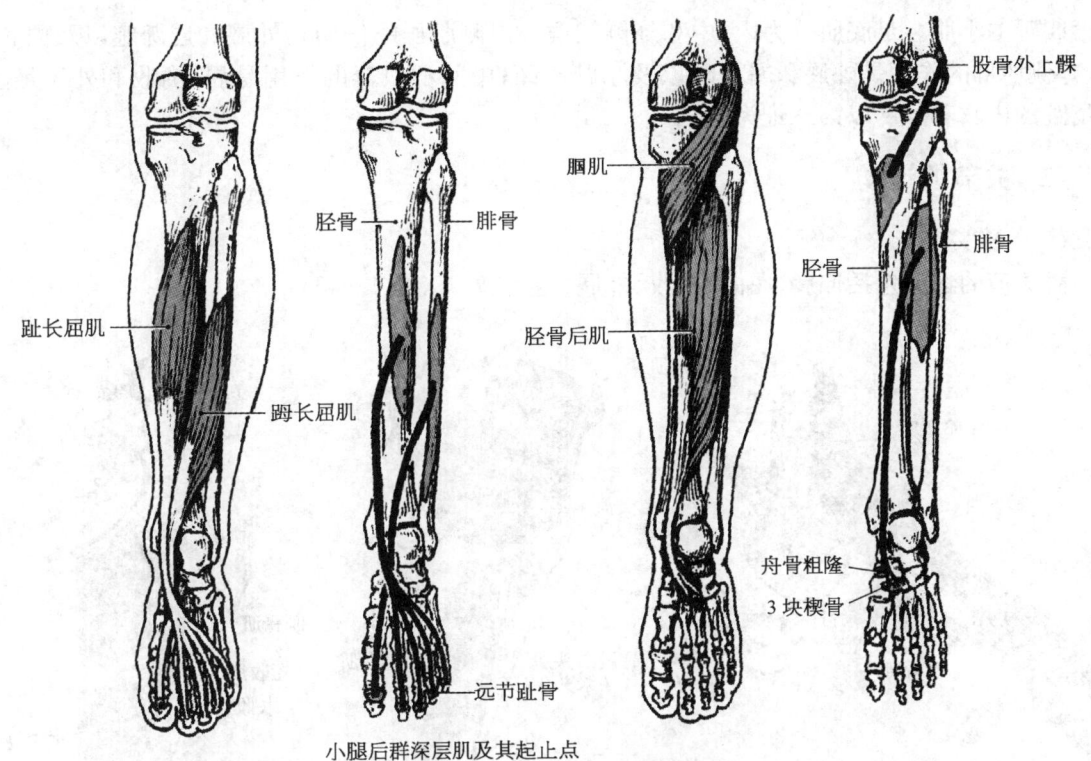

图 4-43 小腿后群深层肌群

姆长屈肌：位于腓侧，起于腓骨和小腿骨间膜的后面，肌腱经内踝后方至足底，与趾长屈肌腱交叉后，止于姆趾末节趾骨底。作用主要是屈姆趾并使足跖屈。

腘肌：斜位于腓肠肌两头深面。起自股骨外侧髁后面，止于胫骨上端后面。作用主要是使屈膝关节和小腿内旋。

3. 踝部和足　足肌可分为足背肌和足底肌（图4-44）。足背肌较弱小，为伸姆趾和伸第二

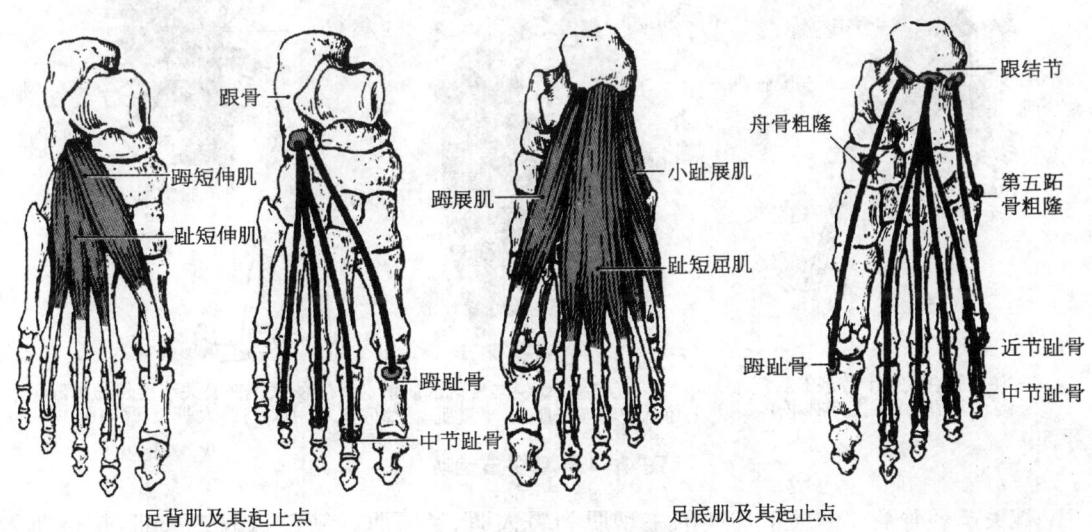

图 4-44 足部肌群

至第四趾的小肌。足底肌分为内、中和外侧三群。内侧肌群的作用是外展和屈跨趾以及内收跨趾；外侧肌群的作用是外展和屈小趾以及小趾对跖；中间群肌群的作用是屈、内收和外展足趾，但足趾的内收和外展以第二趾为中轴。

二、关节的运动

（一）髋关节

髋关节的运动包括伸展、屈曲、内收、外展、内旋、外旋（图4-45）。

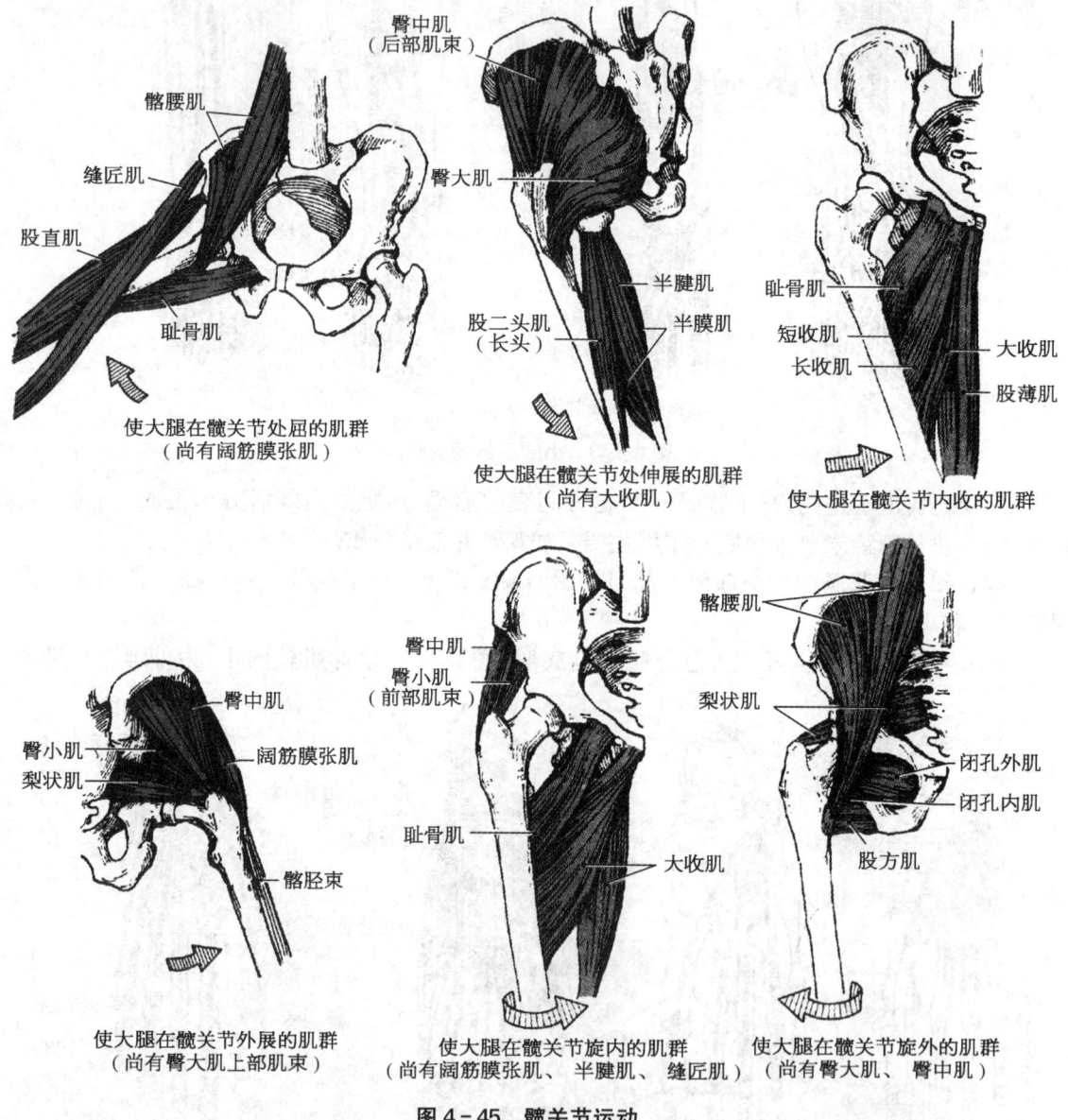

图4-45 髋关节运动

1. **髋关节的伸展** 髋关节伸展的主动肌为臀大肌、半膜肌、半腱肌、股二头肌，拮抗肌为腰大肌、髂腰肌，辅助肌为大收肌。

在大腿的后部,臀大肌是特别有力的伸肌。在伸髋活动中,从坐骨结节发出并由坐骨神经所支配的那部分大收肌起协同作用。由于后部的腘绳肌附着在坐骨结节上,它们也是髋的伸肌,但由于其同时是膝部屈肌,故除非膝部保持在屈曲位时,否则它们不能完成强有力的伸髋。

在手摸地板的弯腰活动上,髋的伸肌必须是先收缩然后慢慢地松弛来达到控制活动的目的,而腘肌也在整个弯腰和伸直中活动。臀大肌收缩的最大作用在弯曲期的末端和伸直期的开始。臀中肌和臀小肌的后部纤维虽然在想像中都有助于伸直,但实际上当膝部保持伸直而髋屈曲时仅臀中肌显出伸直。因为腘肌同时横过髋和膝部,它们也能起到伸髋的作用,故当用手摸地板或高踢腿的练习时人们常会感到伴有膝后方的疼痛。

2. 髋关节的屈曲　髋关节屈曲的主动肌为髂腰肌,拮抗肌为臀大肌、半膜肌、半腱肌、股二头肌,辅助肌为股直肌、缝匠肌、耻骨肌、阔筋膜张肌等。

主动肌瘫痪时会引起严重的髋屈曲功能障碍。大腿屈肌几乎都位于髋关节的内侧和前内侧面,最外侧的一块是阔筋膜张肌。股直肌的屈髋作用是较弱的,缝匠肌屈髋作用也很强,它与耻骨肌和阔筋膜张肌明显地参与屈髋的调节。髂腰肌是最强大的一块屈肌,但除非强力运动的需要,一般的屈髋是不需要它来完成。

3. 髋关节的内收　髋关节内收的主动肌为大收肌、长收肌、短收肌、耻骨肌、股薄肌,拮抗肌为臀中肌,辅助肌为臀大肌、股方肌和闭孔外肌。

4. 髋关节的外展　髋关节外展的主动肌是臀中肌,拮抗肌是大收肌、长收肌、短收肌、耻骨肌、股薄肌,辅助肌是臀小肌、臀大肌和阔筋膜张肌等。

在单腿持重时,大腿外展的重要功能是保持骨盆相对水平位,正常情况下它们的收缩足以抬高非持重侧的骨盆轻度超过水平面。臀中肌和臀小肌两块是大腿外展肌,当这两块肌肉肌力不足时,步态是由持续的骨盆倾斜来部分代偿,其结果是出现侧向的躯干摇摆。大腿其他的一些肌肉如阔筋膜张肌、缝匠肌、梨状肌、闭孔内肌和臀大肌的下部纤维也有微弱的外展作用(当大腿屈曲时,其功能作为外展肌),这些肌肉当走路起步时能有助于下肢的外展,但并不意味着能够取代臀中肌和臀小肌在持重时作为外展肌的重要性。阔筋膜张肌的外展力量不到两块臀中肌和臀小肌合力的四分之一,单独的阔筋膜张肌收缩不能使下肢外展。如果大腿屈曲成直角时,臀大肌才有助于外展肢体。由于臀小肌和阔筋膜张肌还有内旋作用,并受臀上神经支配,故损伤臀上神经可明显地影响骨盆的稳定性并在轻度范围影响股骨内旋。

5. 髋关节的内旋　髋关节内旋的主动肌是臀小肌、阔筋膜张肌,拮抗肌是闭孔内肌、闭孔外肌、股方肌、梨状肌、臀大肌,辅助肌是臀中肌前部纤维、半腱肌、半膜肌等。主动肌瘫痪时会影响髋关节的内旋,进而影响步态。

6. 髋关节的外旋　髋关节外旋的主动肌是闭孔外肌、闭孔内肌、股方肌、梨状肌、上下孖肌和臀大肌,拮抗肌为臀小肌、阔筋膜张肌,辅助肌为缝匠肌和股二头肌等。除了缝匠肌确有很弱的外旋作用外,髂腰肌是大腿前内侧群唯一有外旋作用的肌肉,耻骨肌和所有内收肌都有内旋作用。

(二) 膝关节

1. 膝关节的伸展(图 4-46)　膝关节伸展的主动肌是股四头肌。因为股四头肌所有四个头是由股神经支配,这一神经的损伤将很大程度地妨碍主动的抗重力的伸膝。但在平地上慢慢走路时,有些瘫痪的股四头肌的步态可能接近正常。因为其他肌肉的作用使持重的自然膝伸展保持在伸直位,而股四头肌以外的其他肌肉仅有较小的伸膝作用。

2. 膝关节的屈曲(图 4-46) 膝关节屈曲的主动肌是半腱肌、半膜肌、股二头肌、腘肌,拮抗肌为股四头肌,辅助肌为股薄肌、缝匠肌和腓肠肌等。股二头肌的长头仅在膝部半屈时有屈肌的功能,进一步屈曲就变为松弛。除了大腿这些肌肉以外,还有小腿的肌肉腓肠肌越过膝关节,有屈膝的作用。腓肠肌在小腿持重时有助于伸膝,而在小腿离地时有助于屈膝。腘肌是弱的屈肌,虽然在开始屈膝时它是收缩的,但它的真正作用可能是实现膝部的旋转活动。

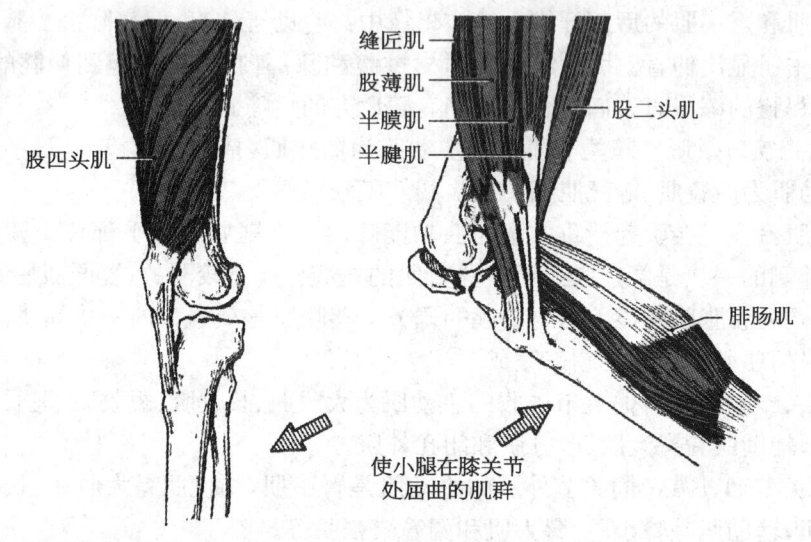

图 4-46 膝关节的屈伸

3. 膝部的旋转(图 4-47) 小腿内旋的主动肌是股薄肌、半腱肌和半膜肌等,它们都横过关节的内侧附着于胫骨上。横过膝关节后部的远方和内侧的腘肌也是内旋肌。

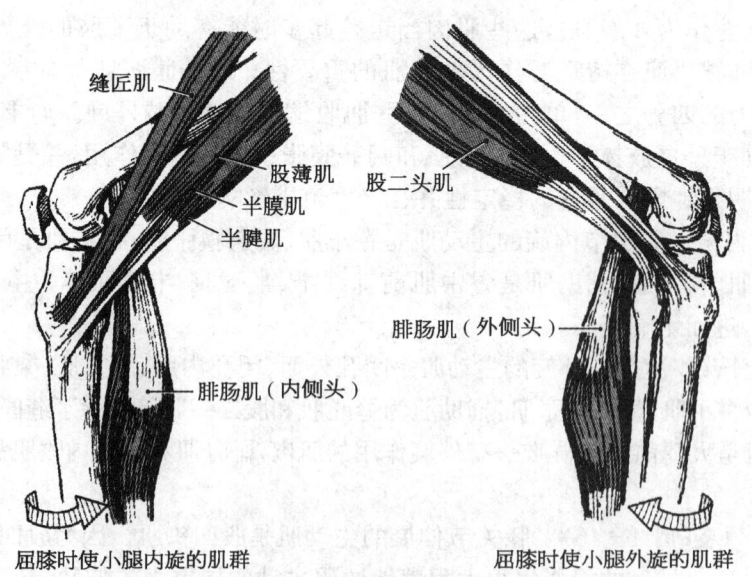

图 4-47 膝关节的旋转

小腿外旋的主动肌是股二头肌，它从外侧通过附着于腓骨上，是小腿唯一明显的外旋肌。

当膝部屈曲时，小腿的旋转范围最大，在这姿势上，从充分的外旋到充分的内旋，运动的总度数可平均为 40°左右。当小腿伸直时，与旋转相关的大多数肌肉因参与了小腿伸直而不能起旋转作用。在伸直位，因韧带绷紧使被动旋转膝部也受许多限制。但是，在膝部完全伸直并使足站在地上时，这一运动的最后期间发生了股骨内侧髁稍后部即在相应的胫骨髁上面引起了与侧副韧带进一步收紧的股骨轻度内旋。如果小腿是离地的，它在伸直的最后期间是相应地外旋。相反，在这一小腿末端外旋或在肢体持重时的股骨末端内旋情况下再次屈膝，腘肌将起主要作用。

（三）踝部和足

1. **踝关节跖屈**（图 4-48） 踝关节跖屈的主动肌为腓肠肌和比目鱼肌（合称小腿三头肌，在跟骨上的作用），拮抗肌为胫骨前肌，辅助肌为胫骨后肌、腓骨长肌、腓骨短肌、姆长屈肌、趾长屈肌、跖肌。

因为小腿三头肌用跟骨的后部作为其杠杆，而其他肌肉则紧贴踝部，通过这些肌肉的杠杆作用较小腿三头肌弱得多。小腿三头肌好比一个推进器，当小腿三头肌的作用丧失时，离地时推进器的缺乏，走路会不平稳。在胫神经受损坏时，除了腓骨长短肌以外，踝部所有潜在的跖屈肌都会瘫痪，只有不到半数的人能进行足的跖屈。

2. **踝关节背屈**（图 4-48） 踝关节背屈的主动肌为胫骨前肌，拮抗肌为腓肠肌和比目鱼肌。胫骨前肌是参与这一活动中最重要的肌肉，趾长伸肌有协同作用，成为辅助肌。胫骨前肌瘫痪时，为使足背屈，其他的肌肉必须更有力地收缩，即姆长伸肌背屈姆趾、趾长伸肌背屈其他趾。但由于它的作用基本上是在近侧趾骨而起不到明显的踝关节背屈作用，通常这些活动只能起背屈的维持作用。因为趾长伸肌的外翻能力比姆长伸肌的内翻能力更强有力，当有胫前肌瘫痪时的背屈可能伴有足的外翻。

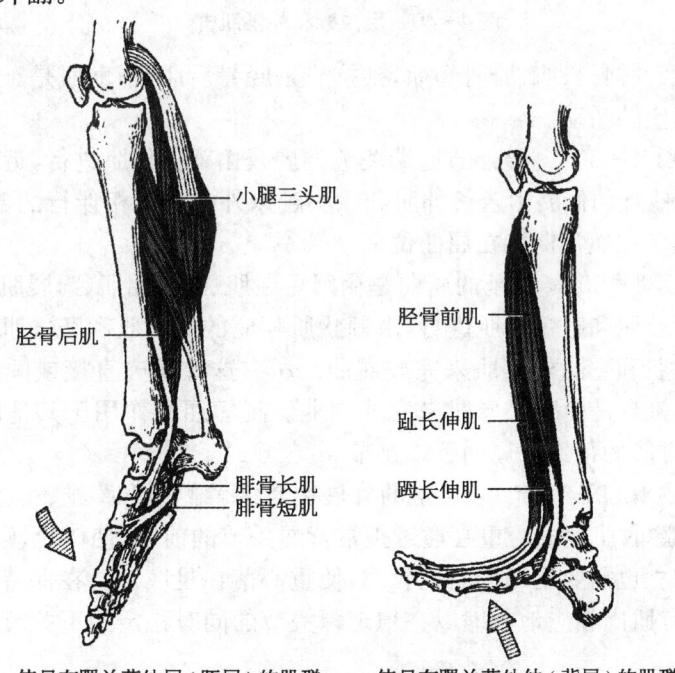

使足在踝关节处屈（跖屈）的肌群　　使足在踝关节处伸（背屈）的肌群

图 4-48　踝关节的屈伸肌群

3. 足内翻和外翻（图 4-49） 足内翻的主动肌是胫骨后肌，拮抗肌是腓骨长肌、腓骨短肌，辅助肌是𧿹长屈肌、趾长屈肌、腓肠肌、胫骨前肌等。而胫骨前肌是有力的足内翻肌，𧿹长伸肌是弱的内翻肌。

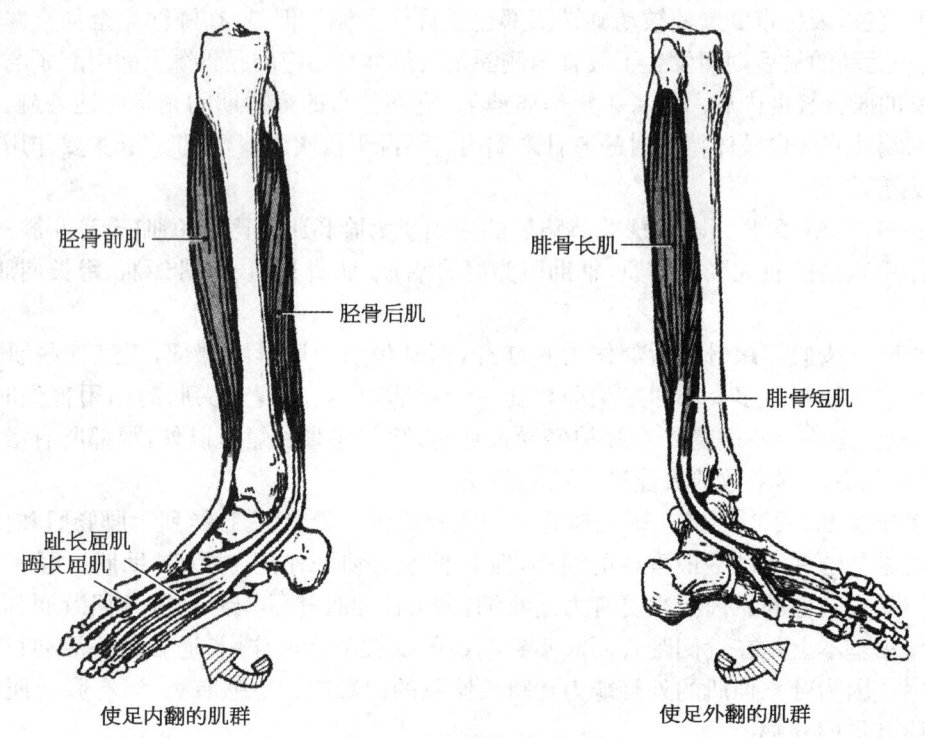

图 4-49 足内翻和外翻肌群

足外翻的主动肌为腓骨长肌、腓骨短肌，拮抗肌是胫骨后肌，辅助肌是趾长伸肌等。当肌肉瘫痪时则不能完成相应的活动。

4. 足趾的伸展（图 4-50） 𧿹趾的远端关节伸展是由𧿹长伸肌进行，近端关节的伸展是由𧿹短伸肌进行的。其他趾的伸展由趾长伸肌和除小趾以外的各个相伴行的部分趾短伸肌进行。远端指节由于屈肌的牵拉通常保持在屈曲位。

5. 足趾的屈曲（图 4-50） 𧿹趾的屈曲是由𧿹短屈肌、𧿹长屈肌、𧿹展肌和𧿹内肌实现。其他趾的屈曲是由趾长屈肌和趾短屈肌进行，由蚓状肌相应的骨间肌和跖方肌作为辅助肌。第五趾也是由自身的短屈肌和它的外展肌来完成屈曲。所有这些肌肉直接或间接地作用在跖趾关节上。𧿹趾的趾骨间关节是由𧿹长屈肌来完成屈曲。趾短屈肌作用于其他趾的近端趾骨间关节，而趾长屈肌有跖方肌的帮助来屈曲远端趾节。

6. 足趾的外展、内收（图 4-50） 足趾的外展由骨间背侧肌和𧿹趾、小趾的外展肌完成，内收是由骨间足底肌和𧿹收肌完成。重心通过正常背屈关节的前方，使体重倾向于踝部而进一步背屈。即使静止的站立也需要足跖屈肌的收缩，使重心落在足底上。在保持平衡时有困难如单足站立时，小腿的所有肌肉相应地收缩以在稳定踝关节的同时稳定距下关节并防止足的内翻或外翻。

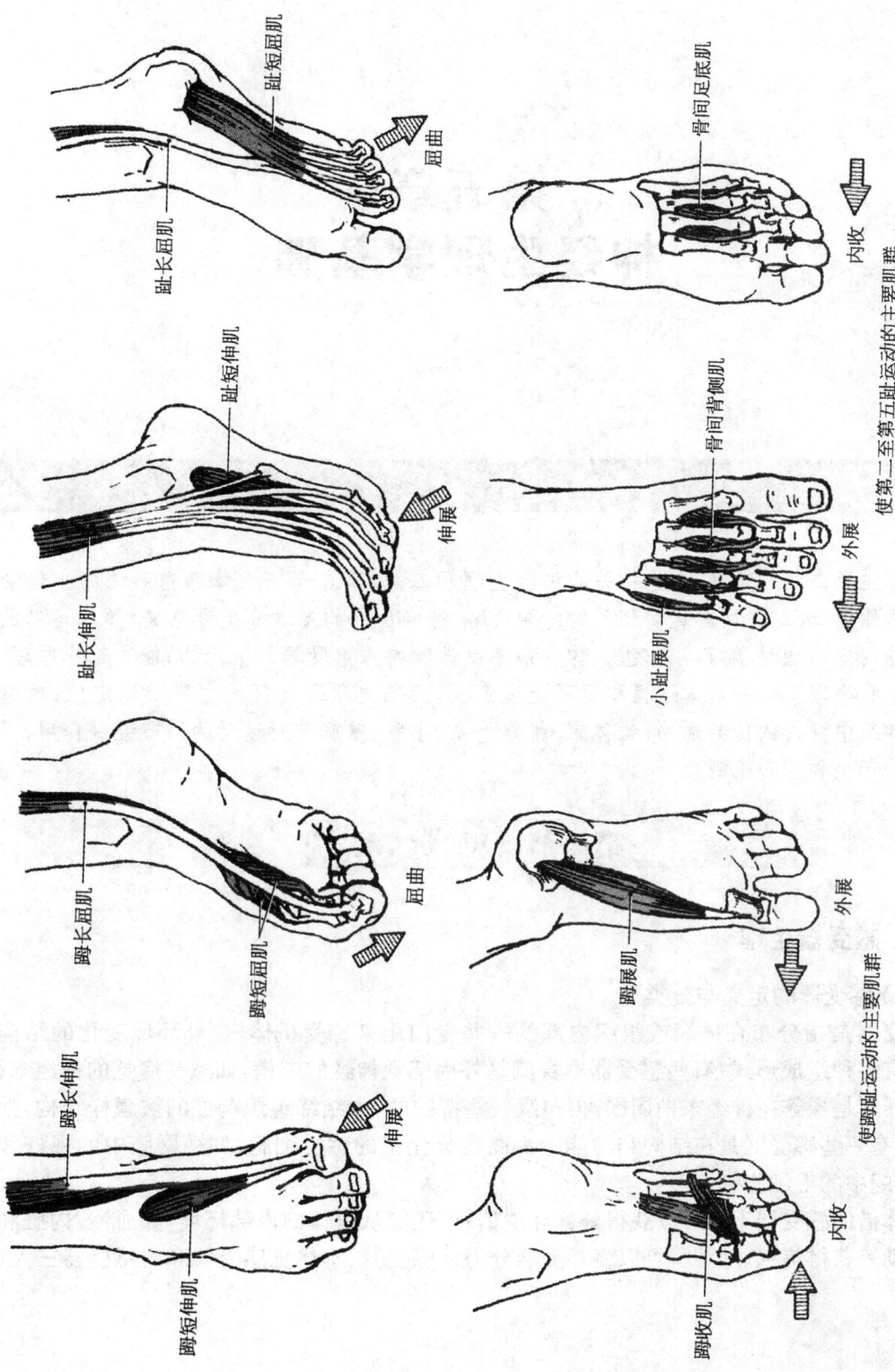

图 4-50 足趾运动肌群

第五章
神经生理学基础

导学

本章主要介绍与运动、感觉相关的神经生理学基础,重点介绍人体感觉系统的生理功能和基本工作原理、大脑皮质与运动相关的传导通路、神经反射的基本分类和意义、随意运动的发起和控制等内容。通过学习,应掌握人体一般感受器和特殊感受器的概念、功能和工作原理,人体生理反射和病理反射的基本过程和重要生理意义,大脑皮质运动区的主要功能定位;熟悉运动信息在各级中枢内的传导通路,锥体束、锥体外系、小脑、基底节对运动的调节控制作用;了解随意运动的产生和控制机制。

第一节 感觉系统

一、感受器生理

(一) 感受器的定义与分类

感受器是指分布在体表或组织内部的一些专门用来感受机体内、外环境变化的结构或装置。其有多种组成形式,有些感受器本身就是外周感觉神经的末梢,如感受痛觉的神经末梢;有些感受器则是裸露在神经末梢周围,再包绕一些特殊的、由结缔组织构成的被膜样结构,如环层小体;还有一些感受器是在结构和功能上都高度分化了的感受细胞,如视网膜中的视杆和视锥细胞、耳蜗中的毛细胞等。

机体借助感受器不但可以获得外部环境信息,还能从机体的内部环境,如血液、内脏和骨骼肌的运动等获得信息。因此,可以将感受器分为外感受器、本体觉感受器和内感受器三大类(表5-1)。

表 5-1 按部位分类的感受器

部位		感受器名称	感受类型
外感受器	特殊感受器	视锥细胞、视杆细胞	视觉
		耳蜗	听觉
		嗅上皮	嗅觉
		前庭内耳	平衡觉
	体表感受器	皮肤的机械、温度、伤害感受器	触觉、温度觉、痛觉
本体觉感受器	深感受器	肌肉和(或)关节的机械感受器	机体的位置和运动状态
内感受器	内脏感受器	内脏的机械和化学感受器	内脏的各种感觉

外感受器是指机体感受外部环境刺激的敏感感受器,如视觉、听觉、皮肤感觉等;本体觉感受器是负责感觉相应的关节位置、肌肉运动状态等方面的信息;内感受器则负责监测内部环境变化,如血压变化、血糖浓度变化等。需要注意的是,某些来自内感受器的信息,如血糖的变化和血压的变化等,一般只是向中枢提供内环境中一些因素变化的信息,引发各种调节和控制,但并不能使机体在主观意识上产生特定的感觉。

(二) 感受器的生理特性

1. **感受器的适宜刺激** 感受器的共同功能特点是均有各自最敏感、最易接受的刺激形式,即用某种能量刺激作用于某种感受器时,只需极小的刺激强度(即感觉阈值)就能引起相应的感觉,这一刺激的形式或种类,就称为该感受器的适宜刺激(adequate stimulus)。如一定波长的电磁波是视网膜感光细胞的适宜刺激,一定频率的机械震动是耳蜗毛细胞的适宜刺激等。感受器对非适宜刺激也可能发生反应,但所需的刺激强度要比适宜刺激大很多。所以,了解各种感受器的适宜刺激方式和刺激强度,对人体感觉功能的康复治疗具有重要意义。

2. **感受器的换能作用** 感受器能将作用于它们的各种刺激形式转变为相应的传入神经上的动作电位,既是感受器的换能作用,也是各种感受器功能的又一共同特点。某一特定的反射,往往是在刺激相应的感受器后发生的,这些感受器细胞的全体分布区域为该特定神经细胞反射的感受野(receptive field)。尽管作用于各种感受器的刺激形式多种多样,但各种传入纤维向中枢传输的是神经纤维自身产生的动作电位,它们具有不衰减地传向中枢的特点。至于在人体能够引起何种感觉,则要依赖于各级中枢对信息综合分析处理的结果。

3. **感受器的编码作用** 感受器在将外界刺激转换成沿着神经传入的一个个动作电位时,既发生了能量形式的转换,更重要的是将刺激所包含的环境变化的信息,也转移到了新的电信号系统之中,这就是感受器的编码作用。"编码"是现代工程通讯理论中的专用名词,是指一种信号系统(如通讯密码)如何将信息内容(如电文内容)包含在少量特定信号的排列组合之中,感受器的作用原理也是如此。各种能量形式的刺激,经过最终转变成神经动作电位的序列,并以组合后的形式传向中枢,就是发挥了感受器的编码作用。

4. **感受器的适应现象** 适应是所有感受器的共同功能特点,当感受器接受刺激时,虽然刺激仍在继续作用,但沿传入神经纤维传导的冲动频率却已经下降,这一现象称为感受器的适应(adaptation)。

感受器的适应出现的快慢,在不同的感受器上有很大差别,一般将感受器分为快适应和慢适应两类。快适应感受器的代表是皮肤感受器,其感受刺激时只在刺激开始后的短时间内有传入冲动发放,以后刺激虽然继续,但传入冲动的频率可以降低至零;慢适应感受器有深部感觉的感受器、颈动脉窦的压力感受器和角膜的痛觉感受器等,当受到刺激时传入冲动可在较长时间维持于一定水平。感受器适应产生的快慢有着重要的生理意义,快适应有利于感受器和中枢系统接受新异刺激,慢适应有利于机体对刺激进行长期监测和及时调节。但适应现象的出现,并不表示感受器的疲劳,如果增加刺激强度,还能看到传入冲动的增加,其敏感性也随着刺激强度的增加而不断提高。此外,整体感觉功能的适应还与中枢神经系统,特别是与大脑皮质功能的综合能力密切相关。根据感受器的这一特点,可以通过变换刺激方式、提高刺激强度等方法,提高相关感受器的感觉水平。

(三) 分布于皮肤的感受器

1. 机械感受器　机械感受器是提供来自触、压、震动以及皮肤紧张度等方面的刺激信息的感受器,其特点是高敏感性。此类感受器在结构上可分为触觉小体、环层小体、梅克尔小体和皮下神经终末器官等。

(1) 触觉小体:触觉小体位于指掌和足底等处的真皮下方,呈细长型,周围包绕着由数层神经膜细胞组成的囊,囊的中心含有一个或数个传入神经纤维。当皮肤受到轻微的触压时,传入纤维即可迅速发生传入冲动。触觉小体最敏感的刺激震动频率为30～50 Hz(图5-1a)。

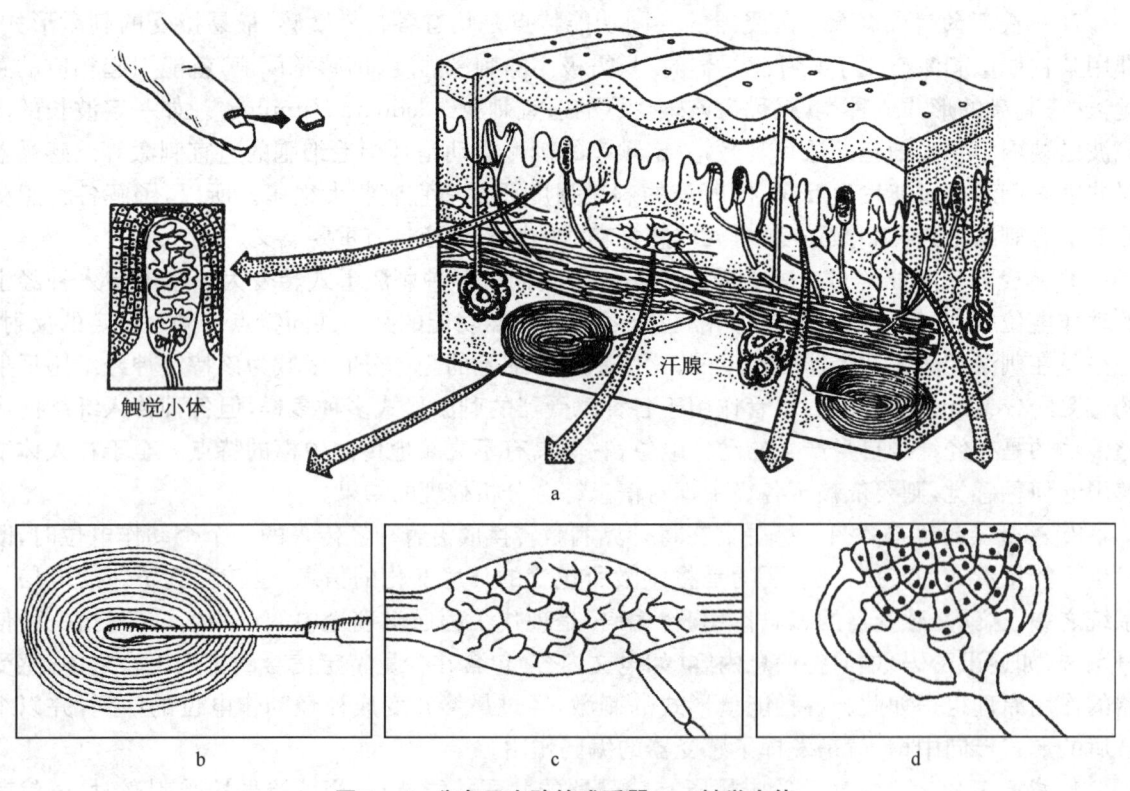

图5-1　分布于皮肤的感受器——触觉小体
a.触觉小体；b.环层小体；c.梅克尔小体；d.皮下神经终末器官

(2) 环层小体：环层小体位于皮下组织中（有的可深达骨膜和肠系膜），体积较大，由洋葱样多层囊包裹，各层之间的间隙由液体填充，一个或多个传入纤维的轴突位于环层小体的中央，环层小体所负责感受的是那些纹理更为精细的触觉刺激。环层小体的适宜刺激是频率较高（250～350 Hz）的震动波，其感觉阈值也比触觉小体更低（图5-1b）。触觉小体和环层小体均属于快适应感受器。

(3) 梅克尔小体：梅克尔小体呈乳头状，精细致密地排列于皮下，多分布在手指尖端、口唇和外生殖器等部位。其与慢适应性神经纤维的终末结合并膨大成碟状结构，周围辅以一种特殊分化的细胞，这类细胞含有囊泡，囊泡内含肽类物质（图5-1c）。实验表明，梅克尔小体可能在感受刺激物的形状、边缘和质地方面发挥着重要作用。

(4) 皮下神经终末器官：皮下神经终末器官位于皮肤深处和韧带、肌腱等处，系纺锤状囊性结构，对肢体在运动时所产生的牵拉刺激特别敏感（图5-1d）。

2. 温度感受器　分为外周温度感受器和中枢温度感受器，外周温度感受器位于人体的皮肤、黏膜和内脏中，中枢温度感受器则分布于中枢神经系统内部。其中皮肤温度感受器又包括冷感受器和温热感受器，并且以冷感受器为主。当局部温度升高时，温热感受器兴奋而冷感受器抑制；反之，冷感受器兴奋而温热感受器抑制。

动物实验观察到，皮肤的温热感受器和冷感受器各自对一定范围的温度变化敏感。如大鼠阴囊的冷感受器在28 ℃时发放冲动的频率最高，而温热感受器则在43 ℃时发放冲动的频率最高。当局部温度偏离这两个温度时，两种感受器发放冲动的频率都逐渐下降。

3. 伤害感受器　在人类的皮肤上明显分为机械伤害感受器和复合伤害感受器两类。

机械伤害感受器为有髓纤维的神经末梢分支，这类感受器的兴奋传导速度在7～30 m/s之间，其感受野呈小的斑点状，跨度为2～3 mm。机械伤害感受器对短促的热刺激呈现较高的阈值，而对持续的热刺激呈现较低的阈值，受到刺激后能够引起清楚的"刺痛"感觉，是机体在遭受外来创伤时首先产生痛觉的感受器。

复合伤害感受器是受化学物质刺激时产生痛觉的感受器。当皮肤受到穿刺，超过46 ℃的热刺激，或组织损伤释放化学物质K^+、H^+、缓激肽、组胺时，就会刺激复合伤害感受器而产生痛觉。复合伤害感受器的传入神经是无髓的C类纤维，刺激强度与传入冲动成正比。这类感受器受到刺激后所引起的疼痛往往是难以忍受的"灼痛"，且定位不准确。内脏痛也具有类似的疼痛特点。

需要注意的是，人体受到伤害时，受损组织释放的缓激肽和前列腺素E_2，都能降低伤害感受器对机械和温度刺激的阈值，使受损部位对刺激变得更为敏感，导致非痛刺激也引起疼痛，即发生所谓原发性痛觉超敏现象。

二、中枢神经系统的感觉分析功能

(一) 脊髓的感觉传导通路

皮肤机械感受器的初级传入纤维均由脊神经后根进入脊髓，分为内侧和外侧两部分。内侧部纤维粗，沿脊髓后角内侧部进入后索，其上行分支组成薄束和楔束在同侧后索上行（主要传导本体感觉和精细触觉），至延髓的薄束核和楔束核更换神经元，再发出纤维交叉至对侧，经内侧丘系至丘脑；外侧部主要由细的有髓和无髓纤维组成，这些纤维进入脊髓后角更换神经元，再发出纤维,在中央管前交叉到对侧,分别经脊髓丘脑侧束(传导痛、温觉)和脊髓丘脑前束(传导粗感觉)上行达丘脑。所以,脊髓有两条上行传导通路,即传导深部感觉的薄束和楔束,传导浅感觉的脊髓丘脑侧束和脊髓丘脑前束。

1. 薄束和楔束　　薄束和楔束又称为背内侧束,是脊神经后根内侧部的粗纤维在同侧后索的直接延续。薄束来自脊髓第四胸段以下的脊神经节细胞的中枢突,楔束来自脊髓第四胸段以上的脊神经节细胞的中枢突,这些神经节细胞的周围突分别与肌肉、肌腱、关节和皮肤的感受器相联系。中枢突经后根内侧部进入脊髓的薄束和楔束,在脊髓后索上行,止于延髓的薄束核和楔束核(图5-2)。由于薄束和楔束的纤维是按来自骶、腰、胸、颈部顺序自下而上进入的,故在后索中来自各个节段的纤维有着明确的定位。薄束和楔束分别传导来自同侧下半身与上半身的肌肉、肌腱、关节和皮肤的本体感觉(肌、腱、关节的位置觉和运动觉、震动觉)及精细触觉(如通过触摸辨别物体纹理粗细和两点的距离)的信息。当脊髓后索病变时或受到损伤时,本体感觉和精细触觉的信息不能向上传入大脑皮质,患者在闭目时就不能确定自己的肢体所处的位置,站立时身体摇晃倾斜,也无法辨别物体的性状和纹理的粗细等。

2. 脊髓丘脑束的感觉传导通路　　脊髓丘脑束可分为脊髓丘脑侧束和脊髓丘脑前束。脊髓丘脑侧束位于外侧索的前半部,传递由细纤维传入的痛觉和温度觉信息。脊髓丘脑前束位于前索、前根纤维的内侧,传递由后根粗纤维传入的粗触觉和压觉信息,也可能包括痒觉信息。脊髓丘脑束主要起自脊髓灰质,纤维经白质前联合后上行1~2个节段交叉至对侧上行至脑干、丘脑(图5-3)。脊髓丘脑束在脊髓有明确的定位,其规律是由外向内依次为骶、腰、胸、颈的纤维。

总之,深感觉传导路是先上行后交叉,浅感觉的传导路是先交叉再上行,故在脊髓半脱离的情况下,浅感觉的障碍将发生在离断的对侧,而深感觉(包括精细触觉)的障碍则发生在离断的同侧。在临床上脊髓空洞症的患者,由于中央管部分有空腔形成,破坏了在中央管前进行交叉的浅感觉传导路径,故导致浅感觉障碍。

(二) 丘脑的感觉分析功能

1. 丘脑的感觉核团　　丘脑是人体感觉传导的神经元交换接替站,其功能是对下级传导的感觉进行粗略的综合和分析。丘脑、下丘脑和纹状体之间有纤维互相联系,成为许多复杂的非条件反射的皮质下中枢。丘脑是由大量神经元组成的核团集群,各种细胞群大致可分为三大类。

(1) 特异感觉接替核:主要包括腹后核的内侧核和外侧核、内侧和外侧膝状体等。这类核群接受感觉的投射纤维,如四肢部的感觉、头面部的感觉、视觉等,而这些纤维都需要在此交换神经元,再投射到大脑皮质特定的感觉区(图5-4)。

(2) 联络核:包括丘脑前核、丘脑腹外侧核、丘脑枕等核群。这类核群接受感觉接替核和其他皮质下中枢来的纤维,经交换神经元后,投射到大脑皮质的特定区域。因此,联络核的功能是联系与协调各种通向大脑皮质的感觉。

(3) 非特异投射核:主要是指靠近丘脑中线的髓板内侧核群,包括中央中核、束旁核和中央外侧核等。这些细胞核群不直接与大脑皮质发生联系,而是通过多突触的接替神经元,再弥散地投射到整个大脑皮质。此类核群的作用是使大脑皮质维持兴奋状态。

2. 丘脑的感觉投射系统　　丘脑各部分向大脑皮质投射具有不同的特征,可以分成特异投射系统和非特异投射系统两大系统。

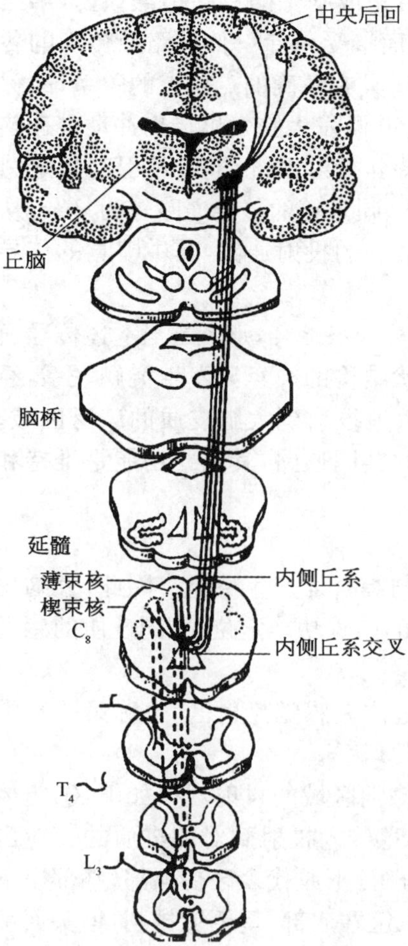

图 5-2 薄束与楔束走行示意图

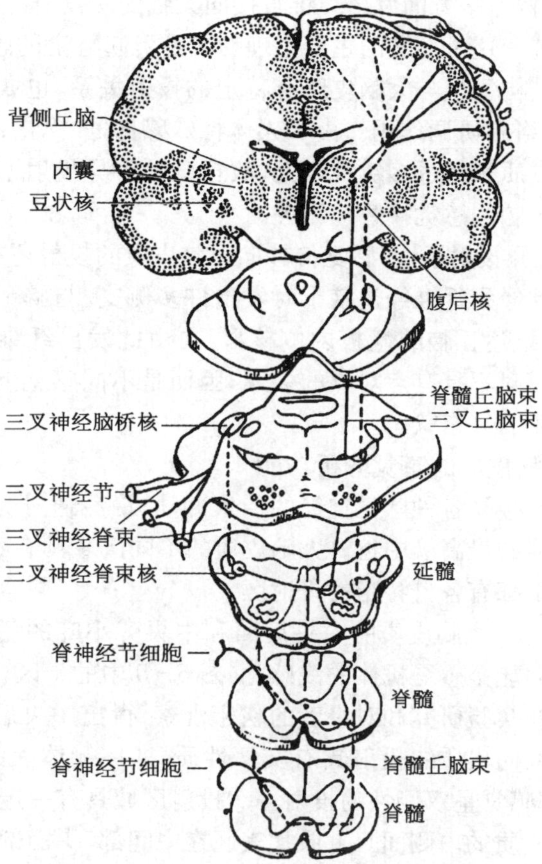

图 5-3 脊髓丘脑束走行示意图

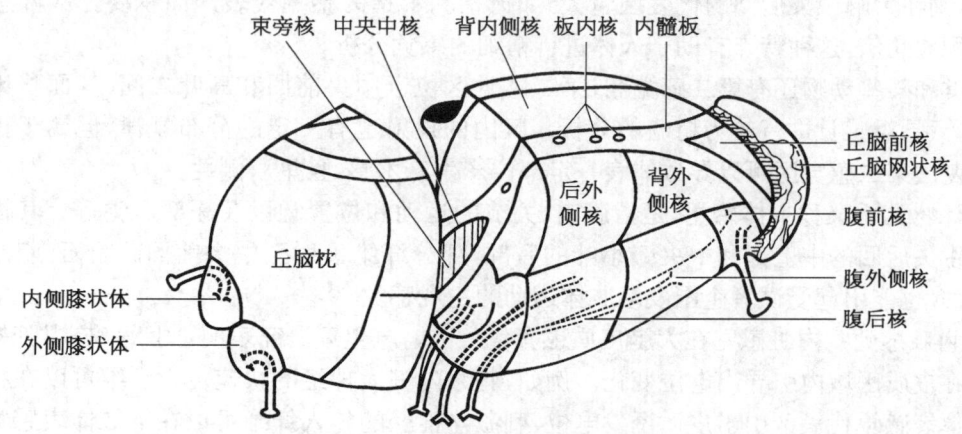

图 5-4 丘脑主要核团示意图

(1) 特异投射：经典的感觉传导通路是由三级神经元接替完成的。第一级神经元位于脊神经节或有关的脑神经感觉神经节内，第二级神经元位于脊髓后角或脑干的有关神经核内，第三级神经元就在丘脑的感觉接替核内。丘脑的感觉接替核一方面接受由专一传导路径传入的各种感觉的投射，另一方面发出纤维直接向大脑皮质投射，其投射具有精确的点对点的关系，故称特异投射系统。这个系统的主要生理功能是引起特定的感觉，并激发大脑发出传出冲动。丘脑的联络核在结构上也与大脑皮质有特定的投射关系，也属于特异投射系统，但它不引起特定感觉，主要起联络和协调作用。由于人体特殊感觉，如视觉、听觉、嗅觉等的传导通路较为复杂，从外周到大脑皮质须经过多级神经元，故丘脑的特异投射不是唯一的投射通路，其中嗅觉的传导通路甚至与丘脑的感觉接替核无关。

(2) 非特异投射系统：感觉传导向大脑皮质的投射还有另外一条途径，那就是当上述传导通路的第二级神经元纤维经过脑干时发出许多侧支，与脑干网状结构的神经元发生突触联系，经过多次换元，抵达丘脑的髓板内侧核群，再由此发出纤维弥散地投射到大脑皮质的广泛区域。这一系统的投射不具有点对点的关系，因而是不同感觉上传的共同通路，其主要功能是维持和改变大脑皮质的兴奋状态。

(三) 大脑皮质的感觉分析功能

大脑皮质接受各种感觉神经的传入冲动，最后通过分析与综合才产生感觉。因此，大脑皮质是感觉功能的最高级中枢。大脑皮质的不同区域具有不同的感觉功能定位，不同性质的感觉在大脑皮质也都有各自特定的投射区。

1. 浅感觉　大脑皮质的中央后回和中央旁小叶的后部是体表感觉投射区，也称第一感觉区。其主要功能是感受机体的浅感觉(图5-5中的1区、2区、3区)。

通过动物实验研究和对患者的临床观察，得出中央后回感觉区域的投射规律如下：①躯体体表感觉传入向皮质的投射具有交叉性质，即一侧体表的感觉传入投射到对侧皮质的相应区域，但头面部感觉呈双侧性的投射。②投射区域具有一定的分野，下肢代表区在顶部(膝部以下的代表区在皮质的内侧面)，上肢代表区在中间部，头面部代表区在底部，呈倒置排列，但头面部代表区内部的安排是正立的。③投射区域的大小与不同体表部位感觉的灵敏度有关，感觉灵敏度越高，则在大脑中央后回的代表区越大，如拇指和示指的感觉代表区面积要比胸部感觉代表区总面积大几倍，这种特点有助于人体进行精细的感觉分析。

人类和某些动物还有第二感觉区，第二感觉区位于中央前回和岛叶之间，其面积比第一感觉区小，只是对感觉进行较为粗略的分析。区内的投射也有一定的分布规律，但属于正立而非倒置。刺激第二感觉区可以导致体表一定部位产生麻木感，且呈双侧性。

2. 深感觉　又称本体感觉，是指肌肉、关节的运动和位置觉以及深部压觉等。其投射区主要位于中央后回的中上部和中央旁小叶的后部，部分纤维投射至中央前回。因而，刺激人脑的中央前回，也能引起受试者企图发动肢体运动的主观感觉。

3. 内脏感觉　内脏感觉在大脑皮质也有代表区。电生理研究表明，刺激来自内脏的传入神经可以在皮质区域内引导出电位变化。例如，刺激内脏大神经的快速传入纤维可以在相应的躯干水平体表感觉代表区引出皮质诱发电位，刺激盆神经的传入纤维可以在下肢体表感觉代表区引出皮质诱发电位。

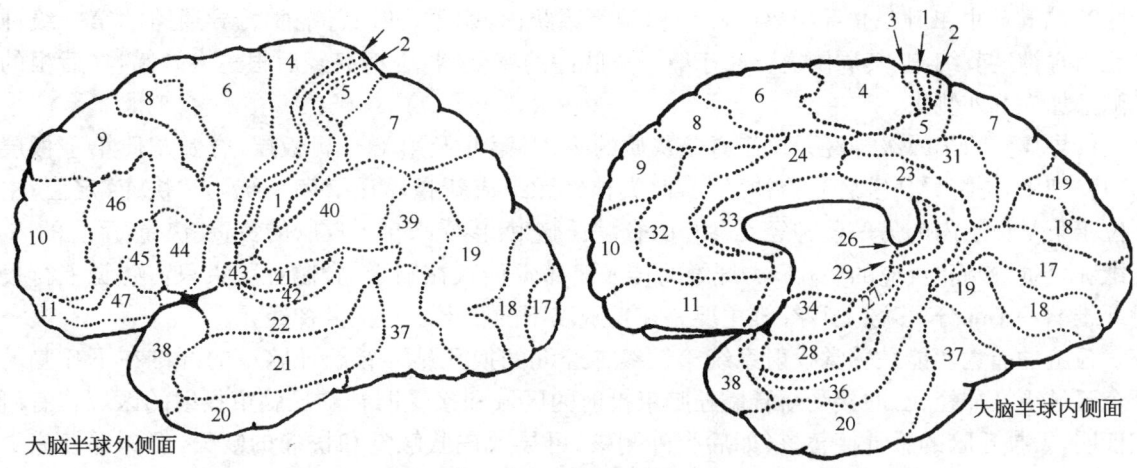

图 5-5 大脑皮质感觉功能分区

1,2 和 3 区-体感皮质；4 区-初级运动皮质；5 区-体感联合皮质；6 区-前运动皮质；7 区-体感联合皮质；8 区-包括额页眼动区；9 区-后外侧前额叶皮质；10 区-额极区（上额回和中额回最前侧的部分）；11 区-额眶区（眶面,直回和上额回前侧的一部分）；12 区-额眶区（上额回和下前回之间的区域）；13 区-岛皮质；17 区-初级视皮质；18 区-视觉联合皮质；19 区-视觉联合皮质；20 区-颞下回；21 区-颞中回；22 区-颞上回,其前侧部分属于韦尼克；23 区-下后扣带皮质；24 区-下前扣带皮质；25 区-膝下皮质；26 区-压外区；27 区-海马旁的一部分；28 区-后内嗅皮质；29 区-压后扣带皮质；30 区-扣带皮质的一部分；31 区-上后扣带皮质；32 区-上前扣带皮质；34 区-前扣带皮质,位于海马旁回；35 区-旁嗅皮质,位于海马旁回；36 区-海马旁皮质；37 区-梭状回；38 区-颞极区；39 区-角回,韦尼克区的一部分；40 区-缘上回,韦尼克区的一部分；41,42 区-初级听皮质和听觉联合皮质；43 区-中央下区；44 区-三角部,布洛卡区的一部分；45 区-岛盖部,布洛卡区的一部分；46 区-上外额叶皮质；47 区-下额叶皮质；48 区-下脚后区,颞叶内侧的一小部分；49 区-岛旁区,位于颞叶和岛叶的交界处（本图仅显示内、外侧面分区）

三、痛觉

痛觉是人类最基本的原始感觉,表现形式复杂,通常伴有不愉快的情绪活动和防御反应。当机体受到伤害时痛觉具有报警和保护机体的双重作用,在康复治疗方面痛觉也有重要的临床意义。感受痛觉的伤害感受器是游离的神经末梢,引起痛觉也不需要特殊的适宜刺激,任何形式的刺激只要达到一定的强度而引起组织损伤都能引起痛觉。伤害刺激发生时,受损部位释放许多化学物质,如 K^+、H^+、组胺、5-羟色胺、缓激肽、乙酰胆碱等,这些化学物质又转而作用于痛感受器引起疼痛。实验已知,组织损伤后,局部 K^+ 的浓度与疼痛强度之间存在着正相关,这在疼痛感觉方面具有特殊的重要意义。

（一）痛觉的神经传导通路

1. 痛觉的外周神经传导通路　伤害性刺激作用于人体时能出现两种性质不同的痛觉,即快痛和慢痛。快痛是一种尖锐而定位清楚的"刺痛",它发生快,消失也快；慢痛是一种定位不明确的"烧灼痛",它在刺激作用后 0.5~1.0 s 发生,但持续时间较长,疼痛感强烈,多伴有情绪反应和心血管、呼吸等方面的改变。

传导快痛的外周神经是有髓的 $A_δ$ 类纤维,直径 1~9 μm,传导速度 5~30 m/s,兴奋阈较低,只分布于皮肤和黏膜；传导慢痛的外周神经是无髓的 C 类纤维,其直径 2 μm 以下,传导速度慢,平均约 1 m/s,兴奋阈较高,广泛分布于皮肤和深部组织中。在皮肤组织中,传导慢痛的 C 类纤维要比传导快痛的 $A_δ$ 类纤维分布密度高。

2. 痛觉的中枢神经传导通路　在中枢神经系统内,躯干、四肢部痛觉传导通路的第一级神经元为脊神经节细胞,其周围突分布于躯干皮肤内的感受器;中枢突经后根进入脊髓,在后根的外侧部加入背外侧束。

传导痛觉的第二级神经元位于脊髓灰质的第Ⅰ、第Ⅱ及第Ⅴ~Ⅷ板层,脊髓灰质第Ⅰ板层的边缘细胞,是特异伤害感受器神经元,此类神经元组成新脊髓丘脑束系统,为"快痛"定位;主要位于第Ⅴ板层内的另一些神经元参与旧脊髓丘脑束,接受来自于皮肤的负责"快痛"反应的$A_δ$纤维和负责"慢痛"反应的$A_β$、C类纤维的传入。痛觉传入在脑干,脊髓丘脑束只占感觉上行投射纤维的一小部分,多数上行纤维主要是在丘脑以下的脑干水平交换神经元。

丘脑的痛觉功能是感觉投射系统第三级神经元的换元站。脊髓丘脑束的纤维在下丘脑的两个区域更换神经元,即接受新脊髓丘脑束投射的区域和接受旧脊髓丘脑束投射的区域。有研究证明,毁损丘脑的感觉接替核(如后腹外侧核)可导致皮肤触觉和快痛的缺失,但深部慢痛觉不受影响;毁损髓板内侧核群则可成功地缓解深部慢痛,而不影响皮肤痛觉。由此表明,痛觉的二重性不仅体现在感受器和传入神经方面,也体现在丘脑水平。

大脑皮质在痛觉感知方面的作用,目前还很难确切评价,虽然有实验观察到大脑感觉区皮质细胞对伤害性热刺激有反应,但临床切除感觉区皮质对于疼痛感觉却没有明显影响。成像技术的研究显示,人在疼痛时其扣带回皮质的活动增强,提示可能参与患者在疼痛时情绪反应方面的调制。

(二) 痛觉的闸门学说

闸门学说的核心是痛觉在脊髓的调制,其基础是建立于脊髓后角四类神经元的相互作用,分别是无髓的伤害性感受传入纤维(C纤维)、有髓的传入纤维($A_β$纤维)、投射神经元和抑制性中间神经元。投射神经元可被伤害性感受和非伤害性感受神经元兴奋,而这些传入的平衡决定疼痛强度。位于脊髓背角第Ⅴ板层和第Ⅰ板层的投射神经元负责将外周传入信息向丘脑等高级中枢投射,胶质区抑制性中间神经元的功能就是抑制投射神经元,使其向丘脑等高级中枢发放的神经冲动减少,发挥"闸门样"作用,以调节痛觉信息向脑的传递。传递非伤害性感受信息的$A_β$纤维和传递伤害性感受的$A_δ$和C纤维的兴奋性传入均可激活投射神经元,而这些传入纤维对抑制性中间神经元的作用相反,$A_β$纤维的传入冲动将其激活,而$A_δ$和C纤维的传入冲动将其抑制。因此,伤害性刺激引起的C类纤维传入冲动抑制了抑制性中间神经元,使闸门打开,解除其对投射神经元的抑制,痛觉信息向中枢的传递增多,引起疼痛;而像抚摸伤口区域和进行针刺这样的刺激会兴奋$A_β$类粗纤维,抑制性中间神经元兴奋,闸门关闭,使投射神经元受到抑制,进而减少和阻遏伤害性信息向中枢的传递,使疼痛缓解。

(三) 内脏痛和牵涉痛

1. 内脏痛　这是指内脏本身受到刺激时所产生的疼痛。还有一种内脏痛是由于体腔壁浆膜受到刺激时产生的疼痛,称为体腔壁痛。例如,胸膜或腹膜受到炎症、压力、摩擦或牵拉等刺激时,也会产生疼痛。这种疼痛与躯体痛相类似,也是由躯体神经(膈神经、肋间神经和腰上部脊神经)传入的。

内脏痛的特征为:①定位不准确,对刺激的辨别能力差。②发作缓慢,但持续时间较长。③对切割或烧灼等刺激相对不敏感,但对机械牵拉、缺血、痉挛和炎症等刺激较为敏感,往往会引起内脏的剧烈疼痛,如心肌缺血所致的心绞痛等。内脏痛与体表痛一样,也可能是某些化学物质作用于痛感受器而引起的,如盐酸羟苯利明就是导致溃疡痛的主要因素。

内脏痛的传入神经主要是走行在交感神经干内的传入纤维,其通过后根进入脊髓,与躯体神经基本上沿着同一上行途径上行。但食管、气管的痛觉则是通过迷走神经干内的传入纤维进入中枢而上传的,部分盆腔脏器(如直肠、膀胱、前列腺和子宫颈等)的痛觉传入神经纤维是沿盆神经进入脊髓的。

2. **牵涉痛**　内脏疾病往往引起体表部位疼痛或痛觉过敏,这种现象称为牵涉痛。例如,心肌缺血时,可发生心前区、左肩和左前臂的疼痛;胆囊病变时,右肩区会出现疼痛;阑尾炎时,会出现上腹部或脐区的疼痛。发生牵涉痛的原因目前尚不清楚,普遍认为是发生牵涉痛的部位和真正患病内脏的传入神经纤维来自相同的脊髓节段,即从内脏传入的感觉纤维,除了由专用的中间神经元上达丘脑以至皮质,引起真正的内脏痛觉外,还与出现牵涉痛的皮肤区域感觉纤维共同终止于脊髓同一节段的后角细胞,再由同一上行传导途径传给大脑皮质,就发生牵涉痛。

(四)痛觉异常

1. **痛觉过敏、痛觉超敏和自发痛**　组织炎症、受损或病变可引起痛觉过敏、痛觉超敏和自发痛等反应性增强或过敏化过程。痛觉过敏是指机体对伤害性刺激所产生的过强反应;痛觉超敏是指机体对非伤害性刺激产生的过强反应;自发痛则是指机体在没有可知的刺激条件下所表现出的疼痛感。

2. **幻肢痛**　指患者在失去了肢体后,仍然能够感觉到失去肢体的强烈疼痛,是一种疼痛综合征。其疼痛具有以下特征:①在病体组织痊愈后,疼痛长期存在。②疼痛的性质和疼痛的部位与失去肢体前的情况十分类似。③疼痛触发带可以扩展到身体的同侧和对侧的健康区域。

第二节　特殊感觉系统

一、视觉

人眼是人体从外界获取信息的最重要渠道,也是重要的特殊感觉器官。人眼的适宜刺激是波长为370～740 nm的光波,光波通过眼的屈光系统聚焦在视网膜上,经过视网膜感光细胞转变成为电信号,再经过视神经元的编码和处理,由视神经传向大脑的视觉中枢,视觉中枢经过进一步的整理和分析,最后才形成视觉。

(一)视觉感受器

视觉感受器是由视网膜上两种不同类型的感光细胞组成,即视杆细胞和视锥细胞(图5-6)。两种感光细胞的分布和功能有明显区别:视杆细胞主要分布在视网膜的周边部,对光的敏感度高,能在夜晚或暗光条件下感受刺激而引起视觉,即司晚光觉,但无色觉功能,也不能精确地分辨物象的表面边缘、轮廓和微细构造;视锥细胞则主要分布在视网膜的中心部位,对光的感觉阈值高,只能在强光条件下发挥感光作用,即司昼光觉,并有色觉功能,能分辨物象的表面边缘、轮廓和微细构造。

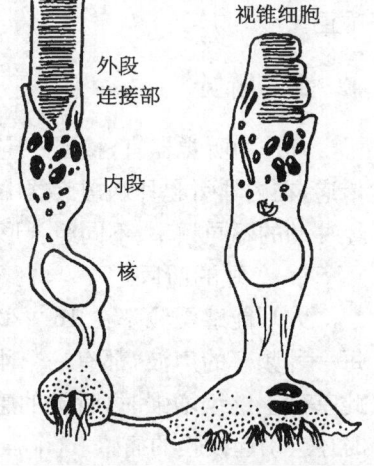

图 5-6　哺乳动物的视锥细胞

两种感光细胞的感光化学物质也不同:视杆细胞的感光化学物质称为视紫红质,是一种由视蛋白和视黄醛结合而成的色素蛋白,其中视黄醛是由维生素 A 氧化生成的;视锥细胞的感光物质是特殊的视锥色素,可进一步分为红、绿和蓝三种,三种视锥细胞分别对红、绿、蓝的光线特别敏感,因而分别称为感红、感绿和感蓝视锥细胞。视觉方面的三原色学说基本上可以解释许多色觉现象和色盲发生的原因。

(二) 视觉的神经传导通路

视觉神经传导通路较为复杂。视觉的感光细胞经过光电换能后,须经过视网膜的广泛的神经突触联系,将视觉信息进行处理,再由节细胞的轴突,即视神经传向中枢神经外侧膝状体,交换神经元后投射到大脑皮质的视觉区域,形成视觉。

(三) 视觉异常

1. 近视(myopia)　近视的主要原因有两种:眼的前、后径过长,而屈光度大致正常,称为轴性近视;眼的屈光力过强,而前、后径正常,则是为屈光性近视。以上两种情况都使平行入眼的光线投射到视网膜之前,导致视网膜上的物象变得模糊不清。所以,近视眼在看近物时,需要较小的调节或不调节,就可以在视网膜上获得清晰的物象,与正常眼的调节大致一样;而看远处物象时,就需要采用一些方法使物象投射在视网膜上,如配戴适当度数的凹透镜片,让光线的聚焦正好在视网膜上,以使患者看清远物。

2. 远视(hyperopia)　远视可分为三类:轴性远视是由于眼的前、后径过短,是最常见的远视类型;曲率性远视是眼的屈光系统中某些屈光体的表面曲度较小所致;屈光性远视是眼晶状体的屈光力减弱所致,常见于老年人。三种类型的远视眼在屈光特点上是一致的,即视近物时,成像在视网膜后而导致视物不清。远视的纠正方法是使用适当度数的凸透镜,让光线的聚焦正好在视网膜上。远视者无论在视远物还是视近物时都需要动用眼的调节能力。

3. 散光(astigmatism)　正常眼的折光系统的各个折光面都是正球面,即在球表面任何曲率半径都是相等的。由于某些原因,折光面(通常发生在角膜)在某一方位上的曲率半径变小,而在与其相垂直方位上的曲率半径变大,就会导致通过角膜不同方位的光线在眼内聚焦于视网膜面的同一水平,而致视物不清或物象失真,就称为散光,散光可通过配戴适当的柱面镜进行矫正。

二、听觉

耳作为听觉器官,接受一定频率范围的空气振动的疏密波刺激后,经过耳道、鼓膜和听骨链的传递,在内耳引起耳蜗螺旋器中的毛细胞兴奋,并转变为听神经纤维的动作电位。听神经再以神经冲动的不同频率、不同组合形式对声音信息进行编码并传到大脑皮质的听觉中枢,就产生听觉。

(一) 耳的听阈

人耳能感受频率在 16~20 000 Hz 之间的振动波,并且达到一定强度才能引起听觉。对于每一种频率的声波,都有一个刚好能引起听觉的振动强度,这一强度称为听阈。当声波强度在此基础上继续增强时,听觉的感受也相应增强;当声波强度增加到一定程度时,除引起听觉的同时还会引起鼓膜的痛感,这个强度称为最大可听阈。通常,人耳最为敏感的声波频率介于 1 000~3 000 Hz,而日常言语的频率还略低一些,声波的强度是由声压来表示的,声压水平(SPL)的单位是分贝(dB),声压每增加 10 倍,分贝数增加 20 倍。声压水平超过 100 dB,就可能引起听力损害；声压水平达到 120 dB 时，能引起鼓膜的疼痛感。

（二）声音传导

耳的声音传导系统由外耳（包括耳郭和外耳道）、中耳和内耳组成。耳郭的运动能力虽已退化，但仍有很强的聚集声波能量的功能。外耳道一端为开口，另一端终止于鼓膜，它可起到一个共鸣腔的作用，能增大声波的强度。中耳主要包括鼓膜、鼓室、听骨链、中耳小肌和咽鼓管等结构，其中鼓膜、听骨链和内耳卵圆窗的关系见图 5-7。鼓膜到卵圆窗膜之间的连接方式具有特殊动力学特性，可使声波在外耳传向耳蜗的过程中被增压 22 倍，因而构成声波由外耳传向内耳的最有效途径。咽鼓管又称耳咽管，它连通鼓室和鼻咽部，使鼓室内空气和大气相通，通过咽鼓管，可以平衡鼓室内空气和大气之间有可能存在的压力差，这对于维持鼓膜的正常位置、形状和振动性能、保持声波的有效传导具有重要意义。

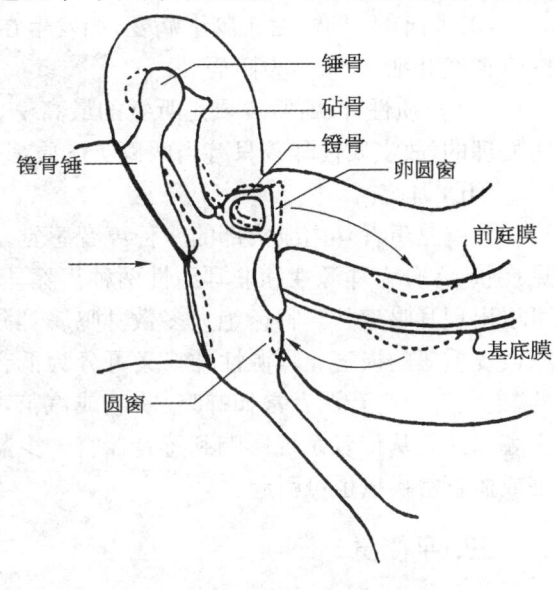

图 5-7　人中耳和耳蜗关系示意图

（三）听觉分析

听觉的感受器是内耳的耳蜗，它是一条长 3.5 cm 的骨质盘旋管道，其作用是将传入的机械振动通过某种过渡性的电位转变成听神经的动作电位。

听觉的中枢位于颞叶的颞横回和颞上回，复杂声音信息的精确处理和整合需要在听皮质进行，两侧听皮质区域损伤将导致患者全聋。

听觉的投射是双侧性的，即一侧皮质代表区与双侧耳蜗感受功能有关，但每一侧半球的听皮质主要负责对侧的听觉，并根据两耳间声波强度之差和传入时间之差来确定声源的方向、位置。只有听皮质的大面积损伤才可明显影响其对听觉的定位功能。

（四）听力障碍

耳聋（deafness）是各种听力减退症状的总称，包括传音性耳聋、感音性耳聋和混合性耳聋。传音性耳聋是由于外耳和中耳病变，阻碍声波传入内耳所致。感音性耳聋是由于耳蜗和蜗后病变，使耳不能或难以感到传入的声音。混合性耳聋则是前述两种耳聋同时存在的一种情况。

1. **传音性耳聋**　耳的传音系统包括外耳道、鼓膜、听骨链、前庭窗和蜗窗。因此，由于先天或后天因素造成的耳道畸形或闭锁、外耳道阻塞；中耳的发育不良，如鼓膜和听骨链缺如或畸形；中耳的炎性疾患导致鼓膜缺损、鼓室粘连；听骨缺损、听骨固定和鼓室硬化症等，均能影响声音传导而导致传音性耳聋。

2. **感音性耳聋**　根据病变发生的解剖部位可分为以下四类。

（1）耳蜗性耳聋：多为毛细胞病变，使传入内耳的振动波刺激不能正常转换成经蜗神经传导的生物电能。如耳毒性药物中毒所致的毛细胞病变，就使其换能作用减弱甚至消失。

（2）神经性耳聋：主要是蜗神经病变。听神经进入脑后，终止于耳蜗核的腹部和背部，来自腹部和背部的细胞轴突终止于同侧和对侧的上橄榄核团，上橄榄核发出的纤维投射到外侧丘系核，耳蜗核背部直接发出纤维投射到对侧外侧丘系核，神经传导通路的某一环节功能障碍，干扰冲动后高位中枢的传导，导致听力障碍。

(3) 脑干性耳聋：由于脑干病变，如发生在小脑脑桥角的占位性病变，可压迫和损害脑干内的听神经纤维，导致听力障碍。

(4) 皮质性耳聋：听皮质是听觉的最高整合和分析中枢。由于每侧的听觉是由两侧听皮质所处理的，故皮质性耳聋只有当两侧听皮质都受损时才会出现。

(五) 耳鸣

耳鸣是患者耳内或头部的一种声音感觉，外界环境并无相应的声源存在，是耳部疾病的常见症状，常分为耳源性和非耳源性两种。除耳的原因外，多种内科、外科、神经和精神科疾病，也可以出现耳鸣症状。临床绝大多数耳鸣属耳源性，如外耳、中耳、内耳、蜗神经、听觉中枢传导通路或皮质等的损害。耳源性耳鸣又可分为低音调和高音调者，低音调如风吹、火车或机器运转的"轰轰"声；高音调者常如蝉鸣、吹哨或汽笛声。耳鸣音调的改变，如从低音调转为高音调时，多表示病变从传音系统影响到感音器官。少数耳鸣属非耳源性的，如血液疾病、内分泌疾病、肾脏或血管等疾患也可引起。

三、平衡觉

平衡是维持人正常静止状态和进行各种运动的前提条件，取决于平衡觉、视觉和本体感觉等系统的协调活动。

(一) 平衡觉感受器

平衡觉感受器是前庭器官，它由内耳中的三个半规管、椭圆囊和球囊组成，其感受细胞称为毛细胞，是感受人体头部位置变化、重力变化和运动速度的感受器，在维持机体平衡方面有重要的作用（图5-8）。

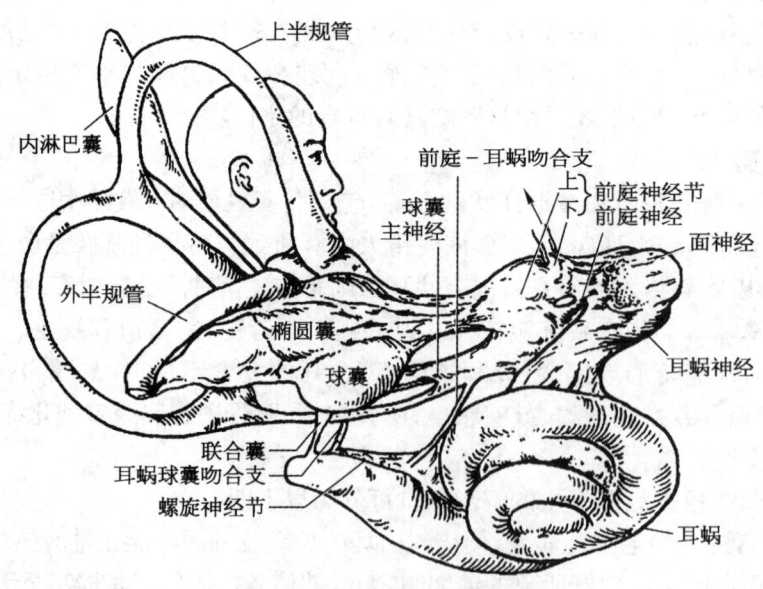

图5-8 平衡觉感受器

(二) 平衡觉的相关神经及中枢结构

前庭神经是前庭器官的传入神经,经过脑桥、脑干,到达第四脑室底,然后分支进入前庭神经核;前庭核发出纤维上行至大脑的前庭皮质(顶叶中央后沟和顶内沟交界处),除了引起运动和位置感觉,还参与中枢神经系统对骨骼肌肌紧张和某种运动的发动,用以维持身体的平衡或改变身体的姿势。

(三) 前庭反射

1. 姿势反射　人体头部在空间发生位置改变以及头部与躯干的相对位置改变时,可以反射性地改变躯体紧张性,这种反射称为姿势反射。其意义在于维持机体的姿势和保持身体平衡,参与姿势反射的主要中枢结构是前庭核。

2. 眼动反射　眼动反射是前庭反应中最特殊的情况,当躯体做旋转运动时会发生眼球的运动,称为眼震颤。临床医生检查这一反应,常用于判定前庭功能是否正常。眼震颤主要是由于半规管受到刺激所致。

3. 自主神经功能改变　半规管感受器受到过强或长时间刺激时,可通过前庭神经核与网状结构的联系而引起自主神经功能失调,导致心率加快、呼吸频率加快、血压下降、出汗和恶心、呕吐、眩晕等现象,这称为自主神经反应。

晕车、晕船等反应就是因为车船等在行驶过程中的颠簸、摇晃等刺激,使上、后半规管的感受器受到过度刺激所致。

(四) 平衡觉障碍和运动病

1. 平衡觉障碍　当患者前庭功能完全丧失时,就会出现平衡觉障碍,难以保持身体的平衡,特别是在不规则的地面行走、双腿紧贴站立、单腿站立和缺少视觉辅助时,更为困难。这种患者在做旋转运动、坐车和行走时,会由于视力的改变和视野的上、下摆动而出现与头部运动同步的摆动性幻视。当一侧前庭器官由于炎症、外伤而受到损伤时,患者可因同侧前庭功能的突然丧失,而出现眩晕、恶心、呕吐、同侧的快速眼震颤、头部摆动、头倾向患侧、站立时容易倒向患侧等表现。当平衡觉中枢传导通路损伤时,患者会出现自发性眼震颤(快动相)、头向患侧倾斜、头部自发旋转、空间定向障碍等,并可伴有眩晕、恶心和呕吐等。

2. 晕动病　晕动病有晕船病、晕飞机病、晕汽车和晕火车病,是由于各原因引起颠簸、摇摆、旋转和加速度等所致疾病的总称,最初感觉为上部不适,继而头昏、眩晕、恶心、呕吐、面色苍白、出冷汗等,目前认为与前庭功能有关。前庭器官受到一定量的不正常运动刺激后引起的神经冲动,由前庭神经传向前庭神经核,进而传向小脑和下丘脑,反射性地引起以眩晕为主的临床症状。

四、嗅觉

(一) 嗅觉感受器

嗅觉感受器为嗅细胞,是唯一起源于中枢神经系统并直接接受环境中物质刺激的神经元。嗅细胞为双极细胞,位于上鼻道和鼻中隔后上部,适宜刺激是空气中的化学物质,嗅细胞的底端(中枢端)是由无髓纤维组成的嗅丝穿过筛骨直接进入嗅球,嗅球中不同部位的细胞也只对某种特殊的气味发生反应,在中枢引起主观嗅觉感受。

人类能够明确辨别的气味有3 000余种,一般都由7种基本气味组合而成,即樟脑味、麝香味、花草味、乙醚味、薄荷味、辛辣味和腐腥味。

(二) 嗅觉的特点

嗅觉的特点是阈值很低,空气中只要含有极微量的某一种气味物质,即可引起相应的嗅觉。犬被认为是嗅觉敏锐的动物,人的嗅觉则较为迟钝,但这只是相对而言,如空气中的甲硫醇(产生大蒜的特殊气味)的浓度即便低至 500pg/L 时,也能被人嗅到。嗅觉的另一个特点是适应较快,当某种气味突然出现时,可引起明显的感觉,但随之感觉很快减弱,甚至消失。嗅觉还引起情绪活动,有些气味可引起愉快的情绪(如花香),另一些气味(如恶臭)则可引起不愉快甚至是厌恶的情绪。

五、味觉

味觉的功能是使机体得以选择有益的食物和躲避伤害性食物。食物在口腔中的味觉体验称为味觉感知,味觉感知除了嗅觉和味觉外,来自口腔的机械感受器和本体感受器有关食物的质地和咀嚼方面的信息也参加了味觉的调制。

(一) 味觉感受器

味觉感受器是分布在舌背部表面和舌体边缘部位的味蕾,口腔和咽部黏膜的表面也有散在的味蕾分布(图 5-9)。每一味蕾由 30~100 个味觉细胞和较少的支持细胞和基底细胞构成。支持细胞可以分泌物质进入味蕾的口腔味觉细胞,也称味觉感受细胞,呈梭状,多位于味蕾中央。支持细胞的游离端呈毛状突起,即微绒毛,由味蕾表面的孔伸出,与口中食物相接触,是味觉感受的关键部位。基底细胞由周围的上皮细胞向内迁移所形成。味觉细胞不断由基底细胞分化而代替,更新率较高,平均每 10 日更新 1 次。

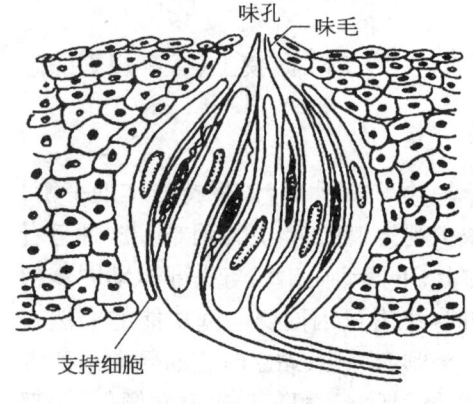

图 5-9 味蕾结构示意图

舌表面的不同部位,接受不同味觉刺激的敏感程度不一样。一般认为,舌尖部对甜味比较敏感,舌的两侧对酸味比较敏感,舌两侧的前部则对咸味较为敏感。刺激物和食物本身的温度也影响舌的感觉,在 20~30 ℃ 之间味觉的敏感度最高。儿童的味蕾较成年人多,老年人的味蕾会因萎缩而减少。

(二) 味觉神经传导通路

味觉的初级传入神经分别走行在面神经、舌咽神经和迷走神经中,经过延髓、下丘脑的外侧区先投射到同侧丘脑,再投射到同侧大脑皮质味觉区,味觉的传入投射是不交叉的。

第三节 神经反射活动

反射运动是机体对外界刺激的不自主反应,是最简单和最基本的神经活动。反射活动的特点是不受主观意识的控制,即使在高位神经结构受损伤或意识丧失时,仍能够引起反射运动。

反射活动由刺激引起,如痛觉、触觉、突然牵拉肌肉等,其主要反应为肌肉的收缩、肌张力的改变、腺体分泌或内脏反应等。反射活动的解剖学基础是反射弧,它由感受器、传入神经(感觉神经)、一个或多个中间神经元(联络神经元)、传出神经元(脊髓前角细胞或脑干的运动神经元)

和效应器(肌纤维或腺体等)组成。反射弧中任何一处的中断都可以导致反射消失。反射弧的活动受高级中枢的抑制或易化,高级中枢病变能使受抑制的反射弧活动增强,或使受易化的反射弧活动减弱。由于反射都是通过固定的脊髓节段和周围神经完成的,故可以通过反射的改变进行神经损害的定位诊断。

反射活动的强弱在正常个体间有很大差异,但同一个体两侧基本相同。因此,检查反射时一定要两侧比较,两侧或单个反射消失、减弱或增强其意义更大。反射的普遍性消失、减弱或增强不一定是神经系统受损的表现。

一、浅反射

浅反射为刺激皮肤、角膜和黏膜引起的肌肉迅速收缩反应。角膜反射、咽反射和腹壁反射、提睾反射、跖反射、肛门反射属于浅反射。目前对浅反射的反射弧径路仍无定论,可能与其通路较复杂有关。浅反射的反射弧除了脊髓节段性的反射弧以外,还有冲动循脊髓上升达大脑皮质,可能达中央后回、中央前回,而下降的通路由锥体束至脊髓前角细胞。浅反射的反射弧除传入或传出中断使相应的浅反射消失外,脊髓反射弧或锥体束病变也可引起浅反射减弱或消失,即上运动神经元麻痹和下运动神经元麻痹都可出现浅反射减弱或消失。如腹壁反射受锥体束易化,锥体束损害侧的腹壁反射可暂时减弱或消失。麻醉、深睡、昏迷和1岁内婴儿浅反射也可消失。

二、深反射

深反射是肌肉受到突然牵张后所产生的迅速收缩反应,是刺激肌腱和骨膜的本体感受器所引起的反射,又称腱反射。临床常用的深反射见表5-2。

腱反射是指快速牵拉肌腱时发生的牵张反射,特点是时程较短和产生较大的肌力。腱反射的反射弧只由两个神经元组成:即感觉神经元和运动神经元的单突触联系,当叩击膝关节下的股四头肌肌腱使之受到牵拉,则股四头肌立即产生一次收缩,这称为膝腱反射;叩击跟腱侧小腿腓肠肌出现收缩,称之为跟腱反射。腱反射的感受器是肌梭,传入神经经后根进入脊髓灰质后,直达前角与运动神经元发生突触联系。叩击肌腱时,肌肉内的肌梭同时受到牵拉,因此肌肉的收缩在同步进行。腱反射亢进,提示高位中枢有病变(如锥体束综合征);而腱反射减弱或消失,常提示反射弧的传入、传出通路或脊髓反射弧病变。因此,临床上常用测定腱反射的方法来了解神经系统的功能状态。

运动中枢在正常情况下对深反射的反射弧有抑制作用,深反射亢进提示高位中枢的功能障碍或中毒。当皮质运动区或锥体束发生病变时,损害水平以下的腱反射弧失去来自上运动神经元的下行抑制作用而出现释放症状,即腱反射增强或扩散现象(刺激肌腱以外区域也能引起腱反射的出现),如叩击胫骨前面也可引起股四头肌的收缩。腱反射亢进为上运动神经元损害的重要体征,在神经系统兴奋性普遍增高的神经症、甲状腺功能亢进症、手足搐搦症、破伤风和中毒患者可出现腱反射增强,但并无反射区的扩大。

深反射弧任何环节的损害如周围神经、神经根、脊髓前角、后角和脊髓后索的病变,都可产生深反射减弱或消失。深反射的消失或减弱是下运动神经元麻痹的一个重要体征,大脑和脊髓损害时也可使深反射消失。肌肉本身或神经-肌肉接头处发生病变也影响深反射,如重症肌无力、周期性瘫痪等。精神紧张或注意力集中在检查部位的患者,也可使深反射受到抑制。镇静安眠药物、深睡、麻醉、昏迷等可出现深反射减弱或消失。

表5-2 深 反 射

反射	反应	肌肉	神经	定位
肱二头肌反射	肘关节屈曲	肱二头肌	肌皮神经	$C_{5\sim6}$
肱三头肌反射	肘关节伸直	肱三头肌	桡神经	$C_{6\sim8}$
桡骨膜反射	肘关节屈曲、前臂前旋	肘关节屈曲：肱桡肌和旋前肌；前臂旋前：肱三头肌	正中神经、肌皮神经	$C_{5\sim8}$
指屈肌反射	手指屈曲	指深屈肌、指浅屈肌、拇屈肌	正中神经、尺神经	$C_7\sim T_1$
膝反射	膝关节伸直	股四头肌	股神经	$L_{2\sim4}$
踝反射	足跖屈	腓肠肌	坐骨神经	$S_{1\sim2}$

三、肌紧张

肌紧张是指缓慢持续牵拉肌腱时发生的牵张反射。其特点是肌肉受到持续性的轻度牵拉而产生持续、较平稳的收缩，即紧张性收缩，肌紧张在姿势的维持中起重要作用。例如，支持体重的关节因受重力影响趋向于弯曲，弯曲的关节使伸肌肌腱受到持续的牵拉，从而产生牵张反射，引起的伸肌肌腱的收缩以对抗关节的屈曲，维持站立姿势。因为重力对关节的作用是经常的，故肌紧张的牵张反射也持续存在。肌紧张和腱反射的反射弧基本相似，其效应器主要是肌肉内收缩较慢的慢肌纤维成分，肌紧张产生的肌力并不大，只是抵抗肌肉被牵拉，因此不表现出明显的动作，故肌紧张能持久维持而不易疲劳。

伸肌和屈肌都有牵张反射，但根据生理需要，脊髓的牵张反射主要表现在伸肌，屈肌表现不明显，其主要生理意义是维持人体的站立姿势。肌肉的牵张反射是受高位中枢调节的，并且可以建立条件反射。

四、病理反射

病理反射是中枢神经受损后出现的异常反射，在正常情况并不出现，1岁以内的婴儿在尚未站立行走时，由于锥体束发育还未完全，也可出现病理反射。随着发育成熟，这些反射就受到锥体束的抑制。当锥体束受到损伤后，抑制作用就被解除，这类反射又重新出现。

巴彬斯基征是锥体束受损的特异性反射，也是最重要的病理特征。阳性者表现为蹈趾背屈，或其他各趾呈扇形外展。反应强烈的巴彬斯基征可见膝、髋部也发生屈曲；也有不需刺激而足趾自发呈现本征的姿势，称自发性巴彬斯基征。值得注意的是，有时巴彬斯基征为阴性，而刺激其他部位可引出阳性反应，在临床上仍有重要价值。

脊髓完全横贯性损害时可出现脊髓自动反射，它是巴彬斯基征的增强反应，又称防御反射或回缩反射，表现为刺激下肢任何部位均可出现双侧巴彬斯基征和双下肢回缩（髋、膝关节屈曲，踝关节背屈）。若反应更加强烈时，还可并发大小便排空、举阳、射精、下肢出汗、竖毛、皮肤发红，称为总体反射。

人体的反射运动是对特异的感觉刺激做出的定型轨迹运动，是最简单的基本运动。但是意识活动对反射活动是有影响作用的,如打喷嚏是鼻黏膜受刺激引起的反射运动,但意识可以在一定程度上控制喷嚏反射。

第四节 大脑皮质运动中枢及传导通路

大脑皮质的某些区域特别是中央前回与躯体运动功能关系密切,是人体控制运动的皮质中枢。

一、大脑皮质运动区相关的主要功能定位

（一）对运动的调节支配具有交叉性

大脑的一侧皮质主要支配对侧躯体的肌肉运动,但头面部肌肉的支配多数呈双侧性,如咀嚼运动、喉运动和眼睑运动等,而面神经支配的下部面肌和舌下神经支配的舌肌主要受对侧的大脑皮质控制。在一侧内囊损伤后,头面部多数肌肉并不完全瘫痪,而对侧下部面肌和舌肌却出现瘫痪,这就是临床表现的上运动神经元麻痹,也称核上瘫。

（二）对运动的功能定位具有精细性

刺激大脑皮质的一定部位,能引起一定肌肉的收缩,这就是大脑皮质的精细定位性功能。所以,不同肌群在运动皮质中的代表区的大小也不同,代表区的大小主要与运动的精细复杂程度有关。运动越精细、复杂的肌肉,在皮质的代表区越大,如手和五指所占的区域几乎与整个下肢所占的区域大小相等。同样,唇、舌和声带也占有较大的代表区。身体各部分代表区的相对大小如图5-10所示。

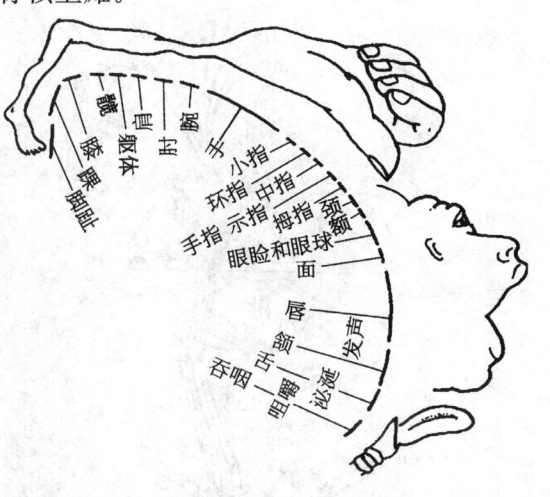

图 5-10 大脑皮质躯体各部位代表区分布的示意图

（三）运动区定位分布排列呈倒置

大脑皮质的运动区在定位分布排列呈倒置顺序,下肢代表区在顶部(膝关节以下肌肉的代表区在皮质内侧区),上肢代表区在中间部,头面部肌肉代表区在底部(头面部代表区内部的安排仍为正立并不倒置)。

二、大脑皮质与运动相关的主要传导通路

（一）大脑皮质运动区的传导通路

大脑皮质运动区主要接受三方面的传入,并且传入通路互不重叠。①来自外周、小脑和基底神经核的传入。②来自苍白球和黑质的传入冲动经丘脑投射到运动辅助区。③运动区和辅助运动区皮质各自从不同的丘脑核接受传入。

大脑运动皮质神经元接受外周的信息,也包括运动执行情况的信息,即接受从它们控制的肌肉所传入的信息,或接受这些肌肉收缩时会接触到的皮肤区的传入。换言之,运动皮质神经元接受它所控制的肌肉的感受器的传入情况和脊髓运动神经元接受同名肌肌梭的传入情况基本相似。

(二) 锥体系传导通路

大脑皮质通过锥体系传导通路，对躯体运动功能进行调控，并通过锥体系和锥体外系下传的神经冲动来实现。锥体系和锥体外系在功能上互相协调、互相配合，共同完成人体各项复杂的随意运动。传统的观念认为锥体系的功能是管理各种随意运动，特别是四肢远端如手肌的精细运动；锥体外系则主要是调节肌紧张，协调各肌群的运动，维持和调整体态姿势，以保持身体平衡和进行习惯性动作，并执行一些粗大的随意运动。

锥体系主要包括上、下两个运动神经元。上运动神经元的胞体位于中央前回和中央旁小叶前部的大锥体细胞和其他类型的锥体细胞，还有一些位于额、顶叶等区域的皮质内。这些神经元的轴突组成下行纤维束，大部分通过延髓锥体，故名锥体系。其中下行至脊髓的纤维称为皮质脊髓束或锥体束(图5-11)；沿途陆续离开锥体束，直接或间接抵达脑神经运动核的纤维称为皮质核束或皮质脑干束(图5-12)。这两个系统在功能上比较相似，都是皮质运动神经元(上运动神经元)下传抵达支配肌肉的下运动神经元(脊髓前角运动神经元和脑神经核运动神经元)的最直接通路。

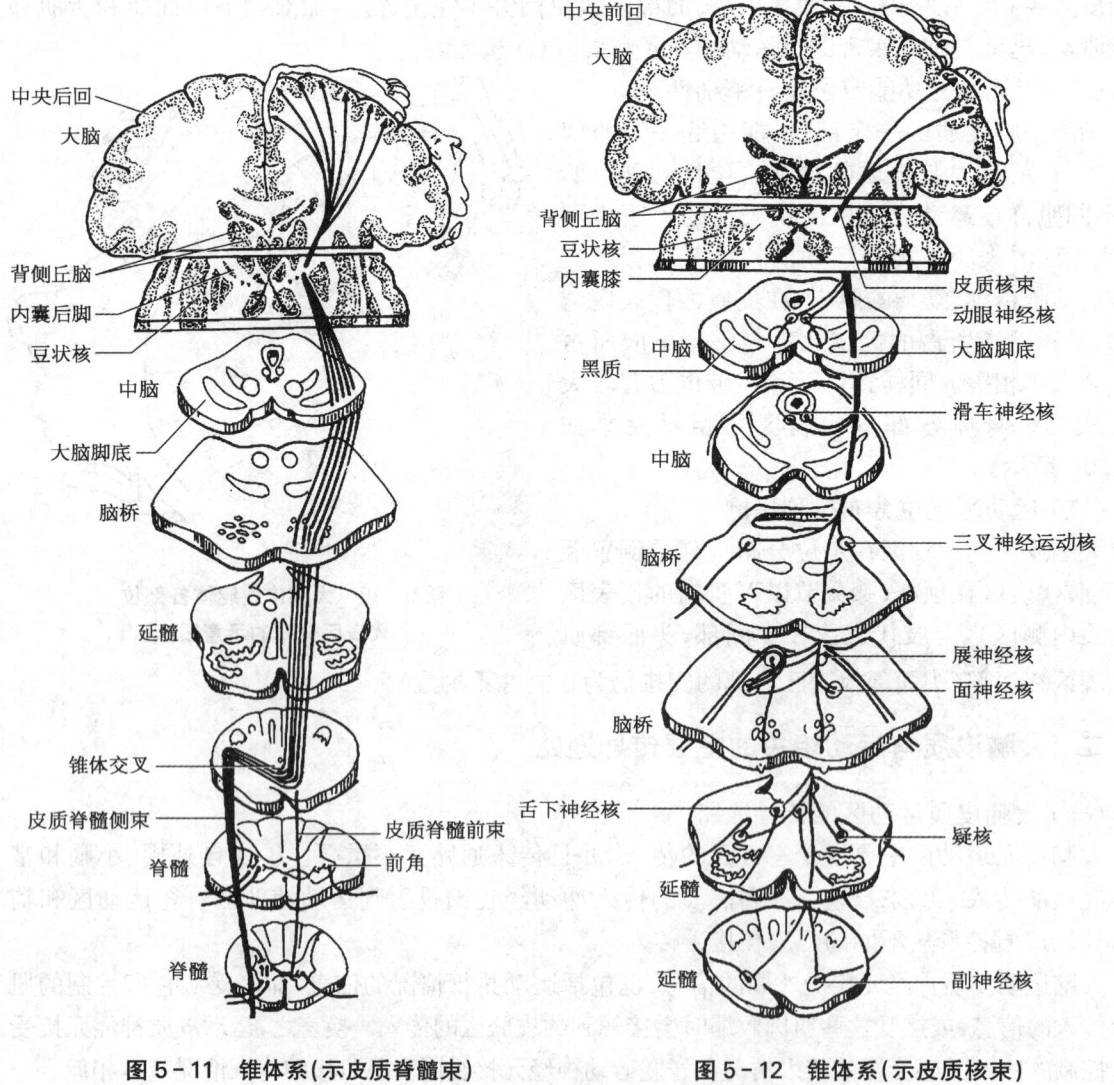

图5-11 锥体系(示皮质脊髓束)   图5-12 锥体系(示皮质核束)

位于脊髓前角和脑神经核的下运动神经元,其轴突分别组成脊神经和脑神经的运动纤维,管理头面部、躯干和四肢的随意运动。

1. **皮质脊髓束传导通路** 皮质脊髓束位于中央前回上 2/3 和中央旁小叶前部等处,由皮质锥体细胞的轴突集合而成。此部分布着许多大锥体细胞(Betz 细胞),其纤维通过锥体下传抵达下运动神经元(皮质脊髓束纤维不单只来自大锥体细胞)。皮质脊髓束下行,要经过内囊后脚的前部、大脑脚底中 3/5 的外侧部、脑桥的基底部和延髓锥体,并在延髓锥体下端,有 75%～90% 的纤维交叉,形成锥体交叉。

以前的观点认为皮质脊髓束下行的纤维多数直接与下运动神经元发生突触联系。这种单突触联系可使皮质脊髓分别控制 α 和 γ 运动神经元的活动,前者在于发动肌肉活动,后者在于调整肌梭的敏感性以配合运动,两者协同控制肌肉的收缩活动。此外,皮质脊髓下行纤维与脊髓中间神经元也有突触联系,从而改变脊髓拮抗肌运动神经元之间的对抗平衡,使肢体运动具有合适的强度,并保持运动的协调性。

在皮质脊髓前束和侧束中,有始终不交叉而抵达同侧脊髓前角运动神经元的纤维,这些纤维支配同侧躯干肌运动。因此,躯干肌受双侧皮质脊髓束管理,故一侧损伤时,主要引起同侧肢体瘫痪,而躯干肌的运动没有受到明显影响。

2. **皮质核束传导通路** 锥体系还包括皮质核束或称皮质脑干束,主要起自中央前回下 1/3 皮质内锥体细胞,纤维束下行经内囊膝部至大脑脚底时位于皮质脊髓束的内侧,之后部分纤维向后进入中脑被盖,直接或经中继后止于动眼神经核和滑车神经核;而大部分纤维和皮质脊髓束伴行下降至脑桥和延髓,直接或经中继后止于三叉神经运动核、展神经核、面神经核、疑核、舌下神经核和副神经核等。这些脑神经运动核中的多数核团均接受双侧皮质核束支配,只有支配下部面肌的面神经核下部和舌下神经核接受对侧脑皮质核束支配(图 5-13)。

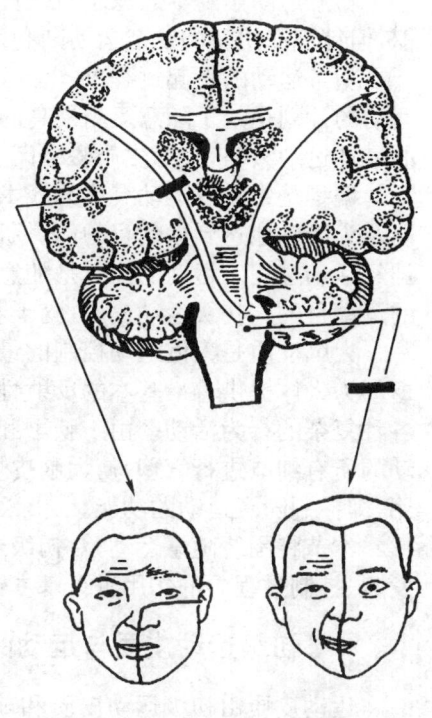

图 5-13 核上瘫、核下瘫

(三)锥体外系主要传导通路

锥体外系是指锥体系以外的与躯体运动有关的传导通路(图 5-14),是大脑皮质下行,并通过皮质下核团接替转而控制脊髓运动神经元的传导路径。锥体外系的皮质起源比较广泛,几乎包括全部大脑皮质,但主要来源是额叶和顶叶的感觉区、运动区和运动辅助区,其主要功能是调节肌紧张和协调肌

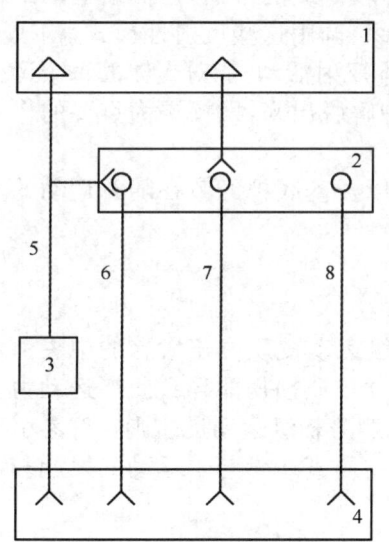

图 5-14 锥体外系示意图

1.大脑皮质;2.皮质下核团;3.延髓锥体;4.脊髓;5.皮质脊髓束;6.锥体旁系;7.皮质起源的锥体外系;8.锥体外系

群运动。

此外,由皮质脊髓束侧支进入皮质下核团转而控制脊髓运动神经元的传导为锥体旁系。锥体外系的通路有多条,其中主要的通路有新纹状体-苍白球系、皮质-脑桥-小脑系。

总之,大脑皮质在计划、发动、执行和终止运动等方面,具有广泛的区域及重要作用,并能协调人的随意运动,使运动更加精细和准确。

小脑也有下行通路影响下运动神经元的活动。小脑皮质的传出冲动,经过中间神经元,到达脊髓前角运动神经元,以调节肌紧张和维持人体的姿势、身体的平衡。

锥体系和锥体外系是大脑皮质调节躯体运动的两条下行通路,两者在皮质的起源又是相互重叠的,故皮质运动区的损伤效应有时难以分清是属于锥体系还是锥体外系的功能缺损。

第五节 随意运动机制

随意运动是随本人意志而执行的动作,又称自主运动。大脑皮质的运动区是随意运动的中枢,但精细而协调的复杂运动则必须有锥体外系和小脑系统的参加才能完成。

随意运动的发起过程基本上可以分成:运动的计划、运动的编程和运动的执行三个阶段。运动的计划是处于随意运动最高的战略性地位,它将决定运动的目的和为达到该目的所应采取的最佳运动策略,大脑皮质联络区、基底神经节和小脑外侧部都参与了这一神经活动过程。运动的编程是指随意运动具体的战术性问题,它将决定各有关肌肉收缩活动的时间、空间和次序,以及为准确地达到运动目的而对肌肉活动进行适时调节,大脑初级运动皮质和小脑参与了这一神经活动过程。运动的执行是随意运动的最后阶段,它将运动程序具体地实现,最终达到预期的运动目的。初级运动皮质、脑干和脊髓参与了这一神经过程。

大脑皮质是人体运动控制的最高级中枢,脑干和脊髓则属于较低级的中枢,但低级运动中枢却为人体提供着最基本的反射性运动模式。大脑皮质随时组织、调用这些反射性模式,构成各种复杂的行为活动。由于脑干和脊髓这些低级运动中枢的基本反射活动,能对人体的每个运动的所有细节进行管理,使大脑皮质从各种繁杂的事物性活动中解脱出来,发挥更为重要的作用,即控制随意运动的功能。

本节将围绕随意运动,对初级运动皮质和前运动皮质、小脑以及基底神经节在随意运动的发起、控制过程中的作用进行基本论述。

一、初级运动皮质与运动的发起和控制

运动皮质由初级运动皮质和前运动区组成(图5-15)。初级运动皮质位于大脑的中央前回,与肌肉之间有直接的关系,对运动的执行十分重要。初级运动皮质损伤能导致肌肉运动力量的减弱和运动速度的减慢,以及某些肌肉收缩能力的丧失。电刺激初级运动皮质则很容易引起躯体某一特定部位的肌肉收缩活动。这些现象说明初级运动皮质直接参与了运动的发起和控制。

(一)初级运动皮质与随意运动的力量和速度关系

初级运动皮质是以躯体皮质相关的方式组成,它的某一特定区域神经元活动与躯体某一特定部位的肌肉收缩活动密切相关。已知规律为:支配头面部肌肉的皮质代表区在初级运动皮质的下方,而支配四肢和躯干的区域在初级运动皮质的上方,呈倒置排列;负责人体精细运动的躯体部位(如手指和嘴唇),在初级运动皮质上均占有较大的代表区。所以认为,初级运动皮质直接参与了随意运动的发起和控制。一些研究发现少数初级运动皮质神经元的活动与肌肉收缩

力量的变化速度有关,故认为它可以为肌肉收缩的力量编程。

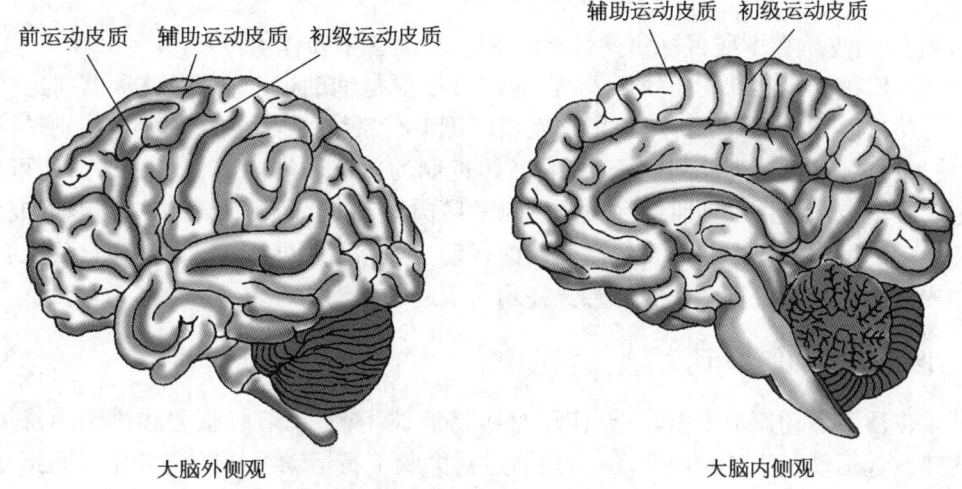

图 5-15 运动皮质和辅助运动皮质

（二）初级运动皮质与随意运动的方向关系

初级运动皮质在对随意运动的控制中,感觉信息的反馈具有重要作用。初级运动皮质神经元能够通过各种传入途径接受关于运动执行情况的外周感觉传入,运动皮质神经元一般接受它们所控制肌肉的本体感觉传入,或者接受肌肉收缩时受到刺激部位的皮肤感觉传入。这些感觉信息可以通过跨皮质通路从躯体感觉皮质传递到运动皮质,或通过丘脑直接到达运动皮质,因而它们能随时知道运动过程中的每一瞬间肢体所到达的位置和运动的速度。

二、前运动区与运动的准备过程

前运动区是初级运动皮质正前方一处与运动有关的区域,包括前运动皮质和辅助运动皮质,其中前运动皮质位于皮质的外侧表面,而辅助运动皮质则在半球的内侧面。这两个区域也是按躯体定位的方式组成。实验表明,损毁动物的前运动皮质和辅助运动皮质能影响其制订正确运动策略的能力。

当辅助运动皮质或后顶叶皮质损伤后,患者会出现失用症。失用症患者虽然没有肌肉软弱和感觉丧失的现象,能够进行一些简单的运动,但却丧失了做复杂运动的能力,如梳头和刷牙等。而复杂的随意运动需要不同的肌肉有计划地按一定顺序先后协调地收缩。可见,前运动区与初级运动皮质的功能有所不同,它可能在一个更高的层次上参与了随意运动的控制。

（一）辅助运动皮质在复杂运动中的作用

辅助运动皮质所引起的运动比较复杂,如躯干的朝向反应、手掌的握拢或打开等,同时刺激辅助运动皮质常常引起双侧性的运动反应。由刺激辅助运动皮质所引起的运动是通过不同的神经通路来实现的,如肢体近端肌肉的运动是由辅助运动皮质到脊髓的直接通路传导的,而肢体远侧肌肉的运动则是通过辅助运动皮质和初级运动皮质之间的联系间接实现的。因此,损毁初级运动皮质后再刺激辅助运动皮质,将不再引起肢体远侧肌肉的收缩活动。

目前认为,前运动区在目标定向性运动的计划和程序编制上发挥重要作用。辅助运动皮质主要与运动计划这一种思维活动过程有关,而这个思维活动过程不管其计划的运动是否被付诸实施都可以发生。因此,辅助运动皮质对随意运动的控制,是在一个更高的抽象化的层次上进行参与的。

(二) 前运动皮质在上肢目标定向性运动和运动准备中的作用

前运动皮质接受后顶叶皮质的传入,它的皮质投射与辅助运动皮质一样,也到达初级运动皮质。前运动皮质发出大量的纤维投射到发出内侧下行系统的某些脑干部位(特别是网状脊髓系统)中去,也有纤维投射到控制躯干中轴、肢体近侧的肌肉和脊髓部位中去。由此可知,前运动皮质主要参与控制躯体中轴肌肉和肢体近侧的肌肉活动,在躯干朝某个方向运动和将手臂朝某个目标运动的发起过程中起重要的作用。前运动皮质接受后顶叶皮质的输入,并且有实验证实前运动皮质参与了视觉提示或躯体感觉提示所引起的运动。

三、小脑对运动的调节

小脑是皮质下运动调节中枢,主要作用是维持躯体平衡、调节肌张力和协调随意运功。小脑并不直接发起运动和指挥肌肉活动,而是通过对大脑下行运动系统的调节作用间接地参与运动控制,配合大脑皮质完成机体的运动功能。因此,小脑损伤以后所出现的症状与大脑运动皮质损伤后所表现出来的现象明显不同。实验表明,即便是切除全部小脑也不妨碍随意运动的发起和执行,但运动却变得缓慢、笨拙和不协调。小脑另一个与运动有关的重要功能是其在技巧性运动的获得和建立过程中所发挥的运动学习作用。

(一) 小脑的功能分区和运动调节作用

小脑的传入联系主要来自于前庭、脊髓和大脑皮质等处。小脑的传出纤维既不直接支配肌肉,也不到达脊髓,而是到达大脑皮质运动区和脑干的运动核团,通过影响这些脑区神经元的活动而间接地调节人体运动。小脑可以被划分为三个不同的功能区,分别接受前庭系统、脊髓和大脑皮质的传入,它们的传出也相应地到达前庭核、脊髓和大脑皮质,因而被分别称为前庭小脑、脊髓小脑和皮质小脑(图5-16)。由于小脑的三个区域有不同的传入和传出联系,故它们在运动控制中所起的作用不同,损毁时所引起的临床症状也不同。

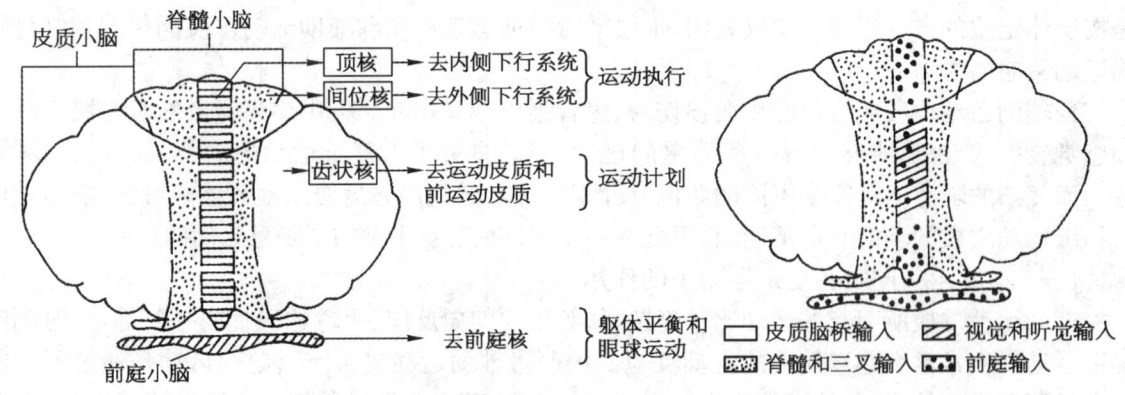

图 5-16 小脑的功能分区

1. 前庭小脑的作用 前庭小脑主要是由小脑体之外的绒球小结叶构成。到达前庭小脑的前庭传入纤维一部分来自两侧内耳的半规管和耳石器,是所有小脑传入纤维中唯一不经中转而直接到达小脑的周围神经节纤维,另外一部分前庭传入纤维则是起源于前庭核的间接投射。这些前庭传入纤维向小脑传递着头部位置变化和头部相对重力作用方向的信息。前庭小脑通过对前庭核的作用,经前庭脊髓束影响脊髓中支配躯体中轴肌肉运动神经元的兴奋性活动,从而间接地控制了躯体中轴肌肉的收缩活动,在维持躯体平衡方面发挥着重要作用。此外,前庭小脑也接受视觉传入,它的重要功能是通过对眼外肌神经核的传出,控制眼球的运动和协调头部运动时为保持视像稳定而进行的眼球凝视运动。

由于前庭小脑损坏,使患者失去了利用前运动皮质信息来协调躯体运动和眼球运动的能力,患者可表现为躯体平衡和眼球运动功能紊乱,出现倾倒和眼球震颤等症状。但当患者躺下或得到扶持时,四肢仍然能够完好地执行随意运动和完成姿势反射运动。

2. 脊髓小脑的作用　脊髓小脑纵贯小脑前后,是小脑前叶和后叶的正中间部分,包括位于小脑中线的蚓部(内侧区)和小脑半球的中间区。脊髓小脑通过脊髓接受来自于外周的神经传入,它的传出经过相关神经核后,到达脑干和运动皮质。脊髓小脑的顶核投射到前庭外侧核和延髓网状结构,也通过丘脑腹外侧核上行投射到皮质运动区。

脊髓小脑的主要功能在于利用外周感觉反馈信息控制肌肉的张力和调节进行中的运动,配合大脑皮质对随意运动进行适时的管理。目前认为,在大脑皮质运动区向脊髓发出运动指令的同时,也通过皮质脊髓束的侧支向脊髓小脑送去了运动的内反馈信息。同时,由运动指令发起的运动也激活了外周皮肤、肌肉和关节感受器,它们的传入冲动经脊髓——小脑通路到达脊髓小脑,使脊髓小脑也获得了大量有关运动执行情况的外反馈信息。小脑的作用就在于将这些内、外反馈信息进行比较,察觉运动执行情况和运动指令之间的误差,发出校正信号并向上送到大脑皮质运动区,通知其修改下一个运动指令以符合当前的运动状态,使发生了偏差的运动得到纠正。因此,脊髓小脑通过察觉实际运动和运动指令之间的差别,对大脑皮质运动指令进行校正,从而调节了运动。

脊髓小脑部受损,将使患者丧失利用外反馈信息来协调运动的能力,患者的随意运动会变得笨拙而不准确,这种现象被称为运动共济失调。例如,当小脑受损患者将其示指指向一个预定的目标时,他会一次又一次地超出目标,然后又过度地补偿,以至于在越接近目标时手抖动得越厉害,这一现象被称为意向性震颤。脊髓小脑受损患者所出现的运动紊乱现象在患者得到扶持时也不能得到改善,因此是一种比前庭小脑受损者所出现的运动紊乱更为严重的症状。此外,脊髓小脑的受损还会造成患者的肌张力减退现象,表明脊髓小脑在正常情况下也具有调节肌张力的作用。实验证明,脊髓小脑对肌张力的调节既有抑制作用,也有易化作用,与大脑皮质运动区之间有环路联系,在执行大脑皮质发动的随意运动方面有重要作用。

3. 皮质小脑的作用　皮质小脑是指小脑的外侧区。它不接受外周感觉的输入,其信息输入来自于大脑皮质的广大区域,包括感觉区、运动区、运动前区和感觉联络区等。从大脑皮质这些区域传入皮质小脑的纤维均经脑桥的桥核接转而发散到对侧小脑半球。皮质小脑的传出纤维从齿状核发出,经丘脑腹外侧核回到大脑皮质运动区和运动前区。由于皮质小脑与大脑皮质运动区和前运动区有广泛的纤维联系,故在运动的计划和发起上起到特殊的作用,与大脑皮质感觉联络区、运动前区和基底神经节一起参与了随意运动的计划和运动程序的编制过程。

齿状核受损,上肢运动的发起将延迟数百毫秒,这表明齿状核所提供的信息对于触发运动皮质的活动具有重要作用。临床资料也表明,小脑外侧区的损伤除了引起患者远侧肢体的肌张力下降和共济失调之外,另一个重要的症状就是运动起始的延缓。

综上所述,小脑内侧区和外侧区在随意运动的发起、管理中的作用被认为与大脑将感觉信息整合成目标定向性运动过程有关,而小脑的外侧区和基底神经节则处理来自于大脑感觉联络皮质的信息,这一处理过程对于运动的计划和准备来说是关键性的。因此,设计出来的运动指令将签发给运动皮质,由它去执行并发起运动;同时,运动指令的内反馈信息也被送达脊髓小脑,而脊髓小脑通过其所接受的感觉反馈信息监视运动执行情况,并将其与运动指令进行比较,察觉两者之间的误差以通知运动皮质修正运动指令,使已经发生或可能发生的运动误差得以纠正,从而参与随意运动的适时管理过程。

(二)小脑的运动学习功能

运动学习就是学做某种新的动作。除了运动调节功能之外,小脑还参与了机体的运动学习过程。通过学习,可以在外界情况发生变化时,作出调整以对变化了的情况加以适应。通过运动学习还可以使一些复杂的运动(如一个体操动作)在重复的操作或训练过程中逐渐地熟练起来而富有技巧性。

四、基底神经节对运动的调节

基底神经节也是运动系统的一个重要结构。它与小脑一样,没有直接到脊髓的传出纤维,是间接地控制运动。基底神经节与小脑不同,它并不从外周感受器接受传入信息,而主要接受大脑皮质广泛区域的传入。它们的传出则通过丘脑直接地回到前额叶皮质、前运动皮质和运动皮质。基底神经节的病变或损毁将导致严重的运动障碍,主要表现为运动计划和运动执行的困难,如帕金森病(Parkinson's disease)和亨廷顿病(Huntington's disease)就是基底神经节损毁所出现的两种疾病。

(一)基底神经节的组成

基底神经节由尾核、壳核、苍白球、底丘脑核和黑质5个彼此相互联系的核团组成(图5-17)。在这5个核团中,尾核通过其头部与壳核相连,它们都是从前脑的同一结构发展而来,在发生学上较苍白球出现得晚,故被称为新纹状体或纹状体,而苍白球则称为旧纹状体。底丘脑核位于丘脑下方。黑质位于中脑,它分成致密部和网状部两个部分。网状部位于黑质的腹侧,又称苍白区,其中的细胞结构类似于苍白球;致密部则位于背侧部,又称为黑质区,由多巴胺能神经元组成。由于多巴胺的聚合物是黑色的,因而在人类脑切片上这一脑区呈现出黑色,就称为黑质。

尾核和壳核虽然被内囊分开了,但在功能上却是相似的,它们是基底神经节的主要输入核团。苍白球的内侧部则是基底神经节的主要输出核团。

(二)基底神经节的传入和传出联系

基底神经节传入联系大多终止于新纹状体,这些传入主要来自于基底神经节之外的大脑皮质和基底神经节内部的黑质(致密部)。从大脑皮质到基底神经节的传入纤维起源于除视觉和听觉皮质之外的几乎所有的大脑皮质区域,包括大脑皮质联络区、初级运动皮质和初级感觉皮质,但以那些与运动关系最为密切的区域为主。从中脑的黑质到基底神经节的传入纤维则构成了黑质纹体束,终止于尾核和壳核。这是一条多巴胺能神经通路,它的退行性变将导致帕金森病的发生。

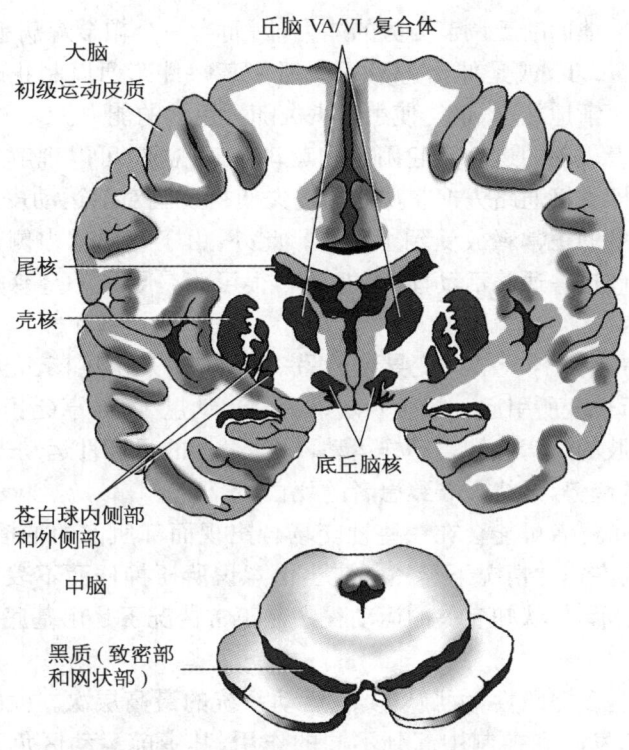

图 5-17 基底神经节的核团分布

大脑和中脑的冠状切面,显示基底神经节及其相邻的结构关系

基底神经节和大脑皮质之间存在着广泛的双向纤维联系,多认为是一些具有特定功能的神经环路。这些环路参与四肢和眼球运动的调节,且与某些复杂的认知功能有关。

基底神经节一方面可以通过皮质区域对脑干和脊髓的下行投射影响到躯干的姿势和四肢的运动,另一方面也参与了某些运动信息的处理过程,而这些信息对于随意运动的计划和发起是非常必要的。

(三) 基底神经节病变所引起的疾病

1. **帕金森病** 这是一种基底神经节病变引起的运动疾病,由英国内科医生帕金森在 1857 年首先描述,因而用其名字来命名。帕金森病是由于投射到纹状体的黑质多巴胺能神经元退变所造成的。黑质多巴胺能纤维的传入,在正常情况下应当是加强大脑皮质对基底神经节直接通路的兴奋作用,而当这些多巴胺能纤维发生退变的时候,它们对直接通路的影响就会减小,于是尾核和壳核中等多棘细胞的兴奋性也相应减小,使苍白球内侧部神经元的活动和它们对丘脑的抑制作用加强,最终导致丘脑对前运动皮质的激活作用减小。

帕金森病患者在运动发起上出现困难,并缺乏产生随意运动的能力。例如,当一个帕金森病患者坐下以后,就不容易再站起来,而患者一旦开始行走,他就难于止步。因此对于一个帕金森病患者来说,在房间里往返走动不是一件容易做到的事。而患者的另一个症状是运动缓慢,其可以伸手去拿一样东西,但是运动却开始得十分缓慢。由于肌张力增加,患者的肌肉僵直,并表现出静止性震颤。这种震颤是一种手和手臂在静止时发生的抖动,而当患者进行目标定向性运动时会有所好转,因而与小脑病变患者在运动时出现的意向性震颤完全不同。此外,患者的姿势运动也受到损害,使他们缺乏调节姿势的能力,因而当一个帕金森病患者要跌倒的时候,他不会向跌倒的方向跨出一步,或是伸出一只手去抓住某一件东西以制止跌倒。如果不进行治疗,患者的这些症状将逐渐地加剧,最终使患者丧失随意运动的能力。

因此,帕金森病患者表现的运动发起困难和运动缺乏现象,可以理解为基底神经节直接通路去抑制作用的丧失,即直接通路去抑制功能的丧失使得丘脑对前运动皮质的兴奋作用减小或丧失,从而导致运动程序的正常释放受到了阻碍。此外,由于苍白球内侧部也发出纤维到脑干腹内侧下行系统去,因此这一通路活动能力的低下,很可能是导致帕金森病患者肌肉僵直和姿势控制缺陷的重要原因。

2. 亨廷顿病　这是基底神经节病变导致的另一种疾病,是由尾核、壳核中的γ氨基丁酸能和胆碱能神经元的退行性变所引起。帕金森病患者的运动过少,而亨廷顿病患者却表现出不自主运动过多,特别是四肢的痉挛性和蠕动样运动,导致患者的目标性运动表现出不连贯的特征。这种疾病有逐渐加重的趋势,最终会导致患者的死亡。

亨廷顿病早期阶段,患者可能会在一些社交场合出现面部肌肉的抽搐和烦躁不安的表情,而这些不合时宜的行为在正常情况下显然是应当由意识所压抑住而不表现出来的。亨廷顿病患者的这些早期症状提示,与认知有关的运动程序在正常情况下是由基底神经节在适宜的时刻启动和开始执行的。

总之,运动的控制呈现等级性,大脑皮质是运动系统的最高层次。大脑皮质的初级运动皮质和前运动区在运动的发起和控制中起到不同的作用,其中前运动区负责生成运动计划和程序,而初级运动皮质负责运动的执行。除了大脑皮质前运动区之外,基底神经节和小脑外侧区也参与了运动的计划和编程。初级运动皮质的运动执行功能是通过其对脊髓运动神经元、脊髓中间神经元和脑干颅神经核的支配,以及对脑干运动核团的支配来实现的。

基底神经节和小脑构成了运动系统的两个皮质下环路,两者都接受大脑皮质的输入,并经丘脑投射到大脑皮质。对小脑而言,除了外侧区参与了运动的计划过程以外,它的功能主要还与运动的执行过程有关,即对随意运动进行适时的管理和调节。基底神经节的作用则是在运动控制和认知方面的调节,即在进行复杂运动计划这样一些更高的层次上参与运动的调节。因此,小脑的病变与基底神经节的病变导致不同的后果,前者主要导致患者运动协调功能的紊乱,而后者则引起患者运动的减少和运动程序的不适当释放。此外,由于基底神经节和小脑也可以利用感觉和认知信息来进行学习。所以,它们不仅仅是两个运动调节机构同时也具有运动学习和记忆功能。

第六章
中枢神经系统可塑性理论

导学

本章主要介绍中枢神经系统可塑性理论,重点介绍人体中枢神经系统可塑性的概念、形成发展过程、基本观点和方式,中枢神经系统损伤后各阶段影响功能恢复的因素及其机制等内容。通过学习,应掌握脑可塑性的概念、功能重组的方式、功能恢复训练的概念;熟悉脑可塑性规律、脑可塑性的内外影响因素、脑可塑性理论依据;了解中枢神经系统损伤后各阶段影响功能恢复的因素及其机制。

传统的中枢神经系统(central nervous system,CNS)结构和功能定位学说认为,脑的某一部分具有一定功能,该部分损害后其神经细胞不能再生,功能障碍将无法恢复。这种强调损伤局部与功能缺损之间关系的分析方法对于理解神经病学症状和综合征等无疑是重要的,然而却存在着对治疗的怀疑论。客观事实是"人们能给一个损伤定位,但不能给一个功能定位"。一些CNS损伤患者在出院后家人继续给予积极治疗,结果患者却得到出人意料的恢复,这种现象促使神经学家和康复医学专家逐渐改变过去的传统观念,并进行深入研究,以探索新的治疗理论与技术。

第一节 中枢神经系统可塑性的概述

大量日常生活和临床实践观察带给我们不少启示,如瘫痪患者的肢体通过反复的训练,可以获得一定的运动功能;外周感觉神经损伤后,体表丧失感觉的区域由周边向中心缩小;对于一些高级中枢神经系统的行为通过学习和训练,也可以发生改变,已经形成的思想和行为也能在一定条件下发生变化或主观地加以改变,这些现象都反映着神经系统结构和功能的可塑性。

中枢神经系统包括大脑和脊髓,在出生后几年,大脑迅速发育,神经细胞连成的通路也在快速地增加。出生时,大脑皮质的每个神经元大约可构成2 500个联系;到了二三岁,这种联系数量增长至15 000个,甚至超过成人大脑的2倍。这是因为随着人的年龄增长,老的和那些相对较弱的神经细胞的联系会逐渐减少,那些相对较强的神经细胞联系会保留并进一步增强,那些不接收和传递信息的神经元最终会被破坏并走向死亡,这一过程很像园丁修剪树枝。正是神经发育和"修剪树枝"过程使得大脑具有了可塑性,这样大脑就能更好地适应周围环境。

神经系统作为机体最重要的系统,为调节机体的各种适应性反应,其自身的功能和回路在整个生命过程中随时随地处于可修饰、可调节或可塑的状态或过程。神经系统的可塑性可以简单地定义为神经系统在形态结构和功能活动上的修饰。在概念上可以理解为神经系统对机体内、外环境适应或应变而发生的结构和功能变动,表现为对特殊环境的适应、生理活动的训练与调制,乃至组织损伤后的代偿、修复和重建。

神经科学的飞速发展,使神经系统的可塑性研究迅速地进入细胞和分子水平。通过神经损伤反应的研究、神经组织移植试验、离体神经组织或神经元的培养,以及对低等动物学习与记忆机制传导、易化的实验研究,已证明神经回路、突触联系、神经元形态、超微结构、生化组分和电活动等方面都具有一定程度的可塑性。所谓可塑性的认识可基于以下两个方面:①无论在发育中或成熟后,神经系统内部因不同刺激、不同环境因素、不同经验引起局部或较大范围内的结构和功能均发生变化,这些都是神经系统可塑性的表现。②所谓可塑性变化,主要是指各种因素、条件经一定时间和相对长期作用后引起的变化,在微观上表现为电活动、神经递质、神经化学、组织与神经元形态的变化,宏观上可以是学习、记忆、行为、心理变化和损伤后的功能恢复。

中枢神经系统的可塑性目前尚难下一绝对的定义。广义地说,凡是有异于神经系统正常活动模式的情况都可列入"可塑性"的范围。比较传统的概念则建立在下列认识基础上,即在正常情况,神经连接的形式均按照一定的规律或模式而建立,因而具有一定的特异性。一切有异于正常模式或特异性的,都可以说是具有可塑性的,但可塑性的程度因实验情况或条件的不同而有所差异。

神经系统可塑性研究是以细胞生物学和生物化学为两个主要途径,因此研究的对象也就主要包括:①神经回路、突触联系、神经元形态和超微结构的可塑性变化。②神经元递质化学性质的可塑性。③神经元电活动的可塑性。

第二节 中枢神经系统可塑性理论的形成

中枢神经系统可塑性理论的形成是个漫长的过程,从 1881 年 Munk 提出 CNS 受损后的替代学说(substitution),到 1983 年 Kennaard 提出的脑功能重组论(functional reorganization),经历了百年的时间。脑的可塑性理论包括远隔功能抑制论、替代论、长芽论、突触功能调整论、神经修复微环境论,将这些理论与现代神经生物工程和技术结合,可恢复或重建脑损伤的功能。

一、实验基础研究

(一)非哺乳动物的研究

在 20 世纪 30~40 年代 Sperry 等人首先观察到,将蟾蜍和青蛙等低等脊椎动物的视神经切断后可以再生。50~60 年代的一些实验,包括 Sperry 本人和 Gaze 等人,证明了在金鱼视网膜和顶盖之间的神经连接图谱并非是一成不变的。例如,若将金鱼视网膜鼻侧的一半切除,则剩余的一半可以"扩张"其投射区,而与整个顶盖建立连接。相反,若将顶盖一半切除,则整个视网膜的投射会被"压缩"到所剩余的顶盖部分。更有甚者,若分别将视网膜和顶盖不相对应部分切除,即切除左眼视网膜鼻侧和左侧顶盖,则余下不相对应的部分可以重新建立起在电生理上有意义的神经连接。这一系列的实验,使人对神经连接特异性的观点有了全新的看法,并对中枢神经系统的神经连接特异性的理论提出了一系列问题。

(二)哺乳动物的研究

在20世纪50年代后,Liu 和 Chamber 在猫的脊髓损伤研究工作中发现,由背根进入脊髓的神经纤维在脊髓内的分布,可以受邻近神经纤维的影响而发生改变。最明显的例子是单一脊神经背根的神经纤维被切除以后,邻近的背根会产生长芽现象,并扩张到被切除的背根纤维领域。在随后的20多年中,类似的现象在其他系统相继被观察到。在行为学上,Murray 和 Goldberger 观察到在猫的胸、腰交界部脊椎受创伤或手术截断后,猫后肢的功能随着时间的推移而逐渐恢复。他们相信,这是神经长芽所产生的后果。关于神经纤维受创伤后,邻近未受损的神经纤维可以长芽并产生补偿的观点,受到了其他实验室工作的支持。Raisman(1969年)首先以电子显微镜观察到切断海马投射至隔区的神经纤维束,则源自内侧前脑束的神经末梢在隔区所形成的突触数目明显增加,这一观察亦获得了类似的荧光标记法实验结果的证实。到了80年代,Lund 等人进一步发现,在胼胝体的视觉部分,两大脑半球视皮质部分之间连接的分布,也可因眼球位置的改变而改变。这一观察,使得对可塑性机制的研究有了更深入的了解。神经连接不单受邻近投射的影响,并且与神经连接或通路的功能活动有关,后者被许多在视皮质上所进行的电生理实验结果所证实。但很重要的一点是,视觉细胞对某种形式光刺激的反应,在发生期的某一阶段之前可塑性很高,但一旦超越这一阶段或年龄,则可塑性的能力便大大降低。基于此,有学者提出了与可塑性有关的一个新的概念,就是灵敏期。换言之,中枢神经细胞的生理功能特点在灵敏期以前可以被外在因子所改变或塑造,在灵敏期以后便很难再改变。

(三)哺乳动物中枢神经系统发生期高度可塑性观点的提出

虽然中枢神经系统具有可塑性的问题在半个世纪以来引起了研究工作者广泛的注意和兴趣,但真正将可塑性问题推往研究高潮的是在20世纪70~80年代在鼠类发生期所做的一系列实验,其中 Lund 和 Schneider 两位学者的研究工作更具有代表性。他们及其合作者做了一些深具意义的实验,如鼠类视网膜的投射,基本上是投射到对侧的视觉中心如上丘、外侧膝状体等,相对地同侧投射非常少。以大白鼠为例,99%的视网膜节细胞向对侧投射,同侧投射的节细胞只占1%左右。而且鼠类视网膜节细胞主要是投射到对侧的上丘,只有30%左右的节细胞是投射到外侧膝状体。Schneider 在金黄地鼠所做的实验中发现,如将金黄地鼠一侧上丘在初生期即予切除,则本该投射到对侧上丘的视投射会转而越过顶盖中缝投射到同侧的上丘。这一实验说明了三个主要问题,第一是视神经投射在发生早期具有高度的可塑性。第二是投射区的转移,在其应有的靶区被切除后,会有选择性地转移到相关联的脑区,而不是毫无目标地转移到别的靶区。第三是神经细胞的投射数,会尽量维持到本来神经元应有的水平,换言之,投射到别的靶区的结果是保持了由遗传因子既定的投射数。Lund 在对大白鼠所做实验中观察到,如在初生大白鼠做单眼摘除,则所余一眼的视神经除了投射到对侧外,还会扩张到达同侧脑的投射区。这一结果提示了两个重要的原则,一是一组神经细胞群的投射在发生过程中受到其他投射的影响,这种相互影响是竞争性的。二是细胞群具有扩张其领域或投射区的能力。第二点虽与上述 Schneider 所提出"神经细胞的投射大小是既定的"观点有所不同,但无论两者的理论观点如何,每种观点基本上都具有一定的根据和意义,也有值得修正之处。

二、几种假说的提出

在 19 世纪末和 20 世纪 30 年代,一些学者为了解释中枢神经系统损伤后出现恢复的现象,提出几种假说。

(一) 功能在神经系统不同等级上再现说

功能在神经系统不同等级上再现说是 Jackson JH 于 1884 年左右提出的,他认为神经系统的结构是由高至低分为不同的等级,功能并不唯一地存在于某一等级之中,一种功能往往在神经系统的不同水平上再现几次。神经系统较高等级的部分发展较晚,易于兴奋,对功能起精细的调节作用,对较低级的部分有抑制性的影响。当较高级的部分损伤以后,较低级的部分就从抑制中释放,并尽力去完成失去的功能。Jackson 的这种假说成为神经功能中代偿原则的基础。

(二) 替代说

替代说是 Munk H 于 1881 年左右提出的。他认为未受损的皮质区能承担损伤区由于损伤而丧失的功能,并认为其条件是:①该区有完成这种功能的能力。②该区当时必须无其他任务。③该区除承担损伤区的功能以外,不介入其他方面。当然这些条件目前看来不一定正确,但 Munk 的假说成为以后功能重组理论的前驱。

(三) 功能与形态联系不能说

功能与形态联系不能说是 Monakow CV 于 1914 年左右提出的。他认为脑的一部分损伤后,使其他完好的脑部分丧失了来自损伤区的正常传入冲动,正常传入冲动的突然丧失会引起特殊类型的"休克",这是一种功能与形态暂时脱节的状态,称为神经功能联系失能(diaschisis),因此完好的部分也不能正常地发挥作用而出现症状。随着这种休克的消失,完好区将重新恢复其功能,以后才留下直接与损伤区有关的症状。

上述的几种假说,经过多年的研究,有的被修正,有的被补充,有的被一些新的观点或实验依据证实,演变成为现代的一些观点。在 20 世纪 30 年代及以后,提出了新的理论,发现了一些能影响 CNS 损伤后恢复的重要因素,使人们对此问题的认识提高到一个新的水平。

三、脑可塑性理论的提出

1930 年,Goltz 的学生 Bethe A 首先提出了 CNS 可塑性的概念。他认为可塑性是指生命机体适应发生了变化和应付生活中危险的能力,它是生命机体共同具备的现象。并认为这也是 CNS 在受到打击后重新组织以保持适当功能的基础。他在实验中观察了两栖类动物在被去除 1~3 个肢体后的功能恢复情况,发现动物可以通过重新调整,以新的方式继续运动。他的研究结论是:人和高等脊椎动物之所以具有高度的可塑性,不是由于再生,而是由于动态的功能重新组织或适应的结果,并认为 CNS 损伤后的功能恢复是残留部分的功能重组的结果。

1969 年,Luria 等重新提出并完善了功能重组的理论,认为损伤后脑的残留部分通过功能上的重组,以新的方式完成已丧失了的功能,并认为功能重组分为系统内和系统间两类。①系统内重组:是在同一系统内相同水平或不同水平上出现的代偿,如由病灶周围组织的代偿或由病灶以上或以下结构来代偿。②系统间重组:是由一个完全不同的系统来代偿,如由皮肤触觉来代替视觉等,并且认为在此过程中,特定的康复训练是必须的。因此,人们又将 Luria 等的理论称为再训练理论。

目前功能重组的术语已被经常使用,如通过训练和通过邻近或对侧组织的代偿、失神经过敏、轴突侧支长芽、潜伏通路和突触的启用、行为代偿等使功能得到恢复,都认为是功能重组的结果。

总之,代偿和功能重组(实质上代偿也可以列为功能重组的一种方式)已成为脑可塑性的生理、生化或形态学改变的基础。

四、脑可塑性理论依据

(一) 形态学依据

CNS 的细胞死亡后的确是不能再生的,其原因是胶质细胞特别是少突胶质细胞产生一种能使生长锥崩溃的分子,并妨碍了长出芽的延长。但不能再生的概念并不能运用到轴突、树突和突触连结上。轴突长芽并导致功能恢复在海马中证实:从同侧内嗅皮质去除传入后,大多数余下的传入系统的终端都长芽,最后取代了 80% 的失去突触。Sheibel(1977 年)证明,人体在胚胎期、生后早期、成年期、老年期中轴突和树突分支的变化是有一定规律的,成年期这些树突是最丰富的。新近对老年脑可塑性的研究证明,平均年龄为 79.6 岁的老人中树突数甚至比平均年龄为 52.1 岁的成人更为广泛(痴呆老人除外),这提示在老年中一些神经元退化或死亡,而树突等却存活并增多。

树突、轴突、胶质所占皮质容积达 97%,部分神经细胞死亡时,存活细胞的丰富轴突可以代偿这种微不足道的损伤,因为丧失轴突可被大量完好的轴突通过侧支长芽来取代。

(二) 生理学依据

部分神经元损伤可通过邻近完好神经元的功能重组,或通过较低级的 CNS 部分来代偿。

(三) 生物化学依据

局部的损伤可通过失神经过敏(denervation supersensitivity, DS)等生化机制来代替。DS 现象可用下述的例子说明:在一般情况下,肌纤维只有在神经-肌肉接头处才对乙酰胆碱(Ach)敏感,而他处的敏感性几近于零。但一旦失神经后,神经-肌肉接头处的敏感性下降,而其他所有部位的敏感性却增高,这些大范围敏感性增高的部分就可以取代原先的接头部位对 Ach 产生反应。目前将 DS 亦列为功能重组的方式之一。

(四) 临床依据

1. **CNS 边损伤边修复的事例** 人的多发性硬化症是一种脱髓鞘病,其临床过程的特点是反复病情加剧和自发缓解。值得关注的是患者病情缓解是在明显的、确定的病理学异常基础上发生的,在缓解期常出现症状比实际病理变化轻很多的现象,无论是生前的磁共振成像或诱发电位检查,还是因其他疾病死亡后的尸检,均可证明病理变化比临床症状严重得多。由于髓鞘再生在此症中是有限的,因此推测其缓解是由于有髓纤维发生了其他精细改变的结果。现已查明,此病在脱髓鞘后,轴突出现明显的可塑性,沿轴突在离子通道上发生精细的亚细胞水平的重新组织,后者构成了此病自发功能恢复的基础。

2. **CNS 残留部分有代偿能力的事例** 人脑半球切除后仍能完成感觉、运动控制和智力功能,尽管其功能远非完善,但足以恢复到接近正常生活的程度。早在 1933 年,Gardner 就报道了半球切除 520 g 后的患者能恢复包括步行能力在内的大量运动控制的例子,其后不断有报道证明切除一侧半球后,余下的一侧半球足以维持一个人的运动、整体感觉和大致正常的社会交往。

另一个例子是美国康复医学教授 Bach-y-Rita P 撰文介绍了他父亲脑卒中后恢复的例子。他父亲 66 岁患脑梗死,急性期过后接受每日 3 h 的康复治疗,并积极参与家庭治疗,如自己洗碗、当手出现痉挛就在温水中浸泡、坚持练习用患侧手打字。通过不懈的努力,终于恢复了全日工作 3 年,一直活到 72 岁,最后在步行登山时死于心肌梗死。死后尸检发现 97% 的锥体束有病理改变,只有约 3% 保留完好。但在完好部分如此少的条件下他生前却能恢复全日工作,并能步行登山,可见 CNS 组织的代偿能力是何等的巨大。

3. 掌握生来不具备运动方式的事例　　正常人的眼球是不能做绕矢状轴的旋转运动的。为了探索眼球运动及脑的可塑性,1976 年 Balliet 和 Nakayama 研究了在正常人中通过视反馈训练,使受试者产生这种生来不具备运动的可能。运动范围起初是小的,每小时转动 0.8° 左右,但经过一定时间的训练,最终可达到 20°~30°,受试者还学会了扫视(saccadic)和跟踪性的环转。随着训练的增多,可在无任何视反馈的情况下做上述的随意运动。这种训练的成功,证明眼运动系统具有比过去认识的更大可塑性,这种新运动形式的形成支持了脑可塑性的理论。

4. 系统承担与自身功能毫不相干的事例　　Bach-y-Rita P 著名的感觉取代研究(sensory substitute studies)是在先天盲人身上进行,目的是了解在一种感官功能完全丧失的情况下,为了适应环境,脑重新组织其他取代功能的能力。他们研制了一种触觉视觉取代系统(tactile vision substitution system,TVSS),将此系统中的微型电视摄像机装在眼镜框上,引线传向挂于胸前的变换器处,后者将电视讯号转换为触觉刺激,并传向固定于腹、背或股部处的接触式的、有 1 032 个点的点阵刺激器上,后者对皮肤进行相应的刺激。在采用 TVSS 进行足够的训练之后,受试者述说他们体验到的成像是在空间上而不是在皮肤上,并且很快地学会视觉特有的分析方法,如前景、视差(parallax)、逼近(looming)、移离(zooing)和判断深度等。这一实验不仅有力地证明了经过训练可使皮肤感觉承担与本身功能毫不相干的视觉功能,而且有力地证明了脑有足够的可塑性去重组功能以利用来自取代系统的信息。躯体感觉诱发电位的研究亦证明,受过训练的盲人对触觉刺激能较快地加工。

第三节　中枢神经系统可塑性基本观点和方式

中枢神经系统包括脑和脊髓,两者前后连续并在枕骨大孔处分界,故 CNS 的可塑性就包括脑的可塑性和脊髓的可塑性两部分。

一、脑的可塑性

脑可塑性有广义、狭义之分。广义者是将所有的学习都认为是脑有可塑性的表现,因通过学习和训练,脑可以完成原先不能完成的功能;狭义者则认为脑必须有重新获得功能的形态学基础(如轴突长芽等)才是可塑性的表现。此处所涉及的可塑性是上述两者的折衷,即认为脑可塑性是指脑有适应能力,即在结构和功能上有修改自身以适应改变现实的能力。

脑的可塑性表现为功能重组和内、外影响因素两方面,如图 6-1。

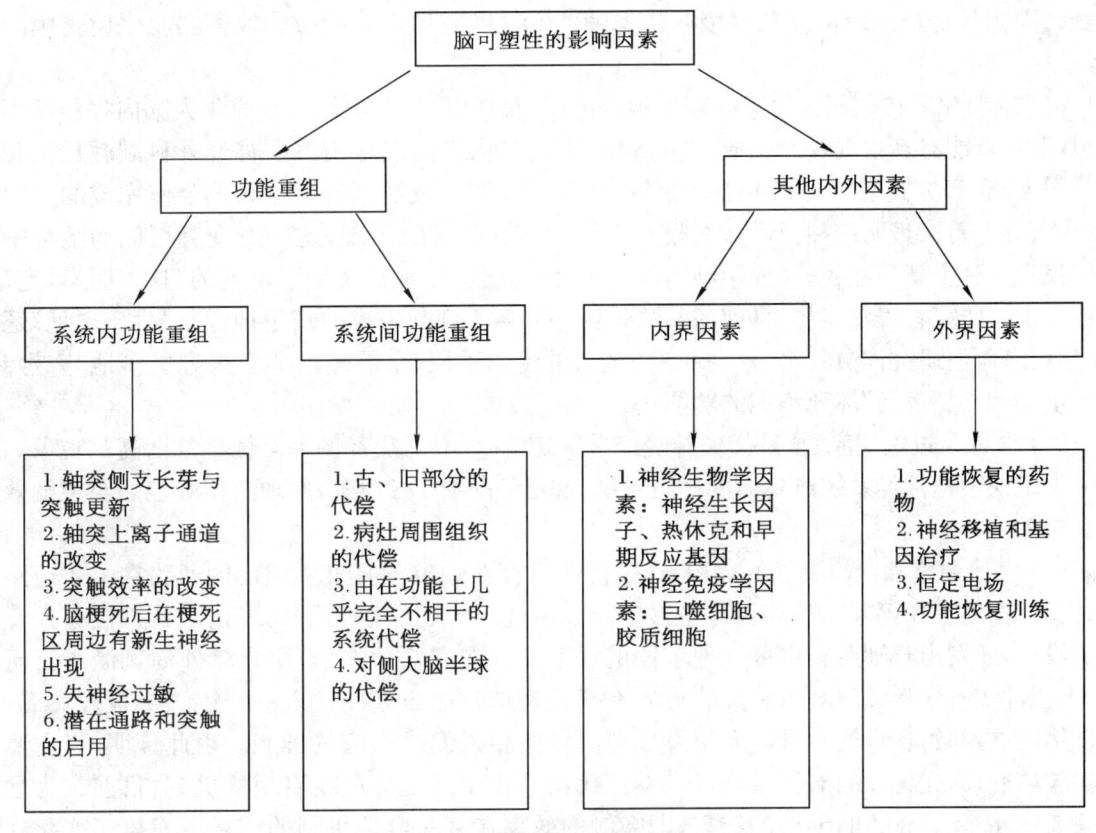

图 6-1 脑可塑性的影响因素

(一) 功能重组

1. **系统内的功能重组** 系统内的功能重组是指在功能相近的系统内,通过重新组织,由原来系统或损伤部分以外的系统承担丧失了的功能。其功能重组方式如下。

(1) 轴突侧支长芽与突触更新:轴突侧支芽生有两种方式:一为再生长芽;另一为侧支长芽。前者从损伤轴突的断端向损伤区生长,但是由于速度慢、距离长,往往尚未长到损伤区,该区已被生长迅速的神经胶质包围,形成神经胶质瘢,以致再生芽无法进入损伤区,结果无法恢复神经支配。侧支长芽则是从最靠近损伤区的正常轴突,向侧方伸出分支支配损伤的区域,由于轴突本身正常,再加上距离近,故能够迅速达到而恢复支配。

(2) 轴突上离子通道的改变:在有髓鞘轴突上,神经冲动的传导是通过郎飞结中 Na^+ 通道集中的髓鞘膜结间跳跃前进的,在一些脱髓鞘疾病中,神经冲动的这种跳跃式前进消失,变为在脱髓鞘轴突上的连续性传导,从而表现为临床上的异常。在某些脱髓鞘疾病病程中客观存在的患者临床症状改善,但与其神经损害程度并不同步,其主要原因就在于轴突上离子通道发生改变,出现 Na^+ 通道密集结构。

(3) 突触效率的改变:①侧支长芽时使突触前端扩大,增加信息传输的面积和效率。②侧支长芽时使单突触变为双突触,使原来的效率增加 1 倍。③使新生的突触更靠近细胞体。④增加突触间隙的宽度。⑤增加神经递质的数量,并使之出现在以前不可能有的区域上。⑥使破坏和灭活神经递质的机制失效。⑦改变细胞膜的通透性,从而改变细胞的兴奋性。⑧改变突触间隙内神经递质的浓度和回吸收的速度。⑨改变突触后膜的敏感性。⑩改变树突膜的通透性。

(4) 脑梗死后在梗死区周边有新生神经出现：长期以来，医学界认为成年人脑内神经元不能分裂，即不可能有新生的神经生成。2006年，由复旦大学附属华山医院神经外科副教授王晓梅与美国 Buck 研究院老年研究中心副教授、华山医院客座教授 Kunlin Jin 等合作完成的一项研究，在世界上首次证明脑梗死后在其梗死区周边有新生神经出现，这一发现有可能为脑卒中的治疗找到一种全新的途径。"成年脑内没有新生的神经元，脑损伤是不可逆的"这一医学"定论"将被修正。研究者表示，虽然目前尚不清楚这些因病变刺激生成的新生神经是"生于原地"还是"迁移而来"，但研究人员将努力寻找一种全新的干预手段，来促进脑卒中患者更多地"产生"这种新生细胞，以"替代"坏死细胞的功能。

(5) 失神经过敏现象：这是指失神经经过一定的时间后，局部的兴奋性异常增高的现象。现在无论是在中枢神经系统还是周围神经系统，都已证明有 DS 现象，此现象实际也是与突触效率改变有关。

(6) 潜伏通路和(或)突触的启用：这是指已经存在的但没有发生作用的通路在主要通路失效时发挥作用。如 Wall 曾证明，有些感觉纤维在进入脊髓后根时不仅终止于其直接进入脊髓的节段处，还发出长轴突至许多其他节段的脊髓处。在完好动物中，用自然外周刺激进行研究时，不能证实有任何细胞对后一类的传入有任何反应。但当直接进入的脊髓根部被破坏后，再用自然或电刺激，在脊髓中可以大量发现对该轴突传入发生反应的细胞。由此证明，当主要通路被破坏后，原先无效的潜伏通路可以发挥代偿性作用。关于重新启用的机制，目前认为是突触调节(synaptic modulation)的结果，即突触的效率在某一监控机制的作用下发生了变化。潜伏通路的启用现象常常在伤后数周即出现，可以引起一定程度的自发恢复，但这种恢复很不充分。

2. 系统间的功能重组　这是指由在功能上不完全相同的另一系统，来承担损伤系统的功能，其形式如下。

(1) 古、旧部分的代偿：哺乳类动物的 CNS 从发育上可分古、旧和新三个部分。古的部分在中央，由自主系、网状结构、古小脑前庭系等构成；旧的部分由原发的或保护性的系统组成；新的部分由主司精细觉的或探索性的成分组成。新大脑部分在最外层，占人脑 90% 左右，位置暴露，由终末血管支配，难以形成侧支循环，故不仅易于受伤，而且伤后也不易恢复。除此以外，新大脑部分单侧性支配也很明显，故伤后不易被对侧代偿。而古、旧部分在内层，循环较丰富，双侧支配明显，故新大脑部分损伤后，有些较粗糙和低级的功能可由古、旧大脑部分来完成。

(2) 病灶周围组织的代偿：1996 年 Nudo 等应用皮质内微刺激技术，可以精确地发现疾病发生后大脑皮质功能区的可塑性，即由梗死周边脑组织功能代偿，即使精细活动如手指运动都可能有所恢复。目前认为大脑皮质的结构和功能并不像建筑上的马赛克，即结构丧失其相应的功能也永远丧失，而是一个部位在结构上破坏以后，其承担的功能可由其他部位来完成。

周围组织代偿的机制有几种解释。①支配某一运动功能的皮质区边界不是那样明晰，且其下行纤维除主要集中在脊髓某一节段外，尚分布于不同水平的多个节段内，摘除该区皮质时，虽然与主要节段有联系的皮质被破坏，但与次要节段有联系的皮质或多或少地保留了下来，这种多节段支配就成为以后经过训练能够恢复功能的形态基础。②支配某一运动功能的大脑皮质犹如一个兴奋中心或焦点,在其周围有一个兴奋性处于阈下值的晕,此晕处于易化而不是兴奋状态,当兴奋的中心或焦点受损伤时,晕区的组织转入兴奋状态,并接管兴奋中心或焦点部位的功能。

(3) 由在功能上几乎完全不相干的系统代偿:如触觉取代视觉,前述的触觉视觉取代系统就是在这方面研究成功的实验之一。

(4) 对侧大脑半球的代偿:人 CNS 的代偿能力是巨大的。临床证明,在切除半球的 520g 组织之后,人仍能保留步行在内的大量的运动控制。20 世纪 80 年代 Glees 等也报道过一些相当典型的例子,如患者 DW,2 岁时出现癫痫发作,日渐严重,并出现右侧上、下肢活动障碍;20 岁时,因发作难以控制而进行了左侧大脑半球切除术,术后清醒,言语不受损,右侧肢体痉挛减轻,右上肢远端出现感觉缺失;术后 1 周,右下肢出现随意运动,个体感良好,但右手指的位置感不准确;术后在某康复中心治疗一个时期,右手已能重新部分地应用,训练 1 年后参加工作。

关于其机制,White 的实验或许可以说明。White 在猴中进行了整个半球的切除试验,术后猴双侧的运动功能仍极佳,因而证实每侧半球均有双侧的传出,从而保证了两侧身体的基本功能。

(二) 内、外界的其他因素

1. 内界的因素

(1) 神经生物学方面:如神经生长因子(nerve growth factor,NGF)、热休克蛋白和早期反应基因等。NGF 的生物效应:①促进神经元发育生长。②增加受伤后神经元的存活。③对抗神经毒。④修复创伤。⑤抑制自身免疫。

NGF 在伤后早期的作用和对移植组织的作用:①对神经元的保护作用。②促进神经元生长和轴突长芽。近年证明,NGF 对基底前脑、小脑、前额皮质、海马和嗅球等部位的胆碱能神经元有神经营养作用,能增加这些神经元的存活和促进其纤维的成长。1986 年 Hefti 还证明 NGF 能促进受伤的胆碱能神经元的再生。目前看来,NGF 对 CNS 神经元的良好作用主要是在胆碱能神经元方面。③NGF 能促进移植组织的生长。

关于在伤后早期应用 NGF 的时间,目前认为在伤后 4 日内给予最好,因这时给予 NGF 可充分预防继发性的神经元死亡,从而间接促进了以后的功能恢复。

(2) 神经免疫学方面:①巨噬细胞。通过释放细胞因子,促进小胶质细胞和星形胶质细胞表达 NGF 的能力增高,又通过释放少突胶质细胞抑制物——细胞毒因子,抑制少突胶质细胞的成熟,从而间接促进中枢神经系统的再生。②胶质细胞。在正常生理条件下胶质细胞可清洁神经元周围的环境,具有支持、隔离、营养和物质交换的作用。缺血性脑损伤后胶质细胞反应性增生,通过胶质细胞与神经元、胶质细胞与胶质细胞之间的神经网络作用,影响缺血性脑损害的发展和转归。如缓冲信号物质钾、谷氨酸等,增加胶质细胞蛋白的合成(胶质纤维性蛋白、热休克蛋白、转铁蛋白等),促进神经元修复。此外,分泌细胞因子(神经生长因子、转化生长因子等)对神经的修复也起重要作用。

2. 外界因素 影响脑可塑性的外界因素有功能恢复药物的使用、神经移植和基因治疗、恒定电场的影响,以及功能恢复训练的介入。

(三) 脑可塑性的规律

如同学习或运动训练的规律一样,脑可塑性具有以下特点:①主动性。②实践性。③重复性-时间依赖性。④适量性-强度依赖性。⑤刺激的丰富性。

二、脊髓的可塑性

脊髓是中枢神经的低级部位，与脑一样也具有可塑性。脊髓可塑性变化的一般表现形式主要为附近未受伤神经元轴突的侧支先长芽，以增加其在去传入靶区的投射密度，随后与靶细胞建立突性联系。在这一过程中，突触性终末除了发生数量变化之外，还出现终末增大、突触后致密区扩大的结构变化和一般生理生化改变。脊髓损伤后轴突的长芽主要包括三种变化，即再生性长芽（regenerating sprouting）、侧支长芽（lateral sprouting）和代偿性长芽（compensatory sprouting）。再生性长芽是指在受伤轴突的神经元仍存活时，该轴突近侧端以长出新芽的方式进行再生；侧支长芽是指在损伤累及神经元胞体或近端轴突进而造成整个神经元死亡时，附近未受伤神经元从其自身的侧支上长芽；代偿性长芽是指在发育过程中，当神经元轴突的部分侧支受伤时，其正常的侧支长出新芽以代偿因受伤而丢失的侧支。研究表明，脊髓损伤后的可塑性变化与大脑一样，具有发育阶段差异和区域差异特征。

但是，大脑的可塑性比脊髓的大，其原因主要是脑的体积较大，不容易造成完全性的损伤，因此残留部分可以通过各种功能重组来代偿。而脊髓则不然，其横断面比脑的小得多，较易造成完全性损伤，且一旦出现完全性损害时代偿的机会就要小得多，并主要将依靠轴突长芽和神经移植来解决，这可能就是脊髓可塑性较小的原因。

第四节　中枢神经系统损伤后各阶段影响功能恢复的因素及其机制

在康复医学中，常将CNS损伤后划分为几个阶段：①急性期，24 h以内。②伤后早期，即早期恢复阶段，3日至3个月。③后期恢复阶段，3个月以上至2年。④晚期，2年以上。上述各阶段中，现已发现多种因素可以影响功能恢复。

一、急性损伤阶段有利于功能恢复的因素

这些因素主要为化学性的，如类吗啡物质对抗剂、促甲状腺素释放激素、神经节苷脂、Ca^{2+}连锁反应或缺血性瀑布抑制剂、自由基清除剂、花生四烯酸（AA）释放和分解抑制剂及其代谢产物对抗剂等。

二、伤后早期有利于功能恢复的因素

伤后早期指伤后第3日至3个月的阶段，在此阶段有利于功能恢复的因素有：

（一）自发恢复的内部因素

急性期和伤后早期，除外界因素影响CNS的恢复以外，CNS尚可出现自发的恢复，即发病后不论治疗与否均可自发地出现一定程度的恢复。关于这种恢复的机制，目前认为与下列因素有关。

1. 神经解剖方面　①病灶周围水肿的消退。②血管的自发再沟通。③侧支循环的形成。

2. 神经生理方面　①功能与形态联系不能的消失。②神经营养因子的作用。③潜伏通路和突触的启用。

潜伏通路和突触的启用是损伤早期自发性恢复的重要因素。一个较典型的例子是关于头-眼协调控制的试验，Dichgans 等认为头-眼协调是由迷路和颈本体感受器控制的，在灵长类的动物中，若在其右前方放一食物，动物的眼光转向它，然后头随之向右转。但在头右转时，若眼随头转则眼将偏离食品，因此当头向右转时，已比头先转向右方的眼需稍向左转才能使眼和头部正对食物。当破坏迷路后，头-眼协调丧失，说明此协调原先仅由迷路控制。但过数周后，此协调恢复，亦即在迷路已破坏的情况下恢复。此协调是由迷路和颈本体感受器控制的，现在在迷路已失效的情况下恢复，即意味着原先不生效的颈本体感受通路在迷路被破坏后发生作用。

潜伏通路和突触的启用不仅存在于中枢神经，在周围神经中也有存在。1981 年 Devor 和 Wall 发表了周围神经典型的潜伏通路的例子。猫的正常脊髓背角内侧的神经元群对足的触压觉和趾的触压觉及刷拂发生反应，当切断通向足和趾的神经后，此细胞群对任何刺激的反应完全消失。在几周后，同一细胞群又对下肢的感觉刺激发生反应，但不是出现在刺激足及趾时，而是出现在刺激后背、股和会阴部的时候。从而证实还有一些属于该细胞群支配的、在正常情况下潜伏而没被利用的通路和突触，在足和趾区损伤后才被启用。

关于重新启用的机制，目前认为是突触调制的结果，亦即突触的效率在某一监控机构的作用下发生了变化。但关于监控者是何结构的问题，一些学者认为在皮质，另一些学者则认为远超出上述的范围，皮质和皮质外结构都可能参与。此外，潜伏通路也可能由脱抑制引起的，Spraque 在猫的右枕——颞皮质造成损伤之后，猫左视野出现至少持续 1 年的偏盲，但若接着破坏其四叠体的左上丘，可使左视野的缺损立即恢复。由此结果表明，同侧上丘正常的情况下被同侧的皮质兴奋而被对侧的上丘抑制，同侧皮质破坏导致失去兴奋而被抑制，因而出现视野缺损，去除对侧上丘等于去除了来自对侧的抑制，因而恢复了视力。这种脱抑制的机制是突触调制的结果，否则突触效率在当时的提高将无法解释。

潜伏通路现象往往于伤后数日至数周才出现，这是由于突触的效率在于使用，要使原先潜伏和应用得极少的突触变为功能良好的突触，需时要长得多。

3. 神经病理方面——失神经过敏的出现

（1）失神经过敏的出现：在 CNS 损伤后期功能恢复的机制中，在神经病理方面主要是失神经过敏的作用。DS 现象在周围神经中可用下述例子说明：在一般情况下，肌纤维只有在神经-肌肉接头处才对乙酰胆碱敏感，而他处的敏感性几近于零。一旦失神经后，接头处的敏感性下降，其他所有部位的敏感性却增高。这些大范围敏感性增高的部分可以取代原先接头部位对递质发生反应。在中枢神经系统中也已证明有 DS 现象。

（2）失神经过敏的机制：①增加了局部化学受体的数量，并使受体出现在以前没有这种结构的区域上。②使递质破坏或灭活的机制消失。③膜离子通透性和离子梯度的变化而影响了细胞的兴奋性等。上述变化目前认为都属于突触调制的范畴，突触调制是突触在调控系统的作用下突触效率发生了变化的现象。除上述因素外，突触效率的改变还受侧支长芽、树突膜的渗透性改变等因素影响。

（3）失神经过敏的作用：①维持失神经后组织一定的兴奋性。②使组织对神经再支配易于发生反应，使合适的神经长芽，易于和组织之间建立功能性的突触。③引起组织或器官的自发活动，减少失神经支配组织的萎缩和变性。

4. 神经生物学方面 近年发现,神经系的可塑性与某些基因亦有密切的联系。

(1) 热休克蛋白:这是一个应激蛋白大家族,可分为3类,是相对分子质量分别为 20 000~30 000,70 000 和 90 000~100 000 的蛋白质,故又称热激蛋白(heatshock protein,HsP)。其存在于正常细胞中,或不存在于正常细胞中,都由应激诱导出。在脑卒中、脑外伤、癫痫发作时,HsP72 等均增多。

目前发现 HsP 至少有以下几方面的功能:①防止高热或损伤时细胞蛋白质的异常。②稳定和保护细胞蛋白质结构和功能,促进损伤或高热后受损细胞蛋白质的恢复。③协调细胞蛋白质构型的变化和介导蛋白质在膜内的移位。

短暂性全脑缺血、缺氧时,海马 CA1 锥体细胞、海拉细胞、海马 CA3 和齿状回神经元中均有 HsP70 的大量表达。若缺血、缺氧程度加剧、时间延长,则大脑皮质神经元、大脑半球和海马毛细血管内皮细胞的 HsP70 表达也明显增加。短暂性大脑中动脉结扎性缺血时,大脑半球神经元、胶质细胞和毛细血管内皮细胞的 HsP70 表达亦增加。在局灶性脑缺血中,HsP70 表达的脑区正好与缺血梗死灶一致。

目前认为在 CNS 中,HsP70 的显著表达一方面反映 CNS 有损伤存在,另一方面认为 HsP70 对损伤有保护和修复的作用。在哺乳类动物 CNS 中证明此基因可防止脑的缺血性损伤和光线在视网膜上造成的损伤,其机制可能是缺血使许多神经元损伤和(或)引起蛋白质变性,后者激活了 HsP,然后生成 HsP70,HsP70 通过 ATP 依赖的机制与变性蛋白质结合,防止了变性蛋白质的三级结构的丢失,从而限制了损伤。

(2) 早期反应基因(early response genes):或称早期基因(immediate early gene,IEG)、细胞性早期立即反应基因(cellular immediate early genes),它包括 *C-fos*、*C-jun*、*C-myc* 等,都是原癌基因,与癌的发生有关,并可调节细胞周期。

在脑损伤的可塑性中,*C-fos* 及其他早期反应基因的存在非常重要。它们的靶基因可能是早期脑啡肽(preproenkephalin)、强啡肽(dynorphin)、血管活性肠肽(VIP)等物质。*C-fos* 等的蛋白质产物 Fos、jun 形成和靶基因启动子 AP-1 位点结合的异二聚体来调节它们的转录。许多因素,如细胞去极化、大脑皮质受刺激或损伤、疼痛、应激、脱水、光照、谷氨酸、钾、锌、血管活性肠肽、碱性成纤维细胞生长因子(bFGF)等均可诱导出 *C-fos*,细胞外生长因子也可诱导出 *C-fos*,这些 *C-fos* 对 CNS 细胞生长和分化进行调节,从而促进脑的可塑性和减轻脑的损伤。

(二) 外界的影响

1. 药物 影响脑功能恢复的药物主要有谷氨酸对抗剂、神经营养因子、神经节苷脂以及其他促进脑功能恢复的药物,如甲泼尼龙琥珀酸钠(MPSS)、阿司匹林、儿茶酚胺等。

2. 恒定电场 1920 年 Ingvar 首先尝试用电场影响神经元的发育。至 1979 年 Jaffe 和 Poo MM 才在鸡胚背根节上作出了客观的证明,这些学者证实恒定电场(steady electrical field,SEF)能调节周围和中枢神经元(包括成熟的和不成熟的、哺乳类和非哺乳类的)的发育。关于 SEF 的作用机制,Borgen 认为可能是外加电场的方向与损伤电场的方向相反,抵消了损伤电场的作用所致。

3. 环境的影响 以往人们并不重视环境在 CNS 损伤后恢复过程中的作用。1964 年 Schwartz 观察了不同环境对脑损伤鼠行为的影响,发现在迷宫试验中,优良环境中的脑受损动物平均错误次数比在标准环境中的显著减少,从而初步证实了环境在 CNS 损伤后恢复中的作用。

20世纪60年代末和整个70年代期间,Rosenzweiger MR和Bennett EL在这方面做了较大量的工作,他们详细地比较了处于优良环境(EC)、群居环境(GC)、标准环境(SC)和不良环境(IC)下,健康和脑受损动物在迷宫试验中的总错误数。EC组是将10~12个同性鼠放在76 cm×76 cm×45 cm的宽大笼中,每日从备用箱的25件鼠类感兴趣的物品中取出6件(如木杆、金属、灯泡、有木刨花的浅盆等)放入笼中,笼子放在光线充足之处;GC组情况与EC类似,但不放入上述物品;SC组是3只鼠放在一个21 cm×24 cm×20 cm的较小的笼中;IC组是将鼠单独地放在一个四壁如硬墙的小笼中,并放在无声音和光线阴暗之处。20~105日之后即发现有明显的差别,由此证明EC组功能恢复确比IC组和SC组佳。

Disamond、Rosenzweiger等在光学和电子显微镜下观察,证实EC组脑切片中胞体和胞核均比IC组的明显大,EC组中细胞的树突长、分支多,SC组的则处于EC组和IC组中间。Uylings,Kuypers和Veltman发现EC组中的基本树突比SC的长。Globus、Rosenzweiger等发现在每单位长度的树突上,EC组比IC组有较多的树突棘。上述发现无论是从功能上还是从形态学上均证明EC对CNS功能恢复有肯定的良好的影响。

在CNS损伤后康复方案的制订中,Rosenzweiger提出的几点是很值得注意的:①优良环境在脑损伤后的康复中几乎相当于一种有效的治疗方法。②每日处于优良环境中2 h,其效果与24 h的相当,因此不必过长地停留在这种环境中。③不仅对于皮质损伤,而且对于海马损伤EC(优良环境)同样有效。④社会化不能代替EC。⑤在幼年和成年动物中,EC同样有效。这些观点可在设计康复方案时很好地利用。

该期亦可考虑神经移植和功能恢复训练,详见后期及晚期促进功能恢复因素。

三、后期及晚期促进功能恢复的因素

后期(3个月至2年)的恢复仍与自发恢复有一定的联系。在自发恢复阶段中出现的失神经过敏或突触效率的变化以及潜伏通路和(或)突触的启用这两类现象,常于数星期内完成,但如要达到比较理想的程度,可能需数月之久(还需配合功能训练)。轴突侧支长芽一般在60~180日内完成,但要出现较理想的功能恢复,亦需有数月的时间。因此,上述3种因素引起较理想恢复所需的时间,可能延伸到伤后3~4个月甚至1年之久。

(一)内部因素

1. 神经解剖方面

(1)轴突长芽和突触更新:轴突长芽和突触更新是神经系统再生的表现,也是CNS可塑性的重要形态学基础。所谓再生是指神经系统对损伤反应时发生的各种形态学改变,并以形成新的有功能突触接触为目的过程。轴突长芽是指当通向神经元或靶组织的传入末梢损伤时,由受损轴突的残端向靶组织延伸出的芽,称为再生性长芽(RS);由邻近完好轴突中从侧方向靶组织延伸的芽,称为侧支长芽。

突触更新是指突触的丧失和更换,一般而言突触更新包括下列步骤。①突触脱联和变性产物的清除。②轴突长芽和新的突触前端分化。③建立新的突触联接。④新突触的成熟,出现突触小泡和突触前、后膜密度增加。

CS出现的部位:损伤区附近的完好轴突只要其支配的覆盖野与受损轴突的相重叠,就有可能向损伤区长出侧支。除此以外,不仅在失神经区,而且在没有失神经的区域也可见到突触的更新。

突触更新后形成新突触的数量可以比原来的多,但在成熟的 CNS 中,不论新突触有多少,也不可能形成新的神经通路。突触更新形成的新突触在形状和大小方面,在电镜(EM)下均与在该区的正常者相似。突触更新的顺序是最靠近损伤区者优先,细胞型相仿者优先,简单突触优先。突触更新的过程是在部分失神经时,一般从伤后数日即开始,在伤后 1~2 周达到最大,在 60~180 日内完成。正在发育中的 CNS 的突触更新不仅出现得较早、较旺盛,而且有可能形成新的神经通路;而成熟的 CNS 者则出现较晚,强度较弱,且无形成新通路的可能。CS 和与之相关的突触更新是 CNS 损伤后功能恢复的重要形态学基础之一。

突触更新的机制主要有以下几个方面。①突触更新的引发:一些学者认为触发突触更新的信息似乎是来自损伤区释出的与 α-MSH 肽有关的分子;另一些认为存在一些神经轴突生长因子(neurite promoting factor,NPF),目前倾向于后者。②突触更新的媒介物:研究认为,突触更新中介物可能是突触后致密部(possynaptic densities,PSD)。PSD 是突触膜特殊化的产物,存在于所有不对称的突触之中,在电镜下形状像盘,内径由 100~900 nm 不等,有时又呈"U"形(简单突触者)或"W"形(复杂突触者),在电镜下是致密的物质。PSD 中常有一个或多个穿孔,持续不断地开闭,此状态是突触更新的中间阶段。

总之,目前已公认,CS 及其有关的突触更新是 CNS 功能维持和适应的正常过程,是 CNS 损伤后重建正常回路的重要方式,在 CNS 损伤后功能恢复中有着十分重要的意义。

(2) 离子通道的改变:离子通道改变作为 CNS 可塑性的一种表现的观念,源于对多发性硬化症(MS)患者的详细研究。MS 是一种脱髓鞘性疾病,以病情不断进展和缓解交替进行为特点,其临床表现是在固定和明显的组织学异常的基础上发生的,生前的磁共振(MRI)检查或此后的尸检往往发现病灶或病理变化远比从临床症状推测的为重。深入的电镜(EM)和电生理研究后发现:①髓鞘再生后冲动传导的恢复是以 Na^+ 通道重组为基础的。②在脱髓鞘区,连续传导之所以能维持,亦在于是重新形成适当的 Na^+ 通道而引起的。③在 MS 中形成不均匀的传导亦由于形成了成簇的 Na^+ 通道而引起的。以上观察证明 Na^+ 通道在脱髓鞘纤维可塑性中的作用。

2. 神经生理(心理)方面　CSN 可塑性在生理(心理)方面的表现主要是受损的功能可通过生理(心理)的途径来代偿,现已证明可通过多种方式代偿,包括伤后早期就已出现的古、旧部分的代偿,病灶周围组织的代偿,一侧半球的代偿,以及潜伏通路及其启用。此外,在后期及晚期还会出现行为代偿。

行为是人在环境影响下所发生的生理和心理变化的外在表现。人类的行为有两种:一种是先天性的,称为非条件反射;另一种是后天性的,称为条件反射或技能,即习得行为。行为代偿中主要是利用后一种行为来代偿已失去了的功能和行为。目前较一致地认为,CNS 损伤后,功能的恢复并不必达到伤前见到的行为,而可以通过学习而发展出一种能达到相同目的的、新的,甚至是异常的行为,后者同样可以减轻因损伤而形成的缺陷。

在正常情况下,鼠一般是利用嗅觉来试验通过迷宫的,但当嗅系损伤以后,通过学习,可以学会利用视觉来通过迷宫。动物和人的行为代偿方法是丰富的,如在 CNS 损伤后,患者通过学习可应用不同的肌群、不同的认知策略来代偿缺损,因此目前已把行为代偿列为 CNS 可塑性的表现之一。

3. 神经病理及神经生物学方面　延续伤后早期的变化,包括失神经过敏、热休克基因、早反应基因等的出现。

(二) 外部因素

1. 药物 促进功能恢复的药物主要有神经生长因子,以及在伤后早期运用的神经节苷脂和其他促进脑功能恢复的药物等。

2. 环境和心理、社会因素 环境和心理、社会因素对 CNS 可塑性同样有重要的影响。环境对人体健康的影响是不言而喻的,而心理、社会因素的影响也是明显的,能够得到家庭的温暖和社会的支持显然有助于身心的恢复,乐观、能正视现实、勇于面对现实和克服困难的心态也有利于患者的恢复。这些因素都说明,看待 CNS 可塑性也应采取生物-心理-社会的观点,不能不考虑心理、社会和环境的作用。

3. 神经移植和基因治疗 神经移植不仅已证明哺乳类动物 CNS 有一种与植入的神经元和神经胶质成分合并和相互作用的能力,并且证实这种移植成分能改变宿主的功能和行为。神经移植还有一个有利的条件:CNS 的血-脑屏障、贫乏的淋巴流和低水平的组织相容抗原使神经移植后发生的免疫反应相对较少。但迄今神经移植尚未广泛和十分成功地应用在 CNS 损伤的临床病例上。

在 CNS 修复和功能恢复方面,除神经移植外,基因治疗亦已有一定的前景,但目前 CNS 疾病的基因治疗仍在实验方面。

4. 功能恢复训练 功能恢复训练是促进 CNS 损伤后功能恢复最为重要的因素。在神经损伤后康复中,无论在损伤早期、后期还是晚期,积极而系统的功能恢复训练都有十分重要的作用。

功能恢复训练是通过重新学习以恢复功能的过程,也可以认为是通过与他人和环境的相互作用,练习在接受刺激时及时和适当地作出反应,以适应环境和重新学习生活、工作所需的技能的过程。这种训练对于 CNS 损伤后是十分必要的。在历史上,Ogden 和 Franz 在 1917 年已通过这种训练使中央前回损伤的恒河猴恢复运动功能。在 19 世纪末和 20 世纪初,Foerster 一直强调功能训练在 CNS 损伤后恢复的重要性。著名的 Luria 的功能重组理论,就因为强调功能恢复再训练而被人们称为再训练理论。1985~1989 年,Feeney 和 Hovda 等研究视皮质不完全摘除动物中视缺失的恢复时,再度证明运动疗法和功能训练的重要性和必要性,并将这些疗法和训练称之为与症状有关的体验(symptom relevant experience,SRE)和与感觉有关的体验(sensory relevant experience,SRE),并一再强调 SRE 的重要性,其原因在于:

(1) 提高过去相对无效的或新形成的突触的效率,都需要反复的训练。众所周知,突触的效率取决于其运用率,运用越多则突触的效率也越高。在功能恢复中潜在突触的启用和侧支长芽新形成突触的利用都是重要的因素,但潜在的突触原先是相对无效的,损伤后要求它们变得有效,自然需要大量的训练。侧支长芽新形成的突触与靶组织的连结也不一定准确到与原先的完全相同,但由于这种偏差使冲动传导的途径和引起的靶组织反应也可能与原先的有差别,为使反应最终能与伤前的尽量接近,同样需要经过大量的训练。这就是在生理和解剖的恢复基础上,必须进行大量的功能恢复的原因之一。

(2) 要求原先不承担某种功能的结构去承担新的、不熟悉的任务,同样需要大量的学习和训练。为恢复功能,在系统内功能重组方面,除侧支长芽、潜伏突触启用和失神经过敏外,还常需由病灶周围组织、低级的中枢或移植组织来代偿。但无论是病灶周围组织、移植组织还是低级的组织，原来都不承担已被损伤的组织的功能，即使承担也只是承担次要的或粗大的部分。损伤后需改由它们来承担主要的或精细的功能时，由不熟悉到熟悉，由粗大变精细，同样需要重新学习和经过大量的训练，这就是必须进行功能训练的第二个原因。除此以外，若需通过系统间重组来恢复功能时，如需通过对侧半球来承担言语功能或在前述的 TVSS 中需利用皮肤触觉来代替视觉功能时，则更需经过重新学习和训练，这是显而易见的。

（3）外周刺激、感觉反馈在促进 CNS 功能和帮助个体适应环境、生存中有重要的意义。在动物和人中，有大量关于环境刺激、反复的电刺激能引起 CNS 结构、生理和行为改变的证据。1990 年 Jenkin 等证实，反复刷拂指尖皮肤数月就会使皮质中代表该指尖的区域明显扩大。这种通过周围刺激可以改变 CNS 中感受野的事实，说明了通过刺激周围可以影响中枢，这在人类神经缺陷的康复中有重要的意义。在功能恢复训练中，即可按需要从周围进行不同的刺激以达到影响 CNS 的目的。在人的各种行为和人与他人、环境相互作用的过程中，感觉反馈有重要的作用。无论何时，机体和现实世界之间总有相互作用，如要抓住一个物体或指向一个光源，必须依靠感觉反馈才能准确做到，否则抓和指都将达不到目的，机体最后将不能存活。但接受和利用反馈的能力在 CNS 损伤后是不同程度受损的，如不通过功能恢复训练使患者重新学会如何善于接受和正确地利用反馈，机体适应环境和生存的能力势必受到威胁，因此 CNS 损伤后也必须进行功能恢复训练。

以上是 CNS 损伤后期和晚期功能恢复机制的主要方面。此外，在轴突长芽、突触更新和锥体束再生等 CNS 可塑性的变化方面都明显地表现出年龄的影响，在脊髓损伤方面，年龄的影响也是十分明显的。在出生后 1~2 周的猫中，切断其脊髓下胸段，在以后的发育阶段，其后肢仍能具有较好的协调运动能力，这种猫在固定跑台上能以很协调的模式行走，但平衡控制欠佳，在成年猫中切断脊髓时则不能行走。尽管幼小动物神经的易变性很大，因而损伤后往往有较显著的功能恢复，但亦有其负性的一面。例如，在幼儿中左半球损伤后不仅有言语障碍，而且会伴有严重的智力和知觉缺陷，但这些变化在患有同等损伤的成人中却不会见到。因此，幼小动物 CNS 的易变性既有有利的一面也有不利的一面，不能一概而论。

长期的生物发育过程使人类的大脑在功能上有着严格的定位，而在一定程度上大脑的功能又是可以变化和重新塑造的，这实际上是大脑功能两个不能分割的侧面。其中，应该特别强调大脑的可塑性（尤其是其功能恢复的能力），这样才能通过不断努力地去获得受损神经系统残留功能的最大恢复和重组。全面掌握这些重要理论对于正确选择临床思路具有重要的指导意义，脑的可塑性、大脑功能重组的理论和方法的建立不仅为脑卒中的康复医疗在理论和实践上开辟了全新的道路，而且使脑卒中的康复医疗从"经验医学"提高到"循证医学"的水平上。

第七章
心理学基础

导学

本章主要介绍了康复心理学的概念、研究对象和研究内容,以及认知功能发展的主要内容和规律,并且有针对性地介绍了康复医学实践中常见的心理学问题及其影响。通过学习,应该掌握康复心理学的定义,认知的概念以及感觉、知觉、思维、注意、记忆的概念、分类和特征;熟悉康复心理学的研究对象、研究内容、研究原则和研究方法,康复医学中的主要心理问题,影响残疾者康复的主要心理因素;了解康复心理学在现代常见病、老年病、慢性病中的重要作用。

心理学是在科学理念的影响下,从哲学中分化出来的,研究心理现象发生、发展规律的一门科学。心理现象是心理活动的表现形式,一般将心理现象分为心理过程和人格两个方面。心理过程是指人的心理活动发生、发展的过程。具体地说,是指在客观事物的作用下,在一定的时间内,大脑反映客观现实的过程,包括认识、情感和意识三个方面。其中认识过程是基本的心理过程,情感和意识是在认识基础上产生的。人格也称为个性,是指一个人整体的精神面貌,即个体具有一定倾向性的心理特征的综合。

康复心理学是在康复医学和心理学相互交叉、相互渗透的基础上发展起来的一门新兴学科,几乎与康复医学同时出现。第二次世界大战后,经过美国 Howard A Rusk 和英国 Ludwig Guttmann 等学者积极实践和大力倡导,康复医学发展成为一门独立的学科。与此同时,也出现了康复心理学的工作机构。20 世纪 50 年代初期,随着康复中心的增加,康复心理学得到承认和发展,同时产生了康复心理学的组织,如美国心理学会成立的"失能的心理因素全国理事会"后来发展成为美国心理学会的康复心理部。经过 50 多年的发展,康复医学已经从一个学科发展为一个学科群,康复心理学也成为康复医学学科群中的一个相关学科。

第一节　康复心理学的定义及作用

一、康复心理学的定义

康复心理学（rehabilitation psychology）是将心理学理论和技术应用于康复全过程，研究残疾人和患者在康复过程中心理活动、现象和规律的一门学科。其目的是利用心理规律，解决康复对象的一系列心理障碍，克服消极的心理因素，调动积极乐观的情绪，帮助他们接受残疾现实并逐渐适应，挖掘他们的潜能，使他们丧失的功能尽可能地获得改善或恢复，以重返社会。

二、康复心理学的研究对象

康复心理学是研究心理因素在人的疾病和健康及其相互转化过程所起的作用，其主要研究对象是残疾者，具有各种功能障碍以致影响正常生活、学习、工作的慢性病患者（包括精神疾病患者），以及老年病患者等。

（一）残疾者

康复医学以先天性残疾、非传染性疾病所致残疾和外伤性残疾患者为主要对象，这些患者因各种原因导致言语、智力、视力、肢体功能障碍。而运用心理学的手段对其进行调整和矫治，给予患者心理上的支持和社会的帮助，是康复心理学的主要任务。

（二）各种慢性病患者

随着医学科学的发展，慢性疾病和严重的急性疾病经抢救后残留的肢体或各系统脏器功能障碍等已成为危害我国居民健康的主要疾病，如类风湿关节炎、糖尿病、冠心病等。由于当代医学还无法治愈这些疾病，慢性病患者长期处于"患病状态"，心理行为偏离正常，出现心理和社会功能下降，精神上的不适或痛苦不仅使患者的活动能力等生理功能有不同程度的受限，而且因疾病的影响而产生心理上的创伤。如果这些心理社会问题不消除，必将直接影响各种康复措施的实施和整个康复治疗的效果，故应将这些患者纳入心理康复治疗的范畴。

（三）老年病患者

世界人口的老龄化使得老年病患者的数量迅速增加，老年人及老年病患者的心理康复已成为心理学研究的重要课题，根据老年人生理、心理特点的需要，对老年病患者进行心理康复具有特殊的意义。

三、康复心理学的研究内容

康复心理学着重研究康复中的心理学问题，应激源（社会、生活、学习、工作、文化等社会心理因素）对机体的刺激作用与康复的关系，机体的生理反应和行为方式等心理反应与康复的关系，康复全过程的心理学方面评估及康复治疗中有关的心理治疗和行为治疗等。康复心理学研究的主要内容包括以下几个方面。

（一）行为与残疾的关系

主要研究心理行为因素与残疾之间的相互影响，慢性疾病和伤残病患者的心理行为及其适应过程，以帮助患者转变心理行为障碍而减少疾病的并发症与伤残的发生和发展，并及时、正确地为这些患者提供心理疏导和治疗,改变不良行为模式和反应,增强个体的社会适应能力和心理承受能力,减少心理残疾的发生。

(二) 心理治疗技术在康复中的应用

心理治疗又称精神治疗,是指应用心理学的理论和方法来治疗患者心理疾病的过程。现代心理治疗理论和方法很多。目前常用的心理治疗方法有支持性心理疗法、认知疗法、行为疗法、人本主义疗法、集体心理治疗和家庭心理治疗等形式。

1. **支持性心理疗法** 又称为一般性心理治疗、支持疗法。所有心理治疗都给予患者某种形式和程度的精神上的支持,如果治疗者提供的支持构成心理治疗的主要内容,这种治疗就称之为支持性心理疗法。该疗法通过给患者解释、鼓励、保证、指导和促进环境的改善等方式,了解患者心理问题的症结所在,及时对问题作出透彻的分析和适当的解释,帮助患者克服残疾后的负性情绪,缓解心理危机,充分发挥患者的潜能,顺利地完成康复计划。

2. **心理分析治疗** 这是由奥地利精神病学专家弗洛伊德创立的一种心理治疗方法,实质就是将潜意识的内容意识化,其治疗目标是重建个体心灵内部的和谐,使自我的力量强大起来,又称精神分析法。心理分析治疗一般包括自由联想、梦的分析、移情和阐释等方法。

3. **行为治疗** 又称行为矫正或学习疗法,源于经典条件反射、操作性条件反射和社会学习理论的实验研究,是一种以行为主义心理学有关学习过程的理论和实验为基础,指导患者克服不适应的行为习惯的过程。遵循一个共同的学习原则,即人们通过后天学习可以获得正常的、适应社会的良好行为,而通过后天学习获得的不适应社会的行为也可以被矫正。具体方法包括系统性脱敏疗法、厌恶疗法、操作性行为疗法、代币法和放松训练等一系列行为改变技术。

4. **认知治疗** 这是根据认知过程影响情感和行为的理论假设,通过认知和行为技术来改变患者不良认知的一类心理治疗方法的总称。认知治疗其实是一种多模式的和折衷取向的临床技术,是在心理分析和行为主义心理治疗出现困难的背景下发展起来的,主要包括合理情绪疗法、认知行为矫正治疗等。其治疗的一般过程是建立治疗关系、确定治疗目标,然后运用提问、自我审查技术,通过建议、演示、模仿的手段,使患者能够较为客观地看待自己的问题,纠正错误观念,建立合理的认知,最后巩固新的观念,使患者在实际生活中能做到完全依靠自己来调节认知、情绪和行为。在康复心理学中,认知治疗主要用于消除康复对象的自觉症状和慢性疼痛,改善他们的社会交往和生活障碍,使他们采取积极的态度配合康复。

5. **生物反馈疗法** 这是生物反馈技术在医学中的应用。作为一种非药物治疗手段,可以使康复对象积极、主动地学习矫治自己疾病的方法。目前利用生物反馈仪,通过认知、塑造、强化、条件反射等过程,可帮助患者认识到各种心理因素与躯体变化的关系,客观地了解身心变化与环境因素如紧张或松弛的关系,提高患者自身对应激反应的认识,增强随意控制和调节生理变化的能力。

6. **人本主义疗法** 主要代表是以个人为中心的疗法,这是指心理治疗者以平等伙伴的身份去理解就诊者的问题和情绪,为就诊者提供一种无所顾忌地自由表达和宣泄的机会,并帮助就诊者体验其自我价值,实现其人格成长的心理治疗方法。

7. **森田疗法** 这是日本著名的精神医学家森田正马博士于1920年左右创造、发展的一种治疗神经症的心理治疗方法。他通过20多年对神经症的实质和治疗方法的研究,并尝试了镇静药物、催眠疗法等,发现这些疗法对神经症的治疗有很多不足之处,于是通过综合、概括和扬弃后创立了该疗法,适用于年龄 15~40 岁的患者,以住院治疗为主。

8. 集体心理治疗　又称为团体心理治疗,是一种行之有效的心理治疗方法。治疗者运用各种技术并利用集体成员间的相互影响,给康复对象提供帮助别人、与人交流的机会,使他们敞开心扉、倾吐苦恼、共同鼓励,有助于克服孤独感和隔离感,增强康复的信心。同时还可改善人际关系,培养社会生活能力,达到消除症状并改善其人格与行为的目的。其治疗的机制在于团体的情感支持、群体的相互学习和正性体验,以及重复与矫正"原本家庭经验"和情感。

9. 家庭心理治疗　这是以整个家庭为对象来规划和进行治疗的方法,属于广义集体心理治疗的范畴,其目的是调整康复对象的家庭成员面对家庭内突然出现了残疾者所带来的心理问题,以取得家庭成员在康复过程中的协作。

(三) 康复心理评定

康复心理评定是应用心理诊断技术,特别是应用各种心理测量手段测验和评定残疾者的心理行为变化情况和心理特征。心理评估是康复评定中的一个重要组成部分,目的在于了解残疾者心理障碍的性质和程度,掌握康复过程中的心理行为变化情况,研究残疾者心理变化规律等,为制订心理康复计划提供依据,同时对心理康复的效果作出客观的评价。

心理评估(psychological assessment)是根据心理学的理论和方法对人的心理品质和水平作出的鉴定。所谓心理品质包括心理过程和人格特征等内容,如情绪状态、记忆、智力、性格等。其评估的一般程序是根据评估的目的收集资料、对资料和信息进行加工处理,最后作出判断。其评估方法主要是观察法和心理测量法。

观察法包括自然环境下的观察和标准环境下的观察。前者是指在自然生活环境中,不给予特别的限制和干预进行直接和间接观察;后者是指在医院或者康复评估治疗室进行会谈和心理测验时进行的观察。

心理测量法包括心理测验和评定量表的应用,在心理评估中占有十分重要的地位。在康复心理学中,心理测验包括智力测验、人格测验、特殊能力测验和神经心理测验等;评定量表主要包括大体评定量表和症状评定量表,以评定患者心理障碍的性质和程度,为制订心理康复计划提供科学依据,同时还可以观察心理治疗的效果,判断心理康复的疗效。

(四) 为康复对象、家属等提供心理咨询

提供心理咨询的目的是帮助患者及家属正确面对残疾,改善、消除不良情绪和矫正适应不良性行为。重点是给予患者心理支持,特别是帮助其克服紧张、焦虑、抑郁等常见的心理问题,并帮助患者进行认识的重建,协调人与人、个人与社会的关系,从而使其能在新的起点上适应工作、生活与环境,减少因疾病和伤残造成的痛苦和不安。心理咨询的重点是危机干预,帮助某些患者渡过短期内出现的情绪危机。近年来,国外重视研究性功能对康复心理的影响,并把性生活咨询作为康复心理学服务的一项重要内容。

(五) 康复对象的心理

掌握康复对象在康复过程中的心理规律,为心理康复提供科学依据,充分调动患者的主观能动性,促进其身心功能的康复。

(六) 康复治疗方法对心理活动的影响

康复治疗方法主要包括运动疗法和作业疗法等,以下介绍这些康复手段对患者心理的作用。

1. 运动疗法对心理活动的影响　运动疗法不仅能改善康复对象的肢体运动功能和脏器功能,而且对心理行为障碍也有一定的调节作用,其对人体全身和局部的影响是通过神经反射、神经-体液调节和生物力学作用等途径进行的。

(1) 改善残疾者的反应性和灵活性:有人测定经常参加运动锻炼老年人的反应时间和反应速度,结果比同等条件下静居老年人要快得多。这是因为所有运动都是一系列生理条件反射的综合体现,随着运动强度加大和运动难度的提高,需要形成更多、更复杂的条件反射来适应,从而使神经系统的兴奋性和灵活性、反应性都大为提高。残疾者由于长期休息和活动减少,其心理、生理的反应性和灵活性都会受到影响。运动作为一种很重要的自然刺激,不仅可以促进肢体和脏器的功能恢复,还能起到"锻炼和加强"大脑皮质的作用。

(2) 减轻焦虑症状:研究证明,无论是正常人还是残疾者,运动训练都可减轻其焦虑症状。目前认为运动训练能对抗焦虑症状的知觉过程,分散个体对焦虑体验的注意力,并可以促进个体对焦虑的原因进行再评价。

(3) 减轻抑郁症状:研究表明,长期的运动训练能够预防抑郁发生并减轻抑郁症状,其原因是由于运动提高了残疾者对自己身体的自信心,并克服了残疾造成的依赖性,调动了内在动力。许多残疾者经过运动训练,在康复过程中出现的抑郁倾向都会得到不同程度的改善。

(4) 产生欣快感:研究表明,经常运动锻炼的人有 10%～78% 在运动时产生欣快的自我体验。这种欣快感是一种积极的情绪,可以帮助患者减轻或消除负性情绪,增强生活情趣,提高康复的主动性。

2. 作业疗法对心理活动的影响　用于治疗的作业活动,不仅可以改善残疾者的功能障碍,提高其生活自理能力,而且对残疾者的心理康复也有很大的帮助。

(1) 作业疗法可以克服涣散的注意力,使患者集中精力,提高注意,增强记忆。

(2) 娱乐性作业活动还能够帮助患者消除负性情绪,减轻焦虑和抑郁,使病态行为得以纠正,形成健康的兴趣和爱好。

(3) 宣泄性作业活动可以给残疾者提供适当而安全的宣泄机会,避免负性情绪的积累。

(4) 在作业疗法中,患者通过自己创作,体会完成作品后带来的喜悦和成就感,可以获得心理上的愉悦和满足,并增强自信心和独立感。

(5) 集体和社会活动可以加强患者的人际交流能力,培养患者参与社会和重返社会的意识。

四、康复心理学的研究原则

由于康复心理学研究对象和自身学科的特殊性,涉及到生物、心理、社会等方面的因素;且在具体研究工作中也存在很多困难,如变量和应变量复杂,难以精确界定等。因此,在康复心理学研究中需要遵循以下原则。

(一) 客观性

对心理现象的观察、分析和解释要遵循客观性原则,不主观臆测;在揭示心理活动的发生、发展和变化规律中,也必须坚持客观性原则。

(二) 系统性

心理活动看似孤立,实际上与其他心理背景、社会因素和躯体状况有着直接或间接的联系。因此,观察和研究心理现象应该遵循系统的、整体的原则,防止片面地、孤立地看待问题。

(三) 科学性

康复心理学中的心理变量和应变量常常难以精确定量分析，容易出现偏离科学方向的问题。因此，应该尽量做到定性与定量相结合，遵循科学性原则，在取得可靠、可以重复的证据后再下结论。

(四) 动态发展性

心理学研究中应该注意个体心理活动的动态性和发展性。心理活动在不同时间、空间和对象中是动态变化的，在不同的年龄阶段也是不同的，这一点是心理学研究的特点，也是心理学研究的困难所在。

(五) 伦理性

伦理学内涵涉及道德、尊严、权益、隐私等内容。因此，心理学的研究和实践都应遵循道德和伦理的原则，任何可能对研究对象造成损害的研究都必须严格禁止。

(六) 理论联系实践

与其他学科一样，康复心理学的研究结果是用来指导实践的，实践是理论的源泉，也是检验理论正确与否的唯一标准，故在康复心理学研究中要遵循理论联系实践的原则。

五、康复心理学的研究方法

康复心理学研究的是康复医学领域中各种复杂的心理现象，因而其研究方法也同样复杂，根据其研究方式、对象、时间的不同而有所不同，但却强调整体性和多学科密切配合的协同性。按照研究方式不同，康复心理学的研究方法可以分为观察法、实验法、调查法、测验法等；按照对象不同，可以分为个案法、群体抽样法等；按照时间不同，可以分为横向法、纵向法、回顾法和前瞻法等。

(一) 个案法

个案研究法是搜集单个研究对象的资料，以分析其心理特征及其他问题的研究方法。这是历史上最早采用的方法，既可以用于健康人的常态研究，也可以用于患者，包括躯体疾病、心理障碍和精神疾病患者的研究。

个案研究由两个基本内容组成：一是在研究对象统一的前提下，详细搜集与研究目的有关的个案资料，资料来源可由患者自己提供，也可由家属、同事、朋友、领导等其他有关人员提供。要分析资料的可靠程度，必要时还需进行调查核实。二是根据收集的资料，运用康复心理学的知识对患者心理问题的发生、发展和相关因素加以整理归纳，作出客观分析，进而运用心理学的技术方法为对象提供干预、矫正、预防的办法和建议。个案法常用于某些特殊案例的研究，如对狼孩、猪孩的考察和研究。还可以用于某些研究的初期阶段，为今后的大规模研究做准备。

(二) 观察法

观察法是在自然情景或预先设置的情景中，通过对研究对象的观察和分析，研究其心理活动规律的方法，是康复心理学研究的基本方法之一。观察法根据观察者角色不同可以分为参与观察和非参与观察，参与观察多用于群体观察，非参与观察可用于个体和群体研究；根据观察场所不同，可以分为自然场所观察和控制场所观察；根据观察时间不同，可以分为长期观察和短期观察；根据观察重点不同，可以分为全面观察和重点观察。运用观察法同样应该遵循心理学研究的各项原则，观察方法可以采用录音、录像等现代研究手段。

(三) 调查法

调查法是通过会谈、访问、填写问卷等方式获得资料并加以分析、研究的方法。调查法既可以用于个体，也可用于群体。根据调查任务不同，可以分为一般调查和专题调查；根据调查时间不同，可以分为回顾性调查、前瞻性调查和现状调查；根据调查内容不同，可以分为事实特征调查和征询意见调查；根据调查格式不同，分为结构式调查和非结构式调查；按照调查资料收集方式不同，可分为面谈法（包括访问法和座谈法）、邮寄问卷法、电话调查法、网上征询法等。调查法简便易行，信息容量大，但需要特别注意调查结果的真实程度。此外，对调查资料的分析和总结，要坚持科学态度。调查法只能了解事实真相是什么，不能解释其原因。

(四) 实验法

实验法是在加以控制的相对理想条件下，通过对变量和应变量的严密观察、记录来研究心理、行为和生理变化规律的方法。实验法可以分为实验室实验法和自然环境实验法，既可以用于动物也可以用于人类。

(五) 测验法

测验法是使用标准化量表对个体心理特征、行为表现进行量化的研究方法，包括心理测验法和生理测验法。心理测验法包括各种心理测验和临床评定量表，生理测验法包括各种操作试验、睡眠研究、经典的条件反射方法等。

(六) 内省法

内省法是在研究者的指导下，被研究对象依靠自己心理活动的反省，来寻找问题答案的方法。这是一种非常古老的方法，随着认知心理学的兴起和发展，内省法又逐渐成为心理学研究的重要方法之一。

近年发展起来的行为科学、信息论、控制论和系统论，以及神经科学、社会学、人类学、教育学等科学研究所取得的成果，都为康复心理学的研究提供了大量有价值的资料和有效的研究方法，为其今后的发展奠定了更为坚实的科学基础。

六、康复心理学在现代常见病、老年病、慢性病中的重要作用

随着医学模式的转变，医疗服务的对象不仅仅是患者，还包括残疾人。医疗服务的目的也不仅仅是治愈伤痛，而是使其丧失的机体功能获得恢复和改善，心理创伤获得愈合，社会再适应获得恢复。因此，心理因素在康复过程中的作用受到重视，人们开始认识到心理康复在康复医学研究和应用方面的重要性，特别是在各种常见病、老年病、慢性病的康复中更为明显。

(一) 心理康复在常见病中的重要作用

随着社会的不断进步，人类的死因谱、疾病谱也在不断的发生着变化。近几十年来，肿瘤、心脑血管疾病、精神疾病（如抑郁症、精神分裂症等）、内分泌疾病等的发病率明显增高，病死率也在不断上升，一直占据死因和疾病谱的前列。目前，对这些疾病的治疗效果并不理想，往往需要较长的时间来进行康复治疗。而在此期间，心理康复在消除心理、社会刺激因素和改善情绪状态等方面的作用就显得格外重要。

当诊断出肿瘤、心脑血管疾病、精神疾病或其他慢性难治性疾病后，面对许多经济、职业和家庭问题，患者和家属往往感到困难重重，精神负担沉重，丧失了生活的信心。同时，一些社会误解和偏见也会给患者的康复造成不利的影响。患者的生理和心理功能都处于相对脆弱、容易

受到伤害的状态,表现出沮丧、压抑、焦虑等不良情绪。因此,在漫长的康复过程中,要借助康复医疗服务,采用主动、积极的身体、心理、行为和社会活动的训练,来帮助患者及其家属从困境中解脱出来,最大限度地发挥自己的潜能,在生理、心理、社会、职业和娱乐等方面达到理想状态,力争早日全面康复、重返社会。

（二）心理康复在老年病中的重要作用

一般将60岁以上的个体称为老年人,世界卫生组织又将60~74岁的老人称为少老人,75~90岁的老人称为中老人,90岁以上的老人称为长寿老人。随着社会的安定、经济的繁荣、医疗技术的不断提高,中国老龄化问题已日益突出。老年人心理健康及老年病患者的心理康复,已成为重大医学课题。老年人患病的临床特点为：常常起病隐蔽缓慢,病程迁延,临床表现多不典型,容易有多病共存、并发症或多脏器功能衰竭,用药容易发生副作用,容易致残等。而老年人的感知觉功能随着年龄的增长而发生退行性变化,很容易产生衰老感,担心自己已到暮年,又体弱多病,会给社会和家庭造成负担,表现出情绪低落或不稳定、孤独、抑郁、兴趣索然、恐惧感等沉重的心理负担。同时,老年患者的认知功能和价值观又会受到疾病的不良影响,造成生物、心理、社会因素三者相互作用,形成恶性循环,进一步加重病情。由于老年患者康复的时间较长,有时可能会持续到临终。因此,在漫长的康复过程中,要根据老年人这些心理特点,从家庭、社会等方面的因素来考虑康复的手段和方法,最大限度地使老年病患者恢复信心、重塑自我,让其感受到"人老心不老"对健康的重要性,给予他们精神上的支持,这对老年病的康复具有非常重要的意义。

（三）心理康复在慢性病中的重要作用

医学科学的发展使多数严重的急性病患者经抢救得以生存,而在人类寿命不断延长的同时,慢性病患病率却在不断上升。由于慢性病病程迁延,有的甚至纠缠终身,患者长期承受疾病的折磨,康复周期漫长,需要患者具备长期与疾病作斗争的思想准备。在漫长的康复过程中,患者的各种躯体功能障碍与形态结构的改变,往往易产生极为复杂的心理活动。所以,对慢性病的心理康复工作要针对其病程长、见效慢、易反复等特点,采取调节情绪、变换心境、安慰鼓励等手段,使之振奋精神与病魔作斗争,促进康复的顺利进行。

七、中国康复心理学发展简史

美国心理学家墨菲曾说过"世界心理学的第一个故乡是中国"。现代心理学的诞生虽仅有百年的历史,但中医学对于心理活动的认识和心理学思想却可以追溯到数千年以前。例如,中医学的经典著作《黄帝内经》中蕴含着丰富的心理学和医学心理思想,其心理思想主要体现在"形神观"、"天人观"和"人贵论"中。对神、魂、魄、意、志、思、虑、情、志、欲等心理现象的论述,主要体现了对知、情、意等心理过程的认识;对"阴阳五态人"、"阴阳二十五人"的论述主要体现了对个性的认识。书中还以"五神脏"理论为核心,阐发了情志致病的发病机制以及"治未病"、"养神"、"顺志"和"得神者昌,失神者亡"等诊断、预防内容,充分体现了古代医学心理学思想,并至今指导中医的临床实践。我国古代医家也广泛尝试采用各种心理方式治疗疾病,古代名医华佗采用心理疗法治疗一位太守的疾病,使其"盛怒","吐黑血数升而愈"。东汉张仲景的《伤寒杂病论》对诸如脏躁、百合病、惊悸、失眠、奔豚之类的常见情志疾病,确立了完整的辨证论治体系,充分体现了中医治疗心理疾病的特色。金元四大家之一的张子和堪称心理治疗大师,不仅对中医心理思想的许多问题有所发挥,还将《内经》的"以情胜情"治疗原则进一步完善和发展,并付诸于实践,成为中医心理治疗实践的积极开拓者。

我国的现代康复心理学起步于20世纪40年代末、50年代初,心理学家黄嘉音教授运用心理学原理对患者的病因进行分析和解释,并进行了支持疗法的实践,使我国的康复心理治疗迈出了第一步。中华人民共和国成立后,老一代医学心理学工作者创立的对神经衰弱的"快速综合治疗方法"受到学术界和社会的重视。1978年以后,随着我国改革开放的不断深入,为康复医学、医学心理学提供了发展的条件。而国际、国内的学术交流的增加,西方发达国家的心理治疗理论和技术日益受到国内学者的青睐。1994年中国康复医学会成立康复心理学专业委员会,推动了我国的康复心理工作。随着康复医学的发展,具有中国特色的康复心理学亦正在形成。

第二节 认知产生过程

认知(cognition)是人类心理活动的一种,是指个体认识和理解事物的心理过程。现代认知心理学主要是以信息加工的观点来解释认知过程,认为认知过程就是信息的接受、编码、贮存、提取和使用的过程。一般将这一过程概括为由四种成分组成的模式,即感知系统、记忆系统、控制系统和反应系统。①感知系统是接受由环境提供的信息,即首先将刺激的基本特征抽取出来加以组合。②记忆系统是对输入信息的编码、贮存和提取活动。③控制系统是决定目标的先后顺序,监督当前目标的执行。④反应系统则是控制信息的输出。但这个认知过程并不是按上述顺序单方向进行的,各种成分之间存在着不同方式的相互作用,以保证对信息的加工、输出和反馈,沟通人与环境之间的联系。

一、感觉

感觉(sensation)是人脑对直接作用于感觉器官的客观事物的个别属性的反映。感觉是人认识客观世界的起点,各种外在信息只有通过感觉过程才可以为人们的大脑所接受,才可以形成丰富多彩的心理世界。感觉对人具有重要的意义,感觉剥夺试验证实最低限度的感觉刺激是维持人的正常生理活动所必需的。如果感觉刺激的信息输入少而单调,人就会感到厌烦、无聊和不安,严重者可导致幻觉和思维紊乱。

(一) 感觉的分类

事物不同的属性作用于人体不同的感觉器官,就产生不同的感觉。人的感觉器官包括眼、耳、鼻、舌、身等,由此而出现的感觉分别称之为视觉、听觉、嗅觉、味觉和躯体觉等。根据不同的神经传导途径,可把感觉分为四类。

1. 脑神经所传导的特殊感觉　包括视觉、听觉、嗅觉、味觉和前庭感觉等。

2. 脊神经和某些脑神经的皮肤分支所传导的表面或皮肤感觉　包括触压觉、温度觉和疼痛觉等。

3. 脊神经和某些脑神经的肌肉分支所传导的深部感觉　包括肌肉、肌腱、关节的敏感性和位置感觉等。

4. 自主神经系统所传导的内部感觉　包括内脏痛觉和饥渴、恶心等感觉。

（二）感觉的一般特性

1. 感受性（sensitivity） 感觉是适宜刺激直接作用于感受器而产生的，如光波对于眼睛、声波对于耳朵、各种机械刺激对于皮肤等。感受器对适宜刺激的感觉能力，称之为感受性。感受性的个体差异很大，有人感受性低，有人感受性高，感受性的大小用感觉阈限来度量，所谓感觉阈限是指能引起感觉持续一定时间的刺激量。每一种感觉都有两种感觉性和感觉阈限，即绝对感受性和绝对感觉阈限、差别感受性和差别感觉阈限。刚刚能引起感觉的最小刺激量称为绝对感觉阈限，绝对感受性则是指感觉出最小刺激量的能力，两者成反比关系。感觉上能觉察出来的两个同类刺激物之间的最小差别量称为差别感觉阈限，对最小差别的感受能力称为差别感受性。

2. 感觉适应（sensory adaptation） 是指刺激物持续作用于感觉器官，引起感受性改变的现象。例如，将手放在热水中，起初觉得很热，但不久热的感觉逐渐减弱，这就是皮肤对温度的适应现象。又如，视觉的明暗适应现象是人们都曾感受过的，暗适应可以使人在微光下提高感受能力而看清周围事物，明适应可以避免强光对眼的伤害。

各种感觉的适应速度和程度有很大差别。温度觉、压觉适应很快；嗅觉的适应速度虽然也比较快，但有一定的选择性，如对有些气味适应较快而对另一些气味则适应较慢；听觉的适应不太明显，而痛觉则很难适应。

感觉适应包括两个方面：一是因刺激过久而变得迟钝，如"入芝兰之室，久而不闻其香；入鲍鱼之肆，久而不闻其臭"。二是因刺激缺乏而变得敏锐，如饥饿者感到普通的饭菜也特别香甜。也就是说持续作用的强刺激使感受性降低，而持续作用的弱刺激使感受性增高。感觉适应使人能够更好地适应周围环境的变化，与环境保持平衡，这对维持正常生命活动具有积极作用。

3. 感觉对比（sensory contrast） 是由于同一感受器接受不同刺激而使感受性发生变化的现象。例如，同样是白色，在黑色背景上会比在灰色背景上显得更白。感觉对比可分为同时对比和继时对比两种。同时对比（simultaneous contrast）即几个不同的刺激同时作用于同一感受器而产生的对比现象，如同时看到黑与白、红与绿，会感到两种颜色都十分显眼。另一种是继时对比（successive contrast）即不同的刺激先后作用于某一感受器而产生的对比现象，如吃了苦药后，喝口白开水也感觉甜。

二、知觉

知觉（perception）是人脑对直接作用于感觉器官的客观事物的整体反映。知觉使我们对事物产生完整的印象，如杯子、苹果、桌子等。个体靠感觉和知觉了解世界，从感觉到知觉是一个连续的过程，称为感知觉。感觉反应的是客观事物的物理特性，而知觉则是以当前感觉为基础，结合过去的经验作出对事物的整体反应和判断。知觉是在感觉基础上形成的，是多种感觉的综合，依赖许多皮质区域的协同活动。知觉不仅受感觉系统生理因素的影响，还依赖于个体以往的知识和经验，并受个体的兴趣、需要、动机、情绪等心理特点的影响。感觉只是感觉器官对环境中刺激的觉察，知觉则是对感觉信息的进一步处理。知觉作为更高层次的心理历程，具有更大的主观性和更复杂的对信息的加工处理过程。

（一）知觉的分类

根据知觉对象可将知觉分为社会知觉和物体知觉。社会知觉是指对人的知觉，物体知觉是指除对人以外的所有知觉。根据知觉的事物特性可分为空间知觉、时间知觉和运动知觉三种类型。空间知觉是人们对物体大小、形状、深度、方位等空间特性的知觉,时间知觉是人们对客观现象的持续性和顺序性的知觉,运动知觉是人们对物体、自身静止和运动以及运动速度的知觉。

(二)知觉的一般特征

1. 知觉的整体性　知觉的对象是由不同的部分和不同的属性组成的,我们并不能将它感知为个别的、孤立的部分,总是将它感知为一个有组织的整体,知觉的这种特性称为知觉的整体性。例如,我们感知一个人不仅仅将他看作眼睛或鼻子,而是综合他的相貌、气质、行为举止等。知觉的整体性依赖于知觉对象本身的特点,如空间或时间上的接近,大小、形状和颜色上的相似,图形的连接、对称和闭合等特点,这容易使知觉对象被看作是一个整体。同时,知觉的整体性还依赖于人本身的主观状态,主要是知识经验,如果知觉对象的信息不足,以往的知识经验会进行补充,从而形成完整的知觉。

2. 知觉的选择性　人的知觉对外来刺激有选择地进行加工的能力就是知觉的选择性。从众多刺激物中选择少数刺激物发生反应,这部分刺激物就是我们的知觉对象,而同时作用于感觉器官的其他刺激物就成为知觉的背景。我们的知觉对象是清晰的,知觉对象以外的其他事物一般比较模糊,成为衬托的背景。知觉的选择性与被知觉对象的特点有关,同时也受个体的知识经验、需要、兴趣、注意等因素的影响。例如,困倦的母亲可以对窗外轰鸣的汽车喇叭声充耳不闻,但婴儿的一声轻啼就会使她惊醒。正是由于知觉具有选择性,人们才可以把注意力集中到少数重要的刺激上,对之进行深入的加工、分析,排除次要刺激的干扰,从而更有效地适应环境,认识世界。

3. 知觉的理解性　在知觉过程中,人们根据自己以往的知识经验来理解当前所知觉的对象,并以概念来标志它,知觉的这种特性称为知觉的理解性。知觉是一个积极主动的理解过程,而人们知识经验的不同对同一事物可能产生不同的理解。知识经验越丰富,知觉内容就越深刻、精确。一张医学检验报告单,患者只能知觉到一系列的符号和数字,而医生还了解这些符号和数字的意义,并作出准确的判断。

4. 知觉的恒常性　外在刺激的物理特征受环境影响有所改变,而人们的知觉经验在一定范围内保持不变的心理倾向,称为知觉的恒常性。熟悉的人,无论站得离我们远或近,我们都能准确地认别。黑色的煤炭在绿色光波与红色光波下所反射出来的颜色是有差别的,但我们仍然知道它是黑色的。人能在环境变化时仍对知觉对象保持稳定的印象,有利于人们准确地适应环境。知觉的恒常性是各种知觉普遍存在的基本特征,在视知觉中尤为普遍,主要有大小恒常性、形状恒常性、亮度恒常性和颜色恒常性。

(三)不真实的知觉

1. 错觉(illusion)　是一种特殊的知觉现象,是在相对特定条件下对外界客观事物主观上发生歪曲的反应。它是在一定条件下必然产生的,如早晨刚刚升起的太阳比中午当空的太阳看起来要大很多。

2. 幻觉(hallucination)　是在没有相应的外界客观事物直接作用时发生的不真实的感知。正常人在某些特殊的状态下,如强烈的情绪体验伴有生动的想像、回忆,或催眠状态,或入睡前、初醒时都可能会出现幻觉。幻觉也是心理异常的重要表现,精神疾病、药物中毒、饮酒过量、吸食毒品和感觉剥夺等常会产生幻觉。

三、学习

学习(learning)是日常生活中常用的一个词,而心理学所说的学习,是指起源于经验和实践的比较持久的行为变化。人们的行为与学习有着密切的关系,人们除了某些基本情感是通过遗传得来的以外,各种行为模式都是通过学习而来的,但由药物、疲劳等导致的短时间的行为变化或由成熟、疾病引起的行为改变都不能学习的。学习理论一般分为以下四种。

(一) 经典条件反射理论

经典条件反射理论学说是前苏联著名生理学家巴甫洛夫研究提出的人和动物共有的、最基本的一种学习方式。在进行消化腺分泌活动及其神经调节的研究中,巴甫洛夫发现了唾液的"心理性"分泌现象,从而形成条件反射学说。条件反射理论在探索学习的生理机制方面具有重大的贡献,但条件反射实验仅局限于简单的反射活动,只能解释简单的学习,虽然也对人的高级神经活动做了很多假设和推测,却没有得到实验研究的充分证实,因而难以解释人类复杂的学习活动。

(二) 桑代克的学习理论

19世纪末,美国心理家桑代克(E. L. Thorndike)的学习理论是从他对猫和小鸡所做的实验结果中形成的。桑代克认为,学习过程完全是一种机械的、盲目的尝试,并不受理智的支配。他将饥饿的猫放进一种特制的迷箱(puzzle boxes)内,箱内装有可以开启的门闩,箱外放一条鲑鱼。实验开始时,猫在箱内乱跳、乱抓、撞门、咬箱壁,动作盲目,偶尔触动开关使门开启,即脱门而出,获得食物(鲑鱼)。经过这样反复多次的尝试,猫的盲目动作逐渐减少,有效动作逐渐增多,最后只需几秒钟即可开启箱门取得食物。这说明遇到问题时,个体表现出多种尝试性反应,直到出现正确反应将问题解决。而能够有效解决问题、获得满意结果的反应,就是在这一问题情境中所学得的特定反应,学到特定反应后,其他无效的尝试反应就不再出现。桑代克的学习理论认为学习是通过尝试错误而偶然获得成功,是机械的、生物学观点,是属于行为主义和尝试错误的学习观点,受到很多研究者的质疑,但是桑代克的学习理论和实验研究还是对以后学习问题的研究具有非常大的影响和促进作用。

(三) 操作性条件反射理论

操作性条件反射又称为操作性条件作用或工具性条件作用,是学习的另外一种基本形式,它认为学习是受效果律所支配的,通过强化物可以形成刺激和反应之间的联系。完整提出这个理论的是美国心理学家斯金纳(B. F. Skinner),他设计了"斯金纳箱",箱内装有操纵杆与一个提供食物的装置相连接,将饥饿的白鼠放入箱内,它偶然踏到操纵杆而获得食物,而不断地按压操纵杆,便会不断取得食物,直至吃饱为止。这样,经过多次尝试,白鼠学会了按压操纵杆取得食物的反应,就形成按压操纵杆与反应之间的因果联系,这就是操作条件反射,形成操作条件反射的有效刺激是强化。而个体的某种行为使刺激和行为反应之间建立起联系,获得性行为得到增强的过程,就是强化。可以是正强化,促使所希望的某种行为出现频率增加;也可以是负强化,促使所不希望的某种行为出现频率减少。用来作为正强化的刺激物,通常是个体想获得或喜欢的东西(如奖励);作为负强化的刺激物,是个体希望避免或者不喜欢的东西(如处罚)。形成条件反射的强化因素很多,可以概括为两大类,一类是基本强化因素,如满足个体基本需要的食物、水等;另一类是继发性强化因素,如与基本强化因素相联系的赞扬、钱币、成绩等。操作条件反射学习,是通过正、负强化使个体出现或不出现某种行为,人们运用这种原理可以使个体的行为逐渐接近需要的预期目标,这就是行为塑造。因此,操作条件反射理论为学校教育的干预策略和临床行为治疗提供了基础,但它将学习单纯地看成是外部的操作性行为,忽视内部的心理活动。

经典性条件反射和操作性条件反射都属于学习的联结理论,对刺激和反应联结的形成提出的强化、泛化、分化、消退和自然恢复等观点具有相似性。经典型条件反射只能用于解释刺激与条件反射之间的联结学习,而不能解释联结学习以外的其他学习。即它只是个体将已有的行为运用到不同的刺激环境中,而个体并未学会新的行为。人的行为大多是后天形成的新行为,而新行为的学习要靠操作性条件反射。

(四)顿悟学习理论

顿悟学习理论认为学习行为的变化不是渐进的,而是洞察全局后的突然顿悟。格式塔学派的代表人物之一科勒(Kohler)通过对黑猩猩的系列学习行为研究,发现黑猩猩在目的受阻时,并不是经过桑代克的尝试和错误的过程进行学习,而是洞察问题在整个情境中事物之间的相互联系,最后才采取行动。科勒称黑猩猩的这种学习模式为顿悟。科勒认为,外在的强化并非是学习产生的必要条件和因素,只要理解情境中各刺激之间的关系,一旦理解则顿悟就会自然发生。

顿悟学习理论强调个体的能动作用对学习的意义,肯定了目的与认知在学习中的作用,将学习看成是认识、再认识的活动,具有积极的意义。但也有人认为顿悟只是学习的一种方式,仅限于理解性问题,并非每种学习都是顿悟,有的学习还是需要机械记忆,无法单靠顿悟来完成。

四、记忆

所谓记忆(memory),是人脑对过去经验的反映,是个体对经验的识记、保持和再现的心理过程。从信息论的观点看,记忆是人脑对信息的接受、储存、编码和提取过程。

(一)记忆的不同阶段

一般来讲,信息要牢固地进入记忆要通过三个不同的阶段。

1. 瞬时记忆(immediate memory) 又称感觉记忆,是个体的感觉器官感应到刺激时所引起的短暂记忆。瞬时记忆是记忆的开始阶段,瞬间即逝,仅仅可以保持 $0.25 \sim 2$ s,如果引起注意,得到识别,会进入短时记忆。瞬时记忆的信息保持量比短时记忆大,且鲜明生动。

2. 短时记忆(short-term memory) 瞬时记忆的信息受到注意,经过有意识的编码处理就进入短时记忆。短时记忆的保持时间可以持续 $10 \sim 20$ s 的时间,记忆容量最小一般为 7 加减 2 个单位,单位可以是一个词、一个短语、句子及其组合。短时记忆是信息处理的中间站,还需加以处理,否则就会消失。人们能清晰地意识到短时记忆的内容,通过复述记录,甚至可以使短时记忆转入长时记忆。

3. 长时记忆(long-term memory) 这是能够长时间保持的记忆,信息保持可以在 1 min 以上,可长达数月、数年甚至终身。长时记忆是一个容量无限的信息库,通过编码环节,人们迅速、有效地将接受的大量信息系统地、有组织地加以储存,且可以迅速有效地提取。因此,长时记忆是一个积极主动的心理过程。

(二)记忆的基本过程

包括识记、保持、再认或回忆,也可以理解为对信息的编码、储存和提取的过程。

1. 识记　这是识别和记住信息的过程,是记忆的第一环节。或可理解为将信息转换加工成便于在记忆中储存并提取的编码的过程,从感觉到知觉将输入的具体信息改变为抽象信息。

根据目的性和努力程度将识记分为无意识记和有意识记。无意识记是事先没有确定目的而又无须意志努力的识记,有很大的选择性,日常生活中许多符合个体兴趣、需要,即能激起个体强烈情绪的事物,常常容易被人无意识记。无意识记无需意志努力,耗费精力不多,但它缺乏目的性,识记的内容是偶然、片断的,难以获得系统的知识。有意识记则是有目的、有计划并需要意志努力的识记,人们对许多系统的科学知识主要是靠有意识记去掌握的。

根据识记材料的性质或个体对识记材料的理解,又将有意识记分为意义识记和机械识记。意义识记是根据材料本身所具有的内在联系,在理解的基础上按照思维规律加以识记,识记内容保持较久并且容易再认或记忆。如科学定律和文艺作品,这些材料本身就是有意义的,主要是采用意义识记。机械识记是指识记材料没有联系和系统性,学习者不能找到与理解材料的内部联系,只能根据材料的外部联系,依靠机械重复进行的识记。如电话号码之类的材料,本身没有联系,主要是采用机械识记。意义识记和机械识记都是识记的基本方法,机械识记是意义识记的基础,意义识记则有助于对有些材料进行机械识记。如无意义的数字如果与某种意义联系起来,就很容易识记。意义识记能够将材料的本质及内在联系很快地纳入人们已经掌握的知识经验的系统之中,无论是识记的速度和精确程度,还是识记的容量和巩固程度,都优于机械识记。

2. 保持　这是指识记的材料在头脑中进行巩固、加工和储存的动态过程,是记忆的中心环节。虽然人对识记的材料有相当大的保持能力,但记忆中保持的内容是随着生活实践或时间的变化而发展、变化的,可以重新编码组合。记忆内容的数量和质量主要有以下几种变化:变得简略概括,次要细节逐渐消失;变得更加完整,合理而且有意义。

3. 再认和回忆　这是记忆过程的最后阶段,是信息的提取和输出过程。再认是在以往经历过的事物重新出现时能够将它识别出来,如我们在人潮如流的闹市里认出多年不见的老朋友,就是再认。回忆是在头脑中重新呈现以往曾经经历过但现在不在眼前的事物。一般来说,再认比回忆容易,能回忆的一般都能再认,但能再认的不一定都能回忆。

4. 遗忘　遗忘是对记忆信息不能回忆或再认,或者表现为错误的回忆或再认。遗忘可以发生在记忆过程中的任何环节,往往是从最近发生的事件扩展到以往的记忆,并有一定的选择性,特别是人的名字、数字以及与个体兴趣、情感联系较少的事物,更容易忘记。暂时性遗忘是对识记的材料一时不能回忆或再认,事后在适当的情况下记忆可能恢复。永久性遗忘是指不经过重新学习感知,永远不能回忆或再认的现象。完全遗忘是指对识记的材料全部不能回忆。部分遗忘是指对识记的材料部分被遗忘,部分能回忆或再认。

遗忘症是指病理性遗忘,分为器质性遗忘和心因性遗忘。由于脑部疾病或损伤、外科手术、长期营养不良等引起者称为器质性遗忘,有逆行性遗忘、顺行性遗忘和阶段性遗忘三种常见的形式。逆行性遗忘是指患者不能回忆疾病之前一段时间内所发生的情况,如车祸造成的脑震荡患者大多不能回忆起事故是怎样发生的。顺行性遗忘是指患者不能回忆疾病之后一段时间内所发生的情况,常见于意识障碍的患者和老年性精神障碍。阶段性遗忘是对过去生活中某一阶段的经历或事件不能回忆,而这种被遗忘的内容常与强烈的情绪体验有明显的关系。由于严重的心理创伤等原因,造成患者不能回忆过去生活中某一阶段与强烈痛苦情绪体验有密切联系的经历或事件,称为心因性遗忘。

五、思维

思维是人脑对客观事物的本质特征及其内部联系间接、概括的反映,这种反映主要借助于语言来实现,人类通过思维能认识事物的本质和内部联系,是高级的、理性的认识过程。

(一) 特征

虽然每个人都有自己的思维方式,但是人们的思维具有共同的特征。

1. 概括性和间接性 人们通过思维活动在感觉和知觉提供信息的基础上,将感知觉所提供事物的个别属性和外部联系进行分析、加工、转换、综合,思维反映事物所共有的本质特征及事物所具有的普遍的或必然的联系,即思维的概括性;思维不是直接地,而是通过其他媒介作用来反映客观事物,即思维的间接性。思维的概括性和间接性特征,使人类能够超越感知的局限来认识事物本质和规律,预测未来,进行有目的、有计划的活动。

2. 目的性和指向性 人们的思维主要表现在解决问题和创造性活动中,故一般都具有明确的目的和对象。如医生在临床工作中对患者的主诉、病史、检查结果、诊断和治疗的思考,目的就是治疗患者的疾病。所以,医生在工作中的思维目的性很强,指向性很明确。

3. 逻辑性和连贯性 思维的基本形式是运用概念作出判断和进行推理,故人的思想又体现出逻辑性,从原因到结果、从前提到结论都是由逻辑连贯的思维过程。

(二) 分类

根据思维的表现形态、提出任务和凭借材料的不同,可以分为三种不同方式。

1. 动作思维 指思维与某些行为和动作相联系,主要以实际动作为支柱的思维活动,表现为对物体的感知活动与自身动作紧密相联系。尚未掌握语言的婴儿的思维活动基本属于这一类。

2. 形象思维 指借助于事物的具体形象、轮廓和表象来分析、综合、抽象和概括的思维活动。学龄前儿童游戏时、成人日常工作中都经常运用形象思维。

3. 抽象思维 指是通过一些概念进行判断和逻辑推理的思维活动。抽象思维是以语言概念和符号为媒介进行的。

这是三个不同层面的思维方式,人们的思维活动通常不同程度地包含着这三种类型的思维方式。

(三) 思维过程

思维是人的重要心理过程,包括分析、综合、抽象、概括、推理和判断等一系列过程。其中最主要的是分析和综合,其他都是在此基础上进行的。

(1) 分析和综合:分析是将整体客观事物分解为各个部分,抽取出具体的个别属性加以考察的思维过程。综合则是将客观事物的个别部分和个别属性结合起来,从事物的整体方面加以考察的思维过程。分析和综合总是相互联系的,分析为综合服务才有意义,综合在分析的基础上才能实现。

(2) 抽象和概括:抽象是将客观事物的本质和非本质属性加以区别,舍弃非本质属性而抽取出本质属性的思维过程。概括则是将客观事物抽取出来的本质特征加以综合,并应用推广到同类事物的思维过程。概括以抽象为基础,将分析、抽象的结果经过综合而形成概念。各种科学知识和理论都是抽象和概括的产物。

（3）判断和推理：判断是根据客观事物和各种现象之间的本质联系，对事物作出肯定或否定结论的思维过程。推理实际上也是判断，是从一个或几个判断得出新判断的思维过程。推理可以由特殊推向一般，也可以由一般推向特殊。前者是归纳推理，后者是演绎推理。

六、注意

注意是心理活动对一定对象的指向和集中，注意有指向性和集中性两个基本特征。注意的指向性是指心理活动有选择地反映一定的对象。因人在同一时间内不能感知环境中的所有对象，也不能再现记忆中的所有事物，故心理活动总是有选择地指向有关对象。被人有选择地指向的对象和活动总是处于人的意识的中心，而其余的对象则处于注意的边缘或者注意的范围之外，不能被清晰地意识到或不能被意识到。注意指向有两种情况：注意指向于外部客体和现象称外部注意，伴随着对外的感知过程；注意指向于主体自身的思想、情绪体验和自我感知称为内部注意，与人的自我意识活动相联系，外部注意与内部注意是相互抑制和相互转化的。注意的集中性是指心理活动停留在被选择对象上的强度和紧张度，这样注意时人的心理活动范围缩小，保证了获得对事物清晰、深刻和完整的认识。

注意是心理活动的组成部分，对心理活动起着维持、组织、调节和监督作用，但它本身不是一个独立的心理过程。

（一）分类

1. **无意注意** 又称不随意注意，指在事先没有目的、没有任何意图、不需要意志努力的情况下产生的注意。无意注意是自然而然地对某些事物和机体状态的指向和集中，它往往随周围环境的变化、客观刺激物的特点和人本身的需要、兴趣、情绪以及健康状况而产生。

2. **有意注意** 又称随意注意，是指有预定目的并经过一定意志努力而产生和保持的注意。有意注意主要受意识控制、调节，它与心理活动的任务、目的性和意识水平有关。

3. **有意后注意** 是指有预定的目的、不需要意志努力的注意，是注意的一种特殊形式。其一方面类似于有意注意，自觉地与目的、任务联系起来；另一方面，它类似于无意注意，不需要人的意志努力。有意后注意是个人的心理活动对有意义、有价值事物的指向和集中，它是在有意注意的基础上发展起来的。

（二）注意的品质

1. **注意的广度** 又称注意的范围，指在同一时间内能够清楚地把握的客体数量。实验表明：1/10 s 内成人能注意到8～9个黑色圆点，4～6个没有联系的外文字母。注意的广度受知觉特点的影响，如被知觉的对象越集中、排列越有规律、越能成为相互联系的整体，则注意的范围越广。此外，一个人的知识经验和心理活动的任务、目的也影响注意的广度。

2. **注意的稳定性** 是指在某种事物或从事的某种活动上注意所能保持的时间，这是注意在时间上的特性，而注意的不稳定性也称为注意分散或者分心。由于生理上外周感受器官和中枢的兴奋性呈节律性变化，从而引起注意的起伏呈周期性变化，使人在感知同一事物时注意不可能固定不变。

3. **注意的分配** 是指在同一时间内，注意分配到两种或两种以上不同的动作和对象上的能力。例如，司机一边操纵方向盘，另一边观察车外的路况。注意分配的条件是：在同时从事两种以上的动作时，必须有一种达到熟练程度。

4. **注意的转移** 是指根据新的任务，主动地将注意从一个对象转移到另一个对象，或从一种活动转移到另一种活动上去。

上述这些注意力的品质，在个体之间存在着差异性，这些差异性与个体的神经生理特点、人格特征和生活实践都有密切关系。

第三节 康复医学中的心理学问题及其影响

一、康复医学中的心理学问题

传统康复医学诊疗的对象主要是残疾人和有各种功能障碍以致影响其正常生活、学习、工作的慢性病与老年病患者，而病损、伤残常常给个体造成各种各样的心理问题，如一个大脑损伤的患者既可以出现肢体运动功能障碍，又可以引起恐惧、抑郁、焦虑等心理行为方面的问题。由于病损、伤残改变了患者的生理、心理和社会状况，其心理问题表现是复杂而多样的。

(一) 残疾人的心理问题

残疾人躯体存在着某些方面的残缺和功能障碍，导致了他们个人生活的不便，使得他们的家庭地位、社会地位与角色、社交能力等均发生改变，这种情况在心理学上被视为重大挫折。在这种情况的影响下，残疾人可能出现自责、自卑，产生对自身的无价值感、情绪抑郁、沮丧、意志活动减退、对未来没有打算，以及个性方面的某些变化等。

1. **盲人的心理问题** 盲人主要依靠听觉和触觉认识客观环境。其丧失视觉功能后，听觉记忆很发达，口头言语也可以发展到相当高级的水平。在思维方面，盲人因对概念缺乏表象支持和文字的视觉经验，对事物的分析综合能力差，概括过程较为困难，容易形成概念泛化。也就是说，盲人因缺乏文字的视觉经验和相应的感性经验及具体表象的支持，对概念的把握不够准确。同时，盲人由于失明而限制了其生存环境，自小较少与他人接触，可影响人际交往能力的发展。当盲人自我心理充分发展而感觉自己存在诸多方面与他人不同的时候，可产生自卑心态，从而影响其情绪的稳定和个性的发展。

2. **聋哑人的心理问题** 聋人主要依靠代偿性强化的视觉、触觉和振动觉等手段来认识外部世界。其听力丧失，使听觉信息渠道受阻，从而对外界环境的感知缺乏完整性。由于聋人不能适时地形成和发展语言，故他们会因聋致哑，造成不同程度的言语表达能力障碍，表现为：①感知觉不能具体用言语加以强化，多数是直观、具体的形象。②感知活动的综合概括能力明显落后于正常人。③聋人不能既看又听，只能依赖视觉的单通道活动完成注意的转移。④聋人的抽象逻辑分析能力较差，理解词汇、掌握概念比较困难，对词语、文字材料的概括记忆力也明显低于正常人。⑤聋哑人通常借助手语进行交往，但因绝大多数正常人不具备手语技能，故其与正常人的交往明显受限。⑥由于第二信号系统的发展问题，给心理发展带来不利的影响，会有性格孤僻、急躁、情绪稳定性差等心理问题。

3. **肢体残疾者的心理问题** 先天性畸形和外伤、肿瘤、感染、脑血管疾病等所致的截肢、瘫痪和神经、肌肉损伤均可导致肢体残疾。由于肢体残疾者生理方面的缺陷，造成其心理适应发生障碍，患者多不愿与人多交往，性格孤僻；个别家庭由于过度保护而导致其与社会隔离；加之世俗的偏见和强烈的自卑感而影响其求学、就业、生活和恋爱过程，而这种情况又进一步加重其孤独感和自卑心理,严重影响其生活质量。成年后发生肢体残疾,其心理过程的变化一般分为五个阶段。

(1) 休克期:休克期为发生伤病后集中治疗的时期,此期患者生理上有痛苦,心理上是一种防御反应状态。突然发生的伤残使得患者来不及应对,没有强烈的不安,表现为麻木、惊呆、出乎意料的镇静与冷淡、表情淡漠、答语简短;对伤残及治疗反应平淡,甚至无动于衷;有时思维混乱,意识可处于朦胧状态;有时也可能出现某种负性情绪,然后发展为适应不良行为。

(2) 否认期:患者的意识恢复后,对自己的残疾有所了解,往往陷入严重的恐惧和焦虑状态,无法面对这个残酷的现实,认为"这不会是我"、"这不可能",在预后上确信"只要自己好好接受治疗,就能恢复到以前一样"。这个时期里,患者毫无针对残疾进行康复的愿望和动力,即使能够被动地参与康复治疗,但在长期的康复训练中也容易出现抗拒。如脊髓损伤患者否认下肢瘫痪的事实,因而不可能接受使用轮椅的训练,有的残疾者此期可长达2年左右。

(3) 混乱期:患者完全明白自己的残疾不可能完全治愈以后,思想上有了起伏波动,处于一种混乱的状态,主要表现为愤怒、抑郁、自卑、自责和退化等。

(4) 努力期:努力期中残疾者改变了价值观,认识到只有依靠自己的努力,积极主动参加康复训练,才能获得独立生活能力而摆脱依赖。对同类残疾者有亲切感,对健康人有自卑感。一般残疾者进入此期后才能接受康复治疗,故要尽早使残疾者进入努力期。

(5) 承受期:大部分残疾者经过一系列的心理变化和抗争,最终可以接受残疾的现实,在认知、情感和行为上逐渐适应。他们会重新评价自我,认识到生存的意义,挖掘自己的潜能,寻找并抓住康复的机会,积极、主动地配合治疗,发挥自己的作用,开始新的人生。

4. 精神病残疾者的心理问题　精神病残疾者有多种躯体或精神上的不适感,主要有以下四方面的心理问题。

(1) 自卑感:康复期的精神病患者在传统歧视性的观念下,即使精神症状消失,自知力恢复,但自卑感仍很强烈,自认为不体面、不光彩。原来的同事或好友与之相处也会改变态度,甚至恋爱对象也与其分手,使患者对出院后的境遇和前途感到很悲观。

(2) 孤独感:由于患者住院时间较长,社交能力减退,出院后感到整个社会虽大,却没人能接纳、理解自己,一旦发生人际冲突,就感到孤立无援,缺乏知音,产生被社会遗弃的感觉,而陷入抑郁悲观的情绪当中。这种状态影响了患者的社交活动,加重了患者的孤独感,形成一种恶性循环。

(3) 无能感:长时期住院治疗使精神病患者的自我价值降低,加上出院后继续长期服药,许多患者不能恢复适当的社会工作,或者工资待遇过低、不合理,使患者认为自己在社会上已无立足之地,完全像是个废人。

(4) 社会压力:社会压力对精神病患者的康复构成重大阻碍。传统的社会观念使人们对精神病患者有恐惧、歧视的心态,害怕他们发病时的言行失控,给自己带来伤害。街坊邻居、同学、同事多对其避而远之,常把精神病患者看作是"疯子",把精神病院看作是关押"疯子"的"疯人院"。有些单位出于照顾,宁愿让康复期患者长期不上岗而照发工资,认为这些人上班不仅干不了事,还会添乱,倒不如让他们闲在家中省事。这些社会压力都进一步加重了精神病患者的心理问题。

(二) 慢性病患者的心理问题

随着医学科学的发展,许多严重的急性病患者经抢救得以生存,成为残留不同后遗症的慢性病患者,如糖尿病、冠心病、原发性高血压病、各种癌症、肢体残缺疾患、精神分裂症、抑郁症等患者。根据世界卫生组织调查,在一般人群中因患慢性病造成一定程度的躯体或心理功能缺损,而影响社会适应者占8%左右。慢性病患者因为承受长期的疾病折磨,经历漫长的病程,往往容易产生极为复杂的心理问题。

1. **外向投射性心理反应** 外向投射在心理学上是指患者在遇到自己不能接受的意念、欲望或遭受精神挫折时,将原因完全推诿于客观情况,责己少,责人多。他们对躯体方面的微小变化颇为敏感,常提出过高的治疗和护理要求,经常责怪医师未精心治疗,责怪家人未尽心照料,好挑剔、任性、易感情用事,人际关系紧张。

2. **内向投射性心理反应** 内向投射在心理学上是指患者自我压制、压抑,有不能接受的意念、感情和冲动。患者往往是心理内倾者,遇事对己严、对人宽者,患病后容易自责,感到患病给家庭和他人带来负担,对疾病治疗失去信心,从而失去生活的信念,产生消极厌世的意念,呈现出抑郁、自责、自卑、退缩等心理问题,甚至有自杀行动。一项国外资料显示,慢性疾病伴抑郁障碍的发生率:脑卒中的47%、心肌梗死的45%、帕金森病的39%、癌症的42%。因此,在慢性病患者中自杀者的比例远高于一般人群。

3. **"患者角色"的习惯化** 患者生病以后,个体原有的社会身份被患者身份所取代,这种患者身份又称为"患者角色"。慢性病患者一旦进入患者角色,会慢慢地觉察到这是一个长时期的过程,需要休养、服药、打针和照料。这一心理适应过程有利于慢性病的治疗,使患者能面对现实、执行医嘱、配合治疗。但患者角色也会因为解除患者某些责任或约束而使其得到某些利益,即"继发性获益",从而使患者逐渐形成对患者角色的习惯化。于是慢性病患者长期依赖医师的治疗、他人的照顾,心安理得地休养下去,心里产生严重的依赖性,妨碍疾病的好转,成为康复的巨大障碍。

(三) 老年病患者的心理问题

一般将年龄大于60岁者称为老年人。老年患者因其生理、心理功能日益衰退和社会地位的变化以及各种生活事件的影响,容易感叹人生,自觉风烛残年,常常想到死亡,其心理问题有着独特的一面。

老年是毕生发展过程中一个特殊的阶段,随着医疗条件的改善,人均预期寿命的延长,老年人口迅速地增加。而老年人一般都有慢性和老化性疾病,其中25%的老年人多伴有较为严重的疾病。尽管衰老是一种自然规律,但老年人一般都希望自己健康长寿,且也不愿别人说自己衰老,故一旦生病,较易产生比较强烈的心理反应。同时,他们对病情估计多比较悲观,在心理上表现为无价值感和孤独感。有的情绪变化显得很幼稚,如为不顺心的小事而哭泣,为某方面照顾不周而生气。他们突出的心理需要是要求被重视、受尊敬。此外,老年人认知行为方式较为固执,可变性较小,常常认为生老病死是命运的安排而表现为情绪低落或不稳定,甚至选择放弃治疗,这些心理问题都会增加康复的难度。

二、影响疾病康复的心理因素

在帮助患者获得康复的过程中,必须克服一切阻碍康复的心理障碍和排除一切不利因素的干扰,这样才能落实康复措施,发挥康复医疗技术的作用。

(一) 认知活动的影响

1. **否认** 否认即拒绝承认现实,这是一种常见的心理反应方式,它将已经发生的但又不能接受的不愉快事件加以否定,以避免心理痛苦。一般来说,否认对疾病的康复非常不利。例如,有些癌症或白血病患者往往抱有侥幸心理,怀疑自己的检查、透视、化验报告的结果是否由于医务人员不小心与其他癌症或白血病患者的报告调换了,因而不及时求医诊治,从而延误病情,失掉了可能康复的机会。在健康心理学和康复医学中,已将患者的否认心理和不遵医嘱行为列入专门研究课题。

2. 偏见　偏见多见于文化水平较低、缺乏卫生科学知识的人群。他们受到传统陈腐观念和某些错误理论的影响,在卫生、保健和康复的理解、态度方面做出很多愚昧的、不利于康复的行为。例如,拒绝手术,他们认为开刀要疼痛、失血、麻醉后醒不过来、开刀常死人、开刀有后遗症等。截瘫患者,有小便潴留症状,应及时做膀胱造瘘手术,但由于患者拒绝签字而无法手术,最后因未手术导致其死于尿毒症。也有的患者不愿意下床进行活动和锻炼,认为"能下床活动,还算什么患者!"导致由于长期卧床引起肢体肌肉废用性萎缩及各种心理和生理功能的退化。

3. 偏信　由于有偏见,个体就易偏信。对医师的科学指导不相信,反而对江湖骗子的"灵丹妙药"、"祖传秘方",巫医神汉的鬼话和非医务人员不科学的建议坚信不疑,延误了治疗康复时机。

4. 依赖　由于过分地强调自己的患者角色身份,患者可出现对医师、护士和其家属的过度依赖。在治疗和康复过程中,不重视自我调节、锻炼和主观能动性的发挥,阻碍了及时康复。

5. 固执　固执可能是人格特点的一种反应,这些人常有敏感、多疑的特点,他们坚持己见,自以为是,摆布医师、护士及其家人,百般挑剔,干预诊断、治疗和康复方案。一旦违反其意志,就发脾气,采取不合作的态度,往往打乱医师的康复计划,影响康复进程。

6. 宿命观　宿命观是指一些患者在不幸面前,常独自哀叹,对自己感到惋惜、怜悯、自责或罪孽。他们误认为生病是命中注定的,是祖宗作恶的报应,把自己视为等外公民,甚至没有求治的要求和康复的信心。

(二) 情绪的影响

患者在心理上的变化,最明显的就是情绪障碍。由于残疾常伴有形象的破坏,损害原有的自尊,患者出现对自我形象不满意,产生自卑、羞愧、孤独的心理,不愿参加社交活动,自我封闭,对自己的状态麻木或漠然视之。抑郁严重时,可以有厌世和轻生的行为。这些空虚、孤独、焦虑、抑郁、悲观、绝望,甚至自暴自弃的消极情绪,都将影响康复的进程。

1. 焦虑　躯体病残者都存在一定的焦虑情绪。患者可因垂体-肾上腺轴交感神经功能亢进,出现诸如心悸、潮热、多汗、憋气、便秘等症状,也可因锥体束兴奋而有紧张的姿势,如肩痛、背痛、手足不停或言语形成中断、僵化或抑制,进而影响康复。当焦虑不能忍受时,患者会采用各种防御方法以减轻痛苦,如出现强迫观念和行为、癔病症状,这些将导致康复计划不能实施。

2. 抑郁状态　躯体病残者均存在不同程度的抑郁情绪,轻者表现为思维迟缓、情绪低落、言语和动作减少,重者可出现悲观厌世甚至自杀的行为。抑郁的程度往往不决定于病残的性质和程度,而决定于病残者的个性和残疾对个体的特殊意义。例如,个性内向的人对残疾的现实会默默忍受;个性外向的人可能会因此而烦躁不安,或愤怒怨恨。有人乐于以患者身份自居,以有病来博取别人的同情;有些人有病却不告诉别人,尽量隐讳;有人一有病痛就立即四处求医,吃药打针;有人却讳疾忌医,得过且过。个别患者还可假装愉快、洋洋自得,常使人误解。这些现象都应注意区别,以便康复计划得以顺利实施。

3. 愤怒　当患者意识到残疾已经无法避免,或将自身的病残看作是不公正的天灾人祸时,便会产生愤怒情绪。轻者可表现为焦虑烦躁,对亲友和医护人员冷漠、敌视、易激惹,严重者不能控制自己的情绪,出现毁物、打人或自伤、自残行为。当患者的愤怒情绪以敌意和攻击形式出现时,可使治疗变得更加困难。有的患者还可能将康复过程中不可避免的疼痛看作是惩罚,从而对医护人员进行报复,使康复计划难以实施。

(三) 人格的影响

个体对疾病的认识及相应采取的态度,对挫折、残疾和病痛的反应强度,以及自我评价的高低,都与残疾人或患者的人格特点有一定的关系。

1. 偏执型人格　具有偏执人格的患者,以猜疑和偏执为主要特点,男性多见,常常表现为敏感、多疑、固执、心胸狭窄、自傲等。在遇到挫折、患病或伤残时容易责怪别人,在康复过程中常会视别人的好意为动机不良,甚至会怀疑医生的治疗,对康复缺乏信心,从而严重地阻碍了康复的进程。

2. 情感型人格　具有情感人格的患者,多表现为情感高涨或情感低落。在情感高涨时表现情绪乐观,精神振奋,好交往。此时,患者一般精力充沛,对康复会有充足的信心。而情感低落时则表现为心情抑郁,精力不支,做事感到困难重重和无能为力,过分担心病情。

3. 分裂样人格　具有分裂人格的患者,多表现为社交退缩和隐居,情绪淡漠,缺乏亲切感,喜欢独处。此类患者性格多内向,行为孤僻,很少与人交往,对周围环境不感兴趣。一方面对自己的疾病不很关心,对康复的态度不积极,不与医务人员配合;另一方面,在其内心深处又极度担心自己的疾病发展和康复情况。

4. 强迫型人格　具有强迫人格的患者,多表现为追求完美,特别注重细节、规则,拘泥于程序和治疗常规。对自己要求过分严格,常常出现焦虑和紧张的情绪,同时对别人也过于苛刻,吹毛求疵。此类患者常对自己的病情过分担心,抱怨医护水平太差,对医护人员过分挑剔,甚至不近人情。同时,他们非常担心自己疾病的康复情况,会不厌其烦地向医护人员询问自己的病情,如果治疗程序略有变动,就对康复治疗产生怀疑,其康复的信心也随之动摇。

5. 癔病型人格　具有癔病人格的患者,以女性多见,富有自我表演性、戏剧性、夸张性的表达情感,在挫折和不幸面前,可能过于悲观,情绪极不稳定,对不适感易引起自我暗示,使疾病的表现程度和症状变得复杂,给康复带来困难。

6. 冲动型人格　具有冲动人格的患者,以情感爆发伴有明显行为冲动为主要特点,男性明显多于女性,易于与他人发生争吵和冲突。在情绪激动时常不能控制自己的情绪,但其间歇期是正常的。对于这类患者应该尽量减少对其刺激,让其保持情绪的平稳,避免因情绪冲动而出现不利于疾病康复的行为。

三、影响疾病康复的社会因素

(一) 社会对患者和残疾者的态度

社会对残疾人有着不同的态度。整个社会应给予残疾人同情和爱护,会使他们感觉温暖,从而有康复的信心。如果社会对残疾者和患者采取不闻不问的态度,甚至厌恶、嫌弃、嘲弄、侮辱,这会使其感到愤懑、屈辱、自怜、悲观、抑郁、恐惧,而不利于康复。怜悯虽无恶意,但会伤害残疾人或患者的自尊心;嘲弄、侮辱是恶作剧行为,会使残疾人或患者有屈辱感,产生愤懑或自怜情绪。至于虐待、遗弃残疾儿童或慢性老年病患者属于犯罪行为,完全剥夺了残疾人或患者康复的机会。

(二) 家庭成员对患者和残疾者的态度

患者的父母、配偶、子女是患者最亲近的人,他们的态度对患者有举足轻重的影响,对患者的康复有决定性的作用。家庭成员在不同阶段有着不同的态度,存在一个演变的过程。

最初全家都会感到不幸,家人会有一种内疚感,认为家庭成员残疾或病后有后遗症,都是因为大家对他关心不够、求治不及时、护理不周到,而失去了治疗良机,才造成他(她)遭此不幸,大家对这一后果都负有责任的。其家人为了弥补良心的谴责,常对残疾人或患者百般体贴和照顾,四处求医。这一时期,残疾人或患者容易养成依赖思想。

但是如果医治无效,家人开始绝望、灰心丧气,出现一种无可奈何的沮丧感,对患者感到厌烦,视患者为累赘,对患者的康复失去信心、耐心,不再积极寻求康复治疗之道,对患者也缺乏应有的照料、关心和经济上的支持,甚至将家庭的一切不幸都怪罪于患者和残疾者,给患者的治疗和生活带来很大的困难。这样的家庭态度容易使患者产生伤心、抑郁、悲观、绝望的情绪,往往不能以积极、乐观的态度配合治疗,而丧失了对治疗和康复的信心,这对康复是极为不利的。

(三) 患病后获得的个人利益

有些残疾人或患者为了长期享受优抚、劳保,企图保障个人利益而不愿降低残疾补助金等级;有些患者虽然应当出院,但仍夸大不适感,甚至抵制康复的现实,争取长期住院,以此来获得个人利益。

(四) 社会性干扰

社会性干扰是指家属或工作单位出于某种动机,出面阻止医护人员对患者进行治疗和康复。应该出院的患者,如能及时回归社会,则有利于其适应环境,获得康复,但所属单位和家属因害怕增加负担而不愿患者出院。但长期住院会导致应出院而不能出院的残疾人或患者出现心理退化现象,导致其病情恶化。

(五) 社会支持系统和社会保障系统

残疾者和患者生活、就业能力差,非常需要社会向他们提供生活必需品和基本的医疗条件以维持生存。如果没有基本的社会保障,就会使残疾者和患者处于十分艰难的境地,感到悲观、抑郁、恐惧,对前途丧失信心,失去生活的勇气。为此,应建立、健全社会支持系统和社会保障系统,保障残疾者和患者的基本生活条件和医疗条件。

(六) 医源性因素

患者在治疗过程中的各种医源性因素必然会对患者的心理产生各种各样的影响,常见有以下几种。

1. 医务人员的心理品质 如果医务人员热爱生活,工作认真负责,尊重患者,对患者或残疾人充满同情和理解,就会对其心理产生积极的影响,而有利于康复;如果医务人员的态度冷淡、生硬,会增加残疾人或患者的心理不适感,导致消极的影响,使其感到焦虑、悲观,滋生疑病观念,而不利于康复。

2. 医务人员的言语 医务人员的言语必须准确规范、通俗易懂,口齿要清楚,以免使患者产生疑惑、误解,引起焦虑、恐慌、悲观等消极的情绪。要避免使用伤害性语言、在患者面前窃窃私语和背后议论病情。

3. **医疗操作水平** 医务人员在临床的各种医疗操作中动作粗暴、草率或不熟练,会增加本来可以避免的痛苦,诱发心理障碍,造成残疾人或患者惧怕治疗,以致达不到康复的结果。

4. **治疗的程序** 对残疾人或患者的治疗或者康复训练程序过于繁琐、复杂、耗费的时间太长,就会使患者产生厌烦和疲劳,使其不愿意坚持治疗,从而中途退出,影响康复的结果。

5. **治疗费用过高** 医疗费用过高会给患者及其家庭和亲属造成沉重的经济负担和心理压力,使患者产生内疚和自责心态,有些患者甚至产生悲观、绝望的情绪放弃康复治疗。

第八章
物理因子治疗基础

导学

本章从基本原理、治疗作用、方法与技术等方面系统介绍了临床常用的物理因子(电、声、光、磁)疗法。通过学习,应掌握临床各种常用物理因子疗法治疗的基本原理、主要治疗作用和适应证,熟悉常用物理因子疗法的基本理论。

物理因子范围极为广泛,包括人工物理因子(电、光、声、磁、热和各种机械刺激等)和自然物理因子(日光、空气、海水、矿泉和森林等),应用这些物理因子治疗疾病的方法称为物理因子疗法,简称理疗。康复医学领域中的物理因子治疗,主要指的是人工物理因子作为治疗介质,而自然物理因子治疗属于疗养学的范畴。应用某种人工物理因子就称为该种物理因子疗法,如电疗法、声疗法、磁疗法等。

第一节 电疗法基础

一、直流电疗法

直流电疗法是指应用方向固定不变的电流刺激人体一定部位,以治疗疾病的方法,是最古老的电疗法之一。目前直流电疗机主要输出电压为 50~100 V,电流强度为 50~100 mA。

(一)直流电疗法的基本原理

1. **直流电的特点** 直流电是一种电流方向不随时间变化的电流,根据直流电压变化特点,可分为平稳电流、不规则电流、脉动电流、断续电流。

2. **人体的导电性** 人体内各种体液是组织细胞进行代谢和功能活动的内在环境,体液中的电解质成分对维持细胞内外渗透压、酸碱平衡和神经、肌肉兴奋性等具有重要的作用,一些微量元素(电解质离子)又是许多酶的激活剂。体液中能导电的离子和物质,主要有 K^+、Na^+、Ca^{2+}、Mg^{2+}、Cl^-、HCO_3^-、HPO_4^-、SO_4^{2-}、有机酸粒子、氨基酸和蛋白质等,这些物质溶解或悬浮在水中,而许多生物化学反应都是在水中进行的。所以说,人体体液是电解质溶液,人体组织是电解质导体,能够导电。

3. **直流电的理化作用** 当直流电作用于人体时,由于直流电疗的两电极间存在电位差,使人体组织内各种离子沿一定方向移动而形成电流。离子移动可使组织间体液的离子浓度比例变化,引起机体产生一系列的物理、化学变化,这是直流电生物理化作用基础。

(二)直流电疗法的治疗作用

1. **影响组织离子的浓度和细胞膜的通透性** 细胞膜的主要化学成分是脂类、蛋白质和糖类。膜蛋白带负电,由于静电斥力的影响,其分子同性相斥而保持一定的分散度,从而维持正常的通透性,使细胞功能正常。

(1)酸碱度改变:在直流电电解作用下,由于碱离子 Na^+、K^+、Ca^{2+}、Mg^{2+} 等向阴极移动,在阴极下产生碱性电解产物,而呈弱碱性;酸根和有机酸向阳极移动,在阳极下产生酸性电解产物,呈弱酸性,从而改变了电极下的酸碱度。

(2)改变组织含水量:在直流电作用下,由于发生电泳和电渗,阴极下水分子增加,有利于蛋白质胶粒的水化,使之不易聚结,蛋白质分散度升高,组织膨胀和变得松软;而阳极下组织水分减少,组织较干燥、致密。

(3)细胞膜通透性的变化:在直流电场下,阳极下细胞膜致密,通透性下降,阴极下则相反。其主要原因是,在直流电阳极下,正电荷多,抵消了膜蛋白的负电性,结果使膜蛋白分子之间的互相斥力降低,分散度下降,易于聚结,密度增大,造成细胞膜致密。而阴极下负电荷多,加强了膜蛋白的负电性,使蛋白质分子之间的静电斥力增加,分散度增大,密度变稀,造成细胞膜变松。所以,临床上可以利用直流电阴极促使瘢痕软化,粘连松解,使干燥的皮肤变软;利用阳极减轻组织水肿和缺氧状态,减少致痛化学物质,以消肿、镇痛。

2. **调整神经系统**

(1)对中枢神经系统的影响:可因电极位置、极性、电流强度、持续时间、机体功能状态等不同而引起兴奋或抑制的不同反应。

1)刺激强度:一般是小剂量兴奋,大剂量抑制,超剂量可引起直流电间生态(电麻醉)。

2)极性:当阳极距中枢较近而阴极相对较远时,为下行电流;反之,则为上行电流。下行电流起抑制作用,上行电流起兴奋作用。例如,当阳极置于颈部、阴极置于腰骶部时,电流通过脊髓可缓解反射通路的兴奋性,使肌痉挛和无意识的运动迅速减轻或消失,而反向设置为下行电流时能使舞蹈症患儿抽搐减轻或消失。

(2)对运动神经的影响:应用稳定的直流电,对运动神经和骨骼肌的收缩无明显影响,但可影响其兴奋性,阳极下兴奋性降低,阴极下升高,而长时间、强电流阴极下兴奋性亦降低。如桡神经麻痹不能运动的患者,直流电疗法后多半能出现运动。

(3)对感觉神经的影响:直流电对皮肤感觉神经有刺激作用。电流强度很弱时,有蚁行感;随着电流强度的增加,可有麻刺、针刺、刺痛、灼热、灼痛等感觉,电流强度越大则疼痛越剧烈。但这种感觉只是在电流强度从零逐渐增加、减少、急速增加、急速减少或电流方向变换时明显,甚至引起肌肉收缩。如果十分缓慢地调节电流强度,则感觉减弱或消失。

(4)对自主神经的影响:直流电刺激可以通过自主神经反射性引起体内不同区域和不同器官的反应。当大面积的皮肤区域受刺激,或刺激了包含大量多种感受器的皮肤时,反射能达到自主神经高级中枢而引起全身反应。如直流电领区治疗,能影响位于该脊髓节段区中与头部有联系的自主神经核,并可刺激高级自主神经中枢,故可调节血液循环,改善神经中枢的营养状况。

(5) 对神经再生的影响:在直流电作用下,神经纤维的再生加速。

3. 扩张血管、促进局部血液循环　对局部血液循环及反射性地引起相应内脏器官血液循环的改善,是直流电的主要治疗作用之一。其可以改善局部供氧、营养和代谢,增加防御免疫能力,加速致痛化学介质的排出,使腺体分泌增加,有利于炎症的消散和功能的改善,适于各种慢性炎症、供血和营养障碍等疾病的治疗。在直流电作用下,局部皮肤充血、温度上升,尤以阴极区明显。实践证明,直流电的促进血液循环作用并非由热因子所引起,治疗中即使采用完全不热的衬垫,治疗后皮肤充血仍十分明显。

近年来发现,应用大剂量直流电治疗血栓性静脉炎有良好效果。在直流电作用下,血栓先从阳极侧松脱,然后向阴极侧退缩,当退缩到一定程度时,血管重新开放,治疗前已闭塞的静脉,治疗后可以恢复畅通。

(三) 适应证

直流电疗法适应于神经系统病症,如自主神经功能紊乱、偏头痛、神经衰弱、癔病、末梢神经炎,以及各种周围神经损伤病症等;内科病症,如慢性胃炎、胃肠痉挛、胃和十二指肠溃疡病、高血压病、冠心病等;外科病症,如静脉炎、淋巴管炎、骨与关节病、软组织感染、术后粘连、肌炎和肌痛等;妇产科病症,如功能性子宫出血、慢性附件炎、闭经等,以及五官科、皮肤科病症。

二、直流电药物离子导入疗法

药物离子借助直流电通过皮肤或黏膜进入体内以治疗疾病的方法,称直流电药物离子导入疗法,这是在直流电疗法基础上发展而来的。

(一) 直流电药物离子导入疗法的基本原理

药物离子之所以能借助直流电导入人体,是基于电离理论和电荷定律。

1. 电离理论　电解质溶解于水中时,分子会自动解离成带正、负不同电荷的离子。

2. 电荷定律　即同性电荷相斥,异性电荷相吸。

3. 离子导入　药物溶液在直流电场的作用下,带电荷的药物离子产生定向移动,即负离子向阳极移动,正离子向阴极移动。在阴极衬垫中,带负电荷的药物离子向人体方向移动(同性电荷相斥)进入人体组织内;在阳极衬垫中,带阳电荷的药物离子向人体方向移动进入人体组织内。

4. 离子导入的途径、深度、分布和药量

(1) 药物离子导入的途径:药物离子主要经过皮肤汗腺管口、毛孔进入皮内,或经过黏膜上皮细胞间隙进入黏膜组织。

(2) 药物离子导入的深度:药物离子直接导入皮肤的深度根据皮肤状况、药物性质、电压、电流强度、通电时间而定。在临床治疗剂量的条件下,一般只能导入到人体的皮肤层,主要集中在浅层(深 1~1.5 mm),故作用较表浅。

(3) 药物离子的分布:药物离子进入人体皮肤组织后,可在皮下停留数小时至 10 余日,形成"离子堆",并缓慢地进入血液或淋巴循环,布散全身,发挥作用。

(4) 药物离子导入的药量:导入药量与电流强度、通电时间、电流类型、药物离子直径大小、药液浓度、药液的酸碱度和人体各部位皮肤、黏膜导电性等多种因素有关。

(二) 直流电药物离子导入疗法的特点

1. 浅表组织局部浓度较高　直流电可将所需药物直接导入病变部位,并在局部保持较高浓度,适合浅表病灶的治疗。

2. 导入有效成分　导入体内的是纯药物离子,即能起主要药理作用的有效成分,而不是整个化合物。例如,导入硫酸锌时,从阳极导入体内的仅是锌离子。

3. 具有直流电和药物的综合作用　两者作用互相加强,其疗效比单纯直流电或单纯药物治疗高。

4. 作用时间长,疗效持久　药物离子经直流电导入体内,大部分在皮下形成"离子堆",药物离子在皮内可停留数小时至 10 余日,长时间地发挥药理作用。

5. 无口服和注射的副作用　可以避免口服或注射药物可能造成的胃肠反应、吸收不良等副作用(药物过敏除外)。

(三) 中药离子导入疗法

中药离子导入是离子导入疗法的新发展。中草药的有效成分较为复杂,尤其是复方中药的药物离子带电荷的情况更为复杂,但许多中药制剂的有效成分已经被分离和提纯,故疗效显著。

1. 选取药效明显的药物　由于一次电离无法导入较多的药量,故中药离子导入时,只能选用那些用量很少并能产生较好疗效的药物,如草乌等。至于那些用量较大,有效成分含量较小的药物,除非外用有效,否则不宜选作离子导入用。

2. 选用有效成分单纯或有效成分极性相同的药物　中草药成分比较复杂,除生物碱、黄酮、皂苷、挥发油等成分以外,还有色素、鞣酸等许多杂质。其中有的是不带电的,有的还能吸附离子或堵塞离子在人体的入口,故最好将药物提纯,去除无用的成分。如各种成分的极性不一致,导入时就只能进入人体一部分,将影响治疗效果。因此,宜选用有效成分单纯或有效成分极性相同的药物,且导入中草药的极性也应该明确。

三、低频电疗法

应用低频脉冲电流治疗疾病的方法称低频电疗法。低频脉冲电流(低频电流)是指频率在 1 000 Hz 以下,电压或电流的幅度按一定规律从零或某一电位水平上瞬间出现,然后降低或消失的电流。

(一) 低频电流的生理学特征

不同频率的低频电流具有不同的生理学特征。研究表明,对于运动神经,1~10 Hz 的频率可以引起肌肉的单个收缩,20~30 Hz 的频率可以引起肌肉不完全的强直收缩,50 Hz 的频率可以引起肌肉的完全强直收缩;对于感觉神经,50 Hz 的频率可引起明显的震颤感,10~200 Hz 的频率特别是 100 Hz 左右的频率可以产生镇痛和镇静作用;对于自主神经,1~10 Hz 的频率可以兴奋交感神经,10~50 Hz 的频率可以兴奋迷走神经。此外,低频电疗的重要作用之一是兴奋神经、肌肉组织,但频率不能大于 1 000 Hz。这些有重要医疗价值的低频电流频率多在 1 000 Hz 以下,因此在电疗上将 1 000 Hz 定为低频的高限。

(二) 低频电疗的治疗作用

1. 兴奋神经、肌肉组织　低频电刺激运动神经或肌肉,可引起该组织兴奋,出现肌肉收缩运动。哺乳类动物运动神经的绝对不应期在 1 ms 左右,间隔 1 ms 以上的电刺激能引起一次运动反应。因此,频率在 1 000 Hz 以下的低频脉冲电流的每一次刺激均能引起运动神经一次兴奋,对感觉神经、自主神经的刺激可出现感觉系统和自主神经系统的一系列反应。为此,低频电疗包括神经、肌肉电刺激疗法、痉挛肌电刺激疗法、正常肌肉的低频脉冲电疗法等,可以治疗肌无力、运动性疲劳、废用性肌萎缩、周围神经麻痹和中枢性肢体瘫痪。

2. 镇痛　正确选择低频脉冲电参数,有明显的镇痛作用,包括即时镇痛作用和多次治疗的镇痛作用。

(1) 即时镇痛作用:是指在电疗后数分钟或数小时之内产生的镇痛效果,其作用原理主要与神经机制(包括闸门控制学说、皮质干扰假说、掩盖效应假说等)和体液机制有关。研究表明,电刺激后人体内 5-HT、内源性吗啡样物质等具有镇痛作用的物质含量增加。

(2) 多次治疗的镇痛作用:低频电流治疗多次后的镇痛作用主要与改善局部血液循环所产生的各种效应有关。低频电疗法可减轻组织间、神经纤维间的水肿和张力,加强致痛介质和有害病理代谢产物的排出,改善病灶区的营养代谢和免疫功能。

3. 促进局部血液循环　低频电流不仅对血管收缩有直接刺激作用,可直接扩张小动脉;而且皮肤受刺激后释放的组胺,作用于毛细血管,可使内皮细胞间隙加宽,渗透性增加。此外,对运动神经的刺激可引起肌肉收缩,而肌肉节律性地收缩与舒张,能够促进血液、淋巴的回流。

4. 消肿作用　低频电疗法对非特异性的慢性炎症具有消肿作用,可辅助治疗因血液和淋巴循环障碍所造成的水肿。其原理主要是通过改善血液和淋巴循环功能,减少了组织水肿。

(三) 常用低频电疗法

1. 失神经肌肉的低频脉冲电疗法　以低频脉冲电流刺激失神经支配的肌肉,使之发生被动的节律收缩,以延缓肌肉萎缩、变性,恢复神经功能的治疗方法,称为失神经肌肉的低频脉冲电疗法,亦称电体操疗法。

(1) 作用原理:失神经肌肉是指下运动神经元损伤后,肌肉失去神经支配而发生萎缩、变性,临床以肌张力减弱或消失、反射减弱或消失和肌萎缩为特点。低频电刺激失神经支配的肌肉有以下几个方面的作用。

1) 延迟病变肌肉的萎缩。根据病情,选择不同的脉冲电流刺激肌肉或肌群,使之被动地节律性收缩,可改善肌肉的血液循环和营养代谢过程。由于能保留肌肉中糖原含量,从而节省肌肉中蛋白质的消耗,减轻肌肉的消瘦。而规律性的收缩和舒张,能促进静脉血液和淋巴的回流,改善代谢和营养,从而延迟肌肉萎缩。

2) 防止肌肉大量失水和发生电解质、酶系统的破坏。

3) 保留肌肉中结缔组织的正常功能,防止其挛缩和束间凝集。

4) 抑制肌肉的纤维化,防止肌肉、结缔组织变厚、缩短和硬化。

(2) 适应证:主要用于下运动神经元损伤所致的肌肉瘫痪和萎缩。

2. 痉挛肌电刺激疗法　应用低频脉冲电刺激痉挛肌和其拮抗肌以治疗痉挛性瘫痪的方法,称为痉挛肌电刺激疗法。中枢神经系统病变可引起肌肉痉挛性瘫痪,正确应用电刺激可使痉挛的肌肉放松。

(1) 作用原理:痉挛肌电刺激疗法主要是刺激痉挛肌肌腱中的张力感受器(高尔基器)引起反射性抑制,或刺激其拮抗肌的肌腹引起交互抑制,来达到松弛痉挛肌的目的。

(2) 适应证：脑卒中轻度偏瘫、小儿脑性瘫痪、脑和脊髓损伤引起的痉挛性瘫痪（不完全性）、帕金森病等。

3. 正常肌肉的低频脉冲电疗法　对正常神经支配的肌肉、神经失用的肌肉或由于某种原因不能正常活动而产生的废用性萎缩的肌肉进行低频脉冲电疗，称为正常肌肉的低频脉冲电疗法，又称感应电疗法。

(1) 作用原理：感应电流是应用电磁感应原理产生的一种低频脉冲电流，具有兴奋正常的神经和肌肉的作用。

1) 感应电刺激肌肉，帮助肌肉的随意运动，对神经失用时的肌萎缩、术后制动的废用性肌萎缩、反射性抑制引起的肌萎缩等均有较好的预防作用。

2) 感应电刺激肌肉，与患者的主观意志同时作用，训练肌肉做新的动作，建立新的运动。

3) 防止肌肉与周围组织的粘连。

4) 促进肢体的静脉血液和淋巴回流。

5) 锻炼和加强因姿势不正常而活动困难、软弱的肌肉。

(2) 适应证：废用性肌萎缩、神经功能丧失、肌无力、皮肤感觉障碍、手术后的知觉缺损、周围神经麻痹（对感应电有反应者）、神经衰弱、癔病、急性腰扭伤等。

4. 间动电疗法　用间动电流治疗疾病的方法，称为间动电疗法。间动电流是将 50 Hz 正弦交流电整流后，叠加在直流电上而构成的一种脉冲电流。整流后的正弦电流，可以连续或断续地出现，可以半波整流或全波整流的形式出现，也可以半波与全波交替的形式出现。常用的间动电流有疏波、密波、疏密波、间升波、断续波、起伏波等六种。

(1) 治疗作用

1) 止痛：间动电流的止痛作用明显优于直流电和感应电流，短时间止痛用密波，较长时间止痛用疏密波或间升波。

2) 改善周围血液循环：间动电流有明显促进周围血液循环的作用，间动电治疗后常见局部皮肤充血发红。当将电极放在星状神经节上时，上肢血流量增加 40%，这说明间动电流的扩张血管作用与降低自主神经的兴奋性有关。在治疗上间动电流对功能性周围血液循环障碍、急性侧支循环障碍性水肿有较明显的效果，一般用阴极以密波作用于交感神经节，疏密波作用于局部。

3) 促进渗出物吸收、降低肌张力：疏密波可有此作用。

4) 兴奋神经、肌肉：间动电流的每个脉冲正弦波宽度为 10 ms，刺激周围神经和肌肉均可引起肌肉强直性收缩，一般用断续波或起伏波来治疗废用性萎缩的肌肉。间动电流不适宜用于治疗失神经支配的肌肉。

(2) 适应证：各种急、慢性疼痛等，如扭挫伤、肌肉劳损、关节强直、肩周炎、网球肘、颈神经综合征、枕大神经痛等，以及废用性肌萎缩、周围性面神经瘫痪、雷诺病、早期闭塞性脉管炎等。

5. 超刺激电疗法　应用超出一般治疗剂量的电流强度，进行低频方波脉冲电流治疗疾病的方法，称为超刺激电疗法。超刺激电疗法通常采用脉宽 2 ms、频率 143 Hz、电流密度高达 0.3 mA/cm² 左右的电流，其强度远远超过一般低频脉冲电流治疗剂量。

(1) 治疗作用和原理：超刺激电流有明显的止痛和促进血液循环的作用。其止痛作用是由于电流刺激神经粗纤维，从而关闭"闸门"使痛觉不能传入，同时强电流刺激产生了掩盖效应；电流刺激可以改善血液循环和局部供氧,加速致痛物质排除,抑制交感神经和使蛋白质变性分解形成血管活性物质,在继发引起血管扩张同时使痛阈上升,产生镇痛作用。

(2)适应证:颈椎病、颈肌劳损、肋间神经痛、早期强直性脊柱炎、腰椎间盘突出症后遗症、腰肌劳损、退行性骨关节病等。

6.经皮神经电刺激疗法　经皮神经电刺激疗法是应用低频脉冲电流来控制疼痛的一种无损伤性镇痛的电疗方法。由于大多数低频脉冲电疗法都是经过皮肤进行电刺激的,加上本疗法的理论基础与电刺激周围神经中的粗纤维有密切关系,故亦称为周围神经粗纤维电疗法。

(1)治疗作用和原理:该疗法对于各种急、慢性疼痛具有无副作用的镇痛作用,其镇痛原理有疼痛的闸门控制假说和内源性吗啡样多肽理论等。

(2)适应证:头痛、偏头痛、颈椎病、肩周痛、腰痛、慢性关节炎、神经痛、术后痛、带状疱疹痛等。

7.电睡眠疗法　以弱量的低频脉冲电流通过脑部,调整机体功能而引起睡眠或产生治疗作用的方法称为电睡眠疗法,或称脑部通电疗法。电睡眠疗法的疗效与治疗时能否入睡并不完全相关,故有些学者建议,将电睡眠疗法改为脑部电疗法较为确切。近年来有学者将不要求入睡的电睡眠疗法推广用于治疗各种急、慢性疾病,并称之为低频电流中脑间脑调节法(MDM)。

(1)作用原理:①电流直接刺激间脑内丘脑下部前侧的Hess睡眠区,可使睡眠促进物质上升,引起睡眠。②电流直接刺激低位脑干,可诱发动物睡眠。③电刺激周围神经可使脑中5-羟色胺浓度升高而引起睡眠。

(2)适应证:神经衰弱(尤其是失眠为主的精神分裂症各型缓解期)、间脑综合征、脑炎后遗症、脑外伤后遗症、偏头痛、早期高血压病、溃疡病、支气管哮喘、慢性结肠炎、肢体血管闭塞性疾病、截肢后残端痛和幻痛、更年期综合征、皮肤瘙痒症、神经性皮炎、慢性湿疹、早期妊娠中毒症和儿童夜尿症等。

8.直角脉冲脊髓通电疗法　直角脉冲电是指急速通电、急速断电的一种断续直流电,因其波峰呈直角形又称矩形波或方形波。而将作用极置于后枕部,非作用极置于腰骶部,通以直角脉冲电流的方法,称为直角脉冲脊髓通电疗法。

(1)治疗作用:①主要用于中枢性运动神经麻痹,尤其对脑溢血后的偏瘫可产生良好的治疗效果,轻度瘫痪者可以治愈。②对轻度感觉障碍者治疗数次即可恢复正常,重度感觉障碍者也能得到改善。一般以痛觉、触觉恢复较早,其次是冷觉和深部感觉,热的感觉恢复较慢。

(2)注意事项:①若治疗中发现肢体肌张力增高,影响活动可缩短治疗时间,更换极性或减少电流强度。②当肢体感到疼痛加剧时,应降低电流强度和缩短治疗时间,每周改为2~3次治疗。③伴有高血压的患者,治疗后常可见收缩压升高,故治疗前后应测血压。

(3)适应证:目前主要应用于中枢性和周围性运动神经麻痹,特别适用于脑溢血后遗症的治疗,还可用于脑软化、脊髓炎、脊髓压迫症、假性延髓麻痹、脊髓空洞症、脊髓灰质炎后遗症、肌萎缩性侧索硬化症引起的感觉和运动障碍等。

四、中频电疗法

用频率为1~100 kHz的脉冲电流治疗疾病的方法称为中频电疗法。根据电流的频率,医学上常将所用电流分为低、中、高(包括特高)频三大类。1 000 Hz以下的频率,每一次通电都能使运动神经发生一次兴奋,称为低频。在1～100 kHz范围内,每次刺激已不能引起一次兴奋,必须综合多个刺激的连续作用才能引起一次兴奋,医学上将这一范围定为中频。

(一) 中频电疗法的分类

根据中频电流的产生方式、波形和频率,中频电疗法分为:

1. 等幅中频正弦电疗法　主要有音频电疗法、音频电磁场疗法、超音频电疗法。

2. 低频调制的中频电疗法　主要有干扰电疗法、正弦调制中频电疗法、脉冲调制中频电疗法。

3. 低中频电流混合电疗法　主要有音乐电疗法、波动电疗法。

(二) 中频电流作用于人体的特点

中频电流的频率高于低频电并且是交流电,作用于人体时所表现的电学特性和所产生的理化效应明显不同于低频电流。

1. 降低人体组织阻抗,增加作用深度　人体组织在电学上具有电阻的特性,其对不同频率电流的电阻不同。对低频电流的电阻较高,随着电流频率的增高,人体的电阻逐渐下降。除了电阻特性以外,人体组织还具有电容的特性。交流电通过机体组织时会遇到一定的阻力,称为容抗。在电容量的大小一定时,电流的频率越高时,所通过的电流越多,容抗越小。中频电疗法所应用的电流强度较大,可达 $0.1～0.5 \text{ mA/cm}^2$,故能达到人体较深组织。

2. 人体组织不发生电解现象　中频电流是频率较高的交流电,是一种正向和负向交替变化较快的电流,无正、负极之分。电极下没有酸碱产物产生,避免了对皮肤的电解刺激和电解损伤的危险,使用较为安全。所以,中频电疗法可以使用比较薄的衬垫,而患者能较好地耐受。

3. 对神经、肌肉的作用　哺乳类动物神经每次兴奋后有一个绝对不应期,大约持续1 ms,在此期间内无论电流强度多大多不能引起第二次兴奋。为使每个刺激都能引起一次兴奋,电刺激就必须相隔1 ms才能再给予1次,即电流的频率必须<1 000 Hz(1 000 Hz=1 000次/s=1 000次/1 000 ms=1次/ms)。中频电流频率>1 000 Hz(每小于1 ms振荡1次)时,往往不能引起神经的兴奋和肌肉的收缩,只有综合多个周期的连续作用并达到足够强度时,才能引起一次强烈的肌肉收缩。

4. 对感觉神经的作用　中频电流对皮肤神经和感受器没有强烈的刺激,通以阈强度的中频电流时只有轻微的振颤感,电流强度增大时有针刺感,无明显的不适和疼痛。持续通电针刺感逐渐减弱,电流强度很大时才出现不适的束缚感。强的中频电流刺激引起肌肉收缩时的感觉比低频电流刺激时的感觉要舒适,尤其6 000～8 000 Hz电流刺激时肌肉收缩的阈值与痛觉的阈值有明显分离,肌肉收缩的阈值低于痛觉阈值,出现肌肉收缩时患者没有痛感,故中频电疗时患者能耐受较大的电流强度。

5. 对局部血液循环的作用　各种中频电流作用10～15 min后,局部开放的毛细血管数增多,血流速度和血流量均有增加,局部血液循环改善。

6. 对生物膜通透性的作用　有研究表明,在正弦中频电流的作用下,药物离子、分子透过活性生物膜的数量明显多于失去活性的生物膜,提高活性生物膜的通透性是中频电流的又一特殊作用。

干扰电、调制中频电、音乐电等疗法所采用的电流既含有中频电成分,又含有低频电成分。这类电流没有低频电流的缺点(如作用表浅、对皮肤刺激大、有电解作用等),却兼具了低、中频电的优点和作用。

（三）中频电疗法的治疗作用

1. 镇痛　包括即时镇痛作用和多次治疗后的镇痛作用。数种中频电单次治疗时和停止作用后可以观察到不同程度的镇痛作用，可持续数分钟到数小时。目前对中频电镇痛作用的发生机制有许多种解释，神经机制以闸门控制学说、阿片肽神经元的调制作用、皮质干扰学说来解释，体液机制以5-HT、内源性吗啡样物质来解释。多次治疗后的镇痛作用，可以是产生即时镇痛作用各种因素的综合作用和改善局部血液循环的结果。

2. 促进局部血液循环　包括即时的充血反应和多次治疗后血液循环的改善。中频电单次作用时和停止作用即刻局部充血反应不明显，停止作用10～15 min后局部充血反应比较明显，深部组织或远隔部位组织血液循环的改善则与自主神经的影响有关，多次治疗后血液循环的改善是单次作用的累积效应和自主神经功能调整的结果。

3. 消炎　中频电对一些慢性非特异性炎症有较好的治疗作用，主要与中频电作用后局部组织的血液循环改善、炎症产物吸收加速有关。

4. 软化瘢痕，松解粘连　中频电刺激能扩大细胞和组织的间隙，使粘连的结缔组织纤维、肌纤维、神经纤维等活动而分离。

5. 锻炼肌肉，防止肌肉萎缩　干扰电、调制中频电、音乐电等电流含有低频成分，因此有刺激运动神经和肌肉引起正常骨骼肌和失神经肌肉收缩，锻炼肌肉，防止肌肉萎缩作用，并有提高平滑肌张力、引起平滑肌收缩和调整自主神经功能的作用。

（四）常用中频电疗法

1. 等幅中频正弦电疗法　应用频率范围为1 000～5 000 Hz的等幅正弦交流电进行治疗疾病的方法，称为等幅中频正弦电疗法。因其所用频率在音频范围内，俗称音频电疗法，治疗常用频率为2 000 Hz。由于幅度无变化，易为人体适应。

(1) 治疗作用：有消炎、消肿，镇痛，软化瘢痕、硬结，松解粘连，调节血管功能，促进周围和中枢神经功能恢复的作用，对周围神经损伤及其后遗症、神经炎有一定的治疗作用。

(2) 适应证：术后粘连、瘢痕、肠粘连、肩关节周围炎、慢性关节炎、慢性盆腔炎、慢性前列腺炎、乳腺小叶增生肥厚、急（慢）性咽炎、声带肥厚、腰肌劳损等。

2. 正弦调制中频电疗法　应用低频（10～150 Hz）来调制中频（2 000～5 000 Hz）的正弦电流以治疗疾病的方法，称为正弦调制中频电疗法，有连调波（调制波连续出现）、间调波（调制波间断出现）、交调波（调制波与未调制波交替出现）、变调波（两种频率不同的调制波交替出现）四种波型。

(1) 调制中频电流的特点：用低频电流调制的中频电流，调幅深度0～100%，具有低频电疗、中频电疗的特点。①调制中频电的波形、幅度和频率不断变化，使人体不易产生适应性。②间调波形中加入可调的断电时间，当治疗失神经肌肉时，可使肌肉得到适当的休息时间，有利于肌肉再次收缩。③由于刺激强度与电流变化速度有关，改变调幅深度可以改变刺激强度。

(2) 治疗作用：①镇痛。②促进局部血液循环和淋巴回流。③锻炼骨骼肌与提高平滑肌的张力。④调整自主神经的作用。

(3) 适应证：①骨关节疾病，如对颈椎病、肩周炎、骨性关节病、肱骨外上髁炎、第三腰椎横突综合征等有较好的止痛效果，优于间动电、超短波疗法。②软组织疾病，如对扭伤、肌纤维组织炎、腱鞘炎、滑囊炎、血肿机化、注射后硬结等软组织病,有较好缓解疼痛、改善血液循环、促进软化吸收的作用,其疗效较低频电疗法为好。③神经系统疾病,如中枢性瘫痪、小儿脑性瘫痪、脑卒中后遗瘫痪、血管神经性头痛。④消化系统疾病,如胃和十二指肠溃疡、慢性胆囊炎,不完全性肠梗阻、术后肠麻痹、习惯性便秘等。⑤泌尿系统疾病,如泌尿系统结石症、慢性前列腺炎、尿频、尿急、神经原性膀胱功能障碍、张力性尿失禁、尿潴留等。

3. **干扰电疗法**　应用干扰电流治疗疾病的方法称为干扰电疗法。干扰电流是将两组不同频率为 4 000 Hz 与 4 000 Hz±100 Hz 的正弦交流电通过两组(四个)电极交叉输入人体,在人体内电流交叉处形成干扰场,在干扰场中按电子学的差拍原理"内生"出差频为 0~100 Hz 的低频电调制的中频电流,又称交叉电流。

(1) 干扰电疗的特点:差拍原理是两种不同频率的交流电相重合时,两者的向量相加,产生了幅度的变化即差拍,幅度变化的频率即为差频(即两组频率之差),中频频率为两组电流频率之和的平均值,交叉处产生的低频脉动电流,呈旋转的向量改变。因此干扰电流作用的最大刺激范围成四叶形,不是在电极下面而是在四个电极的中心。两组电流综合形成的电流强度比两组中的任何一组大,这就可能弥补了低频电疗时电流在人体深处减弱的不足。干扰电疗法具有以下特点。

1) 应用了交流电,无电解作用,电极简单。

2) 电流的频率上升到中频范围,治疗时皮肤电阻明显下降,有利于作用的深入。

3) 两组频率相差 0~100 Hz 的电流在病灶处交叉,通过差拍原理,产生"内生"的低频脉冲成分,因此除中频外尚有低频成分的作用,且这种低频是"内生"的。

(2) 治疗作用

1) 镇痛作用:干扰电流可以抑制感觉神经,镇痛作用比较明显。

2) 促进局部血液循环:干扰电流促进局部血液循环的作用比较明显,治疗后开放的毛细血管数增多,毛细血管与动脉扩张。

3) 对运动神经和骨骼肌的作用:干扰电流对运动神经和肌肉组织有良好的刺激作用,甚至优于低频电流。这可能与人体对中频电流的阻力较小和中频电流作用较深、对皮肤痛纤维刺激性较小有关。

4) 对内脏平滑肌的作用:干扰电流作用较深,在人体内部所形成的干扰电场刺激自主神经,能改善内脏的血液循环,提高胃肠平滑肌的张力,调整内脏的功能。

5) 对自主神经的作用:干扰电流有调节自主神经功能的作用。有人将干扰电流作用于高血压病患者的星状神经节,可使患者的血压下降。作用于闭塞性动脉内膜炎患者的腰交感神经节,下肢的皮肤温度上升,肢体血液循环改善,跛行症状减轻。

6) 促进骨折愈合作用:干扰电流能促进骨痂形成,加速骨折愈合。

(3) 适应证:坐骨神经痛、神经炎、关节扭伤、肩关节周围炎、退行性骨关节病、软组织扭挫伤、肌肉劳损、骨折、狭窄性腱鞘炎、术后肠粘连、胃下垂、内脏平滑肌张力低下、肌肉萎缩、雷诺病等。

4. **音乐电疗法**　用音乐产生电流以治疗疾病的方法称为音乐电疗法。音乐是一种周期性振动的声源发生的声波,如各种乐器、歌曲、戏曲等,其频率范围为 27~4 000 Hz。音乐电流是先将音乐信号转换成与音乐同频的低、中频电流,这种电流与音乐的节律、频率、幅度同步,是一种不规则的正弦电流,其频率为 30~8 000 Hz,以低频为主、中频为辅助。

(1)治疗作用:音乐电疗法综合了音乐和音乐电流两种物理因子的作用。

1)肌肉收缩作用:音乐电流可引起明显的肌肉收缩,且电极下无低频电刺激的不适感,因此可用以锻炼肌肉,增强肌力,防止肌肉萎缩。但因电流的通、断电时间和间歇时间、频率不能调节,故不宜用于失神经支配的肌肉刺激。

2)加强局部血液循环:音乐电流可引起较持久的血管扩张,使局部血液循环和淋巴回流增强,有利炎症和水肿的消散,改善组织营养。

3)镇痛作用:音乐电流作用于皮肤后,局部痛阈和耐痛阈增高,皮肤敏感性降低,镇痛作用明显可达 1 h。

4)神经节段反射作用:音乐电流作用于交感神经节可以调节血压,使血压下降。作用于颌区或头部可以缓解头痛,调节大脑兴奋、抑制过程。

(2)适应证:①神经系统的器质性病变,如脑血栓形成、脊髓炎、周围神经损伤。②坐骨神经痛。③神经衰弱、血管性头痛。④软组织损伤。⑤骨、关节疾病,如神经根型颈椎病、风湿性关节炎、肩周炎等。⑥胃下垂、胃肠功能紊乱。

五、高频电疗法

用频率高于 100 kHz 的电流治疗疾病的方法称为高频电疗法。随着电子技术的发展,频率较高的短波疗法、超短波疗法、微波疗法得到了深入研究和广泛应用。高频电疗法的温热效应已被公认和利用,其非热效应也在探明之中。

(一)高频电的分类及其特点

1. 高频电的分类　医用高频电与无线电学中高频电流的波段划分不完全相同,医用高频电按照波长、频率分为长波、中波、短波、超短波、微波五个波段。目前,高频电疗法常用波长、频率见表 8-1。

表 8-1　高频电流法的分类

种类	长波	中波	短波	超短波	微波		
					分米波	厘米波	毫米波
波长	2 000~30 m	184 m	22.12 m	11.06 m	7.37 m	0.69 m,0.33 m	0.122 5 m	8 mm
频率	150~1 000 kHz	1.63 MHz	13.56 MHz	27.12 MHz	40.68 MHz	433 MHz,915 MHz	2 450 MHz	37.5 GHz

2. 高频电疗法的特点　高频电流以电磁波形式传播,电磁波在空间传播速度等于光速。高频电疗法是用高频电流及其所形成的电场、磁场或电磁场来治疗疾病,具有以下特征。

(1)电磁学特性:从电磁学的角度来看,人体组织有导体、电解质、电容、线圈等特性,在高频电流作用下,人体组织所发生的效应与其电磁学有关。

1)导体与电解质特性及其效应:同一导体对不同频率电流的电阻率不同,电流的频率越高时,导体的电阻越低。人体对高频电的电阻低于直流电、低频电和中频电,高频电通过人体时,组织中电解质的正、负离子快速地沿电力线方向来回移动或振动,以传导电流形式通过组织。由于电阻损耗,引起产热。

2)电解质特性及其效应:机体中的电解质分子在高频电场中,无极分子产生电子位移极化,有极分子产生取向极化,以位移电流形式通过组织。由于介质损耗,引起产热。

高频电作用人体时,主要产生传导电流、电阻损耗和位移电流、介质损耗。当两种电流的强度足够大时,它们引起的电阻和介质损耗将产生热;但当两者的强度小到不足以产生明显的热效应时,离子、带电胶体、偶极子仍发生振动和转动,这种变化亦可改变组织的物理化学特性,引起所谓的非热效应。因此,高频电流作用于人体,最后产生的原发效应有热效应和非热效应,而其他的生理和治疗作用均由这两种效应引起。

(2) 生物物理学特征:①无电解作用,高频电属于正弦交流电,故不会产生电解作用。②对神经、肌肉无兴奋性。③高频电流作用于人体时产生热效应。④电极不必接触皮肤。

(二) 高频电对人体的治疗作用

1. 热效应及其治疗作用　中等以上剂量高频电流作用于人体时所产生的热量较多,能引起明显的温热效应,具有以下治疗作用。

(1) 改善局部血液循环:温热效应可使局部血管扩张,血流加速,血液循环改善。其机制为:①血管内血液温度升高,通过血管壁的神经末梢使血管扩张。②通过轴突反射使血管扩张。③热引起组织蛋白质微量变性,形成血管扩张物质。

(2) 镇痛:①降低感觉神经的兴奋性,温热觉的冲动传入中枢,干扰痛觉的传入。②缓解肌肉痉挛,减轻痉挛性疼痛。③改善血液循环,供氧好转,减轻缺血性疼痛。④改善血液循环,加强静脉血液和淋巴的回流,促使渗出液吸收,致组织张力降低,减轻因肿胀引起的张力性疼痛。⑤改善血液循环,加速致痛物质的排除,达到镇痛。

(3) 消散炎症:①扩张小动脉和毛细血管,改善血液循环,吸收渗出液,使炎症产物、代谢废物的排除加快。②加强网状内皮系统功能,增加抗体和补体,增多吞噬细胞,增强吞噬活动,提高免疫力,有利于控制和消灭病原菌。③改善血液循环,使组织的供氧和营养好转,增强代谢,加速修复。

(4) 降低骨骼肌、平滑肌和纤维结缔组织的张力:温热效应可以降低骨骼肌的张力,缓解痉挛;降低平滑肌的张力,减少收缩运动,降低运动幅度;降低纤维结缔组织的张力,使组织弹性增加。

2. 非热效应及其治疗作用　非热效应(又称热外效应)现象不能以温热效应来解释,且高频电的频率越高,非热效应越明显,但非热效应产生的机制有待进一步研究。

(1) 急性化脓性炎症早期的无热量治疗,可使吞噬细胞的吞噬活动增强,促使炎症局限或逆转,而应用温热量治疗反而会使炎症加重扩散。

(2) 无热量高频电场中,神经系统的兴奋性增高,神经组织的再生加速。

(3) 无热量高频电场中,动、植物生长发育加快。

3. 适应证　①浅层组织急性炎症感染。②断肢再植后保持小静脉的通畅,应用小功率超短波电容场治疗,对小静脉血栓形成有明显的抑制作用。③急性扭伤、急性肾功能衰竭,特别对由于休克、严重感染、创伤所致的严重肾功能衰竭,综合应用超短波治疗,能解除血管痉挛,改善微循环,增大肾血流量,有明显的利尿作用。

(三) 常用高频电疗法

1. 短波疗法　应用波长为 10~100 m、频率为 3~30 MHz 的高频电流作用于人体而治疗疾病的方法,称为短波疗法。这种波长的电磁波位于无线电广播的波谱范围内,故又称射频,用其治疗疾病的方法称为射频疗法。由于它主要是利用高频交变磁场通过组织时所产生的感应电流而使组织产生温热效应，又称感应透热疗法。短波电流的频率高于中波电流，人体对其阻抗较低，因此短波易于通过人体，治疗时电极可不接触皮肤，一般可穿着衣服进行治疗，不良反应少。

(1) 短波疗法的作用原理：短波疗法的治疗方式不同，其所产生的生物学效应的作用机制也不同。

1) 电感场法：又称为电缆法、线圈场法，多采用 27.12 MHz 电流。治疗时将电缆盘绕于人体体表或肢体周围，电缆内有短波电流通过时，电缆周围将产生相应频率的交变磁场，"线圈"内将感应产生涡电流。实验证明，在短波的磁场作用下，细胞膜的电位和离子，特别是 K^+、Na^+ 在细胞内外的流动、交换和分布都发生变化，从而影响细胞的代谢和生理、病理状态。电感场法短波作用于人体时，治疗作用比中波要深，主要是在肌层尤其是浅层肌肉中产热。

2) 电容场法：即利用电容电极间的高频交变电场作用于局部所产生的生物学效应。电容场法短波作用于人体时，人体介质的特性突出，即主要产生位移电流、介质损耗。

(2) 治疗作用

1) 改善深部组织的血液循环：可扩张局部血管，增强血液和淋巴循环，加强组织等营养代谢，提高组织细胞的通透性，有利于亚急性炎症和慢性炎症的吸收和消散。

2) 对神经和肌肉的作用：对中枢神经、感觉神经有抑制作用，短波的温热效应可以缓解肌肉痉挛。

3) 对细胞免疫的作用：能增强白细胞的吞噬功能，激活酶的活性，提高人体免疫力。

4) 对内脏器官的作用：短波作用于肾脏，可使肾血管扩张，以改善肾功能，增多尿量；作用于肝胆区，能加强肝内物质代谢，提高肝脏的解毒功能，使胆汁分泌增多；作用于胃肠区，可缓解胃肠痉挛，加强胃肠的吸收和分泌功能；短波作用于肾上腺，可增强肾上腺皮质的功能，增加皮质类固醇的合成分泌，有利于改善机体适应能力。

此外，大功率短波可以杀灭肿瘤细胞或抑制其增殖，阻滞其修复。

(3) 适应证：主要适用于各种亚急性、慢性炎症和疾病，某些功能性和器质性血循环障碍疾病，以及神经痛、神经炎、肌肉痛、肌肉痉挛、内脏平滑肌痉挛等。

2. 超短波疗法 应用超短波电流治疗疾病的方法称为超短波疗法。超短波电流是指波长为 1～10 m，频率为 30～300 MHz 的电流。因超短波疗法是采用电容法产生超高频电场进行治疗，故又称之为超短波电场疗法或超高频电场疗法。

(1) 超短波的生物学特点：超短波电场作用于机体产生热效应和非热效应，与短波的电容场法产热机制一致，但超短波的频率高于短波，人体对超短波的阻抗更低，故在脂肪层不厚时，超短波可以作用到较深的部位，作用也较均匀，如电容场法双极对置作用可能达到骨。但脂肪层较厚时，超短波的作用深度将会受到明显影响。

(2) 超短波对人体的治疗作用：超短波电场作用于机体，因频率比短波高，故非热效应比短波显著，而热效应比短波更深、更均匀。

1) 对血管、心脏的作用：在超短波作用下，小血管尤其是深部毛细血管持续性扩张，血管壁通透性增强，因而改善局部血液循环，促进水肿的消散及代谢废物、炎症产物、致痛物质、细菌毒素等的排泄和消除。超短波对心脏无直接作用，但可通过迷走神经影响心率。

2) 对神经系统的作用：可抑制感觉神经的传导以镇痛。小剂量可加速受伤周围神经的再生,提高神经传导速度;大剂量则抑制再生。小剂量作用于头部可出现嗜睡等中枢神经系统抑制现象;大剂量使脑脊髓膜血管通透性变大引起颅内压增高。作用于自主神经节或神经丛,可调节相应节段内脏和血管的功能。

3) 对网状内皮系统和免疫功能的作用:中、小剂量可增强网状内皮系统的功能,大剂量则呈抑制作用。

4) 对内分泌系统的作用:超短波作用于肾上腺,可增强肾上腺皮质的功能;作用于垂体后,短时间内血糖浓度增高,其后迅速下降。

5) 对内脏器官的作用:可改善脏腑器官的功能。

6) 对血液和造血器官的作用:中、小剂量超短波作用于人体后,血沉于短时间内加快,周围血液中白细胞总数及嗜酸性细胞数和单核细胞数均增多,凝血时间缩短。小剂量超短波还有刺激骨髓造血功能的作用,可见网织细胞增多。

7) 对新陈代谢的作用:小剂量超短波可刺激组织的新陈代谢,加快损伤组织的修复和肉芽组织的生长,超短波刺激结缔组织增生的作用比较明显;大剂量则起抑制、破坏作用。

8) 对恶性肿瘤的作用:大功率超短波可杀灭肿瘤细胞或抑制其增殖,阻滞其修复。

9) 对炎症的治疗作用:超短波有显著的抗炎作用。

(3) 适应证和禁忌证:超短波主要适用于炎症、损伤性疾病,如体表、关节及内脏的急性和亚急性炎症,静脉炎、神经炎及神经根炎,五官科炎症性疾病等。

3. 微波疗法　应用微波电流治疗疾病的方法称为微波疗法。微波是波长为 1 m 至 1 mm,频率为 300～300 000 MHz 的一种特高频电磁波。根据波长不同可将微波分为分米波(波长 30～100 cm,频率 300～3 000 MHz)、厘米波(波长 1～30 cm,频率 3 000～30 000 MHz)和毫米波(波长 1～10 mm,频率 30 000～300 000 MHz)。因微波疗法的温热效应比较明显,在欧美称之为微波透热疗法;因微波属于特高频波段,在前苏联称之为特高频疗法;因分米波和厘米波作用于人体的生物学效应相似,故通常将分米波疗法与厘米波疗法统称为微波疗法。

(1) 微波疗法的作用原理:微波在电磁波谱的位置介于超短波和光波之间,故微波兼具无线电电磁波和光波的物理特性。

1) 微波的传播:微波在传播过程中呈束状单向传播,具有弥散性,到达空间与体表的分界面以及人体各层组织的分界面时将发生反射、折射、散射、吸收等现象,因而在传播过程中损失部分能量,不能全部进入人体。

2) 微波的穿透能力:微波对人体组织的穿透能力与其频率有关,随着波长缩短、频率增高,作用的深度变浅。分米波的作用深度为 7～9 cm,厘米波的作用深度为 3～5 cm,毫米波只作用于表皮,频率越高穿透能力越弱。

3) 微波的温热效应:微波作用于人体时,富含水分的组织吸收微波能量较多,故肌肉的产热量大于脂肪;但因微波穿过脂肪层时消耗了一部分能量,在脂肌界面上又发生部分反射,微波能量只有一部分进入肌层,且肌层血管比较丰富,产热后热量易被血流带走,故脂肪层虽然产热量少,但由于又吸收了反射能,加之脂肪层血管较少,散热慢,故实际上脂肪与肌肉的产热量相差不多。

微波对组织的温热效应以分米波为最强,小剂量的连续微波(特别是毫米波)和脉冲微波的非热效应特别明显。

（2）治疗作用

1）对血管、心脏的作用：分米波、厘米波作用于人体后可使血管明显扩张，血流加速，血流量增加。作用于心脏，可改善冠状动脉循环，增强心肌收缩功能，可能防止心绞痛、心肌梗死的发生或加重。

2）对神经的作用：小剂量分米波、厘米波能增强神经系统的兴奋过程，中、大剂量则加强抑制过程。长期接触微波者可出现自主神经功能紊乱的现象，如头痛、头晕、疲劳、记忆力减退、睡眠障碍、心动徐缓、心律失常、血压波动，但脱离接触后可逐渐消失。

3）对内脏器官的作用：中、小剂量分米波作用于肺部，可使呼吸变慢，肺通气量增加，并促进炎症的吸收。作用于胃肠区，可缓解胃肠痉挛，抑制胃酸分泌。

4）对内分泌腺的作用：中、小剂量分米波作用于肾上腺区，有兴奋作用。作用于胸腺区，可提高胸腺和甲状腺功能，降低肾上腺皮质的皮质醇活性，呈现免疫刺激效应。作用于头部，可使下丘脑-垂体-肾上腺皮质系统产生刺激作用，皮质醇在血液中的浓度和活性升高，呈现免疫抑制效应。大剂量分米波对内分泌腺激素形成呈抑制作用。

5）对血液系统的作用：中、小剂量分米波、厘米波作用于人体后，周围血液中的白细胞数及中性粒细胞数增多，淋巴细胞减少，红细胞、血小板无明显变化。大剂量则可使凝血时间延长，但骨髓造血功能未见抑制。

6）对皮肤、皮下组织的作用：小剂量微波可促进伤口愈合，大剂量则可引起皮肤下组织水肿、坏死、持久不愈。

7）对恶性肿瘤的作用：大功率分米波、厘米波可杀灭恶性肿瘤细胞或抑制其增殖。

4. 毫米波疗法 应用毫米波段高频电磁波治疗疾病的方法称为毫米波疗法。毫米波是指波长 1～10 mm、频率 30～300 GHz 的高频电磁波，因毫米波属于极高频电磁波，故毫米波疗法又称极高频电疗法。

（1）毫米波的物理生物学特点：毫米波在高频电磁谱中波长最短，近于红外线波段，明显兼有无线电波和光波的物理特性。

1）物理特性：毫米波为直线传播，振荡量子能量较大，在空气中传播时能量衰减快，极易被水吸收。

2）生物学作用的特点：毫米波的效应与其频率、强度、作用时间有关。一般规律是：弱刺激激起生命活动，中强度刺激促进生命活动，强刺激抑制生命活动；频率越高则作用深度越浅，不同组织、不同病理状态的疾病应选择不同的频率；治疗时间一般以每次 30 min、隔日 1 次为宜。

3）毫米波疗法的特点：作用表浅，深度不及 10 mm，但能引起深部效应、远隔效应，产生生物学作用。

（2）毫米波疗法的作用原理：

1）谐振学说：人体组织的大分子均有各自固有的振荡频率，外加电磁波振荡频率与这些粒子的振荡频率一致时即会产生谐振现象。人体细胞膜、蛋白质、DNA、RNA 等大分子振荡频率与毫米波的振荡频率（37.5～60.5GHz）一致，故在毫米波作用时这些大分子可发生谐振，振幅加大，能量增强，并向体内传播，产生生物学效应和治疗作用。

2）声电波学说：电学观点认为毫米波作用于细胞膜时，膜上的偶极子发生振荡所出现的偶极力矩可以产生电磁波，有类似超声波的作用，称为声电波。声电波导致细胞质和细胞间液强烈的循环流动,从而加速组织代谢,使细胞膜的阻力变小,物质的流动和交换增快;而细胞膜机械振荡的能量被水吸收,使细胞膜感受器的蛋白质结构和功能发生变化,产生一系列生物学效应。

此外,还有场力学说、超导电性学说、半导体电性学说等。

(3) 治疗作用

1) 促进上皮生长,加速伤口愈合:在小剂量毫米波作用下伤口愈合较快。

2) 消炎、止痛作用:由于毫米波对含水较多的组织有选择作用,可改善局部组织的血液循环和新陈代谢,使致病物质和渗出物排出加速,从而达到消炎、止痛作用。

3) 促进骨痂生长,加速骨折愈合:影响骨痂生长的一个重要因素是骨断端发生微循环障碍,在毫米波作用下,可以改善骨折端的微循环,增进新生血管形成,促进骨盐沉着提早进行和骨痂生长,从而加快骨折愈合。

4) 降血压作用:毫米波辐射可使高血压病患者周围血管阻力下降,心输出量增加。

5) 增强免疫功能:毫米波辐射对机体的非特异性和特异性免疫功能具有调节作用。

(4) 适应证 ①骨、关节、软组织创伤,如骨折、周围神经损伤、术后伤口感染、术后伤口愈合不良、股骨头缺血性坏死等。②内科病证,如溃疡病、高血压病、支气管炎、冠心病等。③妇科病证,如输卵管炎、盆腔炎、剖宫术后伤口不愈等。④恶性肿瘤,毫米波与放、化疗结合治疗恶性肿瘤,肿瘤缩小率明显高于单纯治疗组,并可减轻放、化疗的副作用。

第二节 声疗法基础

声波是机械振动在介质中传播的机械波。人能听到的声音是频率为 16~20 000 Hz 的声波,频率超过 20 000 Hz 的声波称超声波。利用超声波作用于人体治疗疾病的方法称为超声波疗法。

一、超声波疗法

(一) 超声波的生物物理效应

超声波的生物物理效应是超声波治疗的基础。

1. 超声波的机械作用　超声波是一种在介质中传播的机械波,传播时能使介质发生有节律的疏密交替变化,由此产生了快速变化的压力,形成了对机体组织、细胞的微细按摩作用,称微细按摩或细胞按摩。这种微细按摩是超声对机体组织的一种重要机械作用,其他如热作用、理化作用都是在此基础上继发产生的。

超声的细微按摩作用可以加强局部血液循环,改善细胞缺血、缺氧状态;可以影响细胞膜的弥散过程,增强其渗透性,加强代谢产物的排出,改善组织营养状态,提高细胞的再生能力。所组织延长、变软,使粘连的组织得到松解,故可用于治疗瘢痕粘连等。

2. 超声波的热作用　超声波的声能被介质吸收而产热,故超声治疗也曾被称为超声透热疗法。

(1) 超声波产热的多少取决于介质对声能的吸收:机体内不同组织对声能的吸收能力不同,产热量也就不一样。一般情况下,超声在组织内的产热量与超声的频率、剂量和介质的物理特性(声阻、黏性等)以及投射方法、介质表面状态等有关。频率越高,被吸收得越多,产热量就越大;剂量越大,产热量也大,热作用也就越强;组织的动力学黏性越高,吸收声能也就越多,产热量也越多。肌肉组织较脂肪组织的吸收能力约大1倍,神经组织比脂肪组织的吸收能力大3~4倍。

(2) 超声波在两种不同组织的交界处产热较多:如皮下组织与肌肉组织的交界处、肌肉与骨组织的交界处。这一特性对于治疗关节、韧带等运动创伤、类风湿关节炎等都有很大的实际意义。

(3) 连续输出超声波产生的热量明显:固定法治疗相当于连续输出脉冲,故固定法比移动法产热多。

(4) 超声产热的特点是局部性的:产热是从声头使用处的皮肤开始向组织深处延伸的圆柱形。产热强度是近声头处大于远声头处,中心部位强于周围区域。

(5) 热的传导:超声波在组织中所产生的热量,约80%经血液循环带走,约20%是靠邻近组织传导而散失,再加上人体神经系统的调节作用,而不会出现局部的热积累而发生过热损伤。

3. 超声波的理化作用 超声波理化作用是集机械作用和热作用而产生的,对机体有重要的影响,如空化作用、弥散作用、改变组织的氢离子浓度和解变作用、解聚和聚合作用、对物质代谢的影响等。

(二) 超声波对机体组织器官的治疗作用

1. 皮肤 适当剂量的超声波治疗,皮肤有轻微的震颤感和温热感,用固定法或大剂量时有明显的热感,甚至有难以耐受的痛感,而疼痛是超声波治疗剂量超过阈值的标志。超声波治疗后皮肤有轻微充血,但无明显红斑,这种充血可改善皮肤营养,加强上皮形成,促进真皮再生。

2. 肌肉和结缔组织 超声波可使挛缩的肌肉纤维松弛、张力降低。对于有组织缺损的伤口,超声波有刺激结缔组织增生、肉芽生长的作用。当结缔组织过度增生时,超声波亦可使其软化,伸展性增强,故可治疗瘢痕增生。

3. 骨骼 小剂量超声波可刺激骨痂生长。

4. 神经系统 神经组织对超声波非常敏感,中枢神经敏感性高于周围神经,神经细胞又高于神经纤维。

(1) 中枢神经:在一定剂量内可扩张脑血管,使血流加速,并重新建立侧支循环,而有利于损伤的脑细胞功能恢复,故可用来治脑出血、脑栓塞所致的偏瘫。

(2) 周围神经:在一定剂量内表现为兴奋性和传导速度等功能上的可逆性变化。

5. 心血管系统 小剂量的脉冲超声波可以扩张冠状动脉、解除血管痉挛,使心脏毛细血管充血;中剂量超声波可扩张血管,加速血液循环。

6. 血液 经超声处理后,血液中的血红蛋白、红细胞增加,血沉变快,pH趋向碱性,淋巴细胞、嗜酸性细胞减少,血液凝固加速,血中尿酸、乳酸、胆固醇减少,血糖下降。

7. 消化系统 小剂量超声波可使胃酸分泌增加、胃肠蠕动增强,可用于治疗胃和十二指肠溃疡;中剂量的超声波能使胆囊收缩增强、胆汁排出增加。

8. 生殖系统 小剂量超声波对卵巢功能有刺激作用,可促进滤泡形成,提前子宫内膜蜕变周期;中剂量超声波作用于雄性睾丸,可见精子数目显著增多,精子活动性增加,有利于增强受孕率;大剂量超声波可用于节育。

9. 眼　小剂量超声波可治疗眼病。

(三) 超声波复合疗法

超声波疗法可以与其他方法联合应用,使治疗作用叠加,较单一治疗效果更好,常用方法有超声电疗、超声药物透入疗法、超声雾化吸入疗法等。

二、语音、言语的生理学基础

(一) 言语

言语,即"说话",是以说出以约定的声音为代码的语言交流,是一频率、强度和时间不断变化的声音。由于声音有作为交流载体的优越性,说与听就必然成为人类交流的主要形式。说与听是双向的,说的行为和说出的语音就是言语,交谈时听别人说的也是言语。虽然言语是可用响度、音调、时间来定性的物理现象,但言语还包含发出语音之前和听到语音之后的不是物理学意义上的语音表象。人类的言语过程是通过思维、呼吸、发音和发声来完成的,由大脑神经组织策划了生理过程,咽喉、口部和鼻部的共鸣腔影响了声音的产生。

(二) 言语的传递过程

言语的传递过程大致可以分为三个阶段,发音-声波-听觉。首先是发音,这是一种生理活动;其次是声波,发音器官动作的结果造成了空气振动,也就产生了振动波,这是一种物理现象;然后是听觉,声波在空气中传播,到达听话人的耳朵,通过神经系统传达到大脑,形成了听觉,这是一种生理心理活动。根据言语传递的三个不同阶段,语音学分成三个不同部分,发音语音学、声学语音学和听觉语音学(心理语音学)。

(三) 语音

语音指的是人类言语时发音器官发出的、具有一定的意义、能起社会交际作用的声音,是语音学研究的主体。语音学是研究言语声音的学科,主要研究语言的发音机制、语音特性和在言谈中的变化规律。语音学的研究范畴包含三个分支学科。

1. **发音语音学**　发音语音学就是传统的语音学,是从语音的生理方面进行研究,研究发音器官是如何彼此协调动作,以产生言语声。

2. **声学语音学**　主要研究语音物理性质及其与发音器官的关系、言语声从话者到听者在空气中的传播特性,以及对言语声的波形进行频率和幅度等方面的分析。

3. **听觉语音学**　亦称心理语音学,是以言语传递的起点和终点——大脑为研究对象,了解在大脑控制下产生和处理语音的步骤和方式,以及语言信息在大脑里储存的部位和形式,即主要研究声音的感知历程。

(四) 发音的生理过程

发音是一个相当复杂的过程,涉及三个关键的机制,一是气流从肺部流出,二是声门对气流的调整,三是口腔发音器官对气流的调整。

1. **气流从肺部流出**　为了发音,需要将气流吸入肺部,然后在发音过程中,肺部收缩,使肺中的空气形成气流,冲入气管,气流从肺部呼出。吸气的运动快,而呼气的运动则慢得多。在发音过程中,为了确保发音的平稳,需要保持一个水平的气压,而各个肌肉的综合运动有助于维持气压的稳定。肺的气流是语音的动力,语音的强弱与呼气量的大小相关。

2. **声门对气流的调整**　声门的运动原理是:气流首先在声门遇阻,只要气流足够快,声带保持足够的紧张度,气流通过声门的调制,使声带快速的颤动而形成声门波,这被称为发声。

3. 口腔发音器官对气流的调整　发音器官系统是指声带以上的部分,包括口腔、鼻腔和咽喉,主要的发音器官是舌部。发音过程是呼气、口腔发音、喉部颤动和鼻腔共鸣,其中以呼吸和口腔发音为必要条件,喉部颤动和鼻腔共鸣是可以选择的条件。声门波再经过声道的调制形成声音。

三、音乐治疗的基本原理

音乐是一种强有力的感觉刺激形式和多重感觉体验,是一种周期性振动的声源发生的声波,如各种乐器歌曲、戏曲等,其频率范围为27~4 000 Hz。音乐包含了可以听到的声音(听觉刺激)和可以感到的声波振动(触觉刺激),在观看现场演出时可以产生视觉刺激的体验,在音乐的背景下舞蹈或运动可以产生肌肉的动觉刺激体验,且音乐结构的体验可以长时间吸引和保持人的注意力。不同的音乐可以使人产生不同的生理反应,音乐在临床治疗中的作用可以分为三个反方面,即生理-物理作用、人际-社会作用、生理-情绪作用。

1. 生理-物理作用　研究证实,音乐可以引起各种生理反应,如使血压降低、呼吸减慢、心跳减慢、血管容积增加、血中去甲肾上腺素和肾上腺素的含量降低等,从而明显促进人体内的稳定状态,减少紧张焦虑,促进放松。

2. 人际-社会作用　音乐是一种社会性的非言语交流的艺术形式,音乐活动本身就是一种社会交往活动。患者在音乐活动中通过合唱、舞蹈、乐器合奏等可以逐渐恢复和保持自己的社会交往能力。

3. 生理-情绪作用　音乐对人的情绪影响是非常大的,音乐治疗师是利用音乐来改变人的情绪,最终改变人的认知。

音乐治疗的形式分为个体音乐治疗和集体音乐治疗两种,根据治疗目的、患者的生理心理条件和治疗环境,治疗师选择不同的治疗形式

第三节　光疗法基础

一、光的传播和效应

光疗法是利用光的辐射能作用人体而防治疾病的一种物理疗法,包括可见光、不可见光(红外线、紫外线)和激光疗法。光是一种具有电磁波和粒子流二重性的物质,既具有波长、频率、反射、折射、干涉等电磁波特征,又具有能量、吸收、光电效应、光压等量子特性。在光疗中一般均采用垂直照射。

(一)光的传播

光从一种媒质进入另一种媒质时,其传播方向改变的现象称为折射;光照射到两种媒质的界面时,一部分从界面上反射回来,称为反射。光照射到物质上,除反射、折射等特性外,还可以被物质吸收,光被吸收的多少与光的穿透能力有关。

1. 光的吸收　光照射到物质上时部分被物质吸收,转化为热能、化学能和生物能,引起一系列理化变化。不同物质对光的吸收不同,光被物体吸收的愈多,其穿透能力愈小。

2. 光的透过　不同物质对光的穿透能力不同。如水易吸收红外线而使紫外线透过,故水对紫外线很容易透过,而对长波红外线则不能透过。

3. 人体皮肤对光线的透过　人体皮肤角化层对紫外线有很强的吸收能力,不吸收红光、短波红外线,而使其很容易透过。

(二) 光的效应

光被生物吸收可以产生一系列理化改变。在康复医学中,主要应用光的温热效应、光化学效应,以促进机体功能的康复。

1. 光热效应　光被物质吸收,当光的能量不大时,只能使物质分子或原子发生旋转、振动,由动能变成热能。例如,波长较长的红外线光量子能小,不引起分子、电子激发,只引起分子振动、转动,主要产生热效应。

2. 光化学效应　光化学效应即在光作用下发生的化学效应。光被物质吸收,当光的能量足够大时,可使物质分子或原子产生光化反应。在光疗中,紫外线、可见光具有较大的量子能,被组织吸收可引起分子、电子激发,激发的分子很容易与其他分子发生光化学反应。常见光化学效应有光分解、光合成、光聚合、光敏、荧光等。

二、红外线疗法

应用红外线治疗疾病的方法称为红外线疗法。红外线波长 760 nm 至 0.4 mm,位于光谱的红光以外,是不可见光线。根据其生物学作用,可分为近红外线(波长 760 nm 至 1.5 μm)和远红外线(波长 1.5 μm 至 0.4 mm)。

(一) 红外线疗法的特点

1. 红外线的光热效应　红外线量子能较小,被组织吸收后一般不产生电子激发过程,主要引起分子转动和振动能级的变化,产生热效应而使组织温度升高。

2. 红外线的穿透能力　红外线穿透组织的能力较弱,波长和组织结构的不同其穿透能力也不同。远红外线穿透能力较小,为 0.05~1 mm,仅达皮肤表皮的浅层;近红外线可穿透 1~10 mm,达真皮和皮下组织。一般红外线波长越短,对组织穿透能力越强。

3. 红外线热红斑　红外线照射皮肤达到一定剂量后,局部出现充血、发红,此种现象被称为热红斑。这种红斑特征是:斑纹状或网状,不甚均匀,境界不清晰,停止照射后不久红斑即消失。反复多次照射后,皮肤可出现色素沉着,其特征是分布不均匀且沿皮肤血管发展,如大理石斑纹状,这是由于热作用加强了黑色素细胞的色素形成。

(二) 红外线的治疗作用

热作用是红外线治疗作用的基础,不同组织吸收红外线的能力不同,其产生的热效应也不同。

1. 镇痛作用　热作用可降低感觉神经的兴奋性,故有镇痛作用。热刺激和疼痛的兴奋冲动,同时向中枢传递的过程中,在热刺激的干扰下,减弱和掩盖了疼痛感觉。此外,红外线的热作用还能改善血液循环,加快炎症渗出物的吸收,减轻对组织的压迫刺激,也会减轻疼痛。

2. 缓解肌肉痉挛　温热作用可降低肌梭中 γ 纤维兴奋性,使牵张反射降低,肌张力下降,肌肉松弛;温热作用还可使内脏平滑肌松弛,胃肠蠕动减弱。

3. 消炎作用　红外线可改善血液循环和组织营养状况,加快渗出物的吸收,增强免疫功能,提高吞噬细胞吞噬能力。这些均有利于炎症的吸收与消散,适用于治疗各种类型的慢性炎症。

4. 促进组织再生　红外线可改善组织营养状态,增强组织修复功能与再生功能,促进肉芽生长,加速伤口愈合。

(三) 适应证

红外线疗法的适应证比较广泛,具有缓解肌痉挛、改善血液循环、止痛的功效,常用于亚急性、慢性损伤和炎症,如纤维织炎、浅静脉炎、风湿性关节炎、软组织损伤、慢性淋巴结炎、慢性盆腔炎、神经炎(痛)、慢性肠炎、慢性胃炎、冻疮、褥疮、皮肤溃疡、注射后硬结、术后粘连和瘢痕挛缩等。

三、可见光疗法

应用可见光线治疗疾病的方法称可见光疗法。可见光线为可引起视网膜光感的辐射线,波长从 400~760 nm,包括红、橙、黄、绿、青、蓝、紫七种颜色的光线。太阳光是可见光线的自然光源。常用的人工可见光线光源是钨丝红外线灯(白炽灯),亦称太阳灯,加不同颜色的滤板后,即可获得各色的可见光线,如红光、蓝光、紫光等。可见光疗法包括红光、蓝光、蓝紫光和多光谱疗法。

(一) 可见光线疗法的特点

1. 可见光对组织的穿透能力　可见光对组织的穿透能力以红光为最强,可穿透人体组织达 40 mm。其他光线随其波长缩短穿透能力依次减弱,紫光基本上为表皮所吸收。

2. 可见光的光量子能量　不同波长的可见光线所含的量子能量不相同,由红光到紫光的量子能量逐渐增加。可见光线波长短于红外线、长于紫外线,其光量子能介于两者之间,具有热效应。蓝光(波长 450~490 nm)、紫光(波长 400~450 nm)接近紫外线,光量子能量较大,可使分子、原子的电子激发,具有光化学效应;红光的量子能较小,此作用不如其他光线明显。

3. 可见光的视觉作用　可见光作用于视觉感受器官,通过视觉通路引起脑皮质功能和松果体分泌功能的改变,引起垂体和内分泌系统功能的改变。

(二) 可见光的治疗作用

1. 温热作用　各种颜色的光被组织吸收后均可产生热效应,且较红外线深。温热作用可提高吞噬细胞功能,改善组织营养代谢,促进炎症吸收和消散。红光穿透组织较深,可引起深部组织血管扩张,增强血液循环。

2. 光化学作用　蓝紫光具有光化学作用,可用于治疗核黄疸。

3. 不同颜色的光照射后可引起不同的反应　红光具有兴奋作用,黄、绿光具有镇静作用,蓝、紫光具有抑制作用。

(三) 适应证

与红外线治疗基本相同,主要用神经炎、带状疱疹、软组织损伤、肌纤维组织炎和关节痛等。蓝紫光可用于治疗核黄疸。

四、紫外线疗法

利用紫外线治疗疾病的方法称紫外线疗法。紫外线的波长为 180~400 nm,是光谱中位于紫光以外的不可见光。

(一) 紫外线疗法的特点

1. 紫外线的波长　根据紫外线的生物学特点,医用紫外线分为三段。

(1) 长波紫外线(UVA)：波长 400～320 nm，能引起荧光反应，适用于抗过敏、抗佝偻病，与光敏剂合用治疗银屑病等。

(2) 中波紫外线(UVB)：波长 320～280 nm，能调节机体代谢，增强免疫，刺激组织再生和上皮愈合过程。

(3) 短波紫外线(UVC)：波长 280～180 nm，具有强烈的杀菌作用。

太阳光中含有丰富的紫外线，但只有中波和长波紫外线辐射到地表面，短波紫外线只能以人工方法获得。

2. 紫外线的生物学效应

(1) 人体皮肤对紫外线的吸收和穿透：紫外线透入人体皮肤的深度很浅，不超过 0.01～1 mm；短波紫外线透入 0.01～0.1 mm，中、长波紫外线透入 0.1～1 mm，相当于表皮深层。因此，短波和中波紫外线大部分在皮肤角质层和棘细胞层中被吸收，使细胞分子受激而呈现激发状态，形成化学性极活泼的自由基，产生光化学反应。光化学反应主要发生在浅层组织中。

(2) 紫外线的光化学反应：紫外线光量子能量高，有明显的光化学反应，具有光分解效应、光化合效应、光聚合作用和光敏作用，故有化学线之称。

(3) 红斑反应：皮肤接受一定量的紫外线照射，经过 2～8 h 潜伏期，照射部位逐渐潮红，称为红斑反应。

1) 红斑反应形成的机制：紫外线红斑产生的机制复杂且不完全清楚，研究认为，当紫外线照射达到一定剂量时，可引起蛋白质发生光解或核酸变性，细胞损伤后影响溶酶体，产生组胺、血管活性肽、前列腺素等体液因子，通过神经反射与神经-体液机制，经过一定时间即潜伏期，照射区皮肤出现红斑。

2) 紫外线红斑反应的潜伏期：紫外线照射后经过一定时间，照射区皮肤才能出现红斑反应，这段时间称为潜伏期。一般照射后 2～8 h 出现红斑，12～24 h 达高峰，之后逐渐消失。红斑边界清楚均匀一致，是一种非特异性炎症反应。

3) 红斑反应与剂量：不同波长的紫外线引起红斑反应所需的剂量不同，红斑的强弱反映照射剂量的大小，亦与照射时间有关，故临床用红斑作为确定紫外线剂量的标准。紫外线红斑为十分均匀的鲜红色，极大剂量照射的红斑为均匀深红色；能引起最弱红斑所需的剂量称最小红斑量，习惯上称为生物剂量。

4) 影响红斑反应的因素：根据照射剂量大小、机体对紫外线的敏感性和紫外线的波长、强度，以及患者体质、所患疾病、生理状态、曾服药物、季节等因素的不同，红斑反应的程度也不一样。弱红斑保持 24 h，强红斑保持数日之久，在红斑反应后出现色素沉着，并有皮肤脱屑现象。

(4) 色素沉着：紫外线照射后皮肤可出现色素沉着，色素沉着类型与波长、剂量有关。色素沉着改变了皮肤对光线的吸收与反射，有色素沉着的皮肤吸收光能较多，并有加强汗腺分泌和散热等作用。

(二) 紫外线的治疗作用

1. 消炎作用 紫外线红斑具有良好的消炎作用。红斑区血液循环加速，温度升高，新陈代谢旺盛，血管扩张通透性增强，对炎性渗出物吸收加快；并使白细胞数量增加，吞噬功能增强，防御功能提高等，且对浅表组织内的细菌有直接杀灭作用。这些对控制炎症感染、加快炎症恢复具有重要意义。

2. 镇痛作用　以红斑量照射最为明显。紫外线照射可使痛阈升高,感觉时值延长。

3. 杀菌作用　紫外线的杀菌作用是由于照射后在细菌的 DNA 中产生光聚合作用,使细菌失去正常的代谢、繁殖、发育,以至死亡。

4. 抗佝偻病作用　紫外线作用可调节肠道对钙、磷的吸收,使钙、磷在体内保持正常水平。

5. 促进组织再生　小剂量照射可促进组织细胞再生。

6. 脱敏作用　紫外线主要是中波段多次照射有脱敏作用。

7. 促进皮下淤血的吸收　红斑量照射对外伤性皮下淤血吸收有非常明显的作用,中、强红斑量照射淤血区只需 1 次,一般照射后 2～12 h 照射区淤血即可完全吸收。

(三) 紫外线治疗的适应证

紫外线疗法的适应证比较广泛,常用于丹毒、蜂窝组织炎、淋巴结炎、浅静脉炎、疖痈、毛囊炎、乳腺炎、化脓性创口、褥疮等外科感染,急性支气管炎、支气管哮喘、胸膜炎、风湿性关节炎、胃和十二指肠溃疡、慢性胃炎等内科疾患,外阴炎、外阴瘙痒、会阴破裂、阴道炎、宫颈炎等妇科疾患,急慢性扁桃体炎、咽炎、喉炎、鼻炎、外耳道疖(炎)、口腔溃疡等五官科疾患。

此外,紫外线疗法还可用于预防保健,如对长期接受日光不足(如煤矿工人等)、为提高机体抵抗力(如体弱易感冒)和预防佝偻病可进行预防照射。

五、激光疗法

激光是受激辐射光放大而发出的光,应用激光治疗疾病的方法成为激光疗法。

(一) 激光的特点

激光也是一种光,与普通光一样,既是电磁波又是一种粒子流,但激光的发射机制和普通光不同,输出的激光束具有以下特点。

1. 单色性好　这是指激光的光色最纯,光波频率单一。

2. 高亮度　激光是目前最亮的光源,激光的亮度比太阳表面的亮度高 1 010 倍。由于激光的辐射强度很大,在焦点范围内的温度可达几千度或数万度的高温,在医学上可应用激光来进行切割、烧灼、炭化或气化。

3. 定向性强　激光是沿轴线方向输出、定向辐射,故其发散角非常小,几乎是平行准直的光束,在传播过程中有高度的定向性。医学上利用这一特性,经聚焦后可获得不同大小光斑,分别用作光刀进行各种手术。

4. 相干性好　频率、方向、振幅和位相都相同的两列光波,称为相干波。激光发射的光线,其频率、方向、振幅和相位是一致的,故相干性很好。相干波的合成振幅因叠加而明显增大,强度能极大地提高。激光全息照相就是利用激光相干性好的特点,照出有立体感的相,如激光超声全息诊断、眼全息术等。

(二) 激光的种类和治疗作用

激光作用于机体,发生的理化变化主要是热效应、压强效应、光化效应和电磁场效应。这些变化复杂多样,随激光的种类、输出方式、强度和照射方式不同而有差异,也与被照射组织的性质、生物物理特性和功能状态等有密切关系。现将常用激光的治疗作用分述如下。

1. 氦-氖激光　是使用最普遍的弱激光,呈现红颜色,理疗常用的输出功率是 5～30 mW,与红光相似,透入组织较深。

(1) 消炎作用：能提高人体免疫功能，增强局部组织的抗感染能力，改善血液循环和淋巴循环，促进病理代谢产物的消散和吸收。

(2) 止痛作用：激光的消炎作用可使炎症介质的浓度减低，渗透压改善，组织水肿迅速减轻或消退等，从而减轻疼痛；且氦-氖激光照射能提高痛觉阈值，降低末梢神经兴奋性，而起到止痛作用。

(3) 促进组织生长和修复作用：可使成纤维细胞增多，胶原纤维和毛细血管的再生能力增强，刺激上皮细胞的合成，加速代谢，促进伤口、溃疡的修复和愈合。并有刺激毛发生长，加速骨的愈合过程，促进断离神经再生等作用。

(4) 刺激和调节作用：低功率的氦-氖激光照射，具有刺激和调节机体生理功能的作用。能够调节酶的活性；刺激神经末梢，激发局部与全身代谢和免疫功能等方面的效应；调整甲状腺、肾上腺等内分泌系统功能。

2. 二氧化碳激光　属于不可见的红外线，主要作用基础是热效应。

(1) 聚焦切割法：大功率二氧化碳激光器经聚焦后产生高温和高压，可以使组织变性、凝固、坏死、炭化以至于气化，用于进行凝固、烧灼、切割、炭化和气化等各种治疗手术。

(2) 散焦照射法：理疗常用的是低功率二氧化碳激光散焦照射。这种照射具有扩张血管、改善血液循环、促进细胞吞噬功能、增强新陈代谢、改善组织营养和降低神经肌肉兴奋性等生理效应，因而具有抗炎、消肿、镇痛和解痉等治疗作用。

(三) 适应证

低功率照射治疗可用于神经炎、神经痛、高血压病、支气管炎、支气管哮喘、伤口及其感染、皮肤及黏膜溃疡、烧伤、褥疮、扭挫伤、冻伤、甲沟炎、疖、静脉炎、腱鞘炎、急慢性鼻炎、咽炎、扁桃体炎、鼻前庭炎、外耳道炎、中心性视网膜络膜炎和泪囊炎等。

第四节　磁场疗法

应用磁场作用于人体的一定部位或穴位以治疗疾病的方法，称为磁场疗法，简称磁疗。磁疗的治疗作用广，治疗疾病的种类多，安全性高，且具有明显的疗效。

一、磁场的生物学作用

磁场生物效应是磁疗法的重要理论基础，是指外磁场作用于生物体后在生物体内引起的一系列反应。研究显示，磁场生物效应有多方面的表现。

(一) 磁场对血管的影响

磁场对血管的影响包括改善血管舒缩功能和改善血液循环两方面。研究表明，磁场对血管功能有双向调整作用，一方面磁场可以使血管扩张、血流加快而改善血液循环，另一方面磁场还可使淤滞性扩张的血管缩小。

(二) 磁场对血液的影响

目前的研究表明，磁场对红细胞、血红蛋白的影响不肯定，对白细胞无不良影响。磁场可促进血中脂类物质的代谢，有降低全血黏稠度的作用。

(三) 磁场对胃肠的影响

磁场既可以提高病理性功能低下，又可抑制病理性功能亢进，具有双向调节作用。

（四）磁场对细菌的影响

磁场对大肠杆菌、金黄色葡萄球菌、溶血性链球菌等均有杀灭作用。

二、磁场的治疗作用

大量的临床实践和实验研究证明，磁场主要具有止痛、镇静、消炎、消肿、降压、止泻等治疗作用。

（一）镇痛作用

研究证明，磁场有较好的镇痛作用，对神经性疼痛、炎症性疼痛、损伤性疼痛、痉挛性疼痛均有效，甚至对某些晚期肿瘤患者亦有较好的镇痛效果。磁场可以提高痛觉阈值，磁疗后数分钟至数十分钟即可出现镇痛效应。

（二）消肿作用

磁场对局部或肢体的肿胀有缓解消减的效果，对急性扭挫伤、产后会阴撕裂、耳郭假性囊肿、外伤性血肿、炎性外痔和会阴水肿等均有较好的疗效。实验证实，磁场具有抗渗出和促进吸收的双重作用。也有人认为，磁场的消肿作用与高分子蛋白质转移、改变胶体渗透压有关。

（三）消炎作用

对在磁场作用范围内的浅层炎症有较好作用，临床上常用于治疗上呼吸道炎、支气管炎、麦粒肿、脉管炎、炎性外痔、肌腱炎、软骨膜炎和皮肤的浅层炎症等。

（四）镇静作用

磁场有改善睡眠、延长睡眠时间、缓解肌肉痉挛、减低肌张力等作用，这可能与磁场使大脑皮质的抑制过程加强有关。

（五）其他作用

磁场有一定的降压作用，尤其对早期高血压病患者。磁场还有止泻作用，对小儿单纯性腹泻、肠炎等有显著疗效。此外，磁场还有消减某些体表良性肿物的作用，如毛细血管瘤、疣等。